Jürgen Hartmann

Geschichte der Politikwissenschaft

Jürgen Hartmann

Geschichte der Politikwissenschaft

Grundzüge der Fachentwicklung in den USA und in Europa

SPRINGER FACHMEDIEN WIESBADEN GMBH

Bibliografische Information Der Deutschen Bibliothek
Die Deutsche Bibliothek verzeichnet diese Publikation in der Deutschen
Nationalbibliografie; detaillierte bibliografische Daten sind im Internet über
<http://dnb.ddb.de> abrufbar.

1. Auflage Mai 2003
Unveränderter Nachdruck der 1. Auflage Juni 2006

© Springer Fachmedien Wiesbaden 2006
Ursprünglich erschienen bei VS Verlag für Sozialwissenschaften | GWV
Fachverlage GmbH, Wiesbaden 206

Lektorat: Frank Schindler

Der VS Verlag für Sozialwissenschaften ist ein Unternehmen von
Springer Science+Business Media.
www.vs-verlag.de

Umschlaggestaltung: KünkelLopka Medienentwicklung, Heidelberg
Gedruckt auf säurefreiem und chlorfrei gebleichtem Papier

ISBN 978-3-8100-3717-6   ISBN 978-3-322-80904-9 (eBook)
DOI 10.1007/978-3-322-80904-9

Inhalt

1 Einleitung

Die Geschichte der Politikwissenschaft findet seit geraumer Zeit Interesse. Die amerikanische Politikwissenschaft machte mit der Rückschau auf die eigenen Ursprünge und Entwicklungsetappen einen Anfang. Ihre Fachgeschichte ist weit über die USA hinaus bedeutsam. Die moderne Politikwissenschaft entstand dort und sie bestimmt das Fachprofil bis in die Gegenwart. Die große US-amerikanische Fachvereinigung American Political Science Association zählte 2001 über 13.500 Mitglieder, das European Consortium of Political Research ca. 300 Mitgliedsinstitute, an denen etwa 7.000 Wissenschaftler arbeiten. Selbst wenn dabei transatlantische Doppelmitgliedschaften berücksichtigt werden, bleibt die Dominanz der amerikanischen Fachvertreter eindrucksvoll. Sie beherrschen in vielen Sparten des Fachs die Themen und Debatten. Der Output an Büchern, Zeitschriften und Konferenzpapieren in den USA stellt die entsprechende Produktion in der übrigen Welt in den Schatten. Die Kenntnis der amerikanischen Fachgeschichte vermittelt grundlegendes Wissen über das Woher und das Wie des Fachs insgesamt. Trotzdem genügt es nicht, die US-Politikwissenschaft zu kennen, um das Fach in einer beliebigen nationalen Variante zu verstehen. Die Politikwissenschaft gewinnt ein Gutteil ihrer gesellschaftlichen Legitimation daraus, dass sie Staat und Politik in einer bestimmten Gesellschaft untersucht. Politikwissenschaftler bilden Studenten, Lehrer, in der politischen Bildung Tätige und Beamte aus. Die Ergebnisse ihres Tuns fließen über die Medien, Experten und Lehrbücher an die Gesellschaft zurück.

Das politische Milieu, in dem die europäische Politikwissenschaft operiert, gibt dieser zwar nicht alle, aber doch die wichtigsten Schwerpunkte vor. Die Erfahrung der eigenen Gesellschaft stimuliert Fragen und hält ein gewaltiges Reservoir von Beispielen und Illustrationen bereit. Die europäischen Politikwissenschaftler tun dennoch gut daran, den Werdegang der amerikanischen Disziplin im Auge zu behalten. Ihre Fundamente wurden von dort importiert.

Wozu überhaupt eine historische Aufarbeitung der Politikwissenschaft? Im Begriff der Politikwissenschaft verbinden sich der Gegenstand *Politik* und der Erkenntnisanspruch der *Wissenschaft*. Politik ist Handeln in der Zeit, also ein historisches Phänomen. Um 1900 hatte die Politik andere Themen und sie ereignete sich damals unter anderen Umständen als hundert Jahre später. Es gab noch keine Europäische Union; die europäischen Nationalismen standen in voller Blüte; die schlimmsten Kriege der Moderne standen erst noch bevor. Was damals – in universitären Nischen – als aufgeklärte Politikbetrachtung galt, der Abgleich von Verfassungsnorm und Verfassungswirklichkeit, war die Deutung eines hinter den rechtlichen und bürokratischen Kulissen verborgenen politischen Spiels. Die heute geläufigen soziologischen Methoden der systematischen Beobachtung, der hypothesengeleiteten Datenverarbeitung und des Einordnens in allgemeine Handlungsmodelle harrten noch der Erfindung.

Die wissenschaftliche Bearbeitung der Politik hat zu verschiedenen Zeiten höchst verschiedene Fragen aufgeworfen und Antworten gefunden. Diese Antworten können zur Einschätzung der Erkenntnismöglichkeiten der Politikwissenschaft beitragen. Diese Einschätzung an sich wäre aber noch nicht wichtig. Ihre Bedeutung steckt darin, dass sie Hinweise geben kann, welches Wissenschaftsbild dem Gegenstand Politik am besten gerecht wird: *Entweder* das Bild einer nomothetischen, einer Hard science, wie sie die Naturwissenschaften verkörpern, *oder* das Bild einer Soft science wie die interpretierenden Wissenschaften von der Historiographie über die Anthropologie bis hin zur Psychoanalyse.

Die soziale und politische Welt entsteht, wie Berger und Luckmann in einem der populärsten Bücher der modernen Sozialwissenschaft dargelegt haben, in den Köpfen, und sie artikuliert sich im Handeln (Berger/Luckmann 1977 (Erstaufl. 1962)). Sie mag sperrig sein für die quantifizierende, präzise Wissenschaft. Aber sie entzieht sich nicht der Messung und der logischen Beweisführung, die das szientistische Wissenschaftsbild charakterisieren. Weil die Politik auf ambivalenten Tatsachen fußt, verlangt sie ein Mehr an Interpretation als Naturphänomene. Das verstehende Erfassen der sozialen und politischen Welt ist auf weiten Strecken alternativlos. Hard science und Soft science treten selten in Reinkultur auf. Doch selbst die eleganteste Interpretation lässt sich nicht mehr halten, wenn sie von zuverlässigen Daten widerlegt wird.

Die messbare Oberfläche der Politik ist kleiner als die der Natur. Die szientistische Position ignoriert Phänomene, die weder mit Daten beschrieben noch mit logischen Überlegungen erklärt werden können. Die Politikwissenschaft des szientistischen Bekenntnisses nimmt sehenden Auges große weiße Flecken auf der politikwissenschaftlichen Landkarte in Kauf. Die interpretierende Position behilft sich mit historischen, interkulturellen und zwischenstaatlichen Vergleichen, um ihre Erkenntnisse zu untermauern: Sie begnügt sich mit plausiblen Resultaten. Diese Spannung zwischen Hard und Soft science bzw. zwischen Erklären und Verstehen lässt sich nicht beseitigen. Sie durchzieht die Sozialwissenschaften ganz allgemein.

Politikwissenschaftler arbeiten gegenwartsorientiert. Was sie mit der systematischen Beobachtung ermitteln und mit Daten untermauern und was sie mit verallgemeinerndem Tenor herunterschreiben, ist für den Politikjournalisten und für den Profi-Politiker alles andere als sensationell. Die Politikwissenschaft ist keine Wissenschaft der großen Entdeckungen. Sie bestätigt, erhärtet, korrigiert und bringt neue Interpretationen und Erklärungen ein. Sie kreist um den Common sense. Dabei konkurriert sie mit der gut informierten Einschätzung des Praktikers und der des erfahrenen außerwissenschaftlichen Beobachters. Das mag einer der Gründe sein, warum Politikwissenschaftler bei Politikern und Journalisten nicht viel gelten. Die Politikwissenschaft wird auch außerwissenschaftlich als eine Soft science wahrgenommen. Dass die Politikwissenschaft jemals den Status einer harten Wissenschaft erreichen kann, lässt sich ohne allzu große Kühnheit verneinen.

Im Folgenden soll der Ort der Politikwissenschaft nach den folgenden Gesichtspunkten näher bestimmt werden:

– Die Begleitumstände der Verselbständigung der Politikwissenschaft im Fächerkanon der Universitäten,
– die Themenvorgaben der Politikwissenschaft durch die Struktur des Staates und dessen politische Inhalte,
– die Impulse aus den Nachbarwissenschaften der Politikwissenschaft,
– die Ausstrahlung der amerikanischen Politikwissenschaft auf ihre Pendants in anderen Ländern.

Im Folgenden wird von einzelnen Wissenschaftlern die Rede sein. Auch beispielhafte Veröffentlichungen werden kurz umrissen. Beides dient in erster Linie zur Veranschaulichung von Richtungen und Innovationen. Fachgeschichte ist immer ein Stück Gelehrtengeschichte

(Bleek 1996: 29). Die deutsche Disziplinhistorie badet geradezu in der Exploration von Lehrer-Schüler-Beziehungen sowie von gelungenen und fehlgeschlagenen Schulbildungen (exemplarisch Bleek 2001, Bleek/ Lietzmann 1999).

Die Entwicklung des Fachs soll hier am Beispiel einiger Länder – Deutschland, Frankreich, Großbritannien und den USA –beschrieben werden. Diese Bearbeitungsentscheidung mag zunächst überraschen. Wissenschaft vollzieht sich heute stärker als je zuvor im internationalen Austausch. Dennoch macht es guten Sinn, den politischen Rahmen eines Staates als Ausgangspunkt zu wählen.

Die Themen der Politikwissenschaft nisten in staatlich umgrenzten Gesellschaften. Die Ungleichzeitigkeit der Fachentwicklung in den USA und Europa verweist ebenso wie das transatlantische Gefälle in der Anzahl der Politikwissenschaftler und im Publikationsausstoß auf die Rezeptionslastigkeit der europäischen Politikwissenschaft (Berndtson 1991: 39f., Mols 1994: 40f.). Es erscheint deshalb wenig sinnvoll, die für die Präsentation der amerikanischen Entwicklung gewählte Gliederung schematisch auf die in diesem Buch geschilderten Beispiele der britischen, deutschen und französischen Politikwissenschaft zu übertragen. Mit Blick auf Theorien und Methoden rezipiert die europäische Politikforschung unverändert Bearbeitungsmuster aus den USA. Die Rezeption ist ein zeit- und energiesparendes Unterfangen. Die Kontroversen, die mit einer Innovation einhergehen, und die Verständigung auf die Vorzüge des Neuen haben bereits anderswo stattgefunden. Die Rezeption erntet reife Früchte. Die breiten Ausführungen dieses Buches zur amerikanischen Politikwissenschaft sind als integrale Vorgeschichte der britischen, deutschen und französischen Politikwissenschaft zu lesen.

Erwähnen wir der Vollständigkeit halber noch Galtungs pointierte Zuschreibung wissenschaftlicher Stile an Kulturen (Galtung 1983: 306 ff.). So pflege die angelsächsische Wissenschaft einen induktiven, empirischen Stil. Der teutonische Stil sei demgegenüber deduktiv, die Recherche sei von großer Theorie geleitet. Der gallische Stil schätze das Räsonnement, das elegante Argument und den intellektuellen Knalleffekt. Es bietet sich an, Galtungs vermutlich eher ironisch gemeinten Einfall bei dieser Gelegenheit zu überprüfen.

Munroe Smith definierte 1886 im Eröffnungsbeitrag des ersten Heftes des politikwissenschaftlichen Fachjournals *Political Science Quarterly* die Politikwissenschaft als eine Wissenschaft von der Ökonomie, vom Recht und von den öffentlichen Finanzen (Smith 1886: 2f.). Damit zählte er die Kernfächer des Kanons der Staatswissenschaften auf, wie sie seinerzeit in Deutschland gelehrt wurden. Die amerikanische Political science jener Zeit widmete sich weitgehend den gleichen Themen wie das Staats- und Verwaltungsrecht der kontinentaleuropäischen Länder. Gute 50 Jahre später hatte sich zwischen dem Staatsrecht europäischer Provenienz und der amerikanischen Political Science eine gewaltige Kluft aufgetan. Die US-Politikwissenschaft hatte sich der empirischen Sozialforschung zugewandt, während Politik in Europa – wenn überhaupt – weiterhin als Gegenstand der Rechts- und der Geschichtswissenschaft untersucht wurde.

Jeder Versuch, eine Geschichte der Politikwissenschaft zu schreiben, gleicht einem Ritt über den Bodensee (Farr 1988: 1178f.). Eine Fachgeschichte kommt nicht umhin, Auswahlentscheidungen zu treffen. Sie muss sehenden Auges vieles ignorieren, das bei zahlreichen Politikwissenschaftlern als wichtig gilt. Das Referieren von Theoriefamilien und Methodenrichtungen erscheint wichtiger als eine Gelehrtengeschichte. Die wenigsten Politikwissenschaftler setzen sich mit Theorien um ihrer selbst willen auseinander. Theorien werden als Instrumente verstanden, um erfahrbaren Problemen auf die Spur zu kommen. Eine politikwissenschaftliche Epoche lässt sich mit neuen Fragestellungen, Themen und Herangehensweisen charakterisieren. Es ist freilich leichter, ihren Anfängen auf die Spur zu kommen, als ihr Ende zu bestimmen. Es lässt sich auch ermitteln, wann die Merkmale einer bestimmten Epoche zurücktreten und von neuen Ideen und Vorgehensweisen überlagert werden. Doch eine ältere Epoche findet in dem Sinne *kein* Ende, dass ihre Fragestellungen nicht mehr bearbeitet würden. Der älteste Strang der modernen Politikwissenschaft, die Beschreibung von Parlamenten, Parteien und Verfassungspraktiken, ist unverändert vital. Dies zeigt bereits der flüchtige Blick auf die Verlagskataloge, die Themen wissenschaftlicher Zeitschriften und die Inhalte einschlägiger Studiengänge. Genauso verhält es sich mit der Rezeption der empirischen Sozialwissenschaft. Sie hat der Politikwissenschaft vor mehr als vierzig Jahren ihr bis heute dominierendes Profil verschafft. Aber die stürmische Soziologisierung des Fachs ist abgeschlossen. Heute beherrschen Handlungstheorien (Rational choice) das Theoriebemühen und die Problemauswahl in der empirischen Forschung. Dessen ungeachtet betreibt das Gros der Politikwissenschaftler unverändert sozialwissenschaftlich inspirierte Politikforschung. Dieses

15

Buch trägt der Tatsache des Nebeneinander älterer, neuerer und neuester Wissenschaftstraditionen Rechnung. Es bricht die Betrachtung einer Epoche nicht einfach ab, sobald ihre beherrschende Tendenz von neuen Entwicklungen abgelöst wird. Es zeichnet ihr Fortwirken auch in der Gegenwart nach. Das Darstellungsprinzip der chronologischen Epochenfolge wird nur bei der Abfolge von Innovationsschritten in der Fachentwicklung eingehalten.

Dieses Buch begnügt sich damit, Teilentwicklungen in den Bereichen Theorie, Innenpolitik, Komparatistik und Internationale Beziehungen nachzuzeichnen. Eine gleich proportionierte Erörterung der amerikanischen, britischen, deutschen und französischen Politikwissenschaft ist nicht beabsichtigt. Das Gleiche gilt für die Erörterung der innergesellschaftlichen Politik, des politikwissenschaftlichen Vergleichs und der Internationalen Beziehungen. So wird der Bereich der Internationalen Beziehungen eher kursorisch berücksichtigt. Dabei steht die Frage im Vordergrund, ob die Internationalen Beziehungen im Vergleich mit anderen Sparten des Fachs eine Sonderentwicklung genommen haben. Eine detailliertere Schilderung würde den Rahmen dieses Bandes sprengen. Auch die Wahl- und Wählerverhaltensforschung wird hier nicht weiter berücksichtigt. Sie ist hochspezialisiert und wird interdisziplinär bearbeitet.

Die amerikanische Politikwissenschaft wird als Referenzdisziplin recht breit erörtert. Dies trägt der Tatsache Rechnung, dass die europäische Politikwissenschaft von dort mehr Impulse empfing als sie dorthin ausgestrahlt hat. Die Leserin und der Leser sollten aus dem Vergleich der amerikanischen und der deutschen Entwicklung die wesentlichen Faktoren erkennen, die das Fach in Deutschland bestimmen. Die knapper gehaltenen Ausführungen zur britischen und französischen Politikwissenschaft sollen an weiteren Beispielen skizzenhaft verdeutlichen, wie sehr das Bild der Disziplin dort von anderen politischen Verhältnissen und Wissenschaftstraditionen geprägt worden ist.

2   Die Anfänge der Politikwissenschaft

Die Anfänge der Politikwissenschaft ereigneten sich in den Vereinigten Staaten. Ihre Motive lagen in den Problemen des raschen gesellschaftlichen Wandels am Ende des 19. Jahrhunderts, insbesondere der massiven Einwanderung, der Verstädterung und der Industrialisierung. Die politischen Institutionen und Verwaltungen schienen diesen Veränderungen nicht gewachsen. Die Politikwissenschaft sollte Wissen über den Staat, seine Verfassung und seine Verwaltung vermitteln, um Anhaltspunkte für passende Reformen aufzuzeigen. Über den Angelpunkt der Institutionen wurde auch das Studium der wichtigsten Staatsdenker zum Gegenstand der Politikwissenschaft. Der politikwissenschaftliche Impuls zur Reform der Politik wurde nach und nach vom Interesse am Erklären und Verstehen der Politik verdrängt. In den 1920er Jahren entstand um den Politikwissenschaftler Merriam an der Universität Chicago eine neue Forschungsrichtung. Mit den Mitteln der soziologischen und der psychologischen Analyse bemühte sie sich stärker um die Erklärung politischer Phänomene. Nach dem Zweiten Weltkrieg sollte sich diese Richtung durchsetzen und der amerikanischen Disziplin den Charakter einer Sozialwissenschaft geben. In Europa existierte in der ersten Hälfte des 20. Jahrhunderts noch keine Politikwissenschaft. Der Gegenstand der Politikwissenschaft wurde dort teilweise von anderen Wissenschaften bearbeitet. In Deutschland spielte die Staatsrechtslehre eine besondere Rolle. Die Weimarer Staatsrechtlerkontroverse um das Verhältnis von Recht und Politik war die Auseinandersetzung um ein politikwissenschaftliches Problem. Erste Ansätze eines wissenschaftlichen Politikstudiums wurden bis zum Ende der Weimarer Demokratie an der Berliner Deutschen Hochschule für Politik erkennbar. In Frankreich gab es ebenfalls eine Politikhochschule. Sie beschränkte sich aber darauf, ihre Absolventen auf den Eintritt in leitende Staatsfunktionen vorzubereiten. In Großbritannien wurde der Gegenstandsbereich Politik noch in der Verfassungsgeschichte bearbeitet.

2.1 Die Legende von der alten Wissenschaft

Einführungen und Übersichtswerke stellen die Politikwissenschaft gern mit den goldenen Worten vor, es handele sich um die älteste Wissenschaft überhaupt. Demzufolge hätte eine Fachgeschichte weit in die Vergangenheit zurückzublicken, um sich über die Ursprünge des Fachs klar zu werden. Was ist gemeint, wenn von der ältesten Wissenschaft die Rede ist? Die Redensart bezieht sich auf das Wissenschaftssystem des griechischen Denkers Aristoteles mit seinen Eckpfeilern Philosophie, Ethik, Politik, Physik und Ökonomie. Die Politik hat darin den Part einer praktischen, auf das Handeln im Staat angelegten Wissenschaft. Die griechische Polis wird gemeinhin mit Staat übersetzt; sie war eine politische Form der Antike. Aus dieser Epoche stammen viele bis heute gebräuchliche Begriffe der politischen Sprache, zum Beispiel Demokratie, Oligarchie, Despotie und Bürger.

Die Standardform der politischen Gemeinschaft war im antiken Griechenland die Stadtgemeinde, d.h. eine überschaubare Ortschaft. Den Bürgerstatus hatte selbst in der Herrschaftsform der Demokratie nur ein geringer Teil der Bevölkerung. Die Existenz der Polis beruhte auf der Arbeit rechtloser Sklaven. Die moderne Politikwissenschaft hat demgegenüber den modernen Verwaltungs- und Versorgungsstaat zum Gegenstand. Sie erörtert Probleme der Weltwirtschaft und ihre Folgen für die innergesellschaftliche Wohlfahrt. Ihr Objektbereich hat mit den kleinen, wenig differenzierten politischen Einheiten, über die Aristoteles räsonniert hat, denkbar wenig gemeinsam.

Das aristotelische Wissenschaftsbild hebt darauf ab, in der Natur und im Zusammenleben der Menschen Äquilibren und Zyklen zu erkennen. In der Politik gibt es ein Auf und Ab guter und schlechter Herrschaftsformen. Diese changieren mit dem Stand der Bürgergesinnung. Eckpunkte für die Beurteilung der Politik sind die Klugheit der Regierenden und die angemessenen Institutionen. Allein mit gutwilligen Bürgern lässt sich kein Staat machen, wenn die Institutionen nichts taugen. Ebenso wenig genügen gute Institutionen, wenn ihnen die Bürgergesinnung nicht gerecht wird. Der Angelpunkt dieser Politiksicht ist der handlungsleitende Wertekompass, nicht die Frage, woher diese Werte kommen. Der Hinweis auf die Politiklehre der griechischen Antike findet sich in deutschen Einführungswerken der verschiedensten Autoren, die dann im Weiteren allerdings eine Politikwissenschaft vorstellen, die als moderne Sozialwissenschaft betrieben wird (Stammen u.a. 1997 (Erstaufl. 1991), Stammen 2000: 489 ff., Stammen 1993: 15, von Alemann 1994: 22, Mols 1994: 36, Kielmannsegg 1987: 3ff.).

Im 19. Jahrhundert kristallisierte sich die Auffassung heraus, dass jegliche Wissenschaft auf exakter Beweisführung fußen müsse. Wissenschaft wurde jetzt als nomothetische Tätigkeit aufgefasst. Sie war auf das Erkennen von Gesetzmäßigkeiten gerichtet, die methodenstreng ermittelt werden müssen. Exemplarisch für die Vorgehensweise war das vielfach wiederholte und variierte Experiment. Als Musterwissenschaft galt die Physik mit ihrem Ursache-Wirkung-Paradigma. Das vornehmste Resultat dieses Treibens ist die Theorie, die verschiedene wissenschaftliche Gesetze miteinander verknüpft. Vorhandene Theorien mögen ein Phänomen erklären, oder sie versagen daran, und die Theorie muss dann revidiert oder vollständig durch eine andere ersetzt werden (so exemplarisch Popper 1974). Wissenschaft funktioniert am besten, wenn sie mit Daten arbeitet und Messungen vornimmt.

Die Sozialforschung arbeitet mit repräsentativen Umfragen, Stichproben und Interviews, die Ökonomie mit der Statistik. Wo diese quantifizierenden Methoden nicht anwendbar sind, kommen andere Methoden in Betracht. Die Geschichtsforschung fußt auf der kritischen Auseinandersetzung mit Quellen und Überlieferungen. In der Soziologie des frühen 20. Jahrhunderts hat sich die Verstehende Methode eingebürgert, wie sie Max Weber prägnant umschrieben und selbst praktiziert hat (Weber 2002 (Erstaufl. 1913)). In das Handeln werden Absichten und handlungsleitende Werte und Weltbilder hineininterpretiert. Die Weltreligionen und Kulturen spenden Sinn, wo verschiedene Gesellschaften auf ähnliche Herausforderungen sehr unterschiedliche Antworten finden. Im methodenpluralistischen Mix der heutigen Sozialwissenschaft hat das Interpretieren mit Modellen und Typologien einen hohen Stellenwert.

Die neuzeitliche Politikbetrachtung machte erste Schritte in Richtung Wissenschaft, als sie hinter die prächtigen Kulissen der Verfassungsdokumente und Regierungsbauten zu blicken begann. Das konnte sie aber erst, als die Politik erkennbar nicht mehr ausschließlich hinter verschlossenen Türen stattfand. Im absolutistischen Frankreich fehlte es nicht an Traktaten, die Hofintrigen geißelten und korrupte Zustände beschrieben. Sie drangen jedoch selten aus den Salons der Gebildeten heraus. Im viktorianischen Großbritannien und im demokratischen

Amerika des 19. Jahrhunderts waren die Opposition, die Parteien und die Presse bereits mächtige politische Mitspieler. Sie zeigten Missstände, Fehlentwicklungen und Machtverschiebungen an, unter anderem mit der Absicht, Wahlen zu gewinnen, Regierungen abzulösen und Zeitungsauflagen zu steigern. Guter Journalismus ging der Politikwissenschaft voraus, und bis heute übertrifft er diese nicht selten mit treffsicheren Diagnosen. Bis heute wird der britische Journalist Walter Bagehot mit seiner Beschreibung der britischen Realverfassung als erster und mustergültiger Institutionenanalytiker angesehen. Die Politikwissenschaft ist ein Produkt der jüngeren Moderne.

2.2   Die USA: Von der Institutionenkunde zur Sozialwissenschaft

2.2.1   Politikwissenschaft als Staatswissenschaft: Burgess

Als Universitätsfach wurde die Politikwissenschaft zuerst in den USA heimisch. Die Colleges der noch jungen USA erblickten damals ihre Hauptaufgabe darin, den Sprösslingen der Oberschichten eine höherwertige Allgemeinbildung zu vermitteln (Somit/Tanenhaus 1967: 7). Ein maßgeblicher Initiator der Politikwissenschaft als Universitätsfach mit eigener Systematik und spezifischen Inhalten war der Columbia-Professor John W. Burgess. Auf sein Betreiben hin beschloss das Kuratorium der Columbia University in New York 1880 die Gründung eines Department of Political Science. Der deutschtümelnde Burgess hatte wenig Sympathie für die Universitäten seiner Heimat, in denen vielfach noch die Theologie den Horizont der geisteswissenschaftlichen Fächer bestimmte. Die deutschen Universitäten galten im 19. Jahrhundert weltweit als das Nonplusultra wissenschaftlicher Bildung. Die Humboldtsche Idee der Verbindung von Forschung und Lehre, die Anleitung zum selbständigen Arbeiten und die Seminardiskussionen sollten zum Modell für die Reform der amerikanischen Universitäten werden (Ben-David 1971). Burgess hatte wie so viele seiner Landsleute (am Ende des 19. Jahrhunderts etwa 20.000), denen das Niveau der heimischen Hochschulen nicht behagte, an deutschen Universitäten studiert. Selbst war er stark von den Staatswissenschaften fasziniert. Das deutsche Staats- und Verwaltungsrecht drehte sich ganz um ein

Phänomen, das im Alltag der Bürger der USA noch gar nicht existierte: der das gesellschaftliche Leben umfassend regelnde Staat!

Die auf eine anwaltliche Ausbildung angelegten amerikanischen Law Schools hatten keinen Anreiz, für die Staatsausgaben, für die Zuständigkeiten im Bundesstaat und für die Unterscheidung der Gesetzgebungs- und Verwaltungstätigkeit einen rechtlichen Gesamtzusammenhang zu konstruieren. Hier gab es eine Wissenslücke, die von den ersten Universitätseinrichtungen der Politikwissenschaft gefüllt wurde (Friedrich 1954: 332). In der amerikanischen Rechts- und Verfassungstradition steht das Government im Vordergrund, d.h. der Selbstverwaltungscharakter der Staatsorgane. Im Government zählen die Verantwortlichkeit und Responsivität der Gewählten mehr als die Architektur der Institutionen. In Deutschland waren demgegenüber die kommunale Selbstverwaltung und die gewählten parlamentarischen Körperschaften einem bürokratisch organisierten Staatswesen angeheftet worden. Das Staats- und das Verwaltungsrecht waren dort Strukturen, die dem Willen des Staates mit der gebotenen Rechtsklarheit und Effizienz Geltung verschafften. Die deutsche Gesellschaft des späteren 19. Jahrhunderts durchlebte nicht anders als die amerikanische die Turbulenzen der Industrialisierung, und sie war in ähnlicher Weise der Schauplatz einer politischen Radikalisierung der Arbeiterklasse. Doch für einige amerikanische Beobachter nahm sich der Staat in Deutschland mit seinen Sozialgesetzen und Fabrikverordnungen wie eine umsichtige Ordnungsmacht aus, die sozialpolitisch präventiv und nachsorgend tätig wurde, wo das Beharren auf dem Hergebrachten die Probleme zu verschärfen drohte.

In den USA hingegen nahmen Burgess und andere einen scheinbar handlungsunfähigen, mit einer vagen Kompetenzordnung ausgestatteten Staat wahr, der zudem ganz ohne professionelle Verwaltung auskommen musste. Die Probleme des rapiden sozialen und wirtschaftlichen Wandels im Amerika des industriellen Gründerzeitalters liefen im Zuständigkeitsraum der Einzelstaaten und Gemeinden auf. Diese aber wirkten wie bloße Futterstellen für dilettantische Wahlbeamte. Des Englischen nicht mächtige Einwanderer aus Süd- und Osteuropa strömten in die Hafen- und Industriestädte Nordamerikas ein. Aus Dörfern und ruhigen Kleinstädten wurden Metropolen, denen es an den erforderlichen Infrastrukturen wie einer effizienten Polizei und einem öffentlichen Gesundheitswesen fehlte. In diesem Zeit- und Problemkontext erblickte die Politikwissenschaft das Licht der Welt.

Burgess hatte auf die Turbulenzen im zeitgenössischen Amerika eine einfache Antwort: Die amerikanische Politik brauchte den Staat, und die Aufgabe der Universitäten sollte es sein, der künftigen Elite eine Staatsidee zu vermitteln. Die Politikwissenschaft in Columbia wurde nach dem Modell der Rechts- und Staatswissenschaftlichen Fakultäten im wilhelminischen Deutschland organisiert (Morgenthau 1955: 436ff., Somit/Tanenhaus 1967: 31, Smith 1886, Bleek 1987: 522, 525). Allein die Namensgebung – *political science* – machte einen Unterschied. Burgess übernahm auch die von der Erhabenheit des Staates geprägte Ideologie, die von deutschen Professoren in die Staatsrechtslehre hineingelegt wurde. Am Ende war Burgess zwar erfolgreich. Columbia betrieb für die Politikwissenschaft eine qualifizierte Graduiertenausbildung. Ein bleibendes Verdienst war ferner die Gründung der ersten Fachzeitschrift, des *Political Science Quarterly,* das bis zum heutigen Tage redaktionell von der Columbia University aus betreut wird. Burgess' Idee der Political science sollte sich aber aus dreierlei Gründen *nicht* durchsetzen:

a) Die stark abstrahierende, auf innere Logik gepolte Lehre vom Staat ging an der Tradition der amerikanischen Politik vorbei. Mit Politik als Normwissenschaft wusste dort niemand etwas anzufangen. Das angelsächsische Rechtsverständnis war dafür viel zu sehr auf das Konkrete gerichtet. Dennoch hinterließ Burgess' Politikwissenschaft ihre Spuren. Sie installierte das Public Law als politikwissenschaftliche Teildisziplin. Allerdings sollte sich die amerikanische Version des Öffentlichen Rechts am Ende als eine Rechtswissenschaft von unten durchsetzen. Sie konstruierte den normativen Status des amerikanischen Staates von der Geltungskraft der Rechtsbestimmungen im juristischen Alltag her, also durch richterliche Rechtsanwendung. Der Jurisdiktion des Supreme Court kam dabei eine Schlüsselrolle zu. Die Idee der Verfassungsgerichtsbarkeit war den europäischen Juristen zu dieser Zeit noch völlig fremd.

b) Für Burgess' Art der Politikwissenschaft fehlte in den USA die Zielgruppe. In der deutschen Staatswissenschaft existierten solche Zielgruppen in Gestalt der Richterschaft und der höheren Berufsbeamten. Die amerikanischen Richter wurden von jeher aus der Anwaltschaft rekrutiert. Das amerikanische Public Law ist bis heute kein Bestandteil der juristischen Ausbildung, sondern eine Spezialisierungsrichtung. Die erst nach Burgess' Zeit allmählich sich professionalisierende amerikanische Beamtenschaft erhält bis dato keine einheitliche Ausbildung. Sie rekrutiert sich aus Fachleuten. Damit lief die Political science als Studienfach für die Staatsdiener von vornherein leer. Die Mandatsinhaber und Amtsträger kommen bis heute aus den verschiedensten Bereichen. Schon damals waren es hauptsächlich Lokalpolitiker und Geschäftsleute. In Deutschland verband die juristische Ausbildung demgegenüber viel stärker noch als heute einen großen Teil der höheren Beamten, Minister und Abgeordneten. Der Lehrstoff des Öffentlichen Rechts, einem Pflichtfach der Ausbildung, wurde nicht als politisch, sondern als sachlich und wissenschaftlich verstanden. Burgess' Idee, den amerikanischen Eliten durch das Studium der Political science ein Staatsbewusstsein einzuimpfen, hatte im hergebrachten Politik- und Rechtsmilieu der USA keine Chance.

c) Schließlich minderte Burgess' Deutschlandbegeisterung die Akzeptanz seiner Political science. In dem Maße, wie er sich mit der wilhelminischen Politik und ihrem Bramabarsieren gegen die britische Weltmacht identifizierte (exemplarisch Burgess 1904), provozierte er Ablehnung. Der Eintritt der USA in den Ersten Weltkrieg entzog der von ihm betriebenen Politikwissenschaft endgültig den Boden. Gescheitert war sie allerdings schon lange zuvor, weil sie in die Konkurrenz mit der anglophilen Richtung der amerikanischen Politikwissenschaft eingetreten war. Dabei geriet sie auf die Verliererstraße.

2.2.2 Die Abkehr von der Staatswissenschaft: Wilson, Bryce, Bentley

In den späteren 1880er Jahren war an der Princeton University um Woodrow Wilson ein weiterer Entwicklungskern der frühen Politikwissenschaft entstanden. Wilson war ein Bewunderer des britischen Westminster-Parlamentarismus. Diese Vorbildwirkung Großbritanniens hatte zwei Quellen, eine methodische und eine politische. Wilson war ein Exponent des Reformgeistes der amerikanischen Politik um die Jahrhundertwende. Die bereits oben erwähnten Probleme der Einwanderung, Verstädterung, Ausbeutung und inkompetenter öffentlicher Verwaltungen trieben ihn ebenso um wie andere bekannte Reformergestalten in der US-Politik vor dem Ersten Weltkrieg, Theodore

Roosevelt und die La Follette-Brüder. Auch Wilson kannte und schätzte die europäische Staatsverwaltung. Die preußisch-deutsche hielt er sogar für mustergültig. Sein politisches Vorbild war jedoch Großbritannien. Politiker wie Disraeli und Gladstone hatten in den 1870er und 1880er Jahren vorgeführt, wie zupackende Regierungen die sozialen Verwerfungen im Gefolge der Industrialisierung auszugleichen suchten. Ihre Reformen hatten den britischen Staat, die Bürgerfreiheiten und die Ökonomie vor Erschütterungen bewahrt.

Das Geheimnis dieses Erfolges lag nach Wilsons Ansicht in den Institutionen. Ihm stand dabei aber nicht so sehr das formale Konstrukt der durch Verfassungsregeln moderierten britischen Monarchie vor Augen, sondern vielmehr die faktische, informelle Verfassung der britischen Kabinettsregierung, die sich für ihre Politik den Rückhalt der Öffentlichkeit verschaffen muss. Der klassische Analytiker dieser britischen Realverfassung war Walter Bagehot gewesen (1971 (Erstaufl. 1867)). Seine Methode war bestechend einfach: Er hatte die förmlichen Institutionen des britischen Government, die er als politischer Journalist sehr gut kannte, auf ihre Alltagsbedeutung hin abgeklopft und nach ihrer symbolischen und tatsächlichen Relevanz bewertet. Sein Ergebnis: Nicht die Krone regiere, sondern das Kabinett mit dem Rückhalt der parlamentarischen Mehrheit. Also entscheide sich die britische Politik im Kreise der Minister.

Wilson verband Bagehots Erkenntnis mit seiner eigenen Wahrnehmung der tatsächlichen Strukturen in der amerikanischen Politik. Indem er wie Bagehot auf beobachtbare Machtverteilungen blickte, ermittelte er für die USA ein Führungsdefizit gerade dort, wo er die Initiative für durchgreifende Reformen im eigenen Lande erwartete: in der Präsidentschaft! Nicht dort, sondern im Repräsentantenhaus des Kongresses konzentrierte sich damals die politische Macht, und im Repräsentantenhaus wiederum beim Sprecher dieser Kammer. Mit dem Mittel der Patronage, d.h. der Vergabe parlamentarischer Ämter, brachte der Sprecher die Ausschussvorsitzenden in seine Abhängigkeit. Sie waren mit ihrer inhaltlichen Kontrolle der Gesetzgebung die eigentlichen „Macher" der Bundespolitik. Für die Parteien war die Bundespolitik nicht wichtig. Politische Entscheidungen über Jobs, Geld und Bauprojekte konzentrierten sich in den großen Städten. Mit Bagehotschem Herangehen gelangte Wilson zu der Schlussfolgerung, dass die amerikanische Politik reformunfähig sei. Sie sei zum Congressional government degeneriert, wo es eines Presidential govern-

ment bedurft hätte (Wilson 2002 (Erstaufl. 1885)). Als politischer
Kopf versprach sich Wilson Remedur von einem Präsidenten, der die
öffentliche Meinung für sich einzunehmen verstand. Mit dem Rückhalt
der Öffentlichkeit mochte der Präsident auch den Kongress für seine
Pläne gewinnen (Stid 1994).

Mit dem Postulat der teilnehmenden Beobachtung setzte Wilson einen Akzent, der von Burgess' Kopie der deutschen Staatswissenschaften weit wegführte. Wilson forderte seine Studenten auf, nicht
allein Bücher zu studieren, sondern die Welt um sich herum als Stu-
dienmaterial zu nutzen, d.h. an Wahlversammlungen mitzuwirken, in
kommunalen Behörden mitzuarbeiten, politischen Gesprächen auf der
Straße und in Bars zu lauschen und die Wohn- und Lebensverhältnisse
der einfachen Leute kennen zu lernen. Diese Vorgehensweise war
zwar noch kein methodisches Programm. Sie war aber zukunftsträchti-
ger als Burgess' Columbia-Projekt. Darüber hinaus stimmte Wilsons
Interesse an der öffentlichen Meinung, an den Parteien, an den organisierten Interessen und an den parlamentarischen Strukturen ungleich
besser mit der Tradition und mit der Realität der amerikanischen Politik überein als Burgess' kritiklose Bewunderung des obrigkeitlichen
Deutschland (Wilson 1911).

Ein weiteres Zentrum der Politikwissenschaft hatte sich in Harvard
gebildet. Dort hatte der Politikwissenschaftler Lawrence Lowell, später auch Präsident von Harvard, den Briten James Bryce für eine Professur gewonnen. Bryce kehrte zwar später in seine britische Heimat
zurück. Nach seiner wissenschaftlichen Vita ist er aber der amerikanischen Politikwissenschaft zuzurechnen (Ions 1968). Eine britische Politikwissenschaft gab es zu dieser Zeit nicht einmal in Ansätzen. Bryce
hatte weithin beachtete Analysen der amerikanischen Politik verfasst.
Sein wichtigstes Werk war das *American Commonwealth* (1888), das
ganz auf Reiseerlebnissen und Gesprächen mit zeitgenössischen Politikern fußte. Es handelte sich hier um das erste Gesamtpanorama der
amerikanischen Politik seit Tocqueville. Bryces großes Thema waren
die aus britischer Perspektive undisziplinierten, auf Patronage fixierten
und programmleeren amerikanischen Parteien.

Ganz allgemein waren Parteien und Demokratie in dieser Epoche
das Thema bei der Untersuchung politischer Phänomene. Die Parteimaschinen, wie sie abwertend genannt wurden, zeichnete Bryce als
Stimmen- und Jobtauschbörsen, allein dazu bestimmt, Mandatsinhaber
und politische Beamte zu installieren und im Amt zu halten. Wir be-

gegnen hier einem ähnlichen Phänomen wie bei Wilsons Beschreibung des zeitgenössischen Kongresses. Beide schärften ihren Blick für die Eigenarten der amerikanischen Politik mit solider Kenntnis des Westminster-Systems. Bryce wie Lowell waren auch Vorboten der vergleichenden Politikwissenschaft. Im Mittelpunkt ihrer späteren Schriften standen der Vergleich des Westminster-Parlamentarismus mit dem US-Regierungssystem und die Wechselwirkung des Zwei- und Vielparteiensystems mit der Kabinettstabilität im kontinentalen Europa (Bryce 1921, Lowell 1896, 1910, 1914).

Der rückblickend für die amerikanische Politikwissenschaft zukunftweisende Analytiker fand in dieser Zeit noch keine große Beachtung. Arthur Bentley veröffentlichte unter dem Titel *The Process of Government* eine Studie des politischen Prozesses in den USA. Er schilderte das politische Geschehen als das Neben-, Mit- und Gegeneinander politischer Gruppen von den Vereinen über die Gewerkschaften bis hin zu den Kirchen. Die Regierung als Adressatin dieses Treibens sei selbst eine Gruppe, obgleich mit der Fähigkeit zum Entscheiden privilegiert. Die Regierung höre die einen an, die anderen nicht, jenen komme sie entgegen, mit anderen verhandle sie um eine Verständigung (Bentley 1908). Bentley stand in der Tradition des kritischen Journalismus der reformerischen Progressive era am Beginn des 20. Jahrhunderts. Sein Engagement galt der Aufdeckung der Korruption, den unlauteren Wahlpraktiken und ganz allgemein dem Einfluss des großen Geldes auf die Politik. Bentley war zeitlebens Journalist, die zeitgenössische Politikwissenschaft interessierte ihn nicht weiter. Für Bentleys Thema hatte die Politikwissenschaft selbst noch kein Ohr. Heute wird Bentley von der Politikwissenschaft als ein Klassiker vereinnahmt.

Als Außenseiter galt seinerzeit auch Charles E. Beard. Der gelernte Historiker Beard brach mit der traditionellen, verherrlichenden Darstellung der amerikanischen Staatsgründung, indem er den gesellschaftlichen Hintergrund der Mitglieder des Verfassungskonvents von 1787 ausleuchtete und die These aufstellte, der Konvent habe sich deutlich von ökonomischen Interessen leiten lassen. Beard wurde daraufhin zur Unperson (Beard 1974 (Erstaufl. 1913)). Sein Werk wurde zunächst stärker im Ausland als in den USA selbst rezipiert. Beide Autoren, so verschieden sie auch arbeiteten, einte der Ausgangspunkt des materiellen Interesses als zentrales Motiv des politischen Handelns.

Die Rechts- und Staatstheorie nahm in den Lehr- und Studienplänen zur gleichen Zeit einen prominenten Platz ein. Sie wurde im Allgemeinen als die Kenntnis politischer Philosophen abgehandelt. Bis weit in die 1930er Jahre verbarg sich an den renommierten Ostküstenuniversitäten – Ivy League – hinter der Political science die Lehre staatsphilosophischer Zelebritäten von Plato bis Madison (Haddow 1939: 257ff.). Als Klassiker im Sinne dieses Kanons galt ein verbreitetes Lehrbuch von Sabine (1973 (Erstaufl. 1937)). Die Philosophie war an amerikanischen Universitäten kein bedeutendes und auch kein besonders gut vertretenes Fach. Die Ausbildung an den Law Schools konzentrierte sich auf das Verfahrensrecht und auf Musterfälle. Die Lehre der Rechtstheorie war uninteressant. Künftige Anwälte brauchten sie nicht; es war kein Geld damit zu verdienen. Was lag also näher, als das Wissensgebiet der Staatsideen der Political science zuzuschieben. Der seither eingetretene Wandel der amerikanischen Politikwissenschaft lässt sich plastisch daran ablesen, dass diese Themen vor mehr als einem halben Jahrhundert in die Fachphilosophie ausgewandert sind.

Blicken wir zuletzt auf die Selbstorganisation der amerikanischen Politikwissenschaft. Der noch sehr kleine Zirkel von Fachprofessoren hob 1904 die American Political Science Association (APSA) aus der Taufe, ein Forum, das Politikwissenschaftlern auf Konferenzen einen regelmäßigen Austausch bieten sollte. Bereits 1906 wurde die *American Political Science Review* ins Leben gerufen. Ihre Artikel boten anfänglich ein Kaleidoskop all der Dinge, die Politikwissenschaftler zu dieser Zeit beschäftigten.

Im ersten Drittel des 20. Jahrhunderts kam es in der amerikanischen Politikwissenschaft zu einer Zäsur. Sie gab der Disziplin auf Jahrzehnte hinaus ihre amerikanische Prägung. Ihre grundlegenden Ursprünge waren das Wirken des Chicagoer Politikwissenschaftlers Merriam und die Neudefinition der Politikwissenschaft als Ursachenforschung.

2.2.3 Charles E. Merriam und die Politikwissenschaft in Chicago

Die frühe amerikanische Politikwissenschaft war eine Sache der Ivy League-Universitäten gewesen, die das Studium der Geisteswissenschaften kultivierten. Ihr Selbstverständnis war von dem europäischer Hochschulen nicht allzu weit entfernt. Die zahlreichen universitären Neugründungen im rasch an Bevölkerung gewinnenden Mittleren Westen und Westen der USA gingen zum erheblichen Teil auf die Staaten, teilweise auch auf die großstädtischen Gemeinden zurück. Die Gründer erwarteten, dass die neuen Universitäten etwas für die örtliche Bevölkerung und für die lokale Wirtschaft leisteten. Deshalb standen die Naturwissenschaften dort hoch im Kurs. Agrarwissenschaftliche Forschungen konnten zur Produktivität im Weizen- und Maisanbau beitragen, die Geologie zur Ausbeutung der mineralischen Ressourcen. Die Trustees, die Regenten der Universitäten, darunter meist einflussreiche Geschäftsleute, schätzten den Anwendungsnutzen der Forschungsergebnisse. Sie lenkten Mittel bevorzugt in jene Bereiche, die dieser Erwartung am ehesten entsprachen.

Chicago beherbergte die größte und wichtigste Universität des Mittleren Westens. Sie wurde von industriellen Mäzenen, namentlich von den Rockefellers, großzügig gefördert. Chicago war zu dieser Zeit die dynamischste Metropole der USA. Es war eine noch junge Stadt, die mit ihren Industrien – Maschinenbau, Fahrzeuge, Lebensmittelverarbeitung – sowie als Knotenpunkt der interkontinentalen Eisenbahnverbindungen scharenweise europäische Einwanderer anzog. Wie alle Metropolen der USA, so war auch Chicago für die Herausforderungen des rasanten Bevölkerungswachstums nicht gerüstet. Es wurde schlecht verwaltet. Eine Parteimaschine mit ihrer unternehmensförmigen Patronagewirtschaft – städtische Ämter als Gegenleistung für die Mobilisierung des Elektorats – beherrschte die kommunale Politikszenerie. In den übrigen Großstädten verhielt es sich genauso. Gegen diese Verhältnisse begehrten in der Progressive era nach der Wende zum 20. Jahrhundert die Reformpolitiker auf. Ihr vorrangiges Anliegen war die Bekämpfung der Korruption, die Professionalisierung der Verwaltungen, die Zerschlagung der Parteimaschinen und die Ausweitung der Bürgerpartizipation durch Referenden und Vorwahlen. Diese Reformen zielten auf die Politik in den Staaten und Gemeinden. Eine Wissenschaft, die sich den Ursachen der Malaise widmete und Mittel zu ihrer Beseitigung aufzeigte, erschien vor diesem Hintergrund kaum weniger nützlich als die Natur- und Ingenieurwissenschaften (Berndtson 1987: 90ff., Waldo 1975: 33).

Charles E. Merriam wuchs in den kleinbürgerlichen Verhältnissen einer mittelwestlichen Kleinstadt auf. Von seinem Bruder her, einem Geologen, mit der Naturbeobachtung und Messung vertraut, gewann er eine hohe Meinung von der exakten Wissenschaft. Sein anfängliches Interesse für die Naturbeobachtung wandte sich recht bald zur Politik (zur Biografie Merriams: Karl 1974). Enttäuscht vom verbreiteten Studium der politischen Ideen in der Politikwissenschaft seiner Zeit, studierte er zunächst in New York bei Burgess, dessen staatsrechtsähnliche Wissenschaft ihm eher zusagte. Hier faszinierte ihn vor allem die Begegnung mit der deutschen Kommunalwissenschaft. Sie schien ihm ein brauchbares Modell für die Reform des ineffizienten und korrupten amerikanischen Local government zu bieten. Ein Studium in Deutschland enttäuschte ihn jedoch. Die Inhalte kannte Merriam bereits vom Studium an der Columbia University. Zurück in den USA, begeisterten ihn praktische Feldstudien, die der Columbia-Politikwissenschafter Low, auch er ein Reformpolitiker, anregte. Studenten wurden mit Fragenkatalogen ausgesandt, um dann Wähler und Gewählte entsprechend den Antworten zu kategorisieren. Die kommunalen Archive und Statistiken wurden herangezogen, um Datensätze zu erstellen und sie abzugleichen. Die praktische Arbeit mit Zahlen, die eine Quantifizierung politischer Phänomene ermöglichte, traf Merriams Nerv. Hier hatte er die Methode gefunden, um Beweise zu führen, die sich der gleichen respektierten Mittel wie die Demonstration wirtschaftlicher Fakten und Trends bedienten. So mochten sich belegbare Fingerzeige gewinnen lassen, wo Reformen der kommunalen Politik ansetzen konnten.

Merriam erhielt Angebote, eine Professur an einer der traditionellen Ivy League-Universitäten anzunehmen. Letztlich entschied er sich für Chicago. Dort traf er auf eine Universität, die in seinem Fachgebiet am Traditionsgut der politischen Philosophie und auch am staatswissenschaftlichen Zuschnitt des Politikstudiums keinen Gefallen fand. Chicago stand weniger für Buchwissenschaft als für Facts und figures. Die Statistik wurde als Analyseinstrument hoch geschätzt. Die Chicago-Ökonomie bemühte sich um eine datengestützte Prognostik. Die Psychologie hantierte mit den behavioristischen Modellen J. B. Watsons. In Reihenversuchen hatte Watson die Persönlichkeitsentwicklung unter vergleichbaren oder signifikant unterschiedlichen Stimuli untersucht. Merriam präferierte Chicago, weil das Forschungsmilieu dort auf eine Verhaltenswissenschaft von der Politik gestimmt war. Die Ideen, die aus der Statistik, der Psychologie und der Soziologie zu ihm drangen, nahm er als Bausteine für eine empirische Politikwissenschaft auf. Die wissenschaftliche Politikanalyse sollte in der Annäherung an das Experiment der exakten Wissenschaften valide Aussagen gewinnen (Merriam 1921, 1923). Damit schlug Merriam in Chicago ein Thema an, das bereits ein gutes Stück des modernen Fachverständnisses formulierte. Es wäre freilich falsch, Merriam ganz auf die Begeisterung für die Datenbeschaffung und für die statistische Beweisführung zu verkürzen. Sein Interesse galt kaum weniger den Erkenntnismöglichkeiten der Psychoanalyse, der Kulturanthropologie und der verstehenden Soziologie – eigentlich allem, was von der philosophischen Betrachtung und von der herkömmlichen Verfassungslehre wegführte!

Merriam veröffentlichte zahlreiche Bücher, in denen er sich an den neuen Methoden versuchte, nicht zuletzt auch an der Psychologie (etwa Merriam 1939: 68ff., 93). Dennoch liegt seine Bedeutung für die Politikwissenschaft nicht im literarischen Werk. Anders als viele seiner engsten Mitarbeiter und Schüler lässt sich Merriam nicht mit einem bestimmten Forschungsfeld, mit einer Schule oder mit einem großen Werk, einer *lead study*, verbinden. Seine Rolle für die von ihm maßgeblich in die Wege geleitete empirische Zäsur in der Disziplin war die des Richtungsweisers, des Ressourcenbeschaffers und des Statusverteidigers im Verhältnis zur Politik (Leiserson 1975: 176). Beginnen wir mit dem letzten Punkt. Merriam begnügte sich nicht mit der wissenschaftlichen Beobachtung der Politik. Er engagierte sich selbst heftig in der Chicagoer Kommunalpolitik und verfehlte um Haaresbreite die Wahl zum Bürgermeister. Die industriellen Sponsoren der Universität vermochte er immer wieder zu überzeugen, dass sie ihre Zuwendungen in der Unterstützung empirischer Politikstudien gut angelegt hatten.

Mit Lasswell, Almond, Key und Truman sammelte Merriam Mitarbeiter um sich, die jeder für sich nach 1945 die weitere Fachentwicklung bestimmen sollten. Sein wichtigster Beitrag dazu war die Förderung des interdisziplinären Dialogs und insbesondere die Konstruktion einer Forschungsförderungsmaschine, des Social Science Research Council (SSRC). Es handelte sich um einen Verein, der bei den großen Stiftungen Forschungsgelder einwarb. Diese wurden dann gepoolt und gezielt in Vorhaben gelenkt, die empirische Erkenntnisfortschritte versprachen. Die einzige *oral history* unter Beteiligung der bekanntesten Exponenten des Fachs in den bewegten 1930er, 1940er und 1950er Jahren – ein Projekt des „Politikwissenschaftler befragen Ihresgleichen" – demonstriert eindrucksvoll, wie belebend der interdisziplinäre Austausch unter den Chicagoer Sozialwissenschaftlern gewirkt hat. In den späten 1920er Jahren hatten auf dem Chicagoer Campus Ökonomen, Psychologen, Soziologen und Politikwissenschaftler ein gemein-

sames Gebäude bezogen, das Social Science Building. Wie die Zeitzeugen berichten, waren dort die Vertreter der Disziplinen bunt durch-
einander gewürfelt, die Ökonomen neben den Psychologen, die Stati-
stiker neben den Politikwissenschaftlern. Die Fachetiketten hätten aber
keine Bedeutung gehabt. Alle hätten sich als Glieder einer sozialwissenschaftlichen Forschergemeinde empfunden. Methoden und Theorie-
fragen hätten selbst in der Cafeteria und auf den Fluren den Ge-
sprächsstoff bestimmt (Baer/Jewell/Sigelman 1991: 122f., 138).

Dieser Einblick in ein Universitätsgebäude lädt zum Vergleich mit
der Politikwissenschaft der Gegenwart ein. Diese zeigt das Bild einer
Verhaltenswissenschaft, die bis heute keinen konsensuellen methodischen Kern hat. Sie mischt eklektisch, was ihr die Sozialpsychologie,
die Soziologie und die Ökonomie an Modellen und Methoden bieten,
wie es auch in Merriams wichtigstem Buch, einer Gesamtdarstellung
des Fachs, geschieht (Merriam 1966 (Erstaufl. 1945)). Der gemeinsame Nenner dieses Eklektizismus lässt sich am besten negativ definieren: Er stößt die politische Philosophie und die Rechtswissenschaft ab!
Die Leserin und der Leser werden hier vielleicht stutzen: Hat nicht
auch die politische Philosophie ihren Platz in der Politikwissenschaft
behalten? Gewiss, in Europa schon und in Deutschland allemal. In den
USA ist das aber schon seit längerem nicht mehr der Fall. In Chicago
trug Merriam mit einer gezielten Berufungspolitik zu Gunsten seiner
Mitarbeiter dazu bei, dass Politikwissenschaftler mit einer szientistischen Orientierung zum Zuge kamen. Der nicht unberechtigte Vorwurf
des unfeinen *inbreeding* beeindruckte ihn nicht.

Die von Merriam mit Hochdruck betriebene Interdisziplinarität und
Verwissenschaftlichung machte die Politikwissenschaft zu einem auf-
wendigeren Unterfangen als das reine Bücherstudium. Finanzielle
Unterstützung sicherte Merriam unter anderem damit, dass er Untersuchungen anregte und förderte, die konkrete Erkenntnisse für den Uni-
versitätsstandort Chicago erbrachten (z. B. Gosnell 1937). Sein persönliches Interesse am Local government produzierte Vorschläge zur
Reform der Gemeindefinanzen. Kollegen und Mitarbeiter führten Studien über die lokalen Parteien und das Wählerverhalten durch. Merriam stand weiterhin im Lager der Kommunalreformer. Dabei fiel es
ihm leicht, materielle Unterstützung für reformrelevante Projekte zu
mobilisieren. Er hielt sich aber bei solchen Projekten zurück, die den
Zusammenhang von Geld und Macht kritisch unter die Lupe zu nehmen gedachten. Merriams größte Leistung als Wissenschaftsmanager

31

war die Mitbegründung des Social Science Research Council. Chicago wurde unter Merriam zur Schrittmacherin einer neuen Politikwissenschaft. Es brauchte allerdings noch gut 20 bis 30 Jahre, bis die Chicagoer Lokomotive die zahlreichen anderen Institutionen in den USA mitzuziehen vermochte, die an der traditionellen Institutionenkunde und an der politischen Philosophie festhielten.

2.3 Deutschland: Politik als Gegenstand der Staatslehre

2.3.1 Recht und Politik im wilhelminischen Staatsverständnis und der Bruch von 1919

Die Politik als Universitätsfach hat in Deutschland keine längere Tradition. Bis vor gut 50 Jahren nahmen sich andere Fächer der wissenschaftlichen Politikerörterung an, vor allem die Rechtswissenschaft. Die Philosophie der Politik war reine Staatsphilosophie, sie isolierte sich mit ihrer hohen Abstraktion von den Phänomenen der Alltagspolitik. Hegels begriffsrealistische Philosophie, die an deutschen Universitäten des 19. Jahrhunderts verbreitet war, intonierte die Leitmelodie auch für Geister geringeren Ranges. Näher an der Politikerfahrung lag das deutsche Staatsrecht, ein Produkt der Universitäts- und Staatsreformen in Preußen und in anderen deutschen Staaten (zum Folgenden: von Oertzen 1974). Seine Grundlage war die Staatslehre. Die deutschen Staatslehrer trieben politische Theorie. Die vom Vater des wilhelminischen Staatsrechts, Paul Laband, kanonisierte Aufgabe des staatlichen Rechts war seine ordnungsstiftende Wirkung (Laband 1964 (5. Aufl. 1911ff.)). Ein wohlgeordneter Staat schafft sein Recht, und wenn er die für ihn selbst bestimmten Rechtsnormen, das öffentliche Recht, kraft einer guten Verwaltung und einer wohlausgebildeten Justiz mit Leben zu füllen versteht, dann erübrigt sich die Politik als Alltagsgeschehen. Die Politik – verkörpert in Monarch, Regierung und Gesetzgeber – muss nur hin und wieder bemüht werden, um der Verwaltung und Rechtsprechung neue Vorgaben zu verordnen, sobald die Rechtspraxis Änderungsbedarf anzeigt. Sonst erübrigen jedoch die Vorschriften und das Verwaltungshandeln politische Entscheidungen. Das Staats- und das Verwaltungsrecht geben den Beamten und den Richtern die grundlegenden politischen Informationen.

Im Deutschen Reich galt das Jurastudium als die klassische Vorbereitung auch für politische Ämter. Die Legitimationsquellen des Rechts wurden von der Rechtswissenschaft nicht weiter problematisiert (Bleek 1972: 299ff.).

Dieses Staatsrecht keimte und gedieh im Biotop des monarchisch verfassten Deutschen Reiches und seines größten Gliedstaates Preußen. Das Quantum parlamentarischer Mitbestimmung, das auf den Barrikaden von 1848 vom Bürgertum vergeblich gefordert und bei der Reichsgründung 1871 ein Stückweit gewährt wurde, galt nicht viel. Die „Politik der Straße" hatte den Ruch des Illegitimen. Die Profiteure autoritärer Strukturen im Staat und in der Gesellschaft bestimmten die politische Richtung *en gros* und *en détail*. Galt also die Politik *im* Staat als eine dubiose Sache, so hatte sie im Verhältnis *zwischen* den Staaten einen besseren Klang. Dort hatte die Außenpolitik die Dignität einer Kunst, und diese Kunst konnte auf die Anschauung der „großen Männer" in der Geschichte zurückgreifen. Hier lag die Bedeutung der Geschichtswissenschaft für das Politikbild. Um die Gegebenheiten in der Welt kennen zu lernen und nicht an den Tatsachen vorbei zu handeln, war es außerdem wichtig, das Ausland zu studieren. Deshalb gewannen Auslandsstudien an Bedeutung. Sie bereiteten ökonomisches, ethnisches und geographisches Wissen für die möglichen Ziele der Außenpolitik auf (Duve 1998). Auch für die internationalen Geschäfte deutscher Unternehmen wurden solche Kenntnisse wichtig. Wissenschaftliches Interesse an der Politik stand aber nicht dahinter. Die auslandskundlichen Institutionen waren den Reichsbehörden zugeordnet.

Die Revolution von 1918 hatte zweierlei Konsequenzen für das Politikstudium:

– Sie belebte die Diskussion um die Grundlagen des Staatsrechts in der Staatslehre,
– die Weimarer Republik brachte Demokraten in Führungspositionen.

Der Erste Weltkrieg, die Revolution und die Wirren der frühen Weimarer Republik entzogen der beschaulich-positivistischen Staatslehre der wilhelminischen Zeit die Grundlage. Verwalten *als* und *statt* Politik überzeugte vor dem Hintergrund häufig fragiler und wechselnder Koalitionen im Reichstag nicht mehr. Die überkommene Rechtsstaatsidee verlor jetzt ihre Wirkung. Die in der alten, autoritären Ordnung großgewordenen Verwalter sollten ein Recht exekutieren, das die Parteien der jungen parlamentarischen Demokratie beschlossen hatten. Das Recht wurde aber in einem Geist praktiziert, der allzu häufig der Nostalgie für die Vorkriegsordnung gehorchte. Die Staatsrechtler mochten sich mit diesen Veränderungen nicht anfreunden. Sie konnten sie aber nicht ignorieren. Die Demokratie hatte der rechtlichen Normgebung jetzt unübersehbar die politische Auseinandersetzung vorgeschaltet. Diese Zäsur wurde in einer staatstheoretischen Debatte mit sehr deutschem Charakter verarbeitet. Sie wirkte deshalb so deutsch, weil sie von Wissenschaftlern geführt wurde, die aus der ideologischen Tradition des Unpolitischen kamen, die der Wilhelminismus herangezüchtet hatte. Das jahrzehntelange Fernhalten sozialdemokratischer Juristen von den Universitäten hatte ein Übriges getan. Unter den neuen politischen Umständen trat die konservative Parteilichkeit der Staatsrechtslehre besonders deutlich hervor.

2.3.2 Die Kontroverse um das Wesen der Politik in den Weimarer Staatslehren

Den einen Pol in der Weimarer Staatsrechtsdebatte markierte Hans Kelsen. Dieser erhob die Rechtsnorm unabhängig von ihrem Ursprung und Inhalt zur elementaren Grundlage des Staates. Niedere Normen sollten von höherrangigen hergeleitet sein. Die oberste Norm der Rechtsordnung ist die Verfassung, und ein Verfassungsgericht schreitet ein, wenn sich der Verdacht regt, dass mit der nachgeordneten Norm das Gesetz oder die Verfassung umgangen werden soll. Kelsens Empfehlung: Die Verfassung, die Gesetze, den Gesetzgeber und die Gerichte sollten ein sich selbst regulierendes System von Handlungsanweisungen konstituieren! Die Gerichte und letztlich das Verfassungsgericht beseitigen Konflikte und Störungen, die im Rechtssystem auftreten (Kelsen 1920, 1994 (Erstaufl. 1934)). Kelsen entpolitisierte den Staat damit genauso wie die positivistischen Staatsrechtslehrer vor dem Sturz der deutschen Monarchen: Die Politik mag die Quelle der Rechtsnormen sein. Aber sobald sie schwarz auf weiß in die Gesetzestexte Eingang gefunden hat, geht das Handeln und Entscheiden an Richter und Beamte über. Kelsen war und blieb freilich ein liberaler Demokrat.

Carl Schmitt, ein brillanter Jurist, vertrat in jeder Hinsicht den gegenteiligen Standpunkt. Er erkannte, dass jede Rechtsnorm hohl wird, wenn keine Macht hinter ihr steht. Schmitt sprach der Politik den Vorrang vor dem Recht zu. Dieser Gedanke war in der Tradition des deutschen Rechts geradezu revolutionär: Die Politik bedient sich des Rechts lediglich als technische Form, um einer weitverzweigten Bürokratie ihren Willen mitzuteilen. Das Wesen der Politik ist die Macht, und Macht zeigt sich letztlich in der Fähigkeit, im Ausnahmezustand zu handeln, d.h. Freund und Feind zu definieren und im Kräftemessen mit dem Feind zu bestehen (Schmitt 1996a (Erstaufl. 1932)). Die Politik und das Recht sind getrennte Welten. Der Staat konstituiert sich durch die Politik. Schmitt dachte die Politik vom Kriege her. Der Krieg ist die Ausnahmesituation schlechthin. Schmitt knüpfte mit seinem Politikbegriff an die legitime Politik im positivistischen Staatsrecht an: die Außenpolitik. Er dehnte die Politik als machtgeladenes, rechtsfreies Handeln auf die innerstaatliche Rechtsordnung aus. Wo immer es um Machtfragen geht, lauert der Ausnahmezustand; das Recht tritt zurück (Schmitt 1994 (Nachdruck der Zweitaufl. 1928)). Demokratie und Parlamentarismus bilden die Werte- und Interessenpluralität der Gesellschaft ab. Das langwierige und umständliche Prozedieren im Verfassungsstaat mag für einen ruhigen politischen Alltag genügen (Schmitt 1996b (Erstaufl. 1923)). Der Staatsnotstand, der blanke politische Kampf um Sein oder Nichtsein, deutet eben darum auf die Diktatur als die Sachwalterin der eigentlichen Politik (Schmitt 1985 (Erstaufl. 1931)).

Schmitts reine Politiklehre war so empiriefern und untauglich für die Grundlegung einer realitätsnahen Politikanalyse wie Kelsens reine Rechtslehre. Das Recht wurde ebenso übertheoretisiert wie die Politik. Die heute als trivial empfundene Feststellung, dass jegliches Recht politisch affiziert ist, weil es die Interessen und Kompromisse gesellschaftlicher Kräfte ausdrückt, war Schmitt und seinen Zeitgenossen noch fremd. Ebenso fremd war die Einsicht, dass jegliche Politik vom Recht konditioniert ist, sei es auch nur deshalb, weil Beamte, Parlamentarier, Minister, Anwälte und Universitätslehrer in Rechtsvorstellungen denken. Kelsen wie auch Schmitt zeigten bei allen Unterschieden, dass sie, jeder auf seine Weise, Recht und Politik gleichsetzten. Bei Kelsen verschlingt die formal korrekt zustande gekommene Rechtsnorm im Verfassungsstaat die Politik, bei Schmitt schluckt die politische Grundlage des Rechts die Idee einer Rechtsbindung der Politik. Der eigenen These folgend, allein das Politische zähle, warf sich Schmitt dem Nationalsozialismus in die Arme. Nach 1933 machte er weiterhin Karriere, um sich dann in den personalisierten Machtspielen des NS-Staates zu verheddern und letztlich kaltgestellt zu werden (Koenen 1995).

Schließlich sei noch Rudolf Smend vermerkt, eine weitere bedeutsame Stimme in der Weimarer Staatsrechtsdiskussion. Seine Integrationslehre kreiste um die Fähigkeit des Staates, die Bürger positiv an sich zu binden. Zu diesem Zweck soll der Staat lebensnahe Identifikationskerne anbieten, so unter anderem die Integration durch Personen, also durch politische Führergestalten. Integrativ wirkt ferner die Integration funktionaler Art in Gestalt des Parlamentarismus. Im Parlament artikulieren sich die Parteien und Interessen. Sie kommen dort zu sachgerechten politischen Lösungen. Schließlich tragen auch Symbole wie Fahne, Staatsembleme und Staatsbauten zur Integration bei (Smend 1928).

Klassensymbole und Klassenrhetorik stehen der Integration allerdings entgegen. Hier kamen die Sehnsüchte nach einer Überwindung der Nüchternheit der Weimarer Republik und das Unbehagen am politischen Konflikt und an marxistischer Ideologie zum Ausdruck. Dessen ungeachtet erkannte Smend einen wichtigen Faktor der Politik: Es handelte sich in moderner Sprache um das Vorhandensein einer politischen Kultur und eines staatlichen Institutionenapparats, die einander entsprechen und unterstützen. Kurz: Smend thematisierte die soziologische und psychologische Politikdimension. Seine Resonanz war in der Weimarer Staatsrechtslehre gering. Erst in der Bundesrepublik sollte Smend Spuren hinterlassen. Dennoch ließ auch Smend ein typisches Merkmal der Politikbetrachtung in der Weimarer Zeit erkennen, nämlich die Schwierigkeit, in einer durch und durch vom Juristischen geprägten Universitätslandschaft einen Befund zu formulieren, der in den Sozialwissenschaften eine bessere Ausdrucksform gefunden hätte. Dabei gab es im Max Weberschen Werk einen Fundus, aus dem man hätte schöpfen können (Weber 1990 (Erstaufl. 1922), Käsler 1998). Aber die Distanz zwischen Staatsrechtslehre und Soziologie war einfach noch zu groß.

Über die deutsche Staatsrechtslehre zur Politikwissenschaft zu gelangen war schwierig. Ansätze dazu gab es, aber sie führten nicht allzu weit. Die ersten Wegbereiter für die spätere deutsche Politikwissenschaft waren sozialdemokratische Staatsrechtslehrer. Diese bekamen erst in der Weimarer Demokratie die Chance, an Rechtswissenschaftliche Fakultäten berufen zu werden. Dort blieben sie dann in der Regel Außenseiter. Ihr bekanntester Vertreter war Hermann Heller. Mit dem marxistischen Denken vertraut, hatte Heller ein Gespür für die Wechselwirkung zwischen gesellschaftlichen Machtlagen sowie Recht und Politik. Das Recht gilt nur, wenn es gesellschaftlich anerkannt wird. Dieser zentrale Sachverhalt der Legitimität hat die zwingende Konsequenz, dass die Politik das Recht fortlaufend anpassen und neu schreiben muss, wenn es seine Akzeptanz zu verlieren droht. Dazu ist die Politik nur dann in der Lage, wenn sie in den Wahlen Bestätigung findet, wenn sie ferner unter der Bedingung öffentlicher Kritik agiert und wenn sie schließlich Regeln, Verfahren und Usancen beachtet, die den politischen Prozess berechenbar machen. In einer nach Klassen gespaltenen und gleichwohl demokratisch regierten Gesellschaft kommt es insbesondere darauf an, dass die Politik das Recht im Sinne sozialer Gerechtigkeit gestaltet (Heller 1931, 1934). Hellers Idee war der soziale Rechtsstaat (Schluchter 1968). Heller, der in den großen Staatsprozessen der Weimarer Republik als unmittelbarer Gegenspieler Schmitts auftrat, starb im Exil.

Die Weimarer Staatsrechtslehre hatte für Heller nichts übrig. Für die Anfänge der wissenschaftlichen Politikanalyse in Deutschland sollte er jedoch größte Bedeutung gewinnen. Wissenschaftler, die nach dem Krieg die Politikwissenschaft mitbegründen sollten, hatten mit Heller zweierlei gemeinsam: Sie waren ausgebildete Juristen, und sie standen im Lager der demokratischen Juristen. Nur der demokratische Weimarer Staat hatte Anhängern der Linken Beschäftigung in hochqualifizierten Berufen geboten. Der Staat stellte für höhere Positionen in der allgemeinen Verwaltung ausschließlich Juristen ein. Das öffentliche Recht und das Arbeitsrecht boten zudem Schwerpunkte und Themen an, bei denen linke Jurastudenten die wissenschaftliche Ausbildung mit ihren politischen Neigungen verknüpfen konnten. Beispielhaft war der Kreis sozialdemokratischer Juristen um den Frankfurter Arbeitsrechtler Hugo Sinzheimer (Knorre 1991).

2.3.3 Die Deutsche Hochschule für Politik und andere Ursprünge der wissenschaftlichen Politikforschung

Betrachten wir nun die ersten Verselbständigungsschritte der Politikwissenschaft in Deutschland. Die akademische Welt war nicht willens, die Politik als Gegenstand einer vom Recht gelösten wissenschaftlichen Disziplin anzuerkennen. Die komplizierte politische Welt von

Weimar zwang der Wissenschaft die Auseinandersetzung mit der Politik auf. Friedrich Naumann, Spiritus rector der Deutschen Demokratischen Partei, also des verfassungsbejahenden Flügels der Weimarer Liberalen, hatte bereits vor dem Ersten Weltkrieg eine Institution zur politischen Bildung ins Leben gerufen. Diese hatte sich vor allem der Schulung politischer Aktivisten gewidmet. Naumanns Parteifreund Jäckh baute auf diese Erfahrung auf und betrieb nach 1918 die Gründung der Deutschen Hochschule für Politik (DHfP) mit Sitz in Berlin. Man bekannte sich dabei freimütig zum Vorbild der Pariser École Libre des Sciences Politiques. Die DHfP entstand als eine private Einrichtung. Ihre wichtigsten Sponsoren waren die Großindustriellen Bosch und Siemens. Später beteiligten sich auch das Reich und der preußische Staat an der Finanzierung.

Die Gründung der DHfP geschah im breiteren Zusammenhang einer Differenzierung der Hochschullandschaft. So entstanden in Frankfurt/M. und in Leipzig Handelshochschulen ohne Universitätsrang. Sie waren auf die Ausbildung des Führungsnachwuchses für große Unternehmen ausgelegt. Der preußische Kultusminister C.H. Becker (1919-1930) förderte die Einrichtung soziologischer Professuren an den Universitäten. Darüber hinaus setzte er sich für die Schaffung außeruniversitärer sozialwissenschaftlicher Institute ein. Neben der DHfP, an deren Gründung er persönlich beteiligt war, entstanden Institute für Sozialforschung in Köln und Frankfurt/M. Becker versprach sich davon Impulse, die auf die Universitäten ausstrahlen sollten. Diesen traute er wenig Reformvermögen zu (Schivelbusch 2001: 286ff.). Inhaltlich sollte das Verständnis für politische und gesellschaftliche Zusammenhänge vorangebracht werden, das in der Juristenausbildung von jeher vernachlässigt worden war. Die Soziologie der Weimarer Ära wurde von Wissenschaftlern vertreten, die als Liberale und Demokraten dem an den Weimarer Hochschulen fortwirkenden wilhelminischen Geist fern standen. Als typische Nebenfachwissenschaft führte die Soziologie jedoch eine Nischenexistenz, ihr Beitrag zur Elitenbildung war zu vernachlässigen. Die Politik kam nicht einmal so weit wie die Soziologie. Als Siegfried Landshut, einer der Mitgründer der deutschen Politikwissenschaft nach dem Zweiten Weltkrieg und seinerzeit Assistent an einer soziologischen Professur, die Habilitation im Gegenstandsbereich Politik beantragte, lehnte seine Hamburger Fakultät ab (Nicolaysen 1997: 94ff.).

Die DHfP war zwischen einer qualifizierten akademischen Ausbildung und der politischen Bildung für ein breiteres Publikum angesiedelt. Ihre Zielgruppen waren demokratisch gesinnte Parteimitglieder, der Funktionärsnachwuchs der verfassungstreuen Weimarer Parteien und Gewerkschafter sowie Lehrer. Das Lehrpersonal der DHfP rekrutierte sich aus den Reihen der Weimarer Koalition, wobei das katholische Moment so gut wie überhaupt nicht, um so stärker aber die demokratischen Liberalen und die Sozialdemokraten vertreten waren (Kastendiek 1977, Söllner 1991). Neben Teilzeitdozenten, vor allem politischen Praktikern und Wissenschaftlern, die hauptberuflich an anderen Hochschulen wirkten, baute die DHfP allmählich einen kleinen Stamm hauptamtlicher Dozenten auf. In der Endphase der Weimarer Republik wurden mit Rücksicht auf die dramatisch erstarkende Rechte sogar Deutschnationale und Nationalsozialisten in den Lehrkörper aufgenommen (Eisfeld 1991). Bis zum Ende der DHfP als freie Hochschule verschoben sich neben dem fortlaufenden politischen Bildungsbetrieb die Akzente in Richtung auf eine wissenschaftliche Hochschule. Die DHfP baute die Politik zunächst für einen kleinen Studentenkern als Vollstudium aus.

Diese Vollstudenten standen allerdings stets hinter einer stark fluktuierenden großen Mehrheit der Teilzeitstudenten in Brotberufen zurück. Im Mittelpunkt der Lehrpläne standen die Verfassungspolitik, die Parteien, die Verbände und Gewerkschaften sowie die Politik und Verfassungen anderer Staaten (in der seinerzeitigen Staatenwelt also vor allem Frankreich, Großbritannien und die USA). Gerade als die freie Tätigkeit der DHfP mit der nationalsozialistischen Machtergreifung jäh unterbrochen wurde, zeichneten sich erste Ansätze einer eigenständigen, weder vom staatsrechtlichen noch vom historischen Herangehen bestimmten Politikanalyse ab. Die Arbeiten einiger DHfP-Dozenten wie zum Beispiel Ernst Fraenkels Studie zur dialektischen Demokratie (Fraenkel 1929), Otto Kirchheimers Essays zu Problemen der Demokratie und der Weimarer Verfassung (Kirchheimer 1930) und Sigmund Neumanns schon geradezu moderne Studie der Weimarer Parteien (Neumann 1932) waren genuin politikwissenschaftlich. Nach dem Ende der Weimarer Demokratie existierte die DHfP als Institution fort. Sie fertigte zusammen mit anderen auslandskundlichen Instituten Expertisen für die Außen- und Kriegspolitik des Dritten Reiches an (Weyer 1985).

Von der Wende zur empirischen Politikwissenschaft in den USA bekam die Berliner Hochschule nichts mit. Dem ist allerdings anzufügen, dass diese Wende auch an den meisten amerikanischen Universitäten zunächst kaum bemerkt oder gar demonstrativ ignoriert wurde. Mehr als die beschreibende und kommentierende Darstellung politischer Phänomene konnte der heterogene Lehrkörper der DHfP gar nicht leisten, in dem ausgebildete Juristen das Bild bestimmten. Als Hermann Heller an die DHfP berufen wurde, zeichneten sich standardisierte Inhalte ab, für die sich die Systematik seiner Staatslehre angeboten hätte. Heller indes hielt es nicht lange in Berlin. Er folgte einem Ruf nach Frankfurt. Erst die Neugründung der DHfP nach dem Krieg sollte hier anknüpfen können. Die seit einem Vierteljahrhundert häufig geschriebene Geschichte der DHfP soll hier nicht weiter skizziert werden. Ziehen wir deshalb ein Fazit:

Wissenschaftlich konnte die Hochschule nicht mehr leisten, als ihr an Anstößen und Erkenntnissen von den Universitäten zugespielt wurde. Die deutschen Universitäten nahmen, wie oben geschildert, Politik als den – recht unterschiedlich bewerteten – Aspekt einer Staatsrechtslehre zur Kenntnis. Sie zeichneten Politik überwiegend negativ, weil sie mit dem Übergang zur Weimarer Republik demokratisch daherkam und weil sie die in den traditionellen Juristenkreisen geächteten Linken und die Gewerkschaften ins öffentliche Leben geholt hatte. Die DHfP war nach ihrem gesamten Zuschnitt eine Art Weiterbildungseinrichtung für junge Sozialdemokraten, Gewerkschafter und ein Häuflein Liberale im Großraum Berlin.

Die deutsche Soziologie hatte ihre Schwerpunkte an den Universitäten im Süden und Südwesten Deutschlands. Diese waren in der Sozialwissenschaft teilweise bereits international ausgerichtet, so beispielhaft die Universität Heidelberg. Neben der DHfP hatte allein die Heidelberger Fakultät für Staatswissenschaften eine starke Affinität zum wissenschaftlichen Politikstudium. Dies war im Wesentlichen das Verdienst Alfred Webers, der an dieser Institution das Studium der Soziologie und der Politik sowie den Austausch mit der amerikanischen Sozialwissenschaft kultivierte. Wissenschaftler wie Bergsträsser und Friedrich, die am Heidelberger Institut groß geworden waren, sollten nach dem Krieg maßgeblich an der Gründung der Politikwissenschaft als Universitätsfach mitwirken. Friedrich war bereits in den 1920er Jahren in die USA gegangen, Bergsträsser emigrierte wenige Jahre nach Anbruch des Dritten Reiches dorthin. Beide sollten später den Mainstream der amerikanischen Politikwissenschaft in Deutschland bekannt machen.

2.4 Großbritannien: Zaghafte Ansätze der Politikforschung

In Großbritannien ließen die Anfänge eines eigenen Fachs Politikwissenschaft am längsten auf sich warten. Die reflektierte Beschäftigung mit der Politik blieb bis weit ins 20. Jahrhundert ein Thema für Publizisten und Philosophen. Walter Bagehot gilt mit guten Gründen als Vorbild der politikwissenschaftlichen Institutionenanalyse (Bagehot 1971 (Erstaufl. 1867)). Seine Methode des Abgleichs zeremonieller und effizienter politischer Strukturen sollte weit über Großbritannien hinaus Schule machen. John Stuart Mills Betrachtungen über die Repräsentativregierung nahmen ein gutes Teil der späteren Parlamentarismustheorie vorweg (Mill 1971 (Erstaufl. 1861)). Doch dies waren intellektuelle Zeugnisse von viktorianischen *educated gentlemen*, darunter auch Malthus und Ricardo. Sie waren für Praktiker und andere Gebildete bestimmt und noch keine Versuche, Schulwissen zu generieren. Es ging um die ganzheitliche Betrachtung von Moral, Politik und Ökonomie. Es galt, im Zeitalter des Manchester-Kapitalismus rationale Antworten auf die Herausforderungen der sozialen Frage zu finden (Collini/Winch/Barrow 1983, Collini 1991).

Die Gründung der London School of Economics and Political Science (LSE) im Jahr 1895 ging auf die Initiative der Sozialreformer Beatrice und Sidney Webb zurück. Die Webbs, Mitbegründer der Labour Party, waren Fabianer. Die Fabian Society setzte auf die Elitenausbildung, insbesondere auf die Vermittlung ökonomischer Kenntnisse, um das Los der arbeitenden Klassen in einem langsamen, kontinuierlichen Reformprozess zu verbessern. Die traditionellen Ausbildungsstätten der britischen Oberklasse, Oxford und Cambridge, galten als Bastionen der Selbstbestätigung des britischen Establishments. Ihre Studenten steckten in der Tretmühle einer in den höheren Klassen geschätzten klassischen Bildung. Um die Arbeit der Londoner Ministerien zu professionalisieren, war der Civil Service – die Beamtenschaft – geschaffen worden. Der Civil service rekrutierte seine höheren Ränge mit dauerhaftem Erfolg aus eben diesen *Oxbridge*-Absolventen. Das On-the-job-Training reichte vollständig aus, um die britische Regierung über Jahrzehnte hinweg mit fähigen Ministerialbeamten zu versorgen. Von dieser Seite her gab es keinen Grund, ein Universitätsfach Politikwissenschaft zu fördern.

Die LSE zog von Anbeginn bekannte Hochschullehrer an. Zur Entwicklung einer britischen Politikwissenschaft trug sie indes wenig bei (Dahrendorf 1995: 226f.). Der erste Politikwissenschaftler in ihren Mauern, Graham Wallas, machte viel von sich reden, als er die Aristotelesverliebtheit der politischen Philosophen an den Traditionsuniversitäten verspottete. Er selbst zog es vor, die irrationalen Antriebe politischen Verhaltens herauszustellen und in seinem wichtigsten Werk – *Human Nature in Politics* (1981 (Erstaufl. 1908)) – einer psychologisch informierten Politikanalyse das Wort zu reden. Damit fand er unter britischen Wissenschaftlern kein Gehör, ein um so größeres jedoch in den USA (Collini/Winch/Barrow 1983: 367ff.). Dorthin folgte er einem Ruf der Harvard University. Sein Wirken traf dort auf die bereits länger gereifte Stimmung, das Studium der Politik im Dialog mit der Psychologie und mit der empirischen Sozialforschung zu verwissenschaftlichen.

Wallas' Nachfolger an der LSE, Harold Laski, war als Politikwissenschaftler kaum weniger prominent wie später als Exponent des linken Flügels der Labour Party. Bekannt wurde Laski vor allem mit seiner Pluralismustheorie. Ihr zufolge ist die Politik des Staates das Resultat begrenzter politischer Konflikte und temporärer gesellschaftlicher Interessenkoalitionen. Wo der Staat indes existentielle Interessen der arbeitenden Klassen angreife, schuldeten diese ihm keinen Gehorsam mehr (Laski 1919, 1997a (Erstaufl. 1921)). Wenig später vollzog Laski eine Wende und verteidigte den Staat als grundlegendes Instrument einer selbstbestimmten Gesellschaft (Laski 1997b (Erstaufl. 1925)).

Die amerikanische Politikwissenschaft hatte mit Laskis Auffassung vom Staat kein Problem. Politik als Gruppenbetrieb war im angelsächsischen Verständnis legitim. Laski, der nach einem Studium in Oxford an der kanadischen McGill-Universität lehrte, fand in den nahen USA Beachtung. Er nahm eine Professur in Harvard an. So sehr er zur Empirie einlud, kam er über eine moderne politische Theorie doch nicht hinaus. Für Harvard erwies sich der Sozialist Laski als zu radikal. Die USA standen nach der Russischen Revolution im Zeichen der ersten hysterischen „Rotenhatz". Nachdem sich Laski einige deftige Ordnungsrufe des Harvard-Präsidenten Lowell eingehandelt hatte, weil er zu Sympathiebekundungen mit streikenden Bostoner Polizisten aufgerufen hatte, kehrte er in das gelassenere Großbritannien zurück, wo ihm die LSE eine Professur angeboten hatte.

Kurze Erwähnung verdient noch die Politikwissenschaft in Cambridge, wo Ernest Barker seit 1929 eine einschlägige Professur innehatte. In der Art von Burgess in Columbia bewunderte Barker die Konstruktionen der europäischen und insbesondere der deutschen Staatsrechtslehre. Nach ihrem Vorbild versuchte er, die Evolution des britischen Verfassungsstaates zu systematisieren (Stapleton 1994, 1989). Resonanz blieb ihm dabei, wie letztlich auch Burgess in den USA, versagt. Der Rekurs auf das Historisch-Konkrete, wie er in der Auseinandersetzung mit den politischen Strukturen Großbritanniens üblich war, sperrte sich gegen die Verallgemeinerung. Die Schilderung könnte bis hier den Eindruck erwecken, als habe sich die britische Universitätslandschaft ganz von der Auseinandersetzung mit dem eigenen politischen System ferngehalten. Dem war keineswegs so. Dank einer Stiftung war an der Universität Oxford in den 1930er Jahren das Nuffield College entstanden. Es sollte sich dem Studium der Politik widmen. Das renommierte College spezialisierte sich auf die Wahlforschung. Fachleute des Public law und Historiker bearbeiten politikwissenschaftliche Themen (z.B. H Finer 1949).

Der Zugang zum Verständnis des in mehr oder minder kleinen Schritten herangereiften britischen Parlamentarismus wurde in der Verfassungsgeschichte gesucht, und hier standen das Unterhaus und das Kabinett im Zentrum der Betrachtung. Bis nach dem Zweiten Weltkrieg setzte Walter Bagehots klassische Analyse *The English Constitution* den Maßstab. Bagehot wurde mit den demokratischen Veränderungen im britischen Verfassungsrahmen fortgeschrieben. So wanderten jetzt die politischen Parteien und eine von den Print-Medien und vom Rundfunk informierte Öffentlichkeit in den Blickwinkel der Westminster-Beobachter. Die von A. V. Dicey begründete Art der Verfassungsanalyse entdeckte das Geheimnis der weithin ungeschriebenen britischen Verfassung in den Verfassungskonventionen, d.h. informellen Verhaltensregeln. Diese Konventionen waren und sind durchaus wandelbar. Ihr Kern ist ein Konsens in den politischen Eliten, der die Handhabung der Verfassung im politischen Alltagsbetrieb anleitet (Dicey 2002 (Erstaufl. 1885)).

Die Wahrnehmung einer Krise hatte im damaligen Deutschland und Frankreich den Anstoß zur Gründung politikwissenschaftlicher Institute gegeben. Eine Remedur wurde auch in der politikwissenschaftlichen Ausbildung der Eliten gesucht. Dieses Krisenempfinden gab es in Großbritannien nicht. Es sollte sich erst später, nach dem Verlust des

Empire und nach dem wirtschaftlichen Niedergang in der Nachkriegszeit, einstellen. Zu der Zeit aber, als Frankreich wie auch später
Deutschland ihre Verfassungspolitik und ihren Platz in der Welt neu
überdenken mussten, nach verlorenen Kriegen und nach innenpolitischen Umwälzungen, kam London unverändert gut mit seinem politischen Personal zurecht. Die Gentlemen im Unterhaus waren Generali-
sten, nicht anders als die Herren vom Civil service, die Crème der höheren Ministerialbeamten. Der Civil service respektierte die parlamentarischen Regeln. Er verhielt sich loyal, wenn die bisherige Opposition auf die Regierungsbänke wechselte.

Was hätte ein Politikstudium diese Eliten noch lehren sollen? Es
bedurfte keiner speziellen Wissenschaft, um Kenntnisse über die Welt
jenseits der Inseln zu vermitteln. Der britische Kommerz und die Politik waren weltläufig. Kaufleute, Konsuln, Kolonialbeamte, Weltrei-
sende und Zeitungskorrespondenten in allen Ecken der Welt lieferten
Informationen, die der Politik als Entscheidungsfaktoren wichtig werden konnten. Die britische Ethnologie war hoch entwickelt. Sie er-
laubte es, die *indirect rule* Londons in den Kolonialgebieten zielge-
recht den verschiedensten Kulturen und Überlieferungen anzupassen.
Britische Journalisten waren gute politische Beobachter. Folglich gab
es einen breiten Pool an praxisnahem politischen Wissen, zu dem Politikwissenschaftler damals nichts beitragen konnten.

2.5 Frankreich: Politiklehre für die Elitenschulung

In Frankreich institutionalisierte sich die Politikwissenschaft streng
besehen noch früher als in den USA. Auf Initiative Émile Boutmys,
eines liberalen Intellektuellen und gelernten Architekten aus vermö-
gendem Hause, nahm 1871 die École Libre des Sciences Politiques ihre Tätigkeit auf. Der Gründungsimpuls für die École Libre war politisch. Die politische Klasse Frankreichs war bereits von der Einigung
der deutschen Staaten zum Norddeutschen Bund (1866) erschüttert
worden. Der preußische Sieg von 1870 hingegen schockierte sie. Ein
noch größeres und stärkeres Deutschland stand an den französischen
Grenzen. Frankreich war gedemütigt und hatte Gebiete abtreten müssen. Die Führer der französischen Republik, die auf das gescheiterte
Zweite Kaiserreich folgte, schrieben die Niederlage nicht nur dem
preußischen Militärapparat, sondern auch dem preußischen System der

Volksbildung zu. Große Teile der französischen Bevölkerung waren demgegenüber des Lesens und Schreibens nicht mächtig. Mit einer entschlossenen Schulreform und mit der Statusaufwertung des Lehrers betrieb die Republik eine Korrektur. Die Berliner Universität galt in Frankreich als geistiges Zentrum, an der die preußischen Eliten ihre Prägung erhielten. Ihr Vorbild stand den Gründern der École Libre vor Augen. Boutmy war der Auffassung, dass Frankreich das Desaster von 1871 auch deshalb erleiden musste, weil es sein politisches Gegenüber nicht hinreichend gekannt hatte. Die École Libre sollte deshalb die künftigen Beamten, die Berater der Politik, mit den wichtigsten politischen Kenntnissen vertraut machen (Favre 1989). Das erste Jahrzehnt der III. Republik war von hektischer Suche nach Mitteln zur Vorbeugung weiterer Katastrophen bestimmt. In der großen Politik gehörte dazu eine heftige Verfassungsdebatte, die zwischen der Rückkehr zur Monarchie und der Furcht vor einem weiteren Bonaparte lavierte. Auch Frankreichs künftige Rolle in der Welt war zu klären. Es hatte in einem veränderten Europa seine Position zwischen einem großen Deutschland und einem mächtigen Großbritannien neu zu bestimmen.

Das Konzept der *sciences politiques* zielte vor diesem Hintergrund mehr auf eine Staatswissenschaft als auf eine Politikwissenschaft, wie sie heute verstanden wird. Das Lehrprogramm der École Libre enthielt Verfassungskunde, Verwaltungslehre, politische Ökonomie, das Studium anderer Regierungssysteme und die Wirtschafts- und Militärgeschichte der jüngeren Zeit. Weitere Fächer waren die Statistik und die Diplomatiegeschichte. Auch Rechtskenntnisse nahmen großen Raum ein. Die École Libre hatte den Status einer Kapitalgesellschaft. Sie finanzierte sich selbst, indem sie ihren Studenten stattliche Gebühren abverlangte.

In den ersten zehn Jahren schlug sich die École Libre eher schlecht als recht durch. Sie hatte anfänglich auch finanzielle Probleme, obgleich Boutmy bei Industriellen um Spenden warb. Diese Situation verbesserte sich im Laufe weniger Jahre. Bereits 1876 konnte Boutmy einen Plan des Innenministers abwenden, eine École Nationale d'Administration einzurichten, wie sie vor Jahrzehnten schon einmal diskutiert worden war. Tatsächlich verdankte die École Libre ihren Erfolg der rechtzeitigen Einstellung auf die Ausbildungsbedürfnisse der höheren Ränge der Staatsbürokratie. Das staatswissenschaftliche Lehrprogramm war geradezu prädestiniert, ein Basiswissen zu vermitteln, das sich für die erfolgreiche Bewerbung an eine der großen Verwaltungsschulen eignete. Aus deren Absolventen rekrutierten die Ministerien dann ihren Führungsnachwuchs. Die École Libre war keine Universität. Sie verzichtete deshalb auf die Rechtswissenschaft mit ihrer Betonung des Formalen. Was die staatliche École Polytechnique an Vorbildung für die technischen Nachwuchskader und die École Normale Supérieure für die höhere Bildung leistete, brachte die École Libre in das Bewerberfeld für den diplomatischen Dienst, den Kolonialdienst, die Pariser Stadtverwaltung und die Ministerien ein.

Um die Wende zum 20. Jahrhundert hatten bereits 50 Prozent der Bewerber zum höheren Staatsdienst die École Libre durchlaufen. Die Schule hatte jetzt keine finanziellen Probleme mehr. Die Eltern der Absolventen mussten tief in die Tasche greifen. Folglich kamen die Studenten aus vermögenden Familien. Die Erfolgsgeschichte der École Libre war ein Teil der Ausbildungtradition der Spitzenbeamten geworden, die sich in Frankreich bis dato ganz außerhalb der Universitäten vollzieht. Der Staat unterhält bereits seit den Tagen des ersten und berühmtesten Bonaparte kleine Verwaltungshochschulen – *grandes écoles* –, die Beamte für den Bedarf spezieller Verwaltungszweige ausbilden. Für die bürgerlichen Berufe – Lehrer, Mediziner, Anwälte und Naturwissenschaftler – sind die Universitäten zuständig. Für das Ausbildungsprofil der Beamten bot die École Libre ein gebrauchsfertiges Produkt, das im Laufe der Zeit immer zielgenauer auf die Bedürfnisse der Ministerialbürokratie abgestimmt wurde. So gewann sie trotz ihres privaten Charakters den Status einer quasi-öffentlichen Institution.

Die École Libre war eine winzig kleine Institution. Sie zählte 1905/06 lediglich 600 Studenten. An den Juristischen Fakultäten in Deutschland dürften zu dieser Zeit einige Tausend Studenten eingeschrieben gewesen sein. Künftige deutsche Staatsdiener bekamen in Sachen Recht und Politik Normenwissen mit dem Drall konservativer Gesinnung verabreicht, aber kein systematisches Wissen über die Politik im eigenen und in anderen Ländern. Die École Libre mochte zur Paukschule für die Verwaltungsmandarine mutiert sein, aber sie stand im Dienste einer Ausbildung für die liberale parlamentarische Republik. In Deutschland blieben bei allen Veränderungen in der Zusammensetzung des Reichstags oder des Preußischen Landtags stets dieselben Staatssekretäre, Ministerialräte, Oberpräsidenten und Landräte im Amt, weil die Regierung nicht parlamentarisch konstituiert war. Die Regierungsbeamten in Frankreich mußten sich immerhin auf wechselnde Minister und Regierungskoalitionen und auf eine kritische

Presse einstellen, wenn sie effektiv arbeiten wollten. Die starke Fluktuation des politischen Personals schob ihnen infolge der häufigen Kabinettskrisen große Macht zu. Sie konnten sich weder eine Diabolisierung der Politik noch eine verklärte Sicht von der politikfreien Verwaltung des Rechts leisten.

War die École Libre als Ausbildungsprojekt auch ein Erfolg, so blieb sie wissenschaftlich ohne größere Bedeutung. Sie vermittelte ein auf dem Stand der Zeit gutes politisches Gebrauchswissen. Forschung fand aber kaum statt. Weit über Frankreich hinaus wurde der an der École Libre lehrende André Siegfried bekannt. Seine wahlgeographische Studie über das Wählerverhalten und politische Lagerbindungen in Westfrankreich gilt als eine der wichtigsten frühen Arbeiten der empirischen Politikwissenschaft (Siegfried 1913). Aber Siegfried war ein Einzelwissenschaftler, der nicht den Ehrgeiz hatte, Jüngere für ähnliche Forschungen zu motivieren. Er widmete sich fortan ganz dem Sujet der ihn faszinierenden angelsächsischen Länder (Siegfried 1927, 1931a). Zu französischen Themen ist er nur gelegentlich zurückgekehrt (Siegfried 1931b). Erst mit den Erschütterungen Europas im weiteren Vorfeld des Zweiten Weltkriegs sollte ein Interesse an Verfassungsproblemen sowie an Parteien und Wahlen erwachen. Es mündete in eine kontinuierliche Forschung ein und produzierte einschlägige Veröffentlichungen. Diese Entwicklung sollte mit dem Krieg unterbrochen werden. Der Krieg brachte das Ende der École Libre mit sich. Das Kriegsende verhalf der Politikwissenschaft in Frankreich zu einem zweiten Start.

Bei allen Unterschieden zur frühen Fachentwicklung in Deutschland, namentlich an der DHfP, ergeben sich in der Rückschau Gemeinsamkeiten: der zielgruppengerichtete Ausbildungscharakter, die Konzentration auf die Faktenvermittlung und die Einbindung der Politikanalyse in ein staatswissenschaftliches Programm. Der wesentliche Unterschied bestand darin, dass die École Libre ihre Zielgruppe erreichte. Und das hing wiederum damit zusammen, dass der Staat, für den sie ausbildete, politischer verstanden wurde als dies an den großen Rechtsfakultäten in Deutschland der Fall war.

Weiterführende Literatur

Über den Weg der amerikanischen Politikwissenschaft von den Anfängen bis zu ihrer behavioralistischen Veränderung berichtet die erste kompakte Geschichte der amerikanischen Politikwissenschaft von Albert Somit und Joseph Tanenhaus: The Development of Political Science from Burgess to Behavioralism, Boston 1967. Dieser Zeitabschnitt wird ebenfalls ausführlich beschrieben von Dwight Waldo: Political Science: Tradition, Discipline, Profession, Science, Enterprise, in: Fred I. Greenstein und Nelson Polsby (Hrsg.): Handbook of Political Science, Vol. I: Political Science: Scope and Theory, Reading 1975, S. 1-130.

Auf die Vorgeschichte der deutschen Politikwissenschaft in der ersten Hälfte des 20. Jahrhunderts gehen folgende Werke sehr ausführlich ein: Gerhard Göhler und Bodo Zeuner (Hrsg.): Kontinuitäten und Brüche in der deutschen Politikwissenschaft, Baden-Baden 1991, und Wilhelm Bleek: Geschichte der Politikwissenschaft in Deutschland, München 2001.

Die Tradition der Politikanalyse vor Gründung einer britischen Politikwissenschaft steht im Mittelpunkt des Werkes von Stefan Collini, Donald Winch und John Burrow: That Noble Science of Politics: A Study in Intellectual History, Cambridge 1983.

Die frühe französische Politikwissenschaft um die École Libre de Science Politique schildert Pierre Favre: Naissance de la science politique en France (1870-1914), Paris 1989.

3 Die Politikwissenschaft in den USA

Die amerikanische Politikwissenschaft stand mit Beginn der 1950er Jahre ganz im Banne der empirischen Politikforschung. Die Datengewinnung und -verarbeitung revolutionierte die Forschung. Diese Art Forschung, die von der Beobachtung und Messung individuellen Verhaltens ausging und als behavioralistisch bezeichnet wurde, erschien für das Studium der amerikanischen Politik am besten geeignet. Die Methoden erreichten einen hohen Stellenwert. Ebenfalls in den 1950er Jahren orientierte sich die Vergleichende Politikwissenschaft (Komparatistik) um. Die postkolonialen Staaten in der heute so genannten Dritten Welt gaben den Anstoß für neue Theorien und Herangehensweisen. Die traditionelle politische Theorie verlor an Bedeutung. Demokratietheorien und Theorien des politischen Systems nahmen ihren Platz ein, also gegenstandsbezogene Theorien, die auf das Erklären und Verstehen empirischer Probleme angelegt waren. Die Gesellschaft galt in dieser Entwicklungsphase der Disziplin als der ausschlaggebende Bestimmungsfaktor der Politik. Die Teildisziplin der Internationalen Beziehungen blieb von diesem Verständnis noch ganz unberührt.

In den 1970er Jahren begann eine neue Phase in der Fachgeschichte. Auch unter dem Eindruck des Scheiterns ambitionierter sozialpolitischer Reformen regte sich wachsendes Interesse an politischen Inhalten (Policies). Immer mehr Politikwissenschaftler fragten, was die Politik tat, um Probleme zu lösen, wie sie es tat und mit welchem Erfolg. Die Policy-Forschung wandte sich sehr bald dem internationalen Vergleich zu. Europa hatte viele Probleme mit der amerikanischen Politik gemeinsam. Die europäischen Staaten verfolgten aber andere Strategien und verzeichneten andere Ergebnisse. Im Zusammenhang mit der Untersuchung der Policies ergab sich die Frage, welche Rolle dabei die politischen Funktionsträger spielten. Der Staat als Instrument sowie als Partner und Gegenüber gesellschaftlicher Interessen rückte stärker in den Blickwinkel der Politikwissenschaft. Die Komparatistik gewann der größeren Beachtung des Staates ihre eigenen Erkenntnisse ab. Viele Probleme vor allem in den Gesellschaften der Dritten Welt und im außereuropäischen Kulturkreis ließen sich mit der Ineffizienz der staatlichen Strukturen plausibler erklären als bisher. Die Teildisziplin der Internationalen Beziehungen bearbeitete in diesem Zeitraum die innenpolitischen Grundlagen der Außenpolitik. Sie profitierte dabei von den rapide wachsenden Erkenntnissen über das Innenleben der Staaten.

Die letzte und bis heute andauernde Entwicklungsphase, die sich in aller Deutlichkeit erst seit Beginn der 1990er Jahre erkennen lässt, steht im Zeichen der Rational choice (Handlungstheorie). Hatte die empirische Politikforschung bis dahin die soziologischen Bedingungen ausgeleuchtet, unter denen Politik stattfindet, so hatte die Rational choice den Anspruch, das politische Handeln und die Ergebnisse der Politik aus dem Kalkül der beteiligten Einzelnen zu erklären. Die Rational choice-Analyse in der Politikwissenschaft unterscheidet sich von der Rational choice als Grundlage der modernen Wirtschaftswissenschaft vor allem darin, dass sie sich mit öffentlichen Gütern befasst, die nur im Wege der Umverteilung durch den Staat bereitgestellt werden können. Menschen, die etwas von der Politik wollen, müssen ihre Absichten koordinieren, um eine Mehrheit zu erreichen oder um Verfahrenshürden zu überwinden. Aus erfolgreichen, sich häufig wiederholenden Koordinierungsbemühungen entstehen Institutionen. Um die Rational choice hat sich eine lebhafte, bis heute andauernde Debatte entwickelt. Im Mittelpunkt steht die Gegenbehauptung der Rational choice-Kritiker, dass die Absichten und Interessen der Menschen durch gesellschaftliche Milieus, durch Kulturen und durch Religionen vorgeprägt sind. Menschen können demnach in sehr unterschiedlichen Umgebungen rational handeln. Weil die Umgebungen aber verschieden sind, werden auch die Handlungen und ihre Ergebnisse verschieden sein. Die Rational choice wirft einen neuen Blick auf die Artikulation und das Management politischer Interessen. Die Internationalen Beziehungen hatten das Rational choice-Denken lange vor den übrigen politikwissenschaftlichen Teildisziplinen verinnerlicht.

3.1 Der Behavioralismus setzt sich durch (seit 1945)

3.1.1 Die Vorbildwirkung der Gesetzeswissenschaft

3.1.1.1 Lasswell

Merriam war der ideelle und organisatorische Promoter einer empirischen und erklärenden Politikwissenschaft gewesen. Sein Schüler Harold D. Lasswell verband das politische Reformanliegen der Merriam-

Schule mit der systematischen Suche nach politischen Gesetzmäßigkeiten. Das Lasswellsche Wirken hat sich in den 1930er Jahren und 1940er Jahren entfaltet. Sein historischer Hintergrund waren die Weltwirtschaftskrise und die Massenarbeitslosigkeit. Das Reformbedürfnis in der amerikanischen Politik gewann zu Beginn der 1930er Jahre eine nationale Dimension. Jetzt ging es nicht mehr um korrupte Stadtpolitiker, sondern um die anscheinende Unfähigkeit der gewählten Politiker und Institutionen, sich um die existentiellen Grundbedürfnisse der Menschen – Alterseinkommen, Gesundheitsvorsorge, Wohnen – zu kümmern. Roosevelts Reformprogramm des New Deal (1933-1938) kam einem wirtschaftspolitischen Großexperiment gleich. Als Auftraggeber, Arbeitgeber und Einkommensgarant sollte die Regierung eine Notlage bewältigen, die als Resultat des Marktversagens zustande gekommen war. Der New Deal brachte den ersten großen Schub von realer Staatlichkeit in den USA, d.h. den Aufbau großer nationaler Staatsbürokratien, die fiskalische Umverteilung und die öffentliche Regulierung strategischer Märkte wie Energieversorgung, Versicherungen, Börse und Telekommunikation. In der Substanz handelte es sich beim New Deal um sozialdemokratische Politik. Sie musste freilich auf das sozialistische Vokabular verzichten, um ihre Akzeptanz nicht zu verspielen. Dessen ungeachtet polarisierte diese Reformpolitik. Die wirtschaftlich Mächtigen standen in der Defensive. Das Vertrauen in die Möglichkeiten der Politik war nach den ersten wichtigen Reformen recht groß. Das Charisma politischer Führer entfaltete sich in dieser Epoche zudem dank des Rundfunks und des Wochenschaufilms in ungekannter Breite. Der Prototyp des demokratischen Medienstars war F. D. Roosevelt selbst, der virtuos mit dem damals modernsten Medium, dem Rundfunk, umzugehen verstand. Lassen wir es mit dieser Zeitskizze bewenden und verorten wir Lasswell darin.

Merriam wie auch Lasswell gehörten einer Wissenschaftlergeneration an, die Europa noch zu Studien- und Forschungszwecken bereist hatte. Die Vorgänge in Deutschland, die scheinbar von der Begeisterung der Massen getragene nationalsozialistische Diktatur, gab Rätsel auf. Lasswell hatte in Deutschland und Österreich die Psychologie kennen gelernt und bediente sich ihrer, um sich einen Reim auf die aus den Fugen geratene Welt zu machen. Wie Merriam sang Lasswell das hohe Lied auf die gegenstandsadäquate Theorie und Methode. Wo sich die Klassenanalyse anbietet, um die Machtstrukturen in einer Arbeiterstadt mit einem einzigen großen Arbeitgeber zu studieren, dort hat es wenig Sinn, sich auf die Einzelheiten des Kommunalstatuts zu konzentrieren (Lasswell 1948). Bei der Untersuchung anderer Probleme sind Interviewtechniken angezeigt, an anderer Stelle wieder Anleihen bei der Psychoanalyse. Das Faszinierende an Lasswell war seine Fähigkeit, in alle diese Nachbarwissenschaften einzudringen und sie auf politikwissenschaftliche Fragen anzuwenden. Sein großes Leitthema war die Frage nach den Bedingungen, unter denen Politik stattfindet.

Das Studium der Politik wurde bei Lasswell zum Studium des politischen Einflusses und der Einflussreichen: Politik erschien somit als ein Prozess, an dem Teilnehmer mit mehr oder minder großen Ressourcen mitwirken (Lasswell 1958 (Erstaufl. 1936)). Der Einzelne steht im Zentrum dieser Politiksicht. Und die politische Welt, in der die Einzelnen mitwirken, ist im Wesentlichen eine vorgestellte Welt. Ganz und gar unrealistische Vorstellungen sind aber politisch uninteressant. Sie zerschellen über kurz oder lang an den unverrückbaren Fakten. Doch jenseits dieser abnormen Erwartungen gibt es eine Vielfalt tatsachenverträglicher Wahrnehmungen. Wenn es um die Verteilung von Einkommen und ökonomische Macht geht, mag die Perzeption einer Klassensituation passen. Bei anderen Fragestellungen mag es wieder ratsam sein, die Biografie und die Persönlichkeit stärker zu gewichten. Die Bedingungen politischen Handelns sind in den Köpfen verankert (Lasswell 1930: 75f., Lasswell 1998 (Erstaufl. 1948): 19)). Deshalb war die Psychologie für Lasswell ein wichtiges Mittel, um diese Bedingungen zu erkennen. Doch nicht nur die Bedingungen für politisches Handeln interessierten Lasswell, sondern in gleichem Maße die Ergebnisse.

Politik ist stets ergebnisorientiert. Es ist zunächst wichtig zu ergründen, warum keine bessere oder warum überhaupt keine einschlägige Politik betrieben wird. Dies herauszufinden, ist die zentrale politikwissenschaftliche Aufgabe (Lasswell 1951: 3f.). Dabei gilt es, alle methodischen Register zu ziehen. Wenn diese Aufgabe geleistet ist, dann kann die Wissenschaft einen Schritt weiter gehen und darüber nachdenken, wie die Bedingungen der alten Politik geändert werden müssen, um den Weg für Reformen zu bahnen (Gunnell 1983: 10). Letztlich kommt es dabei auf jeden Einzelnen an. Ihn zu manipulieren ist das Ziel der politischen Propaganda. Die Aufgabe der Wissenschaft ist es, solche Manipulation zu durchschauen und ihr eine aufgeklärte politische Information entgegenzustellen (Seidelman 1985: 144ff.).

Lasswell bereitete maßgeblich den Durchbruch des methodologischen Individualismus vor, der die Politikwissenschaft nach 1945 revolutionieren sollte. Allein seine Affinität zur Psychologie lenkte ihn dorthin. Lasswell interessierten Strukturen, auch Makrostrukturen wie Klassenbewusstsein und Gruppenzugehörigkeit. Sie erschließen sich aus der vergleichenden Beobachtung individuellen Verhaltens. Für die überkommene politische Philosophie hatte Lasswell nichts übrig, und er machte kein Geheimnis daraus (Lasswell 1963: 41). Die Bedingungsfelder politischen Handelns existieren im Denken und sie artikulieren sich in den Verhaltensweisen (Lerner/Lasswell 1951). Die Motive des politischen Handelns weisen rationale Elemente auf, utilitaristische Kalküle, wie sie auch die Ökonomie schätzt. Sie enthalten aber auch ein großes Quantum an Irrationalität. Beide lassen sich mit wissenschaftlichen Methoden aufdecken und in ihren Wirkungen beschreiben. Bei alledem verbarg Lasswell keineswegs, dass sein Vorbild für die analytische Kapazität der Politikwissenschaft die Naturwissenschaften waren (Lasswell 1956).

Lasswells Botschaft an das empirische Programm der Politikwissenschaft lautete dahin, an die verborgenen Strukturen der Politik heranzukommen. Diese drücken sich möglicherweise in stabilisierend wirkenden Institutionen und Verfahren aus, vielleicht haben sie auch den gegenteiligen Effekt und lösen politische Turbulenzen oder gar Revolutionen aus. Biografien haben hier einen großen Informationswert, ebenso soziologische Elitenstudien (Lasswell 1951). Die Faszination des Verborgenen und des Informellen hinter der sichtbaren Oberfläche der Politik gab es lange vor Lasswell. Sie war einer der Hauptimpulse für die Politikanalyse überhaupt. Selbst ihre Konzentration auf das Individuum hatte es – in der politischen Theorie – lange vor Lasswell gegeben (Hobbes, Locke, Rousseau). Als empirisches Projekt war sie etwas Neues.

3.1.1.2 Die Kriegserfahrung

Mit der Berufung weiterer Schüler und Mitarbeiter Merriams, so Eastons, Keys, Simons, Trumans und Almonds, an andere Universitäten sollte sich die sozialwissenschaftliche Politikanalyse als fachlicher Mainstream durchsetzen. Mindestens ebenso große Bedeutung wie die Generationenfolge hatte die Erfahrung des Krieges, in den die USA Ende 1941 hineingerieten. Etliche Politikwissenschaftler wechselten bei der Umstellung auf die Kriegswirtschaft den Arbeitsplatz und lernten im Regierungs- und Verwaltungsalltag die Arbeitsweise großer Bürokratien, die praktischen Schwierigkeiten bei der Verwirklichung von Regierungsprojekten und die Bedeutung des Kongresses und der Interessengruppen kennen. Politikwissenschaftler, die sich bisher als Außenbetrachter mit dem Regierungsbetrieb beschäftigt hatten, waren nun Akteure und zugleich teilnehmende Beobachter. So erschlossen sich ihnen Themen und Probleme, auf die sie ohne den Kriegseinsatz kaum aufmerksam geworden wären.

Die neuen Tätigkeitsfelder führten darüber hinaus vor Augen, wie gefragt analytische Fähigkeiten und der Umgang mit Daten waren. Einige Politikwissenschaftler wurden im Umfeld des Office of Secret Services (OSS) eingesetzt, der Vorläuferorganisation der Central Intelligence Agency (CIA). Das OSS betrieb auf den europäischen und asiatischen Kriegsschauplätzen verdeckte Aufklärungsarbeit. Das Wissen über die außereuropäischen, vor allem über die asiatischen Länder, in denen amerikanische Truppen kämpfen sollten, war gering. Lange vor Kriegsende wurden die Besatzungsregime für Deutschland und Japan geplant. Die Verlierernationen sollten zudem möglichst therapiert werden. Es galt, die Ursachen für Diktatur und Eroberungswut zu erforschen und fortan mit politischen Reformen und demokratischer Erziehung gegenzusteuern. Dabei wurde offenbar, dass die Politikwissenschaft schlecht gerüstet war, um Politikberatung anzubieten (Loewenstein 1944). Um so deutlicher traten die Sicherheit und die Überlegenheit der Wirtschaftswissenschaftler bei datengestützten Prognosen hervor. Das Entbrennen des Kalten Krieges nur gut zwei Jahre nach dem Ende des letzten Heißen Krieges hielt weiteren Beratungsbedarf in petto, auf den die Disziplin kaum besser vorbereitet war (Almond 1946).

3.1.2 Die Gegenstandsfelder der behavioralistischen Politikwissenschaft

3.1.2.1 Erste Referenzforschungen

In Anlehnung an Bentleys *Process of Government* (1908) legte David B. Truman, ein Mitstreiter und Schüler Merriams in Chicago, eine mit *The Governmental Process* betitelte Studie über die amerikanischen

Interessengruppen vor (Truman 1951). Er hatte diese Arbeit in einen breiten Untersuchungsrahmen gestellt. Beraten von V. O. Key, der bereits ein Standardlehrbuch über Parteien und Verbände in den USA veröffentlicht hatte (Key 1964 (Erstaufl. 1940)), definierte Truman Entwicklungsschwellen beim Übergang von der vereinsmäßigen Gruppe zum politischen Verband. Er markierte ferner *points of access* für die Gruppen im Regierungssystem, z.B. den Zugang über das Parlament, Behörden, Gemeinden und Einzelstaaten, und er problematisierte das Phänomen der schwer organisierbaren, weil nicht artikulationsfähigen Interessen. Das Werk benannte eine Vielzahl von Themen mit Fachbegriffen, die inzwischen zum internationalen Standard geworden sind. Eine stilbildende Eigenart dieser Studie waren Statistiken, mit denen die Ausführungen untermauert wurden. Heute gilt dieses Werk als Trumans wichtigste Arbeit, als eine der ersten runden empirischen Politikanalysen. Herbert Simon veröffentlichte 1957 sein *Administrative Behavior*. Darin ging er der Frage nach, warum bürokratische Institutionen ungeachtet ihres fluktuierenden Personals über lange Zeiträume hinweg stabil und berechenbar sind. Nach seiner Auffassung handeln Menschen in Routinen; sie gleichen gegenwärtige Situationen mit vergangenen ab. Sie verhalten sich also nicht rational im Sinne des Durchprüfens zahlloser denkbarer Optionen, sondern in den Grenzen der überlieferten Organisationsvergangenheit, die dem kollektiven Gedächtnis der Organisation gleichkommt (Simon 1957).

V. O. Key, ein weiterer Wissenschaftler aus dem Umfeld Merriams, einer der produktivsten Politikwissenschaftler überhaupt (Lucker 2001), verband in seinem Buch *Southern Politics* die Datenanalyse mit der historisch-soziologischen Argumentation. Seit der Niederlage der Konföderation im Bürgerkrieg galt der Süden als das andere Amerika: illiberal, industriell zurückgeblieben und abweisend gegenüber Immigranten. Vertreter der Südstaaten hatten Roosevelts New Deal seit Ende der 1930er Jahre ausgebremst und mit den konservativen Republikanern im Kongress gemeinsame Sache gemacht. Aus diesen Gründen galt der Süden als ein großes – und erklärungsbedürftiges – Problem der amerikanischen Innenpolitik. Key wertete mit beispielloser Akribie Wahlstatistiken aus, zog die ethnischen und rassischen Bevölkerungsproportionen ins Kalkül, notierte die Produktionsweisen und projizierte das Datenbild der einzelnen Südstaaten auf ihr Verhalten im Bürgerkrieg und unter dem Besatzungsregime der Union. So gelangte er zu einem hochdifferenzierten Bild. Seine Vorgehensweise fand große Beachtung. Bereits bei Erscheinen wurde dem Buch Pioniercharakter attestiert (Key 1949).

Mit einer weiteren großen analytischen Leistung stellte Key in verschiedenen Artikeln des *Journal of Politics* in den 1950er Jahren das Konzept des Realignment vor. Er zeigte hier anhand historischer Präsidentschaftswahlen, dass die amerikanischen Wähler in der Vergangenheit über längere Zeiträume hinweg recht stabile Bindungen an eine der großen Parteien gehabt hatten. In Abständen hätten sich die Wähler neu positioniert und damit die langjährige Vorherrschaft einer Partei gebrochen. So arbeitete Key die Wahlen von 1896 und 1932 als epochale Realignments heraus. In der Wahl von 1896 habe sich das Teilelektorat der Industrialisierungsgewinner endgültig gegen die Kräfte des agrarischen Amerika durchgesetzt, in der Wahl von 1932 die Koalition der Befürworter eines politisch moderierten und wohlfahrtstaatlich flankierten Marktes gegen die Anhänger des Laisserfaire-Kapitalismus (Key 1955, 1959). Spätere Politikwissenschaftler haben in dieser Forschungstradition nach Spuren jüngerer Realignments in der amerikanischen Wählerschaft gesucht. Sie sind allerdings nicht mehr fündig geworden (Sundquist 1983 (Erstaufl. 1973), Chambers/Burnham 1975 (Erstaufl. 1967)). Sie fanden stattdessen ein Dealignment im Gefolge der nachindustriellen Unterhaltungs-, Berufs- und Arbeitswelt vor. Das Fernsehen als Hauptmedium politischer Kommunikation und die Kandidatenauswahl durch Vorwahlen hatten die Parteibindungen weithin aufgelöst und die Parteien organisatorisch geschwächt.

Der Kongress und die Staatenlegislaturen (Parlamente) fanden ebenfalls wachsende Beachtung. Heinz Eulau veröffentlichte eine auf Interviewmaterialien basierende Studie amerikanischer Abgeordneter, die als Ausgangspunkt bestimmte Rollenverständnisse definierte (Eulau 1963). Beobachtung, Interview und historische Statistik wurden zur Grundlage einer Reihe von Kongressstudien, die sich mit dem Abstimmungsverhalten der Abgeordneten, mit ihren Wahlkreisbindungen, mit den Ausschüssen und mit dem Haushaltprozess befassten. Auch dort, wo die Substanz solcher Arbeiten eher die beobachtungsgestützte Interpretation war, verzichtete kein auch noch so prominenter Autor darauf, seine Fähigkeit zum Umgang mit der Statistik vorzuführen.

3.1.2.2 Politikwissenschaftliche Theorien

Blicken wir zuletzt auf die politische Theorie jener Zeit. Der Kern der harten Wissenschaften ist ihre Theorie. Eine wirkliche Theorie bewährt sich an Testfällen in der Vergangenheit und in der Gegenwart. Sie erlaubt brauchbare Prognosen, wenn bestimmte Voraussetzungen vorliegen. Das Theoriebild der exakten Wissenschaften feierte in den USA der Nachkriegszeit seine Triumphe. Die Physik hatte sich vor dem Hintergrund des Kalten Krieges und der Nuklearwaffenkonkurrenz zwischen den USA und der Sowjetunion den Rang einer Königswissenschaft erobert. Die Ökonomie eiferte ihr nach. Mochte ihre Prognostik auch fehlerhaft sein, so fand sie doch bei einer Generation von Politikern starkes Gehör, die das Desaster der Weltwirtschaftskrise noch in lebendiger Erinnerung hatten. Diese Disziplinen in punkto Theoriezentriertheit zu erreichen, war für die Politikwissenschaft aussichtslos. Sie begnügte sich mit heuristischen Großtheorien.

Von den Anthropologen Radcliffe-Brown und Malinowski, die in den 1920er und 1930er Jahren sehr populär waren, hatte die amerikanische Soziologie die Unterscheidung von Strukturen und Funktionen aufgenommen (Ricci 1984: 92). Nach ihrer Grundidee sind die Gesellschaften soziale Systeme. Sie haben gewisse Grundbedürfnisse (Funktionen), die zu erfüllen sind. Sie erfüllen diese Bedürfnisse aber mit Hilfe verschiedener Institutionen und Praktiken (Strukturen). Talcott Parsons, der noch in Heidelberg studiert und dort die Webersche Soziologie aufgenommen hatte, präsentierte Anfang der 1950er Jahre seine funktionalistische Gesellschaftstheorie (Parsons 1951). Diese teilt den Gesamtkomplex der Gesellschaft in einen ökonomischen, kulturellen, politischen und strukturpflegenden Sektor. Jeder dieser Sektoren erfüllt eine notwendige Funktion. Aber nicht jede Gesellschaft wählt dieselben Strukturen, um diesen Funktionen gerecht zu werden. Funktionen sind konstant, Strukturen variabel!

Die sozialwissenschaftliche Bedeutung dieser Theorie lag darin, dass sie es ermöglichte, vordergründig höchst verschiedene Institutionen und Praktiken im Hinblick auf ihre Funktionen als gleichartig zu erkennen. Gleichzeitig konnten Institutionen mit der gleichen Oberflächenstruktur und mit den gleichen Benennungen höchst unterschiedlichen Funktionen zugeordnet werden. Die Theorie war abstrakt. Die Unterscheidung von Funktion und Struktur bot aber ein Deutungsschema, um formale Strukturen und beobachtbares Verhalten gesellschaftlich sinnvollen und notwendigen Zwecken zuzuschreiben. Die Familie als Kleinfamilie hat in der industrialisierten westlichen Welt die Aufgaben der Generationenbetreuung, der Versorgung und der Produktion verloren. In Südostasien aber hat sie noch überkommene Aufgaben in der ländlichen Produktion und in der Altenpflege wahrzunehmen. Sie ragt dort noch weit in den ökonomischen Sektor hinein.

Die Rezeption der soziologischen Theorie Robert K. Mertons trug ein Weiteres zur wissenschaftlich populären Verwendung der Funktionsbegrifflichkeit bei. Merton rückte von der Zuschreibung gesamtsystemischer Funktionen ab und suchte in Theorien mittlerer Reichweite plausible Handlungszwecke. Die behaupteten Handlungszwecke treffen nicht immer das Gemeinte. Handeln folgt nicht selten latenten Funktionen, d.h. es erfüllt unter Umständen selbst dann einen sinnvollen Zweck, wenn es den deklarierten Zwecken offensichtlich zuwiderläuft. Korruption höhlt den Sinn des öffentlichen Amtes aus, aber sie stiftet einen Nutzen für bestimmte Personen und Gruppen (Merton 1968). Die soziologischen Schemata sind in diesem Zusammenhang wichtig, weil sie den Theoriestil der empirischen Politikwissenschaft beeinflusst haben. Vom statistischen Artefakt messbaren Verhaltens konnte auf das gedankliche Artefakt eines sinnhaften Verhaltens gefolgert werden.

Die neuen politikwissenschaftlichen Theorien hatten einen ähnlichen Zuschnitt. Die stärkste Beachtung fand David Eastons Systemtheorie, deren Wirkungsmacht bis heute andauert (Easton 1957, 1965). Angelehnt an die in anderen Disziplinen gebräuchlichen Kreislaufmodelle hatte Easton seit Anfang der 1950er Jahre die Politik als System dargestellt. Die Gesellschaft stellt Forderungen an die Politik und erbringt auch Leistungen für die Politik – oder sie tut dies eben nicht. Aktivitäten zur Beeinflussung des Staates und seiner Entscheidungen werden als systemische Inputs bezeichnet, im Falle von Forderungen und vorenthaltenen Leistungen (z.B. Steuerhinterziehung) als negative Inputs und im Falle der Gratifikation (z.B. ehrenamtliche Tätigkeit, politisches Engagement) als positive Inputs. Die Regierung greift einige Inputs auf, andere ignoriert sie. Einige bearbeitet sie mit Hochdruck, wieder andere gelassen. Dies alles ganz nach der Einschätzung und Präferenz der Politikbetreiber, wie zum Beispiel Minister, Parlamentarier, Parteifunktionäre, Beamte und Lobbyisten. Das Ergebnis dieses Selektions- und Verarbeitungsprozesses sind systemische Outputs, d.h. symbolische oder materielle Handlungen des Staates. Diese wirken auf die Gesellschaft zurück und stellen dort Forderungen ab, sie generieren Unterstützung oder lösen neue Erwartungen aus .

Dank Easton wurde das politische System als Kreislaufprozess überaus populär, so abstrakt es auch gehalten war. Der große Vorzug des Systemmodells lag darin, dass es Forschungen über konkrete Probleme in einen heuristischen Gesamtkontext einzubetten half. Vor allem förderte es die Vorstellung, dass politische mit anderen gesellschaftlichen Phänomenen zusammenhängen und dass ihnen gewisse Regelhaftigkeiten eigentümlich sind (Truman 1965: 869). Karl W. Deutsch entwickelte eine bekannte Variante dieses Modells in informationstheoretischer Begrifflichkeit. Er unterstrich damit nur, dass diese Art der Politiktheoretisierung zeitgemäß war (Deutsch 1963).

Bei allen Vorzügen hatten diese Modelle eine Schwäche: Während nunmehr Strukturen wie das politische Individualverhalten, die Wir-Empfindungen und sogar die politischen Kollektive statistisch ermittelt werden konnten, ließen sich die Funktionen der Systemmodelle nicht quantifizieren. Sie hatten interpretierenden Charakter. Solange es unter den Politikwissenschaftlern einen Konsens gab, Phänomene im Rahmen systemischer Theorien zu interpretieren, gab es damit kein Problem.

3.1.2.3 Demokratieforschung

Wandern wir noch ein Stück weiter in dieser Frühphase der empirischen Politikwissenschaft und betrachten jetzt einen eher wertgeladenen Komplex: die Demokratie. Ohne großes Reflektieren betrieb die Politikwissenschaft ohnehin Demokratiewissenschaft. Erstens war sie ein Kind der amerikanischen Demokratie, zweitens befasste sie sich mit den Institutionen und Prozessen der Demokratie, d.h. mit Wahlen und Wählern, mit Parteien, mit Interessengruppen und mit dem Gesetzgebungsprozess. Das amerikanische Demokratieverständnis ist liberal. Die amerikanische Demokratie entstand in der Symbiose mit dem Kapitalismus. Selbst die progressiven Politikwissenschaftler waren mit ganz wenigen Ausnahmen keine Antikapitalisten. Deshalb ist die so genannte Demokratietheorie durch und durch vom amerikanischen Hintergrund durchtränkt. Weder die amerikanische Gesellschaft noch die Politikwissenschaft brauchten eine Demokratiedebatte. Diese wurde vielmehr aufgezwungen, als Amerika in den Zweiten Weltkrieg und als es danach in die Weltmachtkonkurrenz mit der Sowjetunion eintrat.

Joseph A. Schumpeter, ein Ökonom, entwickelte in seinem Buch *Kapitalismus, Sozialismus und Demokratie*, das Klassikerrang besitzt, die erste Version der modernen Demokratietheorie. Demnach ist Demokratie – wie idealtypisch in Großbritannien und in den USA – ein vom Wähler zu entscheidender Wettbewerb zwischen den politischen Parteien (Schumpeter 1980 (Erstaufl. 1942)). Optimal kann der Wähler entscheiden, wenn er eine Alternative in Gestalt zweier Parteien hat. Einer davon wird qua Wählermehrheit der Regierungsauftrag erteilt. Die Wählerschaft wird mit den gleichen kommerziellen Mitteln „beworben", die auch in der Werbung für ein Gebrauchsprodukt zum Einsatz kommen. Inhalte zählen nicht weiter. Entscheidend ist die Bestellung eines Regierungsteams. Vielparteienparlamente machen die Sache schwieriger. Sie verlagern die Regierungsbildung in die Parteigremien und Konferenzräume. Seymour M. Lipset legte in einer Vielzahl seinerzeit beachteter Bücher das selbe Modell zugrunde. Das bekannteste darunter war der *Political Man* (Lipset 1960). Lipset operierte allerdings mit wählersoziologischen Erkenntnissen und mit historischen Vergleichen, und er betonte die Gefahren, die in zersplitterten Parteiensystemen von radikalen weltanschaulichen Flügelparteien ausgehen. Die amerikanischen Politikwissenschaftler kannten nichts anderes als pragmatische Parteien mit geringen programmatischen Differenzen. Wahlkämpfe waren als Politkommerz vertraut (Dryzek/Leonard 1988: 1255ff.).

In Europa fand diese Demokratieliteratur wenig Anklang. Die Hauptkritik lautete, dass sie das Problem ungleicher Verteilung ökonomischer Macht ignorierte. In der amerikanischen Politikwissenschaft regte sich hingegen eine von der behavioralistischen Grundstimmung motivierte Kritik. So widersprach vehement der niederländische Politikwissenschaftler Arend Lijphart, der in Berkeley lehrte. In einer inzwischen ebenfalls zum Klassiker avancierten Studie über die Niederlande zeigte er, dass sich die Niederlande just deshalb als Demokratie bewährt hätten, weil sie es verstanden hätten, die konfessionellen und weltanschaulichen Gegensätze als politische Konkurrenzmomente auszuschalten (Lijphart 1975 (Erstaufl. 1968)). Lijphart stützte sich auf Erkenntnisse der niederländischen Soziologie (Kruijt/Goodijn 1965). Durch die Selbstorganisation der verschiedenen Konfessionen und Lebenswelten in geschlossenen, isolierten Subkulturen (Säulen) vom Kindergarten bis zur Universität und Gewerkschaft bräuchte es lediglich die Verständigung der Eliten, um Dinge von gemeinsamem Belang zu regeln.

Lijphart argumentierte hier ähnlich wie Gerhard Lehmbruch, der kurz zuvor das Gleiche für Österreich und die Schweiz nachgewiesen hatte (Lehmbruch 1967). Lijpharts späterer Versuch, diese von ihm so genannte Consociational democracy zur Rezeptur für alle von gewaltsamen Konflikten geplagten Gesellschaften umzumodeln (Lijphart 1977), fand in der Politikwissenschaft weit weniger Resonanz. Dass die Niederlande dem Bild der Consociational democracy heute nicht mehr entsprechen, mindert Lijpharts Einwand gegen das konkurrenzdemokratische Modell in keiner Weise. Solche Korrekturen des von der angelsächsischen Anschauung geleiteten Demokratiebildes lagen in der Luft. Eine nahezu zeitgleich erschienene, heute weniger beachtete Studie von Harry Eckstein über die norwegische Demokratie kam zu ähnlichen Resultaten (Eckstein 1966).

Robert A. Dahl hat als Demokratietheoretiker rückblickend die größte Wirkung erzielt. Dahl zufolge ist die Demokratie als Idee der Selbstregierung, an der sich alle beteiligen, bloß eine Richtnorm. Diese Norm gilt es in der Tagespolitik insoweit einzulösen, als jeder, der dies will und dafür Zeit und Mühe aufbringt, die Chance haben muss, sich zu beteiligen. Anders ausgedrückt: Demokratie heißt formale Chancengleichheit für alle, die sich politisch engagieren wollen. Die Erfolgsgleichheit individueller Partizipation ist im wirklichen Leben nicht möglich (Dahl 1967 (Erstaufl. 1956)). Die Demokratie vermag nicht einmal gleiches Gehör für jeden einzulösen, der einfach nur seine Kritik an einer bestimmten Politik artikuliert. Die offenen Kanäle der Partizipation sind hier der entscheidende Punkt. Die meisten Bürger begnügen sich mit der Beteiligung an der Wahl, viele gehen nicht einmal hin. Die Gesellschaft ist ungleich, die Stimmen des Kapitals dringen meist stärker durch als die der Arbeit (Dahl 1975). Wie Schattschneider in einem Buch über das „halbsouveräne Volk" einmal geschrieben hat, singen die Chöre im pluralistischen Himmel mit Oberklassenakzent (Schattschneider 1960).

Die ganz große Mehrheit der Menschen sucht in der Demokratie ihre Lebenserfüllung im Privaten. Auch das ist nach Dahl ein Schlüsselmerkmal der Demokratie. Die Menschen sollen von der Politik lassen dürfen, wenn sie es wollen. Demokratie ist streng besehen nicht die Herrschaft und Beteiligung aller, sondern die Herrschaft vieler, wobei sich die Zusammensetzung dieser vielen ständig verändert. Dahl zieht es deshalb vor, von Polyarchie und nicht von Demokratie zu sprechen. Die Polyarchie als ein im Vergleich zum Demokratieideal unvollkommener Zustand hat zudem den Vorteil, dass sie die Unterscheidung zwischen *entwickelten* und *schwachen* Polyarchien erlaubt.

Erstere überlassen es dem politischen Kräftespiel, wer zu den Entscheidungsträgern vordringt und dort etwas erreicht. In Letzteren begünstigen Staat und Regierung einige Kräfte, andere ignorieren sie (Dahl 1971).

Dahl dachte bei diesen Unterscheidungen nicht nur an den internationalen Vergleich. Anfänglich stand ihm die Vielfalt der kommunalpolitischen Machtlagen in den USA vor Augen. Eines seiner bekanntesten Frühwerke – *Who Governs?* – war eine detaillierte Fallstudie über die kommunale Politik in New Haven, der Heimatstadt seiner Universität Yale (Dahl 1989 (Erstaufl. 1961)). Die Vereinbarkeit der Dahlschen Demokratietheorie mit dem Mainstream der damaligen amerikanischen Politikwissenschaft war kein Zufall. Das Mehr oder Weniger an Polyarchie ist keine Definitionsfrage, sondern eine Forderung, die Fakten zu sichten, wenn möglich Daten auszuwerten und letztlich zu urteilen. Das Ergebnis wird weder Schwarz noch Weiß, sondern in aller Regel Schattierungen zeigen.

3.1.2.4 Anfänge der Comparative Politics

Während die behavioralistische Politikwissenschaft mit ihrer Faszination von neuen Theorien und von empirischen Methoden weiterhin die Eroberung von wissenschaftlichem Neuland ins Auge fasste, lief die Analyse formaler Institutionen noch eine Zeitlang weiter. Sie war im weitesten Sinne Verfassungsanalyse und Verfassungsvergleich, wie sie exemplarisch etwa Carl-Joachim Friedrich betrieb. Friedrich setzte in Harvard die von Lowell und Bryce begründete Tradition der Verfassungsstaatsanalyse fort (Friedrich 1953). Sie wurde in der deutschen Politikwissenschaft später als Vergleichende Regierungslehre übernommen. Ein europäisch sozialisierter Fachvertreter, Karl Loewenstein, der seinen amerikanischen Kollegen die Kenntnis der systematischen Rechtsanalyse voraus hatte, war ein wichtiger Mittler. Er analysierte die Verfassungsgesetze und die Grundzüge der politischen Verwaltung. Mit der in München erarbeiteten staatsrechtlichen Denkweise übertrug er die überaus heterogene, auf dem Richterrecht fußende amerikanische und britische Verfassungsrechtsprechung und die politischen Usancen in systematische Begriffe (Loewenstein 1959, 1967). Seine Schriften wurden in Deutschland bekannter als in amerikanischen Seminarräumen. Großbritannien kennt keine kodifizierte, geschweige denn systematisierte Verfassung, deshalb auch keine scharfe

Trennung von Verfassung und Politik. Loewenstein vermittelte ein realitätsnahes Bild von der Staatspraxis.

Auch die Vergleichende Politikwissenschaft beschritt neue Wege. Bestandsaufnahmen zeigten, dass amerikanische Politikwissenschaftler von der europäischen Politik nicht allzu viel wussten, am wenigsten aber von der Politik in Afrika, Asien und im Nahen Osten (Baer/Jewell/Sigelman 1991: 129f.). Die Alltagsbeobachtung der amerikanischen Politik war eine große Hilfe gewesen, um die American politics zu durchleuchten und sie für die Datenanalyse aufzubereiten. Solche Vertrautheit mit dem politischen Geschehen und auch die Datenverfügbarkeit fehlten bei der Auseinandersetzung mit der Politik im Ausland (Eckstein 1963). Der Auftakt der modernen Komparatistik lässt sich terminieren. 1952 kamen Wissenschaftler an der Northwestern University zu einem vom SSRC angeregten Interuniversity Seminar on Comparative Politics zusammen. Die Zusammenkunft hatte den Zweck, den Rahmen für Vergleichsstudien abzustecken und daraus Forschungsprojekte herzuleiten. Die zündende Idee kam beim Blick auf die Arbeitsweise anderer Wissenschaften, insbesondere die der Ethnologie. Besonders hilfreich war auch die Rezeption der soziologischen Theorie. Insbesondere Max Webers vergleichende Kultursoziologie spielte hier eine Rolle (Eckstein 1998: 509f., Almond 1956: 392f.). Zunächst unter Leitung von Roy Macridis, dann von Gabriel Almond wurde über ein Kriterienschema für ein Forschungsprogramm beraten. Beide teilten wie die übrigen Mitglieder des Gremiums die Auffassung, der konventionelle Institutionenvergleich sei überholt. Es gelte vielmehr, die Politik anderer Gesellschaften unter Berücksichtigung ihrer historischen und kulturellen Bindungen zu studieren (Almond/Cold/Macridis 1955, Almond 1958). Nachdem der SSRC ein Förderprogramm nach den beschlossenen Eckdaten genehmigt hatte, wurde das Seminar als Committee on Comparative Politics im Rahmen des SSRC verstetigt (Almond 1997, 58f.).

Das erste wichtige Buch der neuen ländervergleichenden Politikwissenschaft trug zwar im Titel noch den Begriff des *Comparative Government*. Sein Autor, Macridis, verlangte aber in behavioralistischer Manier, dass jeder Vergleich nach einem analytischen Schema anzulegen sei und dabei ferner Variablen herausgearbeitet und schließlich Prognosefähigkeit angestrebt werden sollten (Macridis 1955). Almond sollte dann wesentlich weicher und methodisch weniger ambitioniert das Leitkonzept für die künftige komparatistische

Forschung formulieren. Gemeinsam mit G. Bingham Powell entwickelte er in *Comparative Politics* ein Modell des politischen Systems, das in Windeseile die Fachterminologie erneuern sollte (Almond/Powell 1966). Der Titel war programmatisch. Politikvergleich ist mehr als Institutionenvergleich. In der amerikanischen Politikwissenschaft sollte sich die Benennung der Comparative Politics durchsetzen, die hierzulande bedeutungsgleich mit Komparatistik oder Vergleichende Politikwissenschaft übersetzt wird. Das Buch schilderte die Politik als den Fluss von Leistungen und Forderungen aus der Gesellschaft an die staatlichen Institutionen. Aus Begriffen wie Interessenartikulation, Aggregation und Kommunikation sowie politische Kultur – als werteleitendes Umfeld – erwuchs ein Standardvokabular in der Politikwissenschaft. Das politische System benötigt nach Almond Strukturen, die systemnotwendige Funktionen erfüllen. Wie bei Parsons und Easton werden die Funktionen von sehr unterschiedlichen Strukturen erfüllt. Je nach dem Entwicklungsstand des politischen Systems, ferner nach dem Herrschaftstypus und schließlich nach dem Kulturkreis treten auf der Strukturebene unterschiedliche Institutionen hervor.

Das Systemmodell erlaubt es, funktionale Äquivalenzen zwischen unterschiedlichen Strukturen zu bestimmen. So macht es guten Sinn, den US-Kongress in funktionaler Hinsicht als gleichwertig mit dem Parteien- und Koalitionsbetrieb in der europäischen Politik zu betrachten. In beiden Strukturen vollzieht sich die parlamentarische Mehrheitsbildung, dort scheitern oder misslingen politische Projekte. Die leninistischen Staatsparteien in der früheren Sowjetunion und ihren Bündnisstaaten hatten die eigentliche Regierungsfunktion, die amtliche Regierung war bloß ein Instrument der Partei. An vielen Orten in der Dritten Welt ist das Militär in funktioneller Hinsicht mit der Regierung oder mit einer Regierungspartei anderswo vergleichbar. Ohne seine Zustimmung läuft nichts. Umgekehrt gibt die politische Kultur vordergründig gleichartigen Ereignissen eine unterschiedliche Bedeutung. Der Konflikt zwischen Parteien, Ideologien und Interessen wirkt in den amerikanischen und europäischen Demokratien stabilisierend, sofern gewisse Regeln respektiert werden. In China und Japan, wo der harmonische Einklang des Einzelnen mit der Gruppe oder Familie höher steht als die individuelle Entfaltung, bewirkt der offen ausgetragene Konflikt das Gegenteil. Als Folge davon sucht sich die politische Auseinandersetzung dort andere, verschlungene Wege unter Ausschluss der Öffentlichkeit und mit Hilfe von Vermittlern.

Die funktionalistische Sichtweise praktizierte auch Robert A. Dahl mit einer inzwischen als klassisch geltenden Studie über die Opposition in der westlichen Demokratie (Dahl 1966). Mit der Opposition wurde im damals noch verbreiteten institutionellen Politikverständnis zumeist die parlamentarische Opposition im britischen Westminster-Modell assoziiert. Doch die adversarial angelegte, offensive Opposition im britischen System ist ein Unikat. Opposition dieser Art existiert weder in den USA noch auf dem europäischen Kontinent. Dahl zeigte nun, indem er sich von der Anschauung Westminsters löste, dass sich die Opposition im amerikanischen Kongress als fallbezogene Kritik in Sachfragen artikuliert. In den europäischen Viel- und Mehrparteiensystemen wies Dahl eine partielle Zusammenarbeit der Opposition mit der Regierung nach, die er als kooperative Opposition bezeichnete.

Die Komparatisten, die unter den Fittichen des von Almond geleiteten Committee on Comparative Politics arbeiteten, schätzten die Datenanalyse genauso wie ihre Kollegen, die sich mit den Themen der amerikanischen Politik befassten. Es fehlte ihnen aber vorerst an geeigneten Daten. Almonds und Verbas berühmt gewordene Fünfländerstudie *The Civic Culture* wertete Samples aus, die in den 1940er und 1950er Jahren in den USA, in Großbritannien, in Frankreich, in Mexiko und im besetzten Deutschland erhoben worden waren (Almond/Verba 1963). Ein asiatisches oder arabisches Land war noch nicht dabei. Unter der Obhut Almonds entstand im Verlag Little & Brown eine Serie von Bänden, die nach den Kriterien seines Systemmodells Basiskenntnisse über die britische, französische, deutsche, chinesische, japanische, österreichische und sowjetische Politik vermittelten. Der interdisziplinäre Zuschnitt des funktionalistischen Politikmodells bot sich zudem an, um die Politikwissenschaft in die zahlreichen Area studies-Programme zu integrieren. Ein bekanntes Beispiel dafür bot Lucian V. Pye in einer inzwischen ebenfalls klassischen Studie über die politische Kultur in Afrika und Asien (Pye 1965). Die Area studies wurden in Forschungszentren betrieben, in denen Regionspezialisten der verschiedenen Fachrichtungen zusammenarbeiteten. Die auf die Erforschung außerwestlicher Länder angelegten Regionalforschungsprogramme waren mit der Unterstützung durch die amerikanische Bundesregierung und die großen Stiftungen (Ford, Carnegie) entstanden.

Die Komparatistik sparte die USA und die Sowjetunion aus ihren Untersuchungen noch aus. Die Sowjetunion wurde als eigenes Forschungsgebiet gefördert. Die USA wiederum wurden in Forschungs-programmen bearbeitet, denen die Komparatisten keine Konkurrenz machen wollten. Auf diese Weise ergab sich die Konzentration der vergleichenden Politikwissenschaft auf Europa, Asien und Afrika (Almond 1966: 877ff.). Das holprige Forschungsfeld der Staatenwelt verlangte von der Komparatistik vorrangig die Auseinandersetzung mit der Geschichte und mit den Sprachen fremder Länder und Regionen (Braibanti 1968). Die Statistik musste sich hier mit einer weniger prominenten Rolle begnügen als in der Forschung über die amerikanische Innenpolitik.

3.1.2.5 Der rigide und der weiche Behavioralismus

Für die ins Empirische gewendete Politikwissenschaft sollte sich das hier bereits mehrfach gebrauchte Attribut behavioralistisch einbürgern. Der Begriff erschien erstmals in einem von der Ford Foundation geförderten Forschungsprogramm (Spiro 1971: 317). Gemeint war hier das Verhaltensstudium als Grundlage der Politikanalyse. Der Terminus behavioralistisch setzte entsprechende Forschungen von der älteren Bezeichnung behavioristisch ab. In Europa wird bis heute immer noch nicht sauber zwischen beiden unterschieden. Der *Behaviorismus* bezeichnet ein Reiz-Reaktions-Schema, das beispielhaft von den Psychologen Skinner und Watson angewandt worden war. Es führte individuelles Verhalten auf die Ursache äußerer Impulse wie Schmerz, Licht, Laute oder Signale zurück. Der *Behavioralismus* schaltet die Vernunft und die Emotion zwischen die materielle äußere Welt und das Individualverhalten. Die komplexe Welt wird durch Vereinfachungen, Bilder, Ausblendungen, Wünschen und Interessen gefiltert (Eulau 1967: 35f.).

Mit geeigneten Methoden können solche Wahrnehmungen beobachtet, aggregiert und gemessen werden. Die üblichen Verfahren sind repräsentative Befragungen und standardisierte und halbstandardisierte Interviews. Als Auswertungsergebnisse resultieren Datenbilder von Gruppen und Klassen, die ähnlich wahrnehmen, urteilen und handeln. Die rigiden Behavioralisten wollten nach der Umschreibung Kirkpatricks dorthin, Kollektive als statistische Größe zu vermessen. Durch das Übereinanderlegen verschiedener Messbilder wollten sie einen prognosefähigen Eindruck von den sozialen Kräften gewinnen, die das politische Handeln des Einzelnen bestimmen (Kirkpatrick 1962: 12,

14). Eben deshalb hatten diese harten Behavioralisten aber Schwierigkeiten, zu den historischen und sonstigen nicht messbaren Ursachen
vorzustoßen, die sich hinter messbaren Phänomenen verbergen (Almond 1966: 877f.).

Lowi unterschied polemisch zwei Traditionen des Behavioralismus.
Er vermerkte zunächst den pragmatischen oder weichen Behavioralis-
mus der Chicago-Variante. Er ist mit Namen wie Merriam, Truman,
Key und Almond verbunden. Der Behavioralismus der Michigan-
Variante ist methodisch rigide. Er ist nach dem an der University of
Michigan angesiedelten Zentrum der datenverarbeitenden Politikforschung in Ann Arbor benannt (Lowi 1993). Stark verallgemeinert bedeutet Behavioralimus das Bearbeiten empirischen Materials mit sozialwissenschaftlichen Verfahren und mit den Methoden der Statistik.
Die Statistik übte als etwas Neues große Faszination aus. Wie stets bei
neuen Moden, wurde dabei übertrieben, wie von Key in einem als politikwissenschaftlich fehlbetitelten Werk über die sozialwissenschaftliche Statistik (Key 1953). Blickt man auf die oben umrissenen Forschungen in der Tradition der Chicago-Schule, so dürfte rasch klar
werden, dass der Behavioralismus zwar die Arbeit mit harten Daten
präferierte, dass er aber auch historische und kulturelle Fakten gelten
ließ, wo andere Informationen nichts taugten oder wo sie nicht verfüg-
bar waren. Wie Heinz Eulau, einer der bekanntesten Exponenten der
damals so genannten behavioralistischen Revolution, betonte, ging es
dem Behavioralismus darum, Barrieren gegen den Umgang mit Daten
einzureißen. Bei alledem sollte die Beobachtung als solche, auch die
interpretierende Beobachtung, keineswegs verdrängt werden (Eulau
1963: 70, 114, Eulau 1969: 4f.).

3.1.3   *Verlierer der behavioralistischen Transformation*

3.1.3.1 *Abschied vom Anspruch der Reformwissenschaft*

Der bei Merriam und Lasswell noch erkennbare Reformimpuls verlor
sich bei ihren behavioralistischen Nachfahren. Die Mehrheit der Politikwissenschaftler war seit dem New Deal zwar politisch ins Lager der
Demokraten gewandert, d.h. zur Linken im engen politischen Rich-
tungsspektrum der USA. Aber die neue Politikwissenschaft begnügte
sich immer mehr mit dem Beschreiben und Erklären politischer Phä-

nomene. Das politische Bekenntnis trat dahinter zurück. Dieser Bruch mit der progressiven Tradition der frühen amerikanischen Politikwissenschaft lässt sich am besten anhand der letzten großen Reformdebatte in der amerikanischen Politikwissenschaft demonstrieren. Mit Wilson, Lowell und Bryce hatten prominente Politikwissenschaftler der ersten Stunde die Unfähigkeit des US-Kongresses und der amerikanischen Parteien beklagt, eine Programmpolitik zu betreiben. Präsident F. D. Roosevelt hatte im New Deal das Projekt einer Runderneuerung der amerikanischen Gesellschaft präsentiert. Ein Teil dieses Vorhabens hatte unter dem öffentlichen Druck der Depression Wirklichkeit werden können. Seit 1938 war der Reformprozess jedoch ins Stocken geraten. Die Konjunktur schien sich gefangen zu haben, die Bereitschaft zu weiteren und weitergehenden Reformen hatte nachgelassen. Maßgeblich für den um diese Zeit eintretenden Reformstopp war das taktische Bündnis der demokratischen Kongressmitglieder aus den konservativen Südstaaten mit den Republikanern, die den Konservatismus in den übrigen Landesteilen repräsentierten: die so genannte konservative Koalition.

Diese Koalition blockte in den strategisch wichtigen Ausschüssen und in den Plenarabstimmungen des Kongresses die meisten weiteren Reforminitiativen Roosevelts ab. Vor diesem Hintergrund empfahl der prominente Politikwissenschaftler E. E. Schattschneider, den Kongress und die Parteien grundlegend zu reformieren (Schattschneider 1942). Die Parteien sollten auf die Loyalität zu einem Programm und auf ein einheitliches Abstimmungsverhalten im Kongress getrimmt werden. Die Voraussetzung dafür war eine Umstrukturierung und Aufwertung der Parteien. Hier regte sich noch einmal die in den Anfängen der amerikanischen Politikwissenschaft lebendige Vorbildhaftigkeit der britischen Politik für das Kurieren vermeintlicher Defizite im eigenen Lande (Ranney 1962). Das unerquickliche Spektakel eines Präsidenten, dem aus den eigenen Reihen ein Bein gestellt wurde, veranlasste die APSA sogar, ein Panel einzusetzen, das Vorschläge für die Reform der amerikanischen Parteien erarbeiten sollte. Das Panel legte 1950 seinen Bericht vor. Dieser wurde dann in der einzigartigen Form einer Beilage zur APSR veröffentlicht (American Political Science Association 1950). Das Echo der mittlerweile dem Behavioralismus zugewandten, forschungsintensiven Politikwissenschaft war rundheraus negativ. Mit den besten Argumenten wurde der Bericht in Grund und Boden kritisiert, dass er grundlegende soziologische und konstitutionelle Tatsachen der amerikanischen Politik ignoriere, insbesondere die Abhängigkeit der Kongressmitglieder von den Interessen im Wahlkreis (Ranney 1951, Turner 1951, 1970). Aus dem Präsidenten lasse sich ohne die Totalrevision der Verfassung nun einmal kein Premierminister machen. Da sich das politische Schicksal der Kongressmitglieder in den Wahlkreisen entscheide, habe es wenig Sinn, große Reformpläne zu schmieden, ohne gleichzeitig eine völlig unrealistische Wahlsystemreform zu betreiben. Politische Reform als gute Absicht oder als Forschungskompass ist in der amerikanischen Politikwissenschaft seither kein Thema mehr.

3.1.3.2 Aufstieg und Fall der politischen Philosophie

Die politische Theorie geriet im Zuge der „Behavioralisierung" der amerikanischen Politikwissenschaft auf die Verliererstraße. Aber sie verabschiedete sich keineswegs so unspektakulär, wie sie bis dahin in den Political science departments existiert hatte. Philosophiegeschulte deutsche Theoretiker verschafften ihr eine kurzlebige Spätblüte. Beispielhaft waren Leo Strauss, Hannah Arendt und Eric Voegelin. Ihr gemeinsames großes Thema war die politische Philosophie (Strauss 1959): Politik als Aufgabe öffentlicher Tugend und Moral. Der große Sündenfall der Moderne war demnach das Zurückweichen des gemeinschaftsbezogenen Handelns vor dem Interesse, der Sieg des Hobbesschen Menschenbildes über das des Aristoteles' (Strauss 1977 (Erstaufl. 1954), Arendt 1981 (Erstaufl. 1958), Voegelin 1959 (Erstaufl. 1952)). Die Richtschnur allen politischen Handelns ist demnach die Bestätigung der Gemeinschaft: Verantwortung übernehmen und mit anderen über die der Gemeinschaft förderlichen Gesetze und Entscheidungen beraten! Vor dem Hintergrund dieses Politikbildes verhält sich der Einzelne, der nur sein Interesse verfolgt, politikwidrig. Egoistische Individuen mögen sich auf Kompromisse verständigen. Die Gemeinschaft ist für sie nur ein Behelf, um persönliche Ziele zu erreichen. Sie ist im normativen Sinn überhaupt keine Gemeinschaft, sondern Gesellschaft. Die Geschichte der politischen Philosophie klärt über den Verfall der Gemeinschaft und seine Gefahren auf (Strauss/Cropsey 1987).

Machiavelli und Hobbes standen demnach am Anfang einer Kette von Denkern, die den Staat und die Politik vom Einzelnen herleiteten. Der Einzelne sei bindungslos. Deshalb suche er eine Ersatzbindung in Heilslehren, die Feindbilder konstruierten, um falsche Wir-Gefühle zu stimulieren. Das liberale Denken, das den Einzelnen mit seinem Bedürfnis nach politischer Gemeinschaft allein lasse, laufe Gefahr, von den amoralischen Gemeinschaftsideologien verdrängt zu werden (Strauss 1968). Die Politik habe die Aufgabe, öffentliche Moralität vorzuleben. Die Rückbesinnung auf Aristoteles, Montesquieu und andere in ihrer Tradition gebe dafür eine Wegweisung (Gunnell 1988: 73ff.).

Diese Auffassung, hinter der die traumatische Erfahrung des Nationalsozialismus, das Exil und das Erleben der wachsenden Philosophiefremdheit der amerikanischen Politikwissenschaft standen (von Beyme 1984: 186), kam einem Generalangriff auf das liberale Gesellschaftsmodell gleich (Gunnell 1978). Sie wurde von den Behavioralisten nicht ernst genommen. Easton hatte das Philosophische in der Politikwissenschaft bereits für obsolet erklärt, als sich der Behavioralismus noch nicht einmal flächendeckend durchgesetzt hatte (Easton 1951). Key äußerte in einer Presidential address an die APSA, die Politikwissenschaft als empirische Disziplin könne mit dieser Art von Theorie überhaupt nicht kommunizieren (Key 1958: 967). Die Adressaten der Gegenattacke konterten mit der Botschaft, das Treiben der empirischen Politikwissenschaft sei Teufelszeug, weil es den menschlichen Intellekt mit Trivialem vergeude.

Die Fürsprecher der politischen Philosophie verzeichneten dank der Berufungspolitik einiger Universitäten ganz unvermutet spektakuläre Teilerfolge. So ging Chicago, das Mekka der neuen Politikwissenschaft, an die Gegenseite verloren, als der dort gänzlich unbekannte Neo-Aristoteliker Leo Strauss zum Nachfolger Merriams berufen wurde (Baer/Jewell/Sigelman 1991: 111). Dass es sich um ein Strohfeuer handelte, wurde bald offensichtlich (Söllner 1990). Die normative politische Theorie zog sich letztlich hinter die schützenden Mauern der Fachphilosophie zurück (Ricci 1984: 143ff.). Was künftig als politische Theorie in der amerikanischen Politikwissenschaft galt, waren gegenstandsnahe Theoriekonstrukte, wie sie oben referiert wurden.

3.1.4 Die Internationalen Beziehungen: Ein Fall für sich

Die Internationalen Beziehungen wurden erst in der Nachkriegszeit zum Gegenstand der Politikwissenschaft. Der Grund lag in der dramatisch veränderten weltpolitischen Situation der USA. Für die Probleme der Weltpolitik hatte die behavioralistische Politikwissenschaft keinen richtigen Ansatz. Allenfalls mit der Außenpolitik konnte sie etwas anfangen. Hier gab es einen singulären Akteur, dessen Handeln sich beobachten ließ. Ein Behavioralist konnte auch damit nicht recht glücklich werden. Die Anzahl der Akteure in vergleichbaren Positionen – die Grundlage allen Messens – war gering und betrug nicht selten lediglich zwei, wie bei der strategischen Konkurrenz zwischen den USA und der Sowjetunion. Die damaligen Veröffentlichungen zur Außenpolitik waren in der Sache nichts anderes als Diplomatiegeschichte, d.h. die Schilderung diplomatischer Ereignisse mit eingestreuten interpretierenden Erläuterungen. Exemplarisch für das Genre war ein Büchlein aus der Feder George F. Kennans (1952).

Die Internationalen Beziehungen zwangen die Politikwissenschaft zum analytischen Sprung von der *Politik im Staat* zur *Politik zwischen Staaten*. Damit kam ein ganz anderer Objektbereich ins Visier, für den sich weder die ältere, institutionenzentrierte Politikwissenschaft noch die neue, behavioralistische Politikanalyse eigneten. Es dauerte sehr lange, bis die zwischenstaatliche Politik als Gegenstand der Politikwissenschaft überhaupt erkannt und anerkannt wurde. Die Internationalen Beziehungen sahen sich in den USA lange als eigene Disziplin neben der Politikwissenschaft.

Die Politik zwischen den Staaten ist nicht staatsfrei. Staaten sind die maßgeblichen Akteure in der Weltpolitik. Aber sie agieren in einer Machtstruktur, die selbst nicht staatlich organisiert ist. Die Weltpolitik wurde zu Beginn der wissenschaftlichen Analyse der Staatenbeziehungen als anarchisch, als ungeordnet aufgefasst. Die ersten Versuche, Ordnung in diese vermeintliche Anarchie zu bringen, waren von der Erfahrung des Ersten Weltkriegs bestimmt gewesen. Woodrow Wilson, jetzt nicht mehr als Politikwissenschaftler, sondern als Präsident, hatte sich vom Völkerbund eine Art internationale Rechtsgemeinschaft erhofft. Diese sollte Aggressorenstaaten in die Schranken weisen, ganz ähnlich, wie Kriminelle in der innergesellschaftlichen Politik zum Fall für Polizei, Staatsanwaltschaft und Gerichte werden. Der Völkerbund scheiterte mit seinem Anliegen, den Krieg durch die Verrechtlichung der Staatenbeziehungen aus der Welt zu verbannen.

Als Alternative dazu wurde der realistische Ansatz aufgebaut. Er fußte auf der Überzeugung, allein mit dem klugen Gebrauch von Macht und Überlegenheit lasse sich die Weltpolitik so strukturieren, dass der Krieg verhindert werden könne. Die Realistische Schule steht am Anfang der Internationalen Beziehungen als akademische Disziplin. Die Außenpolitik des Staates ist für sie nur ein Element der Internationalen Beziehungen. Die Staatenbeziehungen insgesamt sind mehr als die Summe der Außenpolitiken. Sie haben eine Eigendynamik, die auf die Außenpolitik jedes Landes zurückstrahlt.

Die wichtigsten Vertreter der Realistischen Schule waren Hans J. Morgenthau und John H. Herz, beide aus der Schar der zahlreichen Verfolgten des Dritten Reiches, die in den USA eine Zuflucht gefunden hatten. Für Morgenthau gelten in der zwischenstaatlichen Politik objektive Gesetze. Das wichtigste darunter lautet, dass die Staaten nach ihren Interessen handeln, und zwar maßgeblich nach dem nationalen Interesse an ihrer Existenz. Macht ist die Essenz der internationalen Beziehungen. Mit ihr drücken die Staaten ihre Interessen und ihren Status in der Weltpolitik aus. Konflikte entstehen aus dem Stoff widerstrebender Interessen. Der Krieg ist die krasseste Form dieses Interessenkonflikts. Nur durch das Kontern von aggressiv gebrauchter Macht mit der Drohung glaubwürdiger Gegenmacht können militärisch ausgefochtene Konflikte vermieden werden. Die Bereitschaft zum Krieg verhindert den Krieg am besten. Ein taugliches Friedenserhaltungsszenarium verlangt das Ausbalancieren eines mächtigen Gegners (Morgenthau 1963 (Erstaufl. 1948)).

Morgenthau war politisch sehr einflussreich. Genau betrachtet war der Realismus keine Theorie, sondern lediglich eine Heuristik mit Annahmen über die Natur des Menschen und die der Nationen. Morgenthau interessierte sich nicht groß für Ideologien, Regierungssysteme und politische Kulturen, sondern allein für historische Beispiele von Krieg, Frieden und Diplomatie. Die Historie untermauerte seine Auffassung, dass es zwischen den Staaten nach Machtgesetzen zugehe, die sich von der Antike bis heute nicht groß geändert hätten. Die moderne Zivilisation mache aber einen Unterschied: Der technische Fortschritt, insbesondere die Nuklearwaffen, hatte es ermöglicht, dass sich mächtige Staaten gegenseitig vernichten konnten (so auch Herz 1959).

Morgenthau war noch ein Denker in vorsozialwissenschaftlicher Tradition. Die tragende Rolle beim Erkennen nationaler Interessen hat der Staatsmann, ein Außenpolitiker, vorzugsweise ein Regierungschef, Außenminister oder strategischer Chefdenker. Sie sind die Helden und Schurken in Morgenthaus Geschichtsbild. Bedeutung kommt allein den Politikern der großen Mächte zu, also jener Staaten, die kraft der Geographie, ihrer wirtschaftlichen Bedeutung und ihrer militärischen Kapazität eine Herausforderung oder eine Bedrohung füreinander darstellen. Henry Kissinger hat diesen Aspekt der Realistischen Schule liebevoll untersucht und dann später in den 1970er Jahren als politischer Stratege im Handeln ausgedrückt (Kissinger 1962, 1974). Die *Foreign Affairs*, das Organ des American Council of Foreign Relations, das Wissenschaftler und Praktiker zu Wort kommen ließ, waren das bevorzugte Forum für Wissenschaftler des realistischen Bekenntnisses. Die Carnegie-Friedensstiftung setzte seit Ende der 1960er Jahre mit der *Foreign Policy*, einem Organ der eher liberal und kooperationsgestimmten Kritiker der amerikanischen Außenpolitik, einen Gegenakzent.

Ein ganz anderes Herangehen repräsentierte Ernst B. Haas mit *The Uniting of Europe*, einer Untersuchung des frühen europäischen Integrationsprozesses, der Montanunion (Haas 1958). Er entwickelte darin die Theorie der funktionalen Integration: Diejenigen Staaten, die mit Nationalismus und Krieg schlechte Erfahrungen gemacht haben, definieren einen gemeinsamen Zweck, für den sie auf ein Stück nationale Souveränität verzichten. Gemeinsame Institutionen erledigen fortan die entnationalisierten Aufgaben. Gelingt der Versuch, so wird er mit seinem positiven Beispiel einer Ausdehnung der gemeinsamen Aufgabenbereiche Vorschub leisten. Dieses so genannte neofunktionalistische Modell brachte die Theoriebildung zur europäischen Integration maßgeblich voran. Sie entfaltete ihre Wirkung vor allem in der europäischen Politikwissenschaft.

3.2 Die Konsolidierung der empirischen Politikforschung und die Erweiterung ihres Spektrums (seit 1970)

3.2.1 Die American politics als Dorado der behavioralistischen Politikwissenschaft

3.2.1.1 Ein Aufstand ohne Folgen: Die Revolte gegen den behavioralistischen Mainstream

Die datengestützte Politikforschung produzierte in den 1950er Jahren dank besserer Umfragetechniken, dank des Einsatzes von Großcomputern und dank soziologischer Erkenntnisse immer bessere Erklärungen, insbesondere in der Wahlforschung. Der Nutzen der Wählerverhaltensforschung für die Politik war offenkundig und genoss großzügige Förderung. Wahlforscher entwickelten 1960 ein Panel-Befragungsmodell, das in den folgenden Jahren ständig verfeinert wurde (Campbell 1960). Es definierte mit der Unterscheidung zwischen partei-, kandidaten- und themengeleiteten Wählerorientierungen Eckpunkte der Wählerverhaltensforschung. Rückblickend setzte es Maßstäbe für die Wahlforschung überhaupt. Die Wählerverhaltensforschung wurde freilich ein hochspezialisierter Zweig der Politikwissenschaft, bei dem es keine Rolle mehr spielte, ob die Forscher nun Soziologen, Psychologen oder Politikwissenschaftler waren. Das erste und bekannteste Zentrum der Umfragenforschung siedelte sich in Ann Arbor an der University of Michigan an.

Ganz allgemein verband sich fachliche Reputation in dieser Zeit häufig mit der Fertigkeit im Datenmanagement. So wurden Nachwuchswissenschaftler motiviert, ein Gleiches zu tun und sich mit entsprechenden Arbeiten zu qualifizieren. Die Universitäten und Fördereinrichtungen waren es zufrieden. Wer Daten verarbeitete, Methoden prüfte und seine Energien in valide Aussagen investierte, befasste sich kaum mit politisch affizierten Themen, die unerwünscht waren, weil sie beispielsweise Grundsatzprobleme der Ungleichverteilung von politischer und ökonomischer Macht ansprachen. Solche Themen wurden von behavioralistischen Wissenschaftlern zwar nicht direkt ausgespart, aber sie interessierten auch nicht weiter. Dieses Desinteresse begünstigte die Akzeptanz der nach Studierenden und Lehrenden rasch wachsenden Politikwissenschaft trotz der antikommunistischen Stimmung der 1950er und 1960er Jahre (Lowi 1973: 44, Easton 1985: 140).

Auf der Landkarte des Eastonschen politischen Systems operierten die statistikvernarrten Forscher ausschließlich im datenschwangeren Input-Bereich der Politik, dem Elektorat und den organisierten Interessen und Parteien. Die materielle Politik, die Policies, und der Staat, d.h. der Regierungsapparat, fanden zunächst keine Beachtung. Das amerikanische politische System eignete sich einzigartig für diese Art der Forschung. Parteien europäischen Typs kennen die USA nicht. Der Kongress ist eine denkbar offene Institution, Fraktionsdisziplin ist ihm fremd. Unter diesen Auspizien reifte bei einigen Behavioralisten der Übermut. Als wissenschaftlich ließen sie nur mehr gelten, was der statistischen Prüfung standzuhalten vermochte. Tabellen mit absoluten Zahlen und Prozentuierungen genügten nicht mehr. Es musste schon ein Cluster konstruiert werden oder ein Chi-Quadrat im Spiel sein.

Scheinbar näherte sich die Politikwissenschaft dem Status einer exakten Wissenschaft, wie man ihn inzwischen der Ökonomie zuzubilligen begann (Falter 1982: 8, 34f.).

Für nicht wenige Politikwissenschaftler waren die Methoden inzwischen wichtiger geworden als der Gegenstand. Zeitschriftenartikel muteten vielfach wie bloße Anwendungsfälle für wissenschaftliche Verfahren an. Schließlich wurden Probleme anscheinend nicht selten danach ausgewählt, ob sie sich für die Methoden eigneten. Die *American Political Science Review* (APSR) gewann zeitweise den Charakter einer Fachzeitschrift für statistische Methoden. Sie war zum Flaggschiff der rigiden, methodenverliebten Behavioralisten geworden.

Die unruhigen 1960er Jahre machten der Beschaulichkeit der Eisenhower-Ära, in der die behavioralistische Politikwissenschaft zur vollen Entfaltung gelangt war, ein Ende. Im Süden der USA war vor aller Welt deutlich geworden, dass Verhältnisse herrschten wie im damaligen Südafrika der Rassentrennung. Der Sinn des amerikanischen Krieges in Vietnam konnte nicht vermittelt werden; der Krieg sollte die Gesellschaft nachhaltig spalten. In den von Schwarzen bewohnten Stadtvierteln des liberalen Amerika brachen 1968 Armutsaufstände aus, nicht weit entfernt von gepflegten Geschäftsvierteln und in Hörweite der Universitäten. Die methodenfixierten Behavioralisten fanden für diese Probleme keine passende Sprache. Seit 1961 hatten die Präsidenten Kennedy und vor allem Johnson – vergeblich – an den drückenden Problemen der Armut in einer sonst reichen Gesellschaft laboriert. Milliarden Dollar waren in Projekte geflossen, die Remedur hatten schaffen sollen. Neue Regierungsbehörden waren entstanden. Die politikwissenschaftliche Agenda blieb davon weitgehend unberührt. Blicken wir in diesem Zusammenhang auf die Fachvereinigung American Political Science Association (APSA).

Die APSA hatte von jeher großen Wert darauf gelegt, einen Wissenschaftler als Präsidenten an ihre Spitze zu wählen, der den Hauptstrom der Mitglieder repräsentierte, gleichzeitig aber die aktuell als fortschrittlich geltende Gegenstands- und Methodenrichtung vertrat. In den 1950er und 1960er Jahren waren alle prominenten Vertreter des Behavioralismus zum Zuge gekommen, neben Lasswell selbst, dem wichtigsten singulären Anstoßgeber, auch Key, Truman, Eulau, Almond und Dahl (Falter 1982: 37). Jeder neue APSA-Präsident hält traditionell eine Rede zum aktuellen Stand der Disziplin, die an prominenter Stelle in einem Vierteljahresheft der APSR veröffentlicht wird.

Eine Zeitlang hielt die APSR mit dem Tenor dieser Presidential adresses nicht Schritt. Sie blieb zunächst traditionellen Themen, insbesondere deskriptiven Abhandlungen, verhaftet. Die Unzufriedenheit damit konzentrierte sich auf William Ogg, den Chefredakteur. Als dieser das Feld geräumt hatte, rückten die Vertreter der behavioralistischen Generation nach (Somit/Tanenhaus 1967: passim). Die kleine, aber mächtige Fraktion der Methodenspezialisten platzierte dort ihre Artikel. Wie später die Rational choice, so kam der Behavioralismus in Gestalt einer Artikelflut daher. Den Charakter eines Periodikums an vorderster Front der wissenschaftlichen Mode sollte die APSR behalten. Um so wichtiger wurden für konventionelle Themen die übrigen Fachzeitschriften, von denen einige in der Trägerschaft der regionalen Politikwissenschaftsvereinigungen erschienen. Die erste dieser Vereinigungen wurde bereits vor dem Krieg gegründet, die Southern Politics Association. Sie gab seit 1939 das *Journal of Politics* heraus

Eine als Caucus for a New Political Science auftretende Dissidentengruppe jüngerer Fachwissenschaftler probte 1969 den Aufstand gegen das inzwischen herangereifte behavioralistische APSA-Establishment (Falter 1982: 59ff.). Ihr Hauptargument: Die APSA finde sich damit ab, dass die bewegenden Fragen der Zeit außer Acht gelassen würden. Die Politikwissenschaft sollte der politischen Relevanz ihrer Themen wieder größere Beachtung schenken. Sie solle die Substanz der Politik stärker betonen und nicht so sehr die Prozesse, und vor allem solle sie den Primat der Methode zurücknehmen (Parenti 1983: 192f.) Diese Kritik überzeichnete den Zustand der APSA ebenso, wie sie das eigene Anliegen übertrieb. Die APSA bot den Dissidenten im Verlauf einer ungewöhnlich kontroversen Konferenz Sitz und Stimme in ihren Gremien (Wolfe 1970/71a, 1970/71b, Lipsitz 1970/71). Sie kam ihnen auch mit dem Wandel der erst kürzlich aufgelegten Mitgliederzeitschrift *PS: Political Science and Politics* zu einem Forum der Kritik entgegen (Lowi 1973: 52f.). Seit 1968 erscheint ferner die Zeitschrift *Politics & Society*, die in ihrer Themenauswahl die Kritik der Rebellen berücksichtigte. Sie trat insbesondere mit dem Anspruch an, Probleme und nicht Techniken in den Vordergrund zu stellen und die lesbare wissenschaftliche Prosa zu fördern (Politics & Society 1968/69: Cover). Dazu gehören bis heute Themen, die von den übrigen Fachzeitschriften vernachlässigt werden, z.B. Fragen der Arbeitsbeziehungen und marxistisch inspirierte Abhandlungen. Die Rebellen von 1969 integrierten sich in den folgenden Jahren in den üblichen APSA-Betrieb.

3.2.1.2 Die Kongressforschung

Im Mittelpunkt des weitgespannten Gegenstandsbereichs der amerikanischen Innenpolitik, für den sich die Bezeichnung der American politics eingebürgert hat, standen die politischen Institutionen. Der Kongress wurde zunächst als Forschungsgegenstand des Gesetzgebungsverfahrens untersucht (zum Beispiel Froman 1967). Zahlreiche Fallstudien machten auf die neuralgischen Punkte wie die Ausschüsse und die Verfahrenshürden im Gesetzgebungsprozess aufmerksam. Die Kongressforschung gewann hohe Reputation. Sie wurde auf das Studium einzelstaatlicher Legislaturen ausgedehnt. Für die behavioralistischen Forschungsmethoden eignete sich der Kongress in besonderer Weise. Erst geraume Zeit später sollten die Präsidentschaft und die Regierungsbehörden ähnlich große Beachtung finden. In Neustadts *Presidential Power* gab es ein klassisches Werk, das sich als Vorlage für Anschlussforschungen anbot. Neustadt hatte in einer Reihe von lebendig dargestellten Skizzen typische Situationen vorgeführt, in denen das Überzeugen (The power of persuasion) und nicht das Befehlen als das wichtigste Führungsmittel des Präsidenten deutlich wurde (Neustadt 1960). Erst mit dem innenpolitischen Reformprogramm der Great Society Präsident Johnsons wurde die Präsidentschaft als Programmgeberin in der Innenpolitik wahrgenommen. Danach sollte die politikwissenschaftliche Regierungsforschung in Gang kommen.

Für das anhaltend starke Interesse am Kongress gab es die folgenden Gründe: Die Parteizugehörigkeit ist nur ein Faktor im Abstimmungsverhalten des Kongresses. Fraktionsdisziplin ist auf dem Kapitolshügel nicht bekannt. Die Wahl und das politische Überleben eines Senators oder Abgeordneten erschließen sich zum erheblichen Teil aus dem Zuschnitt der Staaten bzw. Wahlkreise. Es gab Unmengen von Daten, die sich mit dem Abstimmungsverhalten der Kongressmitglieder verknüpfen ließen. Abstimmungsanalysen im Kongress wurden ein beliebtes Forschungsfeld. Sie erlaubten Rückschlüsse auf biographische Prägungen, Wahlkreisbindungen und Peer pressures. Die Kongressausschüsse führen ein ausgeprägtes Eigenleben mit mehr oder minder regelmäßiger Erfolgs- oder Misserfolgsgeschichte (Fenno 1966, 1996 (Erstaufl. 1973), Polsby/Peabody 1992 (Erstaufl. 1963)). Die wichtigsten Ausschüsse wurden beforscht und der Haushaltsprozess durchleuchtet (Wildavsky 2001 (Erstaufl. 1964)). Für die teilnehmende Beobachtung und die Interviewtechnik boten sich zahlreiche Gelegenheiten zum Einsatz qualitativer Forschungsmethoden.

Der Kongress erlebte wie alle politischen Institutionen in den 1960er und 1970er Jahren einen tiefgreifenden Wandel. Die Dauer der Mitgliedschaft in einer Kammer des Kongresses und in einem Ausschuss – die Seniorität – war Jahrzehnte lang das Maß für die Zuteilung der wichtigsten Positionen im Kongress gewesen. Die Senioritätsregel wurde als Machtzuweisungsformel in den 1970er Jahren nachhaltig geschwächt. Etliche, vormals ländliche Wahlkreise verzeichneten die Ansiedlung von Industrie und Dienstleistungsunternehmen. Wanderungsbewegungen von den Innenstädten der amerikanischen Metropolen in die Vororte hinterließen ihre Spuren in der Veränderung der Wahlkreisinteressen und Wählerpräferenzen. Alles dies hielt die Kongressforschung lebendig und führte ihr neue Daten zu.

Die Ergebnisse dieser Forschungen haben einige Standarderkenntnisse produziert. So erklärt die Unterscheidung zwischen dem *Home style* und dem *Hill style* den Wechsel der Abgeordneten und Senatoren zwischen den Rollen des Wahlkreisbotschafters in Washington, der deftig gegen die Bürgerferne der Bundesregierung wettert, und der des Gesetzgebungstechnikers und Konsensartisten, der sich auf dem Kapitolshügel an der Kompromissfindung beteiligt (Fiorina/Rohde 1994 (Erstaufl. 1989), Fenno 1978). Die *Electoral Connection* des einzelnen Abgeordneten blieb zentral (Mayhew 1974). Hier wandte sich die Forschung bald auch den Political Action Committees zu, neuen Instrumenten der Wahlkampffinanzierung, die vor allem von großen Firmen und Verbänden genutzt werden. Mit der Zeit rückte auch die Infrastruktur der Congressional staffers zum Untersuchungsgegenstand auf. Sie umfasst mehrere Tausend Mitarbeiter des Kongresses. Als Zeit- und Themenmanager der Kongressmitglieder haben sie eine ähnliche Rolle wie die politischen Beamten in den Ministerialbürokratien (Fox/Hammond 1977, Kofmehl 1977, Malbin 1980).

Aus den einschlägigen Forschungen resultierte ein Business der Kongressbeobachtung. Serienpublikationen wie *der Almanac of American politics*, das *National Journal* und *der Congressional Quarterly Weekly Report* wurden zu informatorischer Grundnahrung für Lobbyisten, Journalisten und Wissenschaftler. Die Politikwissenschaft hatte und hat auf diesem Gebiet große Affinität zur politischen Praxis und zum geldwerten Geschäft mit politischen Kontakten. Der Kongress ist tatsächlich ein *Keystone of the Washington Establishment*, wie ein bekanntes Buch von Fiorina (1989 (Erstaufl. 1974)) betitelt war. Dieser eine Kernbereich der American politics hat auf die vergleichende Politikwissenschaft in den USA selbst und auf die europäische Politikwissenschaft nicht weiter ausgestrahlt. Der Grund lag in der Tatsache, dass sich die Mehrheitsbildungsprozesse in den europäischen Parlamenten gegen die Datenverarbeitung sperren. Die Parlamentsvoten gehorchen der Fraktionsdisziplin.

3.2.2 Policies, Bürokratien und Netzwerke

3.2.2.1 Die Policy-Forschung

In den 1970er Jahren erweiterte sich das Themenspektrum der empirischen Forschungen. Markant war der Aufschwung der so genannten Policy studies (Sabatier 1991). Hier folgte die Politikwissenschaft erkennbar den Herausforderungen, mit denen sich auch die Politik konfrontiert sah. Der von Präsident Johnson mit großen Hoffnungen betriebene Kampf gegen die Armut in Amerika galt gegen Ende der 1960er Jahre trotz des erheblichen finanziellen und personellen Aufwands als gescheitert. Dieses Scheitern traf die Wissenschaft mit. Nie zuvor war in der amerikanischen Politik ein umfassendes Programm mit so intensiver wissenschaftlicher Beratung vorbereitet und begleitet worden wie Johnsons War on Poverty (Sundquist 1968).

Es dauerte gut zehn Jahre, bis sich ein Teil der Fachwissenschaftler, wiederum aus einer neuen Generation, auf das Policy-Thema eingestellt hatten. Dann jedoch ergoss sich eine Flut von Politikanalysen neben dem Strom der behavioralistischen Forschung. Voraussetzung für die Analyse einer Policy war die Auseinandersetzung mit dem Problem, das nach einer politischen Lösung verlangt. So machte es wenig Sinn, eine Studie über die Kriminalitätsbekämpfung in Angriff zu nehmen, ohne sich zuvor mit der kriminalistischen Forschung, mit den Verbrechensursachen und mit den gebräuchlichen Bekämpfungsstrategien vertraut zu machen.

Die frühen Policy studies hatten sich noch damit begnügt, einfach wiederzugeben, wie die Politik mit bestimmten Problemen umging, einfach danach zu schauen *what government does* (Sharkansky 1972, Edwards/Sharkansky 1978). Das impulsgebende Stichwort war hier der politische Output im Sinne des Eastonschen Systemmodells: also alles das, was das politische System an Regularien, Leistungen und Forderungen produziert (Dye 1966). Eine im Verlag Bobbs-Merrill aufgelegte Reihe von Policy-Analysen nahm sich Politikfeld für Politikfeld vor, z.b. Umwelt, Finanzen, Steuern, Städtebau, Verkehr, Bildung, Sicherheit und Ordnung. Die Arbeiten beschrieben, wie sich aus Problemen zunächst politische Initiativen, dann Gesetze, dann Anwendungsprobleme, schließlich Nachbesserungen ergaben. Ihr Augenmerk erfasste auch das politische Handeln unterhalb des Zentralstaates. Diese Arbeiten leisteten eine wichtige Sichtung der Fakten und zeigten, dass Policies komplizierte Entstehungs- und Verlaufsgeschichten haben.

Die Erforschung der Ergebnisse des politischen Handelns war in der Politikwissenschaft etwas Neues. Bisher hatte der politische Prozess im Vordergrund gestanden. Zwar gab es schon früher bemerkenswerte Policy-Studien. Vor allem das Interesse an der Außenhandelspolitik war groß gewesen. Schattschneider hatte bereits in den 1930er Jahren die Entstehung des Smoot-Hawley Act, eine protektionistische Reaktion auf die Weltwirtschaftskrise, beschrieben (Schattschneider 1935). Bauer, Pool und Dexter hatten 1962 in einer Studie über den Trade Act – Abkommen zum weltweiten Abbau der Zollbarrieren – Interessen, Akteure und Koalitionen herausgearbeitet. Der Trade Act sollte eine stürmische Liberalisierung des Welthandels ermöglichen. Lowi hatte dieses letztere Buch rezensiert und dabei eine Policy-Typologie entwickelt, die im Fach damals kaum registriert wurde (Lowi 1964). Im Kontext des wenige Jahre später sehr massiven Interesses an der Policy-Forschung stellte er sie erneut vor (Lowi 1972). Jetzt schrieb er damit Fachgeschichte.

Lowi formulierte den prägnanten Satz: Policy determines politics, politische Inhalte bestimmen den Verlauf der politischen Auseinandersetzung! Dabei unterschied Lowi die umverteilende, die verteilende, die regulierende und die konstituente Politik. Jede Art von Politik stellt eine Art Arena dar. Ganz ähnlich verlangen verschiedene Sportveranstaltungen unterschiedliche Kampfbahnen, Plätze und Geräte, und sie interessieren jeweils ein spezielles Publikum. Die Umverteilungspolitik gilt gemeinhin als hochkontrovers. Sie steigert oder mindert die Steuerlast und verschiebt den Nutzen und die Kosten staatlichen Handelns. Die Verteilungs- oder Zuteilungspolitik (Subventionen) schmerzt meist nur, wenn sie nicht mehr allein als ein willkommener Geldsegen, sondern auch als eine Belastung wahrgenommen wird. Die Grenze zur

Umverteilungspolitik lässt sich nur psychologisch bestimmen. Verteilungspolitik dient der Befriedigung von Klientelen oder als Vorleistung bei der Stimmenwerbung in Mehrheitsbildungsprozessen. Regulative Politik ist entweder dazu bestimmt, durch Gesetze, Verordnungen und Verfügungen das Verhalten eines bestimmten Adressatenkreises zu beeinflussen, oder sie weist diese Adressaten, also Bürger, Firmen oder Gruppen an, ein bestimmtes Verhalten zu unterlassen. Die Kosten der regulativen Politik sind gering. Die konstituente Politik, die im allgemeinen nur selten die Tagesordnung bestimmt ist materielle Verfassungspolitik. Sie richtet sich auf Veränderungen im politischen Betrieb selbst. Lowis Policy-Typologie avancierte in kürzester Zeit zur grammatischen Grundkenntnis in der Policy-Analyse.

Der nächste wichtige Schritt zum gegenwärtigen Standard der Policy-Analyse war die Idee des Politikzyklus. Der Politikzyklus markiert Verlaufsstadien, in denen sich das Werden einer Policy beobachten lässt. Jede Policy passiert typische Stationen. Am Anfang steht die die Initiierung. Ein konkretes Problem liefert den Impuls für ein politisches Vorhaben. Es folgen die Debatte über Lösungswege, die Auswahl einer Option, die Entscheidung für ein politisches Programm, die Implementation des Programms und dessen Evaluation (Brewer/de Leon 1983, Kingdon 1984). Durch den Werdegang einer Policy und die Beobachtung der daran Beteiligten gelangte die Forschung bald zur Erkenntnis, dass Policies von informellen Netzwerken bearbeitet werden. Solche Netzwerke integrieren verschiedene Akteure des politischen Systems: Wissenschaftler, Spezialisten in den Verbänden, Dienststellen in der politischen Bürokratie und Ausschüsse oder Unterausschüsse in den Parlamenten. Für solche Netzwerke kamen die Vokabeln des Subgovernment (Ripley/Franklin 1980) und des Issue network (Heclo 1978) in Umlauf. Der Netzwerkbegriff setzte sich bald flächendeckend durch.

3.2.2.2 Staat, Eliten und Verbände

Beim Entstehen einer Policy und bei ihrem Weg durch die Institutionen hat der institutionelle Ort der beteiligten Akteure – Lobbyisten, Ministerialbeamte, Minister oder Experten – große Aussagekraft. Ebenso wichtig ist die Frage, ob es sich um die Advokaten oder um die Gegner bestimmter Lösungen handelt. Relevant ist ferner die Frage, welche Bataillone die Pro- und die Kontraseite aufbieten können – die

Presse, die gesellschaftlichen Klientelen und die Experten. Bedeutsam ist schließlich die Frage, ob die Beteiligten eher konsensuelle Lösungen schätzen und ob sie auch den Konflikt nicht scheuen. Fragen dieser Art ließen sich nur in der Auseinandersetzung mit konkreten Policies klären. Entsprechende Untersuchungen rückten Allianzen von Bürokraten, Parlamentariern und Lobbyisten in das Blickfeld, die so genannten Iron triangles im Kongress (Aberbach/Rockman 1977, 1978, Gais/Peterson/Walker 1984). In diesem Zusammenhang fanden erstmals die Eigenarten der amerikanischen Ministerialbürokratie größere Beachtung. Heclo nannte sie ein *Government of Strangers* (1977). Die Behörden führen ein starkes Eigenleben. Darüber hinaus ziehen sich durch die Behörden selbst unsichtbare Grenzen. Die Parteilichkeit der politischen Leitungsebene kontrastiert mit der Fachlichkeit der Karrierebeamten.

Im selben Kontext wurde es üblich, die „zwei Präsidentschaften" zu unterscheiden. Die institutionalisierte Präsidentschaft verkörpert die Schnittstelle des Permanent government, d.h. der Behörden. Das Presidential government steht an der Spitze der politischen Beamten und Stäbe (Greenstein 1988). Die Präsidenten kommen und gehen, die Behördenstrukturen bleiben, die Probleme erst recht. Mit den Policy studies überschritt die Politikwissenschaft deutlich den Rahmen der American politics. Sie kommunizierte fortan enger mit der in den 1970er Jahren bereits professionalisierten europäischen Politikwissenschaft. Die Probleme, die amerikanische Policy-Forscher an Beispielen des eigenen Landes analysiert hatten, wurden in der schwedischen und in der britischen Politik jeweils anders, teilweise auch erfolgreicher gelöst.

Heidenheimer, Heclo und Adams veröffentlichten Mitte der 1970er Jahre eine Studie über *Comparative Public Policy,* eine Synopse der Policies Soziales, Bildung, Verkehr, Finanzen und Gesundheit im amerikanisch-europäischen Vergleich (Heidenheimer/Heclo/Adams 1990 (Erstaufl. 1975)). Diese methodisch gänzlich unambitionierte Arbeit registrierte historische Kontinuität bei der amerikanischen Priorität im Bildungsbereich, einen hohen Stellenwert öffentlicher Gesundheitspolitik in Schweden und eine besondere Bedeutung der Sozialpolitik in Deutschland. Ihr Fazit: Historische Erfahrung biete die beste Erklärung für diese Unterschiede. Bildung sei in den USA von jeher der Weg zum sozialen Aufstieg gewesen; in Deutschland habe sich die Prävention von Klassenkonflikten im Wege der kontrollierten Umverteilung eingebürgert; in Schweden fordere die im Geiste sozialdemokratischer Werte erzogene Gesellschaft ihren Tribut.

Ein Vierteljahrhundert nach dem ersten Erscheinen dieses Buches haben sich die Problemlagen verschoben, eines ist gleich geblieben. Die Policy-Agenda der Demokratien kennt sehr unterschiedliche Prioritäten. Dies belegt auch eine weitere vergleichende Studie, die in der amerikanischen und in der internationalen Forschung Referenzcharakter gewonnen hat. Esping-Andersen stellte als Modellgruppen für die Vielfalt der Wohlfahrtstaatlichkeit die liberale, die egalitäre und die korporative Lösung vor. Die liberale Wohlfahrtslösung – Beispiel USA – sieht lediglich eine minimale staatliche Grundsicherung vor, die egalitäre Lösung – Beispiel Schweden – strebt eine umfassende Versorgung unabhängig von Status und Einkommen an, die korporative Lösung – Beispiel Deutschland – definiert verschiedene Gruppen von Nutznießern mit je spezifischen Leistungsansprüchen. Der korporative Sozialstaat zeichnet sich durch die relativ größte Immobilität und durch einen hohen Verwaltungsaufwand aus. Die Präferenz für die eine oder für die andere Wohlfahrtsvariante erklärt sich aus historischen Interessenkonstellationen (Esping-Andersen 1990).

Ein weiteres neues Vergleichsfeld waren Bürokratie- und Elitenstudien (Putnam 1976). Policies werden von Politikern und Beamten entschieden. Es lag deshalb nahe, die Einstellungen des Personals in den politisch-administrativen Schlüsselpositionen näher zu betrachten. Putnam machte einen Anfang mit der Befragung britischer und italienischer Parlamentarier (Putnam 1973). Auch die Gruppe der Ministerialbeamten wurde näher in Augenschein genommen. Heclo und Wildavsky untersuchten in *The Private Government of Public Money* das britische Treasury Department, zuständig für Wirtschaft und Finanzen und damals noch für den öffentlichen Dienst. Sie brachten mit Interviews und teilnehmender Beobachtung Licht in das notorische Whitehaller Halbdunkel (Heclo/Wildavsky 1974). Zahlreiche empirische Untersuchungen zur französischen (Suleiman 1974, 1978), später auch zur japanischen Verwaltungselite sowie international vergleichende Arbeiten zum Verhältnis von Beamten und Politikern schlossen sich an (Aberbach/Putnam/Rockman 1981, Koh 1989, Aberbach/Krauss/Muramatsu/Rockman 1990). Heute ist der Blick auf ministerielle Bürokratien in Standarddarstellungen über das politische System selbstverständlich geworden.

Die Korporatismusstudien bildeten einen weiteren Forschungs-
schwerpunkt. Schmitter stellte die pluralistische Praxis in den USA so
dar, dass sich die Verbände in der politischen Arena um Sieg und Platz
bewürben, um dann anhand der Kongressbeschlüsse festzustellen, welchen Erfolg sie erzielt hätten. In Europa beobachtete er einen anderen
Modus: Verbände und Staat verhandelten in einem Prozess des gegen-
seitigen Gebens und Nehmens über Wohlfahrtseffekte. Der Staat pri-
vilegiere einige Verbände, die zum Erfolg einer Politik viel beitragen
könnten, als Partner. Diese Exklusivbeziehungen bezeichnete Schmitter, ein Portugal-Kenner und deshalb mit dem faschistischen Modell
der Interessenharmonie vertraut, als korporativistisch (Schmitter
1974). Später sollten sich für die gleiche Sache die Begriffe des liberalen Korporatismus und des Neokorporatismus einbürgern (Lehmbruch 1977/78). Die sprachliche Distanz zum undemokratischen Kor-
porativismus wurde so deutlicher. Schmitter und Lehmbruch erweiterten die Korporatismustheorie später zum Analyseschema für die
Messung von starkem und schwachem Korporatismus. Als Zentren
stark korporatistischer Politik wurden Österreich, die Schweiz, Skandinavien und in geringerem Umfang auch Deutschland ausgemacht.
Großbritannien, die USA und Japan kannten das Phänomen nicht
(Schmitter/Lehmbruch 1979).

Bei den Eliten- und bei den Korporatismusstudien gab es Initial-
zündungen amerikanischer Politikwissenschaftler. Die Anschlussforschungen wurden hier aber im großen Maßstab von europäischen Wissenschaftlern betrieben. Für die American politics brachten diese komparativen Blicke über die Grenzen der USA nicht viel. Für das Studium der Politik im Bund und in den 50 Einzelstaaten der USA sowie
für Zigtausende Local governments waren sie belanglos. Die unterschiedlichen Perspektiven manifestierten sich auch in der Betrachtung
der organisierten Interessen. Während sich europäische Politikwissenschaftler mit den Gewerkschaften und Unternehmerverbänden und deren Allianzen mit dem Staat befassten, analysierten ihre amerikanische
Kollegen eher das Unternehmen und die Public interest groups
(Epstein 1969, Vogel 1978a, 1978b, 1987, 1989, 1996). Den Zenit ihrer ohnehin nie sehr großen Bedeutung haben die amerikanischen Gewerkschaften schon vor langer Zeit überschritten; Unternehmen und
Lobbyisten beherrschen den Washingtoner Interessenbetrieb. Wenn
die Vertreter der American politics die Komparatistik kaum zur Kenntnis nahmen, dann hielten sie es nicht viel anders als die amerikanische

Gesellschaft schlechthin. Deren Wissen über das Ausland tendiert gegen Null. Einen vergleichbaren Parochialismus wie in den American politics gibt es selbst bei innenpolitischen Spezialisten in der europäischen Politikwissenschaft selten (Berger 1984: 547). Die amerikanischen Komparatisten hingegen, die sich mit der Politik in den europäischen Demokratien befassten, begegneten bei ihren Forschungen dem Staat. Die Durchsetzungsfähigkeit des Staates avancierte jetzt zu einem bedeutenden Kriterium für den politikwissenschaftlichen Vergleich.

3.2.3 Die Komparatistik: Die Dritte Welt und der Staat

3.2.3.1 Die Fortschreibung eines alten Themas: Der Parteien- und Parteiensystemvergleich

Ein wichtiger Bereich der komparatistischen Forschung war weiterhin der Demokratienvergleich, insbesondere die Auseinandersetzung mit Parteien und Parteiensystemen. So organisierte der Norweger Stein Rokkan zusammen mit Seymour M. Lipset eine inzwischen klassische Studie *Cleavage Structures, Party Systems, and Voter Alignments* über die Tektonik der europäischen Parteiensysteme. Die Autoren waren sämtlich spezialisierte Landeskenner. Das Fazit im Jahre 1967: Mit wenigen Ausnahmen hätten sich die Parteiensysteme in den vergangenen 50 Jahren kaum verändert. Rokkan und Lipset verfuhren hier – vergleichend und an europäischen Beispielen – genauso wie früher V. O. Key am Gegenstand der amerikanischen Parteienszenerie. Die unterschiedlichen Verläufe der Reformation und der Gegenreformation, der Niedergang des Absolutismus, die Verfassungskämpfe des 19. Jahrhunderts, die Industrialisierung und die Russische Revolution hatten sämtlich Spuren in den europäischen Parteiensystemen hinterlassen. Je nach den konfessionellen Verhältnissen, dem Stand der industriellen Entwicklung und der Verfassungslage gab es jedoch signifikante Unterschiede. So hatten die Benelux-Länder und Skandinavien eine besondere Konstellation, Großbritannien war ein Fall für sich, Deutschland und Italien verzeichneten Brüche in der Entwicklung ihrer Parteiensysteme (Lipset/Rokkan 1967).

Das Projekt wurde zum Ausgangspunkt zahlreicher Anschlussstudien. Diese stützten bereits die Gegenthese eines Dealignment. Die bis in die 60er Jahre stabilen Wählerbindungen an die Parteien hatten sich aufgelöst. Die Gründe lagen in der Auflösung überkommener Sozialmilieus und in neueren politischen Themen, wie zum Beispiel in der Umweltzerstörung und im Bedeutungsverlust der Kirchen (Dalton/Beck/Flanagan 1984). In dieselbe Richtung deuteten auch Ingleharts Forschungen über den Wandel der politischen Kultur in den Industriegesellschaften. Diesen Wandel schrieb Inglehart dem Heranwachsen von Generationen zu, die mit hohen Bildungsstandards und mit einem hohen Wohlfahrtsniveau groß geworden waren. Für sie hätten neue Themen wie Umwelt und Lebensqualität eine größere Bedeutung gewonnen als die konventionellen Umverteilungs- und Wohlfahrtsfragen. Für diesen Sachverhalt prägte Inglehart in *The Silent Revolution* den Begriff der post-materialistischen politischen Kultur (Inglehart 1977, siehe auch Inglehart 1989). Die wachsende Angleichung der Wahlerfolgsstrategien, der Elektorate und der Programme sind belegt. Als Ursachen für die Funktionsverluste der Parteien bestätigen einschlägige Untersuchungen die Kommunikation mit Hilfe der Medien und die Personalisierung der Wahlkämpfe (Lawson/Merkl 1988, Panebianco 1988). Das Interesse an der vergleichenden Parteienanalyse hat sich heute auf die Frage verlagert, wie sich die Parteien finanzieren, was sie tun, um ihre Existenz zu sichern und wie sie ihren Nachwuchs rekrutieren. Solche Fragen interessierten die amerikanischen Komparatisten jedoch nicht mehr. Die vergleichende Parteienforschung ist ein Gegenstand vor allem der europäischen Politikwissenschaft geworden.

Die Verquickung der Parteien mit dem Staat war der Ansatz beim letzten Großversuch, eine Erklärung für den aktuellen Zustand der Parteien zu leisten. Katz und Mair machten in den 1990er Jahren mit der These auf sich aufmerksam, das Verhalten der politischen Parteien lasse sich nicht so sehr aus der Konkurrenz um Ämter und Mehrheiten erklären. Ämter und Mandate gewährten Einkommen und Privilegien unabhängig vom Status der Regierungspartei und dem der Opposition. Die Präsenz in den Institutionen garantiere selbst der Opposition noch den Zugang zu den Medien und allemal den Lohn der Partei- und Parlamentsarbeit. Das gemeinsame Interesse an der staatlichen Erstattung der Wahlkampfkosten und an der Gestaltung der Wahlgesetze erlaube es den Parteien, sogar die Wettbewerbsbedingungen zu beeinflussen. Im Sinne eines für alle Berufspolitiker geltenden Anreizes bildeten alle Parteien gemeinsam ein Kartell (Katz/Mair 1995).

3.2.3.2 Modernisierungsforschung über die postkolonialen Staaten

Die Modernisierungstheorie war in den 1960er Jahren das Leitmodell der Comparative Politics. Angesichts der zahlreichen neuen Staaten, die aus der Auflösung der Kolonialimperien hervorgegangen waren, hatte das funktionalistische Politikmodell eine Verständnishilfe geboten. Der prospektive Entwicklungspfad der jungen Staaten in Afrika und Asien, die besonders intensiv erforscht wurden, war jedoch eine offene Frage. Ethnische und religiöse Auseinandersetzungen waren dort an der Tagesordnung. Die nach der Unabhängigkeit zunächst gewählten Regierungen wichen bald Diktatoren in Zivil und Uniform. Armut, mangelnde Hygiene, Hunger und Bildungsdefizite schälten sich als dauerhafte Gemeinsamkeiten dieser Länder heraus. Etliche politische Führer dieser Staaten liebäugelten ostentativ mit der Anlehnung an die Sowjetunion. Andere erhofften sich von den USA und ihren Verbündeten Finanz- und Wirtschaftshilfen und häufig auch Militärhilfe. Lateinamerika war von amerikanischen Politikern und Wissenschaftlern lange überhaupt nicht als Bestandteil der später so genannten Dritten Welt wahrgenommen worden. Castros Revolution auf Kuba (1958) alarmierte Washington um so stärker. Der Vietnamkrieg – der unter Beteiligung der USA ab 1963 wieder auflebte – machte schlagartig deutlich, wie wenig man über die komplizierten Verhältnisse in Südostasien tatsächlich wusste. Indien, Pakistan und der Nahe Osten gaben ebenfalls Rätsel auf.

Die Komparatistik kam mit diesen Entwicklungen so schlecht zurecht wie die amerikanische Außenpolitik. Sie hing bis in die 1970er Jahre der Vorstellung eines linearen Entwicklungspfades an. Im Wege einer nachholenden Entwicklung würden sich die Verhältnisse in Asien und Afrika langfristig ähnlich gestalten wie in Europa und Nordamerika, über die man ja viel wusste. Trotz der Sprach- und Religionsgegensätze sei ein Nation building, d.h. die Schaffung eines Wir-Gefühls, möglich. Nach Anfangsschwierigkeiten bildeten sich neutrale, effiziente Staatsverwaltungen heran, d.h. es finde ein State building statt. Schließlich stelle sich ein Konsens über Institutionen und Verfahren ein, der robust genug wäre, politische Kontroversen über Sachfragen auszuhalten. Aus der Vorstellung eines Entwicklungsrückstands heraus war von Entwicklungsländern (developing countries) die Rede. Das Entwicklungsziel gab der moderne Status der demokratischen Industriegesellschaften (developed countries) vor, aus dem später die Bezeichnung Modernisierungstheorie hergeleitet wurde.

Lipset betitelte ein Werk über die politische Entwicklung der USA in aller Unschuld *The First New Nation*. Die Vereinigten Staaten hatten anscheinend vollendet, was den postkolonialen Ländern im Wege einer nachholenden Entwicklung erst noch bevorstand, den Eintritt in das Stadium der liberalen Demokratie (Lipset 1963). Wards und Rustows Untersuchung früherer Verwestlichungsexperimente in Japan und der Türkei sollte die aus der europäischen Anschauung gewonnene Modernisierungsthese an Beispielen aus anderen Kulturkreisen prüfen (Ward/Rustow 1964). Auch dieses Anliegen entsprach ganz der szientistischen Grundstimmung der behavioralistischen Ära.

Es gab vielfältige Forschungsinteressen und entsprechenden Publikationsbedarf in der Komparatistik, aber noch kein Forum, in dem sich die Wissenschaftler hätten mitteilen können. Die APSR war dafür nicht geeignet. Für ihre Methodenansprüche war das Treiben der Komparatisten viel zu *soft*. Die übrigen Journale mit Ausnahme der *Political Science Quarterly* waren wie die APSR selbst Domänen der American politics. Die Gründung der Zeitschriften *Comparative politics* (1968) und *Comparative Political Studies* (1969) waren Indizien für die Konsolidierung der Vergleichenden Politikwissenschaft als zweitem Schwerpunkt neben den American Politics. Die neuen komparatistischen Zeitschriften sollten in den kommenden Jahren und Jahrzehnten mit Vor- und Teilveröffentlichungen größer angelegter Projekte seismographisch registrieren, was sich in der Politikforschung über andere Länder tat. Zumeist handelte es sich um Einzelfallstudien oder um Fallvergleiche, z.B. zur Technologiepolitik in Japan und in den USA (Fong 1990) oder zur Überwucherung der zivilen Institutionen in der Türkei durch einen Nationalen Sicherheitsrat (Sakallioglu 1997) oder zum kalkulierten Import islamistischer Politik im Pakistan der 1980er Jahre (Nasr 2000).

In der Fallstudientechnik zeigte sich die spezifische Methodenprägung der amerikanischen Komparatisten. Wo die geschätzte statistische Methode nicht greift, so Lijphart, dort bietet die Fallstudie Ersatz (Lijphart 1971). Fallstudien operieren mit Hypothesen. Nach den Kriterien Verbas sollte jeder behandelte Fall als Beispiel einer Fallgruppe angelegt werden (Verba 1967/68). Vor generalisierenden Darstellungen hatte die Fallstudie nach Auffassung dieser Autoren den Vorteil, dass sie Akteure benennen und das Handeln in einer konkreten Situation belegen konnte.

Dem historischen Rückblick auf Europa gewann die Komparatistik die These ab, dass der moderne Nationalstaat typische Krisen meistern müsse, bevor er zu seiner heute vertrauten Struktur finde. Ausgehend von den Entwicklungspfaden der transatlantischen Nationalstaaten wurden die neuen, in modernisierungstheoretischer Sicht noch unfertigen Staaten dahin befragt, ob sie bereits die Penetrationskrise (Durchsetzungskraft der Staatsverwaltung), die Identitätskrise (Belastungstest als Sprach- oder Wertegemeinschaft), die Partizipationskrise (Beteiligung der Gesellschaft an politischen Entscheidungen) und die Distributionskrise (Lösung von Armutsproblemen durch staatliche Maßnahmen) bewältigt hatten (Binder/Coleman/LaPalombara/Verba/Weiner 1971).

Diese Krisenabfolge abstrahierte von Entwicklungszäsuren in der europäischen und amerikanischen Geschichte. So entsprach die Penetrationskrise der Etablierung einer zentralen Staatsgewalt in der Ära des Absolutismus, die Identitätskrise der Bildung eines Nationbewusstseins im 19. Jahrhundert, die Partizipationskrise der Demokratisierung und die Verteilungskrise der Etablierung des Wohlfahrtsstaates im 20. Jahrhundert. Die Modernisierungsforschung stellte mit solchen Überlegungen heuristisch wertvolle Fragen. Nationbildung, Verteilung und Demokratie sind tatsächliche politische Herausforderungen, vor allem in Afrika und Asien. Die Staaten der heute so genannten Dritten Welt waren aber weit davon entfernt, sie zu bewältigen. Wo sie dies geschafft haben, deutete wenig darauf hin, dass sie den gleichen Pfad beschreiten würden wie die etablierten westlichen Demokratien. Mit einer autoritären Politik lässt sich die Staatsbildung beschleunigen, aber nicht die Demokratisierung. Mangelndes Nation-building sperrt die Voraussetzungen für bessere Verteilungsgerechtigkeit. Wo keine Wir-Gefühle existieren, verschärfen Verteilungsfragen die Konflikte zwischen ethnisch und religiös polarisierten Gruppen.

Samuel P. Huntington hatte bereits 1965 davor gewarnt, die Vorgänge in den neuen Staaten im Sinne einer nachholenden und anpassenden Entwicklung zu interpretieren. Es sei auch vorstellbar, wenn nicht gar wahrscheinlich, dass die Politik der nicht-westlichen Staaten dauerhaft stagniere oder sogar hinter den Abstand zur westlichen Welt zurückfalle. Die aus Europa exportierten äußeren Attribute der Staatlichkeit könnten sich abtragen. Für ein lineares Voranschreiten in Richtung auf staatliche Effizienz und Selbstbestimmung gebe es keine überzeugenden Gründe (Huntington 1964/65). Mit seinen Bedenken sollte Huntington Recht behalten. Aber mit seiner Prognose, vor diesem Hintergrund wachse dem Militär die Rolle des Modernisierers zu, lag er falsch (Huntington 1968). Dessen ungeachtet teilte die amerikanische Politik Huntingtons Annahme. Die Washingtoner Counterinsurgency-Politik zur prophylaktischen Verhinderung neuer Kubas und Vietnams setzte in den 1960er und 1970er Jahren darauf, Militärregime als antikommunistisches Gegengift zu fördern. Die von westlich orientierten Militärs begonnenen Modernisierungsprozesse gingen tatsächlich planlos und ohne die erhofften Ergebnisse vonstatten.

Die Komparatistik experimentierte noch. Man wusste im Westen erst wenig über die politischen Probleme der außereuropäischen Welt. Deshalb wurde das Bekannte als Ausgangspunkt genommen, um das Unbekannte zu erkunden: ein Beispielfall für das Trial-and-Error-Vorgehen! Die Vielfalt der Staatlichkeit in der Dritten Welt von der knallharten Diktatur bis zum ohnmächtigen Staat lassen die Modernisierungstheorie aus heutiger Sicht naiv erscheinen. Naiv war sie aber keineswegs. Sie fußte nur auf einem schlechteren Informationsstand als heutige Theorien.

Nicht nur liberale Politikwissenschaftler übertrugen ihr Wissen über die westliche Welt auf die neuen Länder. Barrington Moore, ein marxistischer Wissenschaftler, bezeichnete in *Soziale Ursprünge von Diktatur und Demokratie* die Konstellation von Großgrundbesitz, Bauern, Bürgertum und Arbeiterschaft als ausschlaggebend für die historische Weichenstellung zur liberalen Demokratie (Moore 1969 (Erstaufl. 1966)). Der maßgebliche Faktor sei der Großgrundbesitz gewesen. Die englischen Verfassungskämpfe und die Französische Revolution hätten den Großgrundbesitz ausgeschaltet und das Bürgertum mit seiner liberalen Ideologie an die Macht gebracht; im amerikanischen Bürgerkrieg habe das Industriebürgertum die Pflanzeraristokratie ausgeschaltet. In Deutschland und Russland hingegen habe sich der Großgrundbesitz politisch behauptet, ebenso in China und Japan. Deutschland und Japan, also industrialisierte Staaten, seien in Imperialismus und Faschismus abgeglitten. Sie hätten sich im Griff feudaler Klassen befunden, die nur mit Eroberung und Repression herrschen konnten. Dabei hätten sie sich einigermaßen erfolgreich der Manipulations- und Repressionsmittel eines modernen Staates bedient und sich mit den Kapitalisten verbündet. Die bäuerlichen Gesellschaften Chinas und Russlands hätten die Feudalstrukturen zwar letztlich gesprengt. Bis es so weit war, hätten die Herrscher aber über eine lange Periode hinweg den Anschluss an die Moderne verpasst. Das habe die Entwicklung des

Kapitalismus verzögert und auch effiziente staatliche Strukturen verhindert. Diese Startbedingungen wiederum hätten die harten, repressiven Strukturen des sowjetischen und chinesischen Sozialismus erzwungen. Diese Analyse kombinierte Elemente des Historischen Materialismus mit Lenins Thesen von der Revolutionswahrscheinlichkeit in den vom Kapitalismus nur unvollständig transformierten Gesellschaften. Eines hatte sie bei allen Unterschieden mit der Modernisierungstheorie gemeinsam: Sie hatte einen eurozentrischen Bias.

3.2.3.3 Die Bedeutung von Methoden- und Kulturwissen in der Komparatistik

Przeworski und Teune mahnten in einem einflussreichen Buch (1970) an, auch die Komparatistik möge sich, wie die American politics, die exakten Wissenschaften zum Vorbild nehmen. Mit dem Bemühen um kontextfreie Erkenntnisse könne die Forschung mehr leisten als mit der erklärenden Beschreibung. Die Autoren thematisierten damit eine Spannungslinie in der Vergleichenden Politikwissenschaft, die bis in die Gegenwart andauert. Pye war neben Almond einer der Architekten der neuen Komparatistik. Sein großes Sujet war das Verstehen politischer Systeme aus ihren kulturellen Traditionen heraus. Ein von ihm herausgegebener Band mit dem Titel *Area Studies and Political Science: Rivals or Partners?* brachte die kontroversen Positionen auf den Punkt. Mit Political science waren hier Datenarbeit und Methodologie gemeint, mit Area studies interpretierende Erklärungen mit Hilfe der Kulturwissenschaften (Pye 1975). Exemplarisch vertraten Mayer (1972, 1989) und Sartori (1970, 1991) den Standpunkt, entweder halte sich die Komparatistik streng an die statistische Methode oder sie falle hinter den Anspruch der Wissenschaftlichkeit zurück. Der Blick in die einschlägigen Zeitschriften – *Comparative Politics, Comparative Political Studies* – zeigt, dass die Antwort alles in allem zu Gunsten einer Partnerschaft ausgefallen ist (Sigelman/Gadbois 1983). Die meisten Komparatisten haben die kulturwissenschaftlichen Erkenntnisse über außereuropäische Gesellschaften und Regionen dankbar zur Kenntnis genommen.

Wichtige Impulse erhielt die Komparatistik aus der Themenwahl der American politics. Die Policy studies und die Netzwerkstudien hatten neue Einsichten in die Struktur der US-amerikanischen Politik vermittelt. Policies, die in den USA versandet waren, verzeichneten im kulturell verwandten Großbritannien und in Kanada eine deutlich erfolgreichere Geschichte. Meist blieb es selbst unter Komparatisten bei flüchtigen Blicken auf diese Länder. Es sollte mit Lipset einem der betagteren Heroen der amerikanischen Politikwissenschaft vorbehalten bleiben, mit *Continental Divide* eine instruktive Vergleichsstudie über die USA und Kanada vorzulegen. Sie nannte als Hauptgrund für die Unterschiede dieser scheinbar so ähnlichen Gesellschaften schlicht die Kultur (Lipset 1990). Überhaupt war Lipset einer der wenigen bekannten Politikwissenschaftler, der sich in den American politics und in den Comparative politics gleichermaßen heimisch fühlte. Sein *American Exceptionalism* war eine Analyse der US-amerikanischen politischen Kultur mit ihrem religiösen Timbre, mit der krassen Stratifikation in schwarze und weiße Gesellschaft und mit ihren meritokratischen Idealen (Lipset 1996). Die Studie gewann ihre Pointiertheit aus der Fähigkeit des Autors, sich in die Perspektive eines Außenstehenden zu versetzen.

Es gab und gibt nicht viele Kenner der deutschen und der skandinavischen Politik in der amerikanischen Politikwissenschaft (Eckstein, Heidenheimer, Edinger). Frankreich und Großbritannien waren hingegen gut geläufig. Italien erfreute sich sogar herausragenden Interesses. Die beiden Italien, der Norden auf hohem Entwicklungsniveau und der rückständige Süden, boten zahlreiche Ansatzpunkte für methodisch und befragungstechnisch anspruchsvolle Untersuchungen über die politische Kultur (Barnes, LaPalombara). Japan fand als einzige asiatische Demokratie größere Beachtung. Das Interesse fesselten vorrangig Parteien, Parlamentarismus und Konfliktbearbeitung in den Ausdrucksformen einer östlichen Kultur (Curtis 1971, 1988, 1999, Thayer 1968, Beller/Belloni 1978).

Einen Gewinn verzeichnete die Komparatistik durch die Internationalisierung der Forschergemeinde. Etliche Italiener, Niederländer, Deutsche und Schweden hatten in den USA – behavioralistische – Politikwissenschaft studiert. Nicht wenige darunter entschlossen sich, eine akademische Karriere auf dem vielversprechenden amerikanischen Hochschulmarkt und nicht in den erst wenige Fachprofessuren umfassenden Disziplinen ihrer Heimatländer zu suchen. Der Niederländer Arend Lijphart, der Schweizer Jürg Steiner, der Italiener Giovanni Sartori, der Norweger Stein Rokkan und der Deutsche Gerhard Lehmbruch hatten ihre akademischen Meriten entweder gleich in den USA erworben, oder sie kannten die amerikanische Politikwissenschaft von

Gastprofessuren und gemeinsamen Forschungsprojekten her. Der Amerikaner Richard Rose war ein führender Exponent der britischen Politikwissenschaft geworden (dazu auch Daalder 1997). Es gab also einen Pool von Fachvertretern, die bestens mit der Organisation und mit dem Stil des Fachs in den USA vertraut waren. Sie bearbeiteten die Probleme in ihren Heimatländern auf dem Stand der amerikanischen Forschung (Berger 1984).

3.2.3.4 Der Staat avanciert zum Erklärungskonzept

Die Befindlichkeit der Staatsapparate wurde in der frühen Komparatistik noch nicht als Problem gesehen. Staat war Staat. Worauf es ankam, war die Frage, ob der Staat demokratisch gelenkt wurde. Nettl erinnerte 1967 mit einem rückblickend bahnbrechenden Aufsatz daran, dass der Staat in den angelsächsischen Ländern, wie die Gesellschaft auch, den liberalen Geist des Vorrangs der Gesellschaft atme. Der Staat werde als Leistungsagentur empfunden, die nicht mehr als das für den verlässlichen Gang der privaten Geschäfte und das für Sicherheit und Ordnung Notwendige regele. Diesem Low state stehe auf dem europäischen Kontinent ein High state gegenüber. Dieser lasse noch die Tradition des Herrscherinstruments erkennen, das ursprünglich darauf angelegt war, den Willen der Bürokratie in der Gesellschaft durchzusetzen (Nettl 1967/68, ähnlich auch Dyson 1980). Erst auf Umwegen sollte sich diese Vorstellung vom Staat in der Komparatistik durchsetzen.

Einer dieser Umwege war die empirische Forschung über die politische Rolle der Ministerialbürokratien, ein anderer die weit verzweigte Forschung über die korporatistische Zusammenarbeit des Staates mit ausgewählten Verbänden. Wie sehr der Blick auf den Staat die Komparatistik bereichern, zu welchen Trugschlüssen er aber auch veranlassen konnte, demonstrierten die in den 1980er Jahren boomenden Japan-Studien. Japan wuchs für die USA in den 1970er und vor allem in den 1980er Jahren zu einer gigantischen wirtschaftlichen Herausforderung heran. Weite Bereiche der Gebrauchselektronik wurden ausschließlich von japanischen Herstellern geliefert, japanische Autos machten einer amerikanischen Traditionsbranche das Leben schwer. Japan fand jetzt auch in der Politikwissenschaft stärkere Beachtung. Die zahlreichen Artikel und Bücher über Japan strichen Allianzen zwischen den großen Firmenkonglomeraten, der Regierungsbürokratie und der Regierungspartei heraus. Das Referenzsystem der Japan-Spezialisten waren freilich die USA. Deshalb stellten die Autoren Bereichsallianzen zwischen Teilen der Ministerialbürokratie, der Regierungspartei und bestimmten Industriebranchen als maßgeblich für die japanische Erfolgsstory heraus (exemplarisch Calder 1988, Johnson 1982, Pempel 1977, 1982). Auch beim Studium der so genannten Tigerstaaten – Taiwan, Südkorea, Singapur – hoben sie diese Merkmale hervor (Pempel 1990, Deyo 1987). Eine enge Kooperation zwischen Regierung und Industrie gab es von jeher aber *auch* in Frankreich, Skandinavien und in anderen europäischen Staaten, obgleich im Ausmaß geringer und in anderer Ausprägung. Hier zeigte sich eine Gefahr der übermäßigen Spezialisierung auf ein bestimmtes Land oder auf eine Region. Ohne die Kontrollperspektive eines breit ausgelegten vergleichenden Blickwinkels gelangen selbst hochwertige Politikanalysen zu Fehleinschätzungen.

Eine Forschergruppe um Katzenstein befasste sich im gleichen Zeitraum, in dem Japan „entdeckt" wurde, mit dem Zusammenhang der staatlichen Industrie- und der Außenwirtschaftspolitik. Sie fand heraus, dass sich die historische Selbstbehauptung kleiner europäischer Länder auf dem Weltmarkt durchweg aus derselben Faktorenkombination erklären ließ: In Skandinavien und in der Schweiz schufen der Staat und die Gewerkschaften in Gestalt von Sozialkontrakten – Abstimmung zwischen Lohn-, Steuer- und Sozialpolitik – überhaupt erst die Voraussetzungen für eine konkurrenzfähige Exportwirtschaft. Dauerhafte und heftige Verteilungskämpfe hätten sich damit nicht vereinbaren lassen (Katzenstein 1984, 1985, 1989).

Die Reflexion auf den Staat sollte sich sogar in der marxistischen Literatur niederschlagen. Ein fanfarengleicher Titel wie *Bringing the State Back In* war zeitlos schön (Evans/Rueschemeyer/Skocpol 1985). Dieses Buch fand in den 1980er Jahren stürmische Aufnahme, vor allem in der europäischen Politikwissenschaft. Die Autoren standen in der Tradition Barrington Moores, der die Unterschiede bei den demokratischen und diktatorischen Wegen zur Moderne ganz den Klassenverhältnissen zugeschrieben hatte. Sie gehörten damit zur kleinen Gruppe der für die marxistische Analyse aufgeschlossenen amerikanischen Politikwissenschaftler. In ihren Studien gelangten sie zu der Auffassung, der Staat sei in der politischen Entwicklung kapitalistischer Systeme durchaus keine *quantité négligeable*. Diese Erkenntnis war nicht gerade bahnbrechend. Der sozialdemokratische Reformismus in Europa hatte sie schon 80 Jahre zuvor verarbeitet. Im Zusammenhang mit der amerikanischen Fachentwicklung war sie beachtlich, weil das marxistische Denken in den USA weitgehend auf akademische Zirkel beschränkt und als Theoriewissen recht orthodox auf Ökonomie und Gesellschaft fixiert gewesen war.

Die Entdeckung des Staates sollte vor allem in der Erforschung der Politik in der Dritten Welt neue Akzente setzen. Der Staat wurde dabei nach seinem Durchsetzungsvermögen in der Gesellschaft bewertet (Stepan 1978). Zum Angelpunkt vergleichender Analysen wurden die von Migdal konstatierten Grundbefindlichkeiten *strong society, weak state* (Migdal 1988). Hier standen Ostasien für den starken Staat, Südostasien und Afrika jedoch für die starke Gesellschaft. Nordlinger fasste dasselbe Problem bei der Typisierung des demokratischen Staates in die Frage nach dem schwachen, dem responsiven und dem autonomen Staat (Nordlinger 1981). Der schwache Staat gibt einen brauchbaren Administrator und Schiedsrichter im pluralistischen Getümmel her. Er regelt nicht allzu viel, dieses Wenige aber effektiv, und er kann responsiv handeln, d.h. Interessen aufnehmen und integrieren. Der autonome Staat ist stark genug, um bei den Repräsentanten der Gesellschaft seine Richtungsvorgaben durchzusetzen. Sein Markenzeichen ist die kompetente, sachorientierte Bürokratie. In der Dritten Welt ist ein weicher Staat anzutreffen (Myrdal 1980). Er ist von gesellschaftlichen Interessen koloriert. Mit seiner Korruptheit macht er sich zur Beute starker gesellschaftlicher Gruppen. Er regelt vieles, richtet die Genehmigungsvielfalt aber als dichtes Netz von Mautstationen ein. An jeder Schranke halten Politiker und Beamte die Hand auf, um ihr Salär mit Bestechungsgeldern aufzubessern.

Sich an den Staat zu halten machte guten Sinn. Die Input-Orientierung der frühen Komparatistik hatte sich beim Studium Afrikas und Asiens mangels Gegenstand – Parteien, Wahlen, Verbände – allmählich erschöpft. Varianten autoritärer Herrschaft charakterisieren bis auf wenige Ausnahmen die Gesamtheit der afrikanischen und asiatischen Staatenwelt. Parteien und politische Bewegungen waren und sind dort in der Regel nichts anderes als zivile Ausläufer der materiellen Militärherrschaft oder einer regierenden Familie oder Clique. Die Kontrolle der Staatsverwaltung bietet wechselnden Diktatoren, Militärs und Religionsführern die Mittel, um für sich und für ihren Anhang zu sorgen und die politische Konkurrenz zu schwächen. Lediglich in ihrer repressiven Kapazität zeigen sich solche Staaten von einer starken Seite.

Das Versorgungsdenken und der Machterhalb der Eliten setzten der politischen Reformfähigkeit in den Staaten der Dritten Welt enge

Grenzen. Eine breit gestreute Literatur hat verschiedene Varianten des Dritte-Welt-Staates kreiert, so etwa den Petrostaat, der sich ganz aus dem Erlös von Rohstoffexporten finanziert (Karl 1997), oder den Quasi-Staat, dem es an Durchsetzungsfähigkeit fehlt. Dieser Quasi-Staat existiert mit Grenzgarantien und Finanzhilfen nur deshalb, weil die Nachbarstaaten und die Völkergemeinschaft den drohenden Zusammenbruch verhindern (Jackson 1990, 1999). Die Steuerstaaten sind gezwungen, ein dichtes Netz von Kontrollen über die Gesellschaft zu spannen. So können sie überhaupt die Ressourcen beschaffen, von denen sich eine autoritär herrschende Oligarchie nähren kann. Die wenigsten Dritte-Welt-Länder können sich voll aus dem Verkauf von Rohstoffen finanzieren. Rentenstaaten wie Saudi-Arabien oder Venezuela, beide in der Variante des Erdöl-Staates, müssen dagegen nicht einmal in der Gesellschaft abkassieren, weil die Staatskasse von Erträgen aus dem Verkauf des Öls gefüllt wird. In solchen Staaten können äußere Probleme gefährlich werden. Wenn der Staat bei nachlassenden Rohstoffeinkünften sein Ausgabenvolumen einschränken muss, dann verschärfen sich soziale Gegensätze, die sonst mit Transferzahlungen übertüncht werden konnten. Schränkt dieser Staat seine Leistungen ein, so bringt er die Ärmeren gegen sich auf. Führt er Steuern ein, so provoziert er den Widerstand der Mittelschichten, die vorrangig für eine Besteuerung in Frage kommen.

Die politische Kultur wurde in dieser Phase komparatistischer Forschung kaum noch als solche, sondern zumeist in der Kombination mit bestimmten Institutionen und Policies analysiert. Sie wurde als Erklärungshilfe aber nicht randständig, wie es einige behavioralistische Puritaner gern gesehen hätten. Elkins und Simeon formulierten, die politische Kultur sei eine Ursache auf der Suche nach ihren Wirkungen. Als Grund nannten sie in behavioralistischer Manier die Tatsache, dass sich die politische Kultur allein als die Eigenschaft von Kollektiven beschreiben lasse. Damit falle die politische Kultur aus der Sicht des methodologischen Individualismus auf den Status von Erklärungen „zweiter Ordnung" zurück (Elkins/Simeon 1979). Solche Kritik verpuffte. In der Tat selten wurden jedoch Arbeiten wie das mutige Werk von Pye, das sich allein dem Kulturvergleich als Rahmen für politische Handlungszusammenhänge widmete. Sein *Asian Power and Politics* ragt aus der komparatistischen Literatur der letzten zwanzig Jahre als unorthodox heraus (Pye 1985). Es erklärt die politischen Unterschiede zwischen den asiatischen Gesellschaften ganz mit Volkstraditionen, mit ethischen Systemen und mit herkömmlichen Lebensweisen, und es verzichtet auf das übrige politikwissenschaftliche Theorienreservoir. Der Erkenntnisbeitrag der politischen Kultur war unter den meisten Komparatisten nie umstritten. In den komparatistischen Forschungen lief die Kultur als Kontextvariable mit (Easton 1985, Bluhm u.a. 1985, Pye 1991) – und dies um so stärker, je weiter die untersuchten Gesellschaften von der vertrauten Welt der amerikanischen und europäischen Demokratien entfernt waren (Sigelman/Gadbois 1983: 300ff.).

3.2.3.5 Von der wissenschaftlichen Feindaufklärung zum Anwendungsfeld der Komparatistik: Die Sowjetunion und die sozialistischen Staaten

Die Beschäftigung mit der Sowjetunion und den sozialistischen Staaten war ein selbständiges Unterfangen. Sie stand geraume Zeit im Zeichen der so genannten Totalitarismustheorie. Hier handelte es sich um den Versuch, auf die weltanschaulichen Diktaturen des Nationalsozialismus und der stalinistischen Sowjetunion einen Reim zu machen. In der bekannten Abhandlung *Totalitarian Dictatorship and Autocracy* arbeiteten Friedrich und Brzezinski die Ideologie, die umfassenden Regelung aller Lebensbereiche und den Primat einer Führerpartei im Staat als charakteristische Merkmale der totalitären Diktatur heraus (Friedrich/Brzezinski 1956). Andere, autoritäre Diktaturen begnügten sich demgegenüber „lediglich" mit der Ausschaltung der politischen Freiheiten.

Als Stichwortgeberin für die politische Diskussion war die Totalitarismustheorie bedeutender als für die Politikwissenschaft. In der Zeit des Kalten Krieges war die Forschung über die Sowjetunion mit Unterstützung der Regierung als ein Stück Feindaufklärung gefördert worden. Sie vollzog sich neben der übrigen Komparatistik. Sie hatte sogar ihre speziellen Zeitschriften wie *Soviet Studies* und *Comparative Communism*. Die vom State Department finanzierten *Problems of Communism* waren dabei um keinen Deut weniger seriös als andere komparatistische Periodika.

Trotz der artifiziellen Grenzen, die das Soviet research von der übrigen Komparatistik trennten, verabschiedeten sich die meisten Sowjetspezialisten schon in den 1960er Jahren von der ideologisch geladenen Totalitarismustheorie und integrierten sich in die Komparatistik (Brown 1974). So zeichneten Brzezinski und Huntington in einem damals auch außerwissenschaftlich stark beachteten Buch die USA und die Sowjetunion als politisch gegensätzliche Modelle der modernen Industriegesellschaft. Beide Modelle hatten demzufolge auf ihre Weise, hier eben freiheitlich, dort unter Staatskontrolle, Wege gefunden, um in einem Spektrum differenzierter gesellschaftlicher Interessen zurecht zu kommen (Brzezinski/Huntington 1977 (Erstaufl. 1964)). Das oligarchische Regime der Breschnew-Ära ließ sogar Anzeichen einer Institutionalisierung dieser Interessen erkennen. Sowjetspezialisten forschten nach Mechanismen, in denen sich die Bürokratien des Parteistaates und der Planwirtschaft in Entscheidungen einbrachten und auf einen gemeinsamen Nenner verständigten. Das Militär und die Konsumgüterindustrie der Sowjetunion konkurrierten um wirtschaftliche Ressourcen. Ein Teil der Funktionäre versprach sich Systemstabilität von Reformen, ein anderer Teil aber vom Festhalten am Status quo. Die sowjetische Politik, so fanden die Sowjetspezialisten heraus, hatte sehr wohl ein Konfliktmanagement, wenn auch in engeren Grenzen und in einer anderen Symbolwelt als die westlichen Gesellschaften (so exemplarisch Hough/Fainsod 1979).

Ganz im Sinne der funktionalistischen Politiktheorie wurde im sozialistischen System sowjetischer Machart nach Strukturäquivalenten für die Interessengruppen in demokratischen Systemen gesucht. Am weitesten gingen hier Skilling und Griffith. Sie wandten den Interessengruppenansatz der behavioralistischen Politikforschung auf die Sowjetunion an (Skilling/Griffith 1974 (Erstaufl. 1971)). Die Landwirtschaftsverwaltung, die Industrieministerien, die Staatssicherheitsdienste und der militärisch-industrielle Komplex wurden dabei mit verbandlichen Interessenorganisationen im Westen gleichgesetzt. Das Politbüro wurde als politischer Ort lokalisiert, an dem ein Konsens hergestellt wurde. Andere Autoren arbeiteten die Kaderpolitik, d.h. die Besetzung staatlicher und gesellschaftlicher Leitungsfunktionen, als politisches Steuerungsinstrument heraus (Rigby 1968, Hough 1976, Harasymiw 1984). Sie studierten die Sowjeteliten und ihre Rekrutierung (Bialer 1980) und sogar ihren Lebensstil (Matthews 1978, 1993). Bis zum Zusammenbruch der Sowjetunion waren die Forschungen weit gediehen. Für das nachsowjetische Russland taugten sie freilich nicht mehr.

Für die Analyse der nachsozialistischen Strukturen bot sich eher das Arsenal der politikwissenschaftlichen Dritte-Welt-Forschung an. Die meisten Sowjetunionforscher sind dem Wandel zur nachsowjetischen Pluralisierung ihres Gegenstandes gefolgt. Vorher hatten sie die Sowjetunion nolens volens von der Hauptstadt aus studieren müssen, die Provinz war ihnen durch Reisebeschränkungen verschlossen gewesen. Die Zusammenarbeit mit russischen Wissenschaftlern und die Beobachtung der Politik außerhalb der Hauptstadt erlaubten jetzt sogar die Anwendung sozialwissenschaftlicher Methoden, die sich in der Feldforschung bewährt hatten. Mit der Verflüchtigung des Partei- und Staatsmodells sowjetischen Typs ist nicht viel mehr als ein Quantum von Sprach- und Kulturwissen geblieben, um komparatistische Fragestellungen und Instrumentarien auf die nachsowjetischen Staaten zu übertragen.

3.2.4 Die Außenpolitik: Ein Nebenprodukt des Studiums politischer Institutionen und Prozesse

Die Außenpolitiken der Vereinigten Staaten und der Sowjetunion wurden in den 1960er und 1970er Jahren zum beliebtesten Forschungsgegenstand der akademischen Internationalen Beziehungen. Die Voraussetzungen für eine politikwissenschaftliche Analyse im Stil der behavioralistischen Forschung waren inzwischen günstig. Die Erkenntnisse über politische Bürokratien und Politikfelder boten sich an, um die innenpolitischen Grundlagen der Außenpolitik zu bearbeiten. John Jervis hatte, von der Psychologie inspiriert, die Analyse von Fremd- und Selbstbildern für die Erklärung der Außenpolitik vorgeschlagen: Gesellschaften entwickeln Vorstellungen von sich selbst, und daraus ergibt sich die Unterscheidung von anderen Gesellschaften (Jervis 1976). Diese Unterschiede lassen sich entweder mit der eigenen Identität vereinbaren, dann ist der Umgang leicht und unterschiedliche Interessen werden nicht als bedrohlich wahrgenommen. Oder sie geraten in Art und Ausmaß so groß, dass die Fremdheit bedrohlich wirkt. Behavioralistischer konnte ein Einstieg in die außenpolitische Analyse kaum sein.

Snyder, Bruck und Sapin untersuchten die Parameter des außenpolitischen Handelns. Dabei unterschieden sie zwischen einem Internal setting, der vom Regierungssystem und von der politischen Kultur bestimmt wird, und einem External setting, der von der geostrategischen Lage, von der Ressourcenausstattung, von Bedrohungsszenarien und von Bündnisoptionen abhängig ist (Snyder/Bruck/Sapin 1962). Dieses Konzept schlug eine Brücke zu den American politics und zur Komparatistik gleichermaßen. Wer außenpolitisch handelt, bedarf der sicheren Verankerung in der Innenpolitik. Und die Innenpolitik zieht die Grenzen für die Möglichkeiten der Außenpolitik. Solche Bedingungen hatten Bialer für die sowjetische Außenpolitik und Destler für die US-Handelspolitik aufgezeigt (Bialer 1984, Destler 1986).

Rosenau differenzierte verschiedene Issue areas, also Themengebiete, die jeweils unterschiedliche Akteure beteiligen und verschiedene Interessen mobilisieren: Handelspolitische Rivalen wie die Europäische Union und die USA können sicherheitspolitische Partner sein. Wohlfahrtspolitische Überlegungen halten die Kooperation sogar mit Partnern in Schwung, die sehr unterschiedliche Werte und Lebensweisen verkörpern. Es sei an die Wirtschaftsbeziehungen der europäischen Staaten mit dem Iran erinnert, auch an die Beziehungen zwischen der Bundesrepublik und der DDR im Kalten Krieg. In der Außenwirtschaftspolitik bilden sich andere innenpolitische Koalitionen als in der Sicherheitspolitik. Hier geht es um Arbeitsplätze und Exportmärkte. Die Sicherheitspolitik stellt ein hochkomplexes, weithin nur Spezialisten vertrautes Feld dar. Sie betrifft alle. Aber solange die Staaten sicher leben, ist die Sicherheitspolitik im Allgemeinen kein geeignetes Feld für wahlentscheidende Auseinandersetzungen (Rosenau 1967).

Allison legte in *The Essence of Decision* eine sehr einflussreiche Studie vor, die am Beispiel der Kuba-Krise drei Erklärungsansätze durchdeklinierte. Es ging darum, die Entscheidungen Moskaus und Washingtons nach der Stationierung sowjetischer Raketen auf Kuba (1962) zu rekonstruieren. Beiden Staaten wurde die Suche nach einem strategischen Vorteil, d.h. ein Überlegenheitsstreben, unterstellt. Hier war der realistische Ansatz der sicherheitswahrenden und -steigernden Interessen impliziert. Ergänzend wurde danach gefragt, wie die mit der Außen- und Verteidigungspolitik befassten Institutionen agiert hatten, ob sie hier genauso handelten wie in anderen Fällen auch, oder ob hier auffallend von der bürokratischen Routine abgewichen wurde. Hier kam nun ein behavioralistisches Argument zum Tragen – Herbert Simons Einsicht in die Bedeutung der Routinehandlungen in bürokratischen Organisationen. Schließlich wurde geprüft, ob die Beteiligten vernünftig gehandelt hatten, d.h. ob sie eine Lösung angestrebt hatten, die das Interesse des Gegenübers ohne die Preisgabe der eigenen Ziele im Auge behielt (Allison 1971). Mit diesem Aspekt wurde die in die Sozialwissenschaft driftende Spieltheorie – Rational choice – integriert. Die Rational choice sollte die Internationale Politik nach einigen Jahren dichter an die übrige Politikwissenschaft heranrücken.

3.3 Politikwissenschaft im Spannungsfeld von Rational choice und Kulturanalyse (seit 1985)

3.3.1 Die Rational choice, das Marktbild der Politik und die American politics

3.3.1.1 Die Basisideen der Rational choice

Eine zunächst kleine, dann jedoch rasch wachsende Gruppe amerikanischer Politikwissenschaftler verwarf im Laufe der 1980er Jahre den soziologischen Methodenapparat als nicht mehr zeitgemäß. Ihre Vorbildwissenschaft war die neoliberale Ökonomie. Die soziologische Methode zog nach Ansicht der von der Ökonomie faszinierten Politikwissenschaftler allzu viele Faktoren ins Kalkül. Der Homo oeconomicus, also der Kostenvermeider, erschien für die Erklärung politischen Handelns besser geeignet als der rollengebundene Homo sociologicus. Politik, so der Grundgedanke bei der Hinwendung zur ökonomischen Theorie, wird letztlich von Menschen gemacht, und jeder Mensch hat, in der Politik wie im Wirtschaftsleben, Präferenzen. Kennt man die Präferenzen vieler Einzelner, so lässt sich eine Schnittmenge ermitteln. Der wesentliche Unterschied zu den Präferenzen im Marktgeschehen liegt darin, dass politische Präferenzen auf kollektive, d.h. von der Regierung bereitgestellte Güter abheben (Becker 1976).

Der Übergang zum Denken in der Vorstellung eines strikt zielrationalen Handelns geriet nicht so dramatisch, und er ist rückblickend nicht so leicht terminierbar wie die Wende der Politikwissenschaft zum Behavioralismus. Die Rational choice hat bis heute auch keine so durchschlagende Wirkung wie die Rezeption der soziologischen Herangehensweisen. Aber sie bewirkte genügend Veränderungen in der Disziplin, um einen neuen Abschnitt in der Fachgeschichte zu markieren. Die Anfänge der Rational choice lagen in der Rezeption wirtschaftswissenschaftlicher Autoren, die sich auf politische Probleme einließen. Mancur Olson wurde in der Politikwissenschaft als einer der ersten Ökonomen mit seiner Theorie der Interessengruppen rezipiert. In kleinen, überschaubaren Gruppen hat nach Olson jedes Mitglied die Möglichkeit, das gemeinsame Interesse mitzubestimmen und darüber zu wachen, dass die übrigen Mitglieder nicht vom gemeinsamen Ziel abweichen (Olson 1968 (Erstaufl. 1965)). Sie agieren deshalb unflexibel und zementieren den Status quo. In großen, nicht mehr überschaubaren Gruppen behalten die starken, mit entsprechenden Ressourcen ausgestatteten Mitglieder die Fähigkeit, auf die Organisationspolitik einzuwirken. Die Masse der kleineren und schwächeren Mitglieder, denen diese Ressourcen fehlen, wird mit Organisationsleistungen bei der Stange gehalten, die mit dem offiziellen Organisationsziel wenig zu tun haben – mit *side benefits* wie Rechtsschutz, billigem Einkauf und Mitgliederzeitung. Im Regelfall artikulieren die Präferenzen der wenigen Spitzenfunktionäre die kollektiven Interessen (Olson 1985). Sie besitzen hinreichenden Spielraum, um sich für Neuerungen und Kompromisse gewinnen zu lassen. Großverbände eignen sich besser für eine wirtschaftlich vernünftige Politik.

Ganz ähnlich liegt das so genannte Principal-agent-Problem (Pratt/ Zeckhauser 1985). So, wie die Eigentümer großer Kapitalgesellschaften die Geschäftsoperationen dem angestellten Management anvertrauen, so beauftragt das Parlament die Regierung. Und so, wie das Management eigene Interessen verfolgt, die es mit denen der Kapitaleigner bemäntelt, so agieren auch Regierungspolitiker mehr oder minder zum eigenen Vorteil. Dieser Vorteil mag die Präferenzen einer Parlamentariermehrheit treffen, er kann aber auch davon abweichen. Das Problem ist jeder Art der Repräsentation immanent.

Betrachten wir mit Downs einen weiteren bekannten Autor. Er verfasste eine von Schumpeters Werk über die Demokratie inspirierte Abhandlung über die Parteien und das Wählerverhalten. Auch Downs ging vom präferenzgeleiteten Individuum aus. Der Wähler prüft das Parteienangebot und entscheidet sich mit seiner Stimme für jene Partei, die seinen Präferenzen am nächsten kommt und gleichzeitig die geringsten Kosten verursacht: die also den geringsten Informationsaufwand, die kürzesten Wege und den geringsten Verzicht auf nachgeordnete Präferenzen verlangt. Das Kalkül kann sogar dahin ausschlagen, dass sich der Wähler den Gang ins Wahllokal schenkt (Downs 1968).

Lassen wir es mit diesen Illustrationen bewenden und fragen wir nach dem dahinter liegenden Grundgedanken. Wie Arrow, ein Ökonom, nachgewiesen hatte, implizieren Wohlfahrtsentscheidungen, die sich per defintionem auf öffentliche Güter richten, den Verstoß gegen individuelle Präferenzen: Was sie mit der einen Hand geben, nehmen sie mit der anderen! Individuen mit großen persönlichen Ressourcen brauchen diese öffentlichen Güter womöglich nicht, aber sie müssen dafür zahlen (Arrow 1951). Die Begünstigten erhalten Leistungen, die sie sich am Markt nicht leisten könnten. Wohlfahrtsentscheidungen kann nur eine Autorität treffen, der auch zugebilligt wird, nicht alle Präferenzen zu berücksichtigen. Die Herausforderung an die Theorie besteht nun darin, die Reichweite dieser Autorität so zu konstruieren, dass sie möglichst im Einklang mit den vorhandenen Präferenzen agiert. Das Kernproblem der Rational choice in der Politikwissenschaft ist mit diesem Dilemma im Großen und Ganzen umschrieben: Es geht um Institutionen, denen es ohne die Unterdrückung persönlicher Freiheit gelingt, die zahlreichen Einzelwillen zu koordinieren (Peters 1999: 44ff.). Besondere Bedeutung hat dabei die Mehrheitsregel.

Riker behauptete, dass die zahlreichen nutzenmaximierenden Individuen bei der Abstimmung ihrer Präferenzen solange Konzessionen an andere machen, bis die Schnittmenge mit idealiter einer Stimme die kritische Schwelle zur Mehrheit überschreitet. Jedes Mehr an Koalitionskosten ziehe nur noch mehr von der ursprünglichen Präferenz jedes einzelnen in der Mehrheitsgruppe ab (Riker 1968). Diese *minimum winning coalition* sei, so wenden Buchanan und Tullock ein, brauchbar für Verteilungsfragen. Sie tauge aber nicht für Verfassungsfragen. Dem Modus der Mehrheitsregel und der Bemessung der Mehrheitsschwellen (relative, absolute, Zweidrittelmehrheit) müssten deshalb zuvor alle zustimmen (Buchanan/Tullock 1965).

Alle diese Theorien sind von der Ökonomie für die Politikanalyse geborgt. Sie haben sich heute einen festen Platz in der Politikwissenschaft erobert (Monroe 1991). Der methodologische Individualismus der Behavioralisten sah den Einzelnen unter dem Einfluss des politischen Milieus. Der methodologische Individualismus in seiner ökonomischen Variante interessiert sich nicht für das Woher individueller Präferenzen und auch nicht für das Wie der Lebensumstände, in denen sie sich manifestieren. Er begnügt sich einfach mit Willensbekundungen und konstruiert daraus politische Handlungen. Unter den Richtungs- und Schulbezeichnungen der ökonomischen Theorie der Politik oder der Neuen Politischen Ökonomie hat die der Rational choice verpflichtete Politikwissenschaft diese Denkweise angenommen. Gleichbedeutend ist auch von Handlungstheorie die Rede. Das individualistische Kalkül mit einem erstrebten Nutzen und mit den erwarteten Kosten passt nicht nur auf materielle Güter und Leistungen. Es lässt sich ebenso auf immaterielle Werte und auf ein angestrebtes positives Selbstbild anwenden (Riker 1995).

Die Spieltheorie ist das raffinierteste Konstrukt des Rational choice-Denkens. Sie verdeutlicht typische Dilemmata einer Zusammenarbeit zwischen vorteilsfixierten Personen. Ihr Angelpunkt sind Entscheidungen in Unkenntnis der Absichten anderer. Das bekannteste Handlungsbild der Spieltheorie ist das Gefangenendilemma. Ausgestattet mit spärlichen Informationen über die Situation und ohne die Möglichkeit zur Kommunikation mit anderen, muss sich ein Individuum für bestimmte Schritte entscheiden, die seinen Vorteil wahren. Das bedeutet ein rationales Durchspielen der eigenen Möglichkeiten und auch des Vorteilskalküls der anderen Beteiligten. Dabei gilt es eine Option zu finden, die sich mit den Optionen der übrigen Beteiligten trifft. Für alle Betroffenen ist es am besten, wenn sie zu einem Handeln finden, das keinen Dritten auf den Plan ruft. Dieser könnte eine Lösung oktroyieren, die einige bedeutend schlechter stellte, als wenn sie selbst eine Lösung fänden. Alle Spiele gleichen sich darin, dass sie die Kooperation belohnen. Das Ziel ist die bestmögliche Annäherung vieler an ihre Ausgangspräferenz. Das Beharren auf maximalistischen Positionen führt zu nichts, es verhindert die Kooperation. Die Kooperationsverweigerung droht immer dann, wenn die Präferenzen des oder der Adressaten nicht hinreichend beachtet werden.

Das Politikbild der Rational choice zeigt einen Machtmarkt, auf dem sich im Grunde genommen nichts anderes abspielt als auf dem Güter- und Leistungsmarkt: eine historien- und stimmungsfreie Veranstaltung! Es dreht sich hauptsächlich um die Frage, wer im Kampf um Mehrheiten die Oberhand behält, die Freunde oder die Gegner einer größeren Angebotspalette öffentlicher Güter (Almond 1991). Das politische Klima der 1980er und 1990er Jahre passte recht gut dazu. Nicht wenige akademische Protagonisten stärkerer Regierungsaktivität, die sich früher für den Kampf des Präsidenten Johnson gegen die Armut engagiert hatten, wandten sich enttäuscht vom Glauben an die politische Korrektur sozialer Probleme ab. Sie plädierten für den Minimalstaat, der sich auf Aufgaben wie Bildung, Sicherheit und Ordnung, stabiles Geld und die Landesverteidigung beschränken soll. Milton Friedman wurde zum bedeutendsten Stichwortgeber einer Wirtschaftsphilosophie, die in den USA der Reagan-Ära und im Großbritannien der Thatcher-Ära ihre ersten und größten Triumphe feiern sollte (Friedman 1971 (Erstaufl. 1962)). Der Keynesianismus wurde ins wirtschaftswissenschaftliche Museum ausrangiert. Fortan diktierte der Neoliberalismus das Handeln und Denken der Politiker und Wirtschaftswissenschaftler.

Der methodologische Individualismus in der Politikwissenschaft wendet sich nicht an Kunden und Anbieter, sondern an die Betreiber des politischen Geschäfts: Bürokraten, Legislatoren, Verbandspräsidenten, Ausschussvorsitzende und Parteiführer. Demokratische Politik prozediert nach Regeln. Von besonderer Relevanz sind Fristen, Mehrheitsquoren und richterliche Kontrolle. Die politischen Akteure mühen sich, auf diesem Regelfeld ihre Präferenzen soweit zu koordinieren, dass handlungsfähige Mehrheiten zustande kommen. Weil im politischen Geschehen in aller Regel keine Einmalspiele stattfinden, werden auch keine minimalen, sondern vielmehr breite Mehrheiten angestrebt. Wer sich mit einem billigen Tagessieg nicht die Kooperation mit Akteuren verscherzen will, die vielleicht nicht morgen, aber übermorgen als Partner gebraucht werden, handelt strategisch klug. Wo viele Beteiligte bei ähnlichen Problemen häufig miteinander zu tun haben, dort entstehen Institutionen durch die Ansammlung von Regelwissen (Shepsle 1989).

Die Rational choice-Politikwissenschaftler surften auf der Modewelle der von den Mächtigen sehr geschätzten ökonomischen Wissenschaft. Wie sich die Behavioralisten früher einmal im reputierlichen Klima der datenverarbeitenden Wissenschaft entfaltet hatten, so suchten die Rational choicer nun intellektuelle Akzeptanz in der Nachbarschaft der neoliberalen Ökonomie mit ihrem Anspruch auf echte Wissenschaft (dazu affirmativ Calvert 1993: 197f., und kritisch Lowi 1992: 5f.). Ausgestattet mit einer schlanken Theorie, im Zentrum der nutzenmaximierende Mensch und die Einsicht in die Rationalität der Kooperation, kann die Wirtschaftswissenschaft jedes ökonomisch definierte Problem aufgreifen und daraus Schlussfolgerungen gewinnen. Das Wirtschaftsgeschehen bietet eine Fülle immer neuer Herausforderungen für die Anwendung, für die Prüfung und für die Verbesserung der Theorie. Last but not least erlaubt es – unter Ceteris-paribus Bedingungen – die Prognose künftigen Geschehens.

Dieses Wissenschaftsverständnis deckt sich mit dem szientistischen Ideal der experimentellen Wissenschaft. Dasselbe Ideal hatte bereits die Behavioralisten gefesselt. Sie hatten zwar Daten, aber keine Theorie, die von den Politikwissenschaftlern unisono als Leitbild akzeptiert worden wäre. Gemessen am Stand der politikwissenschaftlichen Theorien war die Wirtschaftswissenschaft ein leuchtendes Beispiel an Exaktheit, Eleganz und Einfachheit nach dem Motto: mit möglichst wenigen Aussagen möglichst viel erklären! Die Stiftung eines Nobelpreises für Ökonomie tat ein Übriges, um den Respekt vor der Wirtschaftswissenschaft zu steigern. Bezeichnend für die Anziehungskraft der Rational choice war die Gründung des *Journal of Theoretical Politics* im Jahr 1989, einem Forum für Politikwissenschaftler, die mit diesem Ansatz arbeiten, aber auch für jene, die sich kritisch mit ihm auseinandersetzen.

3.3.1.2 Die American Politics als Gewinner der Rational choice-Analyse

Um die Mitte der 1980er Jahre hatte die behavioralistische Politikwissenschaft einen Saturierungspunkt erreicht. Die Wahlforschung war seit langem fest etabliert. Die dicht gestaffelten Präsidentschafts-, Kongress- und Gouverneurswahlen versorgten sie unablässig mit neuem Stoff. Die Electoral studies waren auch für die spätere Berufspraxis der Studenten wichtig. Das Campaign management hat in den USA seit geraumer Zeit den Status einer eigenen Dienstleistungsbranche gewonnen (Schneier 1987). Der Kongress mit seiner zentralen Stellung im politischen System der USA bietet eine dauerhaft sprudelnde Quelle für das Studium des Abstimmungsverhaltens, für changierende Koalitionsbilder in Sachfragen und für die Transformation politischer Stimmungen in Gesetzes- und Haushaltsentscheidungen. Die Policy studies hielten sich als eigenes Genre. Die politischen Kontroversen der 1980er und 1990er Jahren boten ihnen Themen in Hülle und Fülle. Hier ging es um den Übergang von der regulierenden zur deregulierenden Politik, um den Rückzug der Bundesregierung aus der Sozialpolitik und um die Vereinfachung der Steuerpolitik.

Die Comparative politics hielten sich neben den American politics als ein etablierter Forschungsbereich. Aber sie fanden bei Geldgebern, Fakultäten und bei Studenten allmählich geringeres Interesse. Mit dem Ende des Kalten Krieges wurden die USA zur einzigen Weltmacht. Das Interesse am Ausland schwand. Das galt sogar für Japan und die Tigerstaaten. Die Asienkrise hatte gezeigt, dass die Boomjahre dort vorbei waren. Der Hauptkonkurrent der USA in Ostasien begann allmählich an denselben Schwierigkeiten zu kranken, die seit längerem die Volkswirtschaften Europas und Nordamerikas plagten. Russland rutschte in der Prioritätenskala der amerikanischen Politik weit nach unten. Die politikwissenschaftliche Sowjetunionforschung folgte ihr auf dem Fuße. Die Sowjetunionforschung war im Kalten Krieg mit

Regierungsgeldern beträchtlich gefördert worden. Nachdem das sowjetische Widerlager der amerikanischen Weltmacht zerfallen war, erübrigte sich soviel Einsatz für die Geldgeber. Die Kürzung der Mittel machte sich kurzfristig im Publikationssterben auf diesem Gebiet bemerkbar. So wurde die renommierte Zeitschrift *Problems of Communism* eingestellt. Allerdings wuchs das Interesse an China, ganz im Einklang mit der entsprechenden Umorientierung der amerikanischen Sicherheits- und Außenwirtschaftspolitik.

Zwischen 1975 und 1985 waren in Spanien und Portugal die letzten Diktaturen im westlichen Europa zusammengebrochen, in Lateinamerika hatten die langjährigen Militärregime ein Ende gefunden. Für die Komparatistik bot sich mit diesen Ereignissen ein neues Forschungsfeld. Auch der Zusammenbruch des Sozialismus in Osteuropa und das Ende der Sowjetunion stellten die Frage nach den Ursachen für das Scheitern der Diktaturen. Eine weitere Frage galt den typischen Problemen beim Übergang zur Demokratie. Przeworski versuchte mit dem Ansatz der Rational choice die Optionen der Übergangsregierungen in Osteuropa und Lateinamerika auf dem Wege zur Demokratie auszuloten (Przeworski 1991). Dabei thematisierte er bereits das besondere Dilemma der osteuropäischen Transition, den gleichzeitigen Übergang zur Demokratie und zur Marktwirtschaft. Er versetzte sich dabei in die Perspektive eines Lotsen, der nüchtern überlegt, wie sich das Staatsschiff am sichersten in demokratische Gewässer steuern lässt, ohne die Mannschaft vor Erreichen des Ziels zu überfordern.

Diamond, Linz, Lipset, Stepan und Valenzuela studierten demgegenüber Stadien des Übergangs zur Demokratie, um Gesetzmäßigkeiten auf die Spur zu kommen (Diamond/Linz/Lipset 1988, Linz/Valenzuela 1994, Linz/Stepan 1996). Die Transitionsforschung stellte ferner Überlegungen an, welches Regierungssystem und welches Wahlsystem am besten für die Stabilisierung junger Demokratien taugten (Shain/Linz 1995). Das Bemühen um schlanke Erklärungen, wie es der Rational choice eigen ist, ließ sich dabei nicht übersehen. Ganz allgemein charakterisierte diese Forschungen ein bemerkenswerter Optimismus, mit Hilfe des *constitutional engineering* die Dinge in die erwünschten Bahnen lenken zu können (Sartori 1997). Dieser Forschungszweig lebte von der Euphorie des amerikanischen Siegs im halben Jahrhundert der Systemkonkurrenz. Die Transitions- und Demokratieforschung erwies sich als ein Strohfeuer. Nicht einmal zehn Jahre nach dem epochalen Einschnitt der Jahre 1989 bis 1991 hatte sich gezeigt, dass weder der Balkan noch die Nachfolgestaaten der Sowjetunion – mit Ausnahme der baltischen Staaten – in Richtung Demokratie aufgebrochen waren. Selbst in Lateinamerika, das in den 1980er Jahren seine Militärdiktaturen abgeschüttelt hatte, waren erneut Verhältnisse eingekehrt, denen schwerlich das Attribut einer Demokratie attestiert werden konnte. Es gab dort wohl Wahlen, aber der Kontext unverminderter Armut und Kriminalität, oligarchischer Machtstrukturen und staatlicher Handlungsunfähigkeit blieb. Vor diesem Hintergrund bauten die von jeher dominanten American politics (Rudolph/Rudolph 1984: 558ff.) ihre Position in der amerikanischen Politikwissenschaft noch weiter aus.

Die Transitions- und Demokratieliteratur beflügelte das in den USA bislang so gut wie nicht bekannte Sujet eines typologisierenden Regierungssystemvergleichs. Lijpharts stark beachtete Arbeiten über das parlamentarische, das semi-präsidentielle und das präsidentielle System (Lijphart 1992) und über die Wahlsysteme (Lijphart 1994) wandten sich Themen zu, die schon in der frühen deutschen Politikwissenschaft intensiv diskutiert worden waren (Hermens, Nohlen, Steffani, Sternberger). Auch Lijpharts Erkenntnisse bestätigten nur, was bereits die älteren Arbeiten herausgefunden hatten: Das parlamentarische System ist geschmeidiger und lässt sich besser auf andere Länder übertragen, und das Proportionalwahlsystem eignet sich dank seiner Fähigkeit zur Repräsentanz auch kleinerer Minderheiten besser für die Legitimationsbeschaffung als das Mehrheitswahlsystem. Lijphart blieb bei der Bearbeitung dieser Themen seinem behavioralistischen Kredo treu, indem er größtmögliche Fallzahlen konstruierte. Die europäische Debatte hatte sich auf exemplarische Fälle beschränkt.

Die American politics, so zeigte sich hier abermals, eignen sich besser für die Politikanalyse mit einem nomothetischen Anspruch als die Comparative politics. In der Kongressforschung bietet praktisch jeder neugewählte Kongress die Möglichkeit, die Ergebnisse älterer Forschungen zu prüfen. Was über die Legislatur des Staates New York oder Michigan herausgefunden wird, lässt sich leicht auf eine der weiteren 49 Legislaturen übertragen. Der Verfassungs- und Politikrahmen des Bundes stellt für alle Staaten die gleichen Bedingungen her, während die Verfassungsverhältnisse und die Politik der Staaten variieren. Die US-Politiker treten im politischen Geschäft wie Individualunternehmer auf. Parteiloyalität zählt bei Wählern und Gewählten heute noch weniger als vor 30 Jahren. Wahlkämpfe muten stärker noch als damals wie Werbeschlachten um Gesichter und Images an. Die Vielfalt der politischen Ebenen, der vergleichbaren Kontexte und der Wiederholungssituationen in der amerikanischen Politik ist für nomothetisch ambitionierte Wissenschaftler ein Dorado, wie es kein anderes politisches System bietet.

3.3.2 Die kulturellen Voraussetzungen rationalen Handelns

3.3.2.1 Kulturelle Werte als Handlungskoordinaten

Die Welt der Rational choice dreht sich um die Präferenzen rationaler Akteure. In der Welt des Homo oeconomicus sieht es um keinen Deut anders aus. Doch über die Realisierbarkeit der ökonomischen Präferenzen entscheiden die individuellen Einkommen und das Waren- oder Leistungsangebot, letztlich also Größenordnungen. Einzelstücke und kleine Serien geraten kostspieliger als Massenprodukte. Angebot und Nachfrage regeln die Dinge so, dass jede Präferenz – die entsprechende Kaufkraft vorausgesetzt – bedient werden kann. Die Politik kennt aber keine Einzelkunden, sondern allein das Kollektiv. Hier entscheidet nicht die Kaufkraft, sondern die Mehrheit über das Ob und Wie und das Wieviel öffentlicher Güter.

Politische Präferenzen sind komplex. Wildavsky erinnerte daran, dass sie Vorstellungen von sozialer Gerechtigkeit ausdrücken: Ideen vom Verhältnis des Einzelnen zu seinem Mitmenschen. Solche Ideen reifen in der Biographie einer Persönlichkeit. Bedeutsam war für Wildavsky Folgendes: Die Präferenzen mögen in den Einzelheiten zwar eine unübersehbare Vielfalt aufweisen. Sie lassen sich aber alle in eine von vier Kategorien einordnen. Präferenzen gedeihen in Kulturen. So nennt Wildavsky die werthaften Koordinaten rationaler Akteure. Die egalitäre Kultur zieht es vor, Menschen als Gleiche zu betrachten und sie als gleich zu behandeln. Die hierarchische Kultur betont die Ungleichheit und verlangt eine Politik, die Ungleiches nicht gleich behandelt. Die liberale Kultur setzt auf die Selbstentfaltung des Einzelnen und besteht auf einer Politik, die der Selbstverwirklichung zur Entfaltung verhilft. Die passive Kultur lässt der Politik freie Hand (Wildavsky 1987).

Wildavsky konstruierte diese Kulturen idealtypisch. Die egalitäre und die liberale Kultur sind kompatibel, ebenso die hierarchische und die passive sowie die passive und die egalitäre Kultur. Die passive und die liberale Kultur schließen einander aus, die hierarchische und die egalitäre ebenfalls. Daneben gibt es noch den Typus des Eremiten, der sich mit seiner Politikablehnung aus dem Kulturenschema herauskatapultiert. Wildavsky zielte auf den Nachweis, dass sich die Menschen in der Politik wohl rational verhalten mögen, dass dies aber stets im Rahmen bestimmter Gesellschaftsbilder geschehe. Jedes Kulturschema biete einen praktikablen Lösungsvorschlag für die Koordinierung individueller Präferenzen. Weil dem so sei, gebe es überhaupt Berechenbarkeit in der Politik (Thompson/Ellis/Wildavsky 1990: 217).

Kulturen sind soziologische Phänomene. Sie lassen sich allein mit verstehenden Methoden ermitteln. Haben die Kulturmuster erst den Bedeutungskontext politischer Symbole, Institutionen und Gesten erschlossen, dann lässt sich auf dieser Grundlage rationales Handeln beobachten. In diesem Sinne verhalten sich Chinesen, Russen und Franzosen zwar durchaus verschieden, aber sie handeln im Regelfall vernünftig im Sinne einer kulturellen Rationalität (Lane 1992: 365f., 374). Wenn Japaner der Konfrontation aus dem Weg gehen und es vorziehen, statt ihrer diskrete Gesten und die indirekte Ansprache zu praktizieren, dann ist dies, wie Reed gezeigt hat, rational vor dem Hintergrund einer Gesellschaft, in der es als unhöflich und verletzend gilt, eine Forderung oder eine Ablehnung unverblümt vorzutragen und die Bedingungen für ein Ja offen auf den Tisch zu legen (Reed 1994). In der amerikanischen Gesellschaft würde dieser Stil als unbestimmt oder als Lavieren missdeutet. Die reine Rational choice pflügt mit ihrem Bemühen um Schlankheit und Konsistenz den Faktor der politischen Kultur unter. Hier liegt eine ihrer zentralen Schwächen in der Politikwissenschaft (Ross 1997: 74).

3.3.2.2 *Bounded rationality*

Einen weiteren Versuch, die Rational choice mit Erkenntnissen der behavioralistischen Politikwissenschaft zu kombinieren, stellt die neue Institutionentheorie dar. Herbert Simon reanimierte in den 1980er Jahren sein älteres verwaltungswissenschaftliches Modell der Bounded rationality (Simon 1957, 1985). Politik vollzieht sich in Institutionen. Nur so kann sie ihre Aufgaben zeitbeständig und berechenbar erfüllen. Der in eine Organisation eingebundene Mensch, wie er in der Politik vorherrscht, sucht nicht fortlaufend nach Informationen, um eine Entscheidung zu treffen. Dies wird im ökonomischen Modell unterstellt. Der Mensch stellt seine Präferenz angesichts der zu erwartenden Kosten womöglich zurück oder er sucht nach Wegen, um diese Kosten zu verringern. Im Regelfall haben die Menschen weder den Willen noch die Zeit noch die Möglichkeit, sich alle Informationen zu beschaffen und alle denkbaren Handlungsmöglichkeiten durchzuprüfen. Sie handeln nach Erfahrung und Gewohnheit. Sie halten Rückschau und fragen, ob es für eine in Aussicht genommene Lösung bekannte Wege gibt und wie sie sich früher bewährt haben. Simon will damit ausdrükken, dass die Erfahrung ein tragendes Element des politischen Handelns ist. Erfahrung gibt Sicherheit. Sie reduziert Entscheidungskosten, weil sie das Denken in Analogien fördert; sie generiert erfahrungsgeleitetes Handeln auch bei den Partnern und Adressaten. Demzufolge bedarf die Analyse des rationalen Akteurs der gleichzeitigen Auseinandersetzung mit der Psychologie. Will die Rational choice aussagefähig sein, so muss sie sich für die behavioralistische Perspektive öffnen (Monroe 1995, Simon 1995, 1997).

In ähnlicher Weise hatten Cohen, March und Olsen Organisationen einmal mit einem Abfalleimer für den Wissens- und Erfahrungsschatz verschiedener Gruppen und Abteilungen verglichen. Problemlöser und Entscheider kramen im Behälter und fischen das heraus, was ihnen vertraut und passend vorkommt (Cohen/March/Olsen 1972). Die Menschen sind frei, Erfahrungen zu ignorieren. Oft bleibt nichts anderes übrig, so March und Olsen in einem Buch über den *New Institutionalism,* als im Sinne der Rational choice Risiken zu kalkulieren, so etwa, wenn einem Gegenüber rationales Agieren unterstellt wird (March/ Olsen 1989). In der Politik wie im übrigen Leben hat man es überwiegend mit Standardsituationen zu tun. Wäre dem anders, ließen sich kaum sozialwissenschaftliche Lehrbücher schreiben. Die Bounded rationality verwirft ähnlich wie Wildavskys kulturalistischer Ansatz den rationalen Akteur keineswegs. Sie bettet ihn nur in eine Erfahrungswelt ein, die sich den Methoden der Rational choice verschließt. Diese Argumente rannten beim politikwissenschaftlichen Mainstream offene Türen ein. Sie waren gleichzeitig eine unüberhörbare Kritik an den Theoretikern, die vermeinten, die Politikwissenschaft nach dem Modell der Ökonomie konstruieren zu können. Die kulturfreie Rational choice-Politikwissenschaft nahm unbeeindruckt ihren Lauf. Stellen wir kurz einige Ergebnisse vor.

3.3.3 Die Rationalität der Institutionen

3.3.3.1 Mehrebenendilemmata

Die Rational choice ist kein naives Unterfangen. Sie will das Rad in der Politikwissenschaft keinesfalls neu erfinden und nimmt unbefangen Einsichten in die Informalität politischer Strukturen zur Kenntnis. Nach Tsebelis ist Politik ein *nested game*: Sie spielt sich auf verschiedenen Bühnen ab. Das kann bedeuten, dass sich ein rationaler Akteur entscheiden muss, welche Bühne ihm wichtiger ist. Die Präferenzen in der Gemeinde oder in einem Landesteil (Teilstaat, Region) diktieren ein Handeln, das der Präferenz für die nationale Politik zuwiderläuft. Bewertet man nun die Akteure nach der Handlungsrationalität derjenigen Ebene, die für einen Akteur die geringere Priorität hat, so mag das dort zu beobachtende Handeln irritieren. Blickt man auf die maßgebliche Ebene, so enträtselt sich das Verhalten auf beiden Ebenen (Tsebelis 1990). Für den Aufstieg an die Spitze einer Partei sind andere Strategien angezeigt als für einen Parteiführer, der für sich selbst und für seine Partei eine Wählermehrheit gewinnen will. Ein US-Kongresspolitiker, der einen mühsam errungenen Kompromiss ablehnt und mit seiner Stimme den Ausschlag für das Scheitern eines Vorhabens gibt, verhält sich vernünftig, wenn er mit seiner Weigerung die Stimmung in seinem Wahlkreis trifft, wo demnächst über seine Wiederwahl entschieden wird.

Putnam erinnerte daran, dass Verhandlungen zwischen den Staaten im Zeichen eines Ratifizierungsdilemmas stehen. Es genügt nicht, wenn die Verhandlungsführer auf internationaler Ebene eine Einigung erzielen. Sie müssen auch sicherstellen, dass ihre Parlamente solche Abkommen ratifizieren. Die Regierungen und die Parteien werden dabei die Öffentlichkeit und die wichtigsten gesellschaftlichen Gruppen hinter sich bringen müssen. Falls dies nicht gelingt und die Parlamentsmehrheit das Verhandlungsergebnis dennoch absegnet, riskieren die Regierungsparteien ihre Abstrafung bei der nächsten Wahl. Dennoch muss Spielraum für die Verhandlungsführer bleiben. Alle Verhandlungsdelegationen stehen unter Druck, die Ratifizierung sicherzustellen. Der stetige Blickwechsel zwischen dem heimischen Publikum und den Verhandlungspartnern ist die Ursache für manches bizarr erscheinende Taktieren, dessen Rationalität sich erst durch die Verbindung beider Ebenen erschließt (Putnam 1988). Tarifverhandlungen folgen der gleichen Ratio, ebenso Verhandlungen zwischen Koalitionspartnern, die gemeinsam ein Regierungsprogramm erarbeiten. Diese Mehrebenenmodelle sind von der Politikwissenschaft breit angenommen worden und in allerlei empirische Forschungsvorhaben eingeflossen. Das Ratifizierungsdilemma trifft zahlreiche Probleme der internationalen Zusammenarbeit, ferner das komplexe Institutionengerüst der Europäischen Union und schließlich auch komplizierte Bundesstaaten wie Deutschland, Kanada und Australien.

Auf die so genannten Transaktionskosten im Verlauf von Entscheidungsprozessen zielt das Bild der Veto points. Der Betrachter wählt eine Policy, die erfolgreich durch die Engpässe des politischen Prozesses gesteuert werden muss. Die Bedenkenträger und Gegner können Fristen, Verfahrensquoren und eingespielte Usancen ausnutzen, um im weiteren Vorfeld der letztlichen Entscheidung zu bremsen und zu verhindern. Es handelt sich hier um Vetopunkte, deren Passieren den Politikbetreibern große Mehrkosten verursacht. Um solche Engpässe ranken sich informelle Institutionen, d.h. Regeln, die allen Beteiligten die Verständigung erleichtern, in anderen Worten: die Entscheidungskosten reduzieren (Tsebelis 1995, 2002). Die auseinanderstrebenden Präferenzen der Schleusenwärter und die der Promoter einer Policy lassen sich algebraisch ausdrücken und in Gleichgewichtsformeln fassen. Ein politisches System wie das der USA birst geradezu vor Vetopunkten, das britische Westminister-System ist bedeutend einfacher.

Lijpharts Regierungssystemtypologie vermittelt eine gute Anschauungshilfe für den Konsensdruck, den die mehr oder minder dichte Staffelung von Vetopunkten erzeugt. Mit Kriterien wie dem Ein- und Zweikammersystem, der Einheitsstaatlichkeit, dem Föderalismus, der regionalen Autonomie, der Konzentration der Parteipräferenzen in der Wählerschaft, der Koalitionsregierung und der Parteiregierung benannte er Prüfpunkte, die sich eignen, um den konsensualen oder majoritären Charakter eines Systems abzuschätzen (Lijphart 1984).

Das Vetopunktemodell hat mit seiner von Tsebelis gewählten algebraischen Beschreibung den diskreten Charme der Wirtschaftsmathematik. Sein Leitinteresse ist denn auch ökonomisch. Es geht um die Institutionenökonomie. Politische Institutionen werden als Kostenfaktor für die Realisierung eines politischen Programms bewertet, von dem sich die Betreiber gewisse Wohlfahrtseffekte versprechen. Doch was sind Institutionen? Wie lassen sich Institutionen vom Standpunkt des methodologischen Individualismus her verstehen?

3.3.3.2 Kontextbestimmtes und kontextfreies Institutionenverständnis

Die weiche Antwort der Neo-Institutionalisten auf die Frage nach den Institutionen lautet im Einklang mit dem Denken der Bounded rationality, dass Institutionen das Leben erleichtern. Sie verkürzen reflexhaft und in einem nicht bewusst gemachten Code Überlegungen und Auseinandersetzungen, die in grauer Vorzeit nach langem Hin und Her einmal damit geendet haben, dass man sich darauf einigte, gewisse Konfliktbearbeitungsregeln anzuerkennen. Das Resultat ist ein den Institutionen angemessenes Handeln (March/Olsen 1984, 1989). Beispielhaft ist etwa die Mehrheitsregel bei Wahlen und in parlamentarischen Verfahren. Eine Institution manifestiert sich auch in der Tatsache, dass die Parteien in den meisten Demokratien das Parlamentsgeschehen steuern. In Einzelfällen, so in den USA, hat man damit zu leben gelernt, dass über 500 ausgeprägte Egos im Kongress in einem mit scheinbaren Zufälligkeiten gespickten Prozess zu einer Mehrheitsentscheidung finden oder auch nicht. Den Rang einer Institution in diesem Sinne hat auch die Affinität organisierter Interessen zu bestimmten Parteien, etwa die der Gewerkschaften zur Sozialdemokratie. Solches Wissen teilt sich denen, für die es wichtig ist, ganz von selbst mit. Sie müssen deshalb die Geschichte des Parlamentarismus nicht kennen. Sie brauchen auch nicht herzuleiten, warum der Parlamentarismus ein vernünftiges Entscheidungssystem ist. Vielleicht mag die eine oder die andere Institution ja ihre originäre Vernunft eingebüßt haben. Aber man geht davon aus, dass sie ihre Berechtigung hat, solange sie augenscheinlich funktioniert.

Der historische Institutionalismus teilt dieses Institutionenverständnis. Seine Fragestellung gilt den historischen Pfaden, auf denen es zur Institutionalisierung einer Politik gekommen ist. Er zeichnet sich auch durch seine Affinität zur Policy-Forschung aus. Beispiele für solche Institutionen bieten die Sozial- und Krankenversicherung. Die Forschung filtert aus dem historischen Material heraus, welche Kalküle einmal ausschlaggebend dafür gewesen sind, soziale Sicherungssysteme nach dem Versicherungsprinzip (z.B. Deutschland, Frankreich) zu konstruieren oder sie in der Regie staatlicher Behörden (z.B. Dänemark, Großbritannien) zu führen. Politische Kompromisse, die vor langer Zeit einmal ein innovatives Projekt überhaupt ermöglicht haben, bilden sich noch in den Strukturen der Gegenwart ab. Mit dem Älterwerden einer Institution wie der Sozialversicherung lässt sich beobachten, ob sie allmählich ihre Unterstützung bei den Nutznießern verliert und ob sie mit der Anpassung ihrer Strukturen, etwa mit der Öffnung für neue Versichertengruppen, neue Unterstützung gewinnt (Steinmo 1988, Steinmo/Thelen/Longstreth 1992).

Die harte Rational choice geht anders vor. Das historisch und behavioralistisch unverwässerte Institutionenverständnis dokumentiert Kenneth A. Shepsle, einer der bekanntesten Rational choicer in der amerikanischen Politikwissenschaft. Shepsle konzediert, dass die Präferenzen politisch handelnder Menschen von sozialen Rollen und Persönlichkeitsmerkmalen konditioniert sein mögen. An die Adresse der Behavioralisten gewandt, fügt Shepsle aber gleich hinzu, dass die psycho-soziologische Politikanalyse zu kurz greife. Sie registriere bloß den Rahmen, in dem Einzelne ihre Präferenzen artikulierten und Entscheidungen träfen. Die Rational choice mache öfter den umgekehrten Fehler (Shepsle 1989). Sie ignoriere einfach, dass sich das Wünschen und Wollen nicht biografiefrei bildeten. Entscheidend ist nach Shepsle die Bekanntheit der Präferenz, die alles weitere Handeln bestimmt (Shepsle/Bonchek 1997: 16f.). Institutionen entstehen wie in der mikroökonomischen Theorie als Schnittpunkte individueller Präferenzen, sozusagen als ein Nebenprodukt des Kooperationsdrucks, dem sich Einzelne aussetzen, wenn sie öffentliche Güter anstreben.

Shepsle arbeitete hauptsächlich am Beispiel der Ausschüsse des amerikanischen Kongresses (Shepsle 1995). Der Kooperationsdruck entsteht dort aus der folgenden Tatsache: Ausschussmitglieder, die sich übergangen sehen oder durch Abstimmungen in die Minderheit gedrängt werden, können anschließend einige Hebel in Bewegung setzen, um die Ausschussempfehlungen in den Plenarberatungen scheitern zu lassen. Leistungsfähige Institutionen leiten die Präferenzen der beteiligten Akteure gleich so, dass sie in durchsetzungs- und verhandlungsfähiger Form vorgetragen werden. Diese Vetoproblematik haftet eng am amerikanischen Kontext, dem das Phänomen der parlamentarischen Abstimmungsdisziplin nicht geläufig ist. In späteren Arbeiten befasste sich Shepsle mit dem Vetopotential in parlamentarischen Koalitionsregierungen (Shepsle 1999). Wie er in einem Lehrbuch schildert, genüge schon die Kenntnis der zahlreichen spieltheoretischen Modelle, um beliebige Probleme zu erklären. In nonchalanter Verachtung des Kontextfaktors fügt er hinzu, an Informationen brauche es dazu in der Regel nicht mehr als eine gute Zeitungsberichterstattung

(Shepsle/Bonchek 1997: 459). Shepsle sucht wie viele vor ihm die größtmögliche Annäherung an das Ideal einer nomothetischen Wissenschaft.

3.3.3.4 Empirische Rational choice, politische Kultur und Geschichte

Wenn die kompromisslose Rational choice erklärt, dass ihr das Woher und das Warum der individuellen Präferenzen wenig bedeuten, kann sie sich an den behavioralistischen Methoden vorbeimogeln. Der Auseinandersetzung mit historischer Politik muss sie sich aber stellen. Wenn das rationale Handeln Gegenwartsphänomene erklären kann, muss es das Gleiche für politische Phänomene in der Vergangenheit leisten. Der Nachweis der Rationalität wiegt in historischen Handlungen sogar noch schwerer als in gegenwärtigen. Die vergangenen Jahrhunderte waren schließlich nicht so selbstverständlich mit der ökonomischen Theorie und mit dem Kostendenken der kapitalistischen Epoche vertraut. Die Rational choice wendet sich aus diesen Gründen dem Prüfstoff der Geschichte zu. Betrachten wir einige Beispiele:

Eine Forschergruppe um Robert H. Bates bearbeitete Vorgänge in der frühneuzeitlichen Stadtrepublik Genua, im US-amerikanischen Bürgerkrieg und im internationalen Kaffeevermarktungsregime. Bei der Erschließung der historischen Fakten entschied sich Bates für Geertz' Methode der dichten Beschreibung (Bates, Greif, Avner, Levi, Rosenthal/Weingast 1998). Clifford Geertz, ein moderner Klassiker der Sozialanthropologie, hatte die penible Beschreibung der Umstände und Situationen praktiziert, um das Kommunizieren der Menschen in fremden Kulturkreisen zu verstehen (Geertz 1987). Geertz war damit freilich ein Exponent der interpretierenden Methode. Bates und seine Mitautoren reduzierten die dichte Beschreibung hingegen auf das Anhäufen aller verfügbaren Fakten und Erkenntnisse über eine Epoche. Aus dem Fundus der geschichtswissenschaftlichen Forschung filterteten sie dann Akteure und Akteurspräferenzen heraus – das historische Material für die Rational choice-Anwendung.

Soziologisch und historisch sensiblen Politikwissenschaftlern dürfte solches Treiben wie eine Geisterfahrt anmuten. Den Renaissancefürsten und den Nationalstaatspolitikern des 19. Jahrhunderts wird eine hochmoderne, von der Wirtschaftswissenschaft entlehnte Rationalität übergestülpt. Mit der rationalen Modellierung der analytischen Erzählungen, wie die Ausbeute der historischen Fakten betitelt wird, werden dann Präferenzen und Handlungsstrategien rekonstruiert (Bates/Greif/Levi/Rosenthal/Weingast 1998: 12). Die Marxsche Rückinterpretation der Weltgeschichte als eine Abfolge von Klassenkämpfen feiert hier seltsame Urstände, nur eben als Abfolge rationaler Wege aus historischen Koordinierungsdilemmata. Marx und seinen schöpferischeren Epigonen kann diese Art der Politikanalyse in Hinsicht auf Saft und Kraft nicht das Wasser reichen. Der Zweck der Batesschen Ausflüge in die Vergangenheit ist offensichtlich: Geschichte und Gegenwart interessieren allein als Materialien, um die Güte vorhandener Methoden und Theorien – in der Annäherung an Laborexperimente – zu testen. Die zu prüfenden Theorien sind denn auch entsprechend ausgewählt: Mehrebenentheorien (Putnam, Tsebelis), Vetopunkte (Tsebelis) und Präferenzäquilibren (Shepsle).

Auch eine recht neue Kultstudie soll noch erwähnt werden. Elinor Ostrom studierte die *Local commons*. Es handelte sich um die Allmendewirtschaft an Beispielen von Gesellschaften mit demselben Problem: Interessenten konkurrieren um eine nicht vermehrbare Ressource, z.B. bebaubaren Boden in Bergregionen oder um Wasser in Trockengebieten. Die lokalen Gesellschaften haben im Laufe der Zeit rationale Lösungen gefunden, zum Beispiel Nutzungskonventionen und Erbregeln, um das Knappheitsproblem zu lösen (Ostrom 1990). Dieses Buch ziert die Hitliste der von einem Wissenschaftlersample erfragten wichtigsten politikwissenschaftlichen Bücher der letzten Jahrzehnte (Goodin/Klingemann 1996: 16f.).

Nicht wenige Projekte dieser Art gelangten beim Eindringen in die Standarddilemmata der historischen und gesellschaftsvergleichenden Forschung unverhofft zur Einsicht, dass sie an kulturalistischen Erklärungen nicht vorbeikamen. Bates, Figureido und Weingast (1998: 628ff.) konzedierten in einer vergleichenden Untersuchung des politischen Wandels in Sambia und in Ex-Jugoslawien, dass die Rational choice nur dann überzeugend erklären könne, wenn zuvor die Interpretation der Kultur geleistet werde. Sie gelangten damit zur gleichen Schlussfolgerung wie ein Gemeinschaftsprojekt von Anthropologen und Politikwissenschaftlern, das ganz ähnlich wie das oben referierte Werk von Bates mit analytischen Erzählungen operierte. Auch die hier beteiligten Autoren kamen beim Vergleich so unterschiedlicher Phänomene wie der Arbeitsmarktpolitik und dem Auftreten islamistischer Erneuerungsbewegungen zum Fazit, dass zunächst die Bedeutungssysteme entschlüsselt werden müssen, bevor mit Theorien des rationalen Handelns gearbeitet werden kann (Bowen/Petersen 1999). Die blanke Rational choice kapitulierte hier vor der Sperrigkeit der politischen Kultur (Katznelson 1997).

Putnam untersuchte in einer vielbeachteten Arbeit mit dem Titel *Making Democracy Work* die Politik der Anfang der 1970er Jahre geschaffenen italienischen Regionen. Seine Ausgangsthese lautete: Wenn die selbstbestimmte Politik näher an die Bürger heranrücke, sei ein Zuwachs von Vertrauen in die Demokratie zu erwarten. Tatsächlich stellte Putnam fest, dass die traditionelle Kluft zwischen Nord- und Süditalien keineswegs kleiner geworden war. Dort, wo sich die Bürger schon immer reger an der kommunalen Demokratie beteiligt hatten, im nördlichen Italien, hätten die Regionen die Erwartungen an eine effiziente Selbstverwaltung erfüllt. Im südlichen Italien sei jedoch alles beim Alten geblieben. Die überkommenen lokalen Machtoligarchien und klientelistischen Abhängigkeitsverhältnisse hätten sich auch in den neuen Selbstverwaltungen eingerichtet. Putnam arbeitete mit der erklärenden Kategorie des gesellschaftlichen Vertrauensfundus, den er als Sozialkapital charakterisiert. Wer bei einem Gegenüber in Vorleistung geht, indem er Unterstützung anbietet und Dinge ermöglicht, erwartet keine sofortige und keine spezifische Gegenleistung. Er geht indes davon aus, dass ihm sein Gegenüber die Hilfe nicht versagen wird, wenn er sie selbst braucht. Es mag sein, dass diese Situation nicht eintritt. Wenn so wenig Vertrauen vorhanden ist, dass keine unbestimmte Gegenleistung erwartet wird, dann wird auch niemand in Vorleistung gehen. In diesem Falle werden die sozialen Beziehungen strikt auf Leistung und kalkulierbare Gegenleistung abstellen.

Im fehlenden Sozialkapital der süditalienischen Gesellschaft weist Putnam die Spur der Geschichte nach. Bereits in der Renaissance habe sich in den oberitalienischen Stadtrepubliken ein Bürgerbewusstsein ausgebildet. Es habe sich über die Jahrhunderte hinweg gehalten und den veränderten Verhältnissen angepasst. Oberitalien ist die Heimat des modernen Zahlungsverkehrs; wirtschaftliche Transaktionen beinhalten stets ein Vertrauensmoment. Süditalien war hingegen bis weit in das 19. Jahrhundert eine rückständige Feudalgesellschaft, in der alle Voraussetzungen für Bürgersinn und Vertrauen in die Obrigkeit fehlten. Putnam fügt hinzu, was sich hier im Mikrokosmos der italienischen Regionen zeige, deute weit über Italien hinaus auf die Hürden für den erhofften demokratischen Wandel in der übrigen Welt. Wenn schon der Mezzogiorno in einem sonst hochmodernen Land die Angebote der Demokratie nicht verarbeiten könne, dann sei in den von Klientelismus und Staatsklassen gekennzeichneten Gesellschaften Afrikas und Asiens nichts anderes zu erwarten (Putnam 1993).

Putnams Studie verwirft das Argument des rationalen Handelns nicht. Die Italiener in der Emilia-Romagna und in Mailand handeln vernünftig, indem sie ein lebendiges Kommunalleben kultivieren und an der Demokratie partizipieren. Sie haben damit keine schlechten Erfahrungen gemacht. Ihre Landsleute in Reggio Calabria und Neapel folgen der seit Generationen überlieferten Lektion, auf Distanz zueinander zu bleiben. Vor diesem Hintergrund wäre es unvernünftig, sich öffentlich zu exponieren und Vertrauen zu schenken, das auf immer ohne Erwiderung bleibt. Putnams Buch gilt als eines der wichtigsten in der neueren Politikwissenschaft.

3.3.3.5 Die Rational choice im Gesamtbild der amerikanischen Politikwissenschaft

Der Szientismus genießt in der amerikanischen Sozialwissenschaft hohes Ansehen. Die Rational choice gilt als innovativ. Ihre Anhänger haben inzwischen etliche Professuren besetzt. Sie kontrollieren die Redaktionen wichtiger Zeitschriften oder sie wirken dort als geschätzte Vertreter dieser Richtung mit. Für den Nachwuchs ist es opportun, mit Verbeugungen in diese Richtung nicht zu sparen. Es handelt sich um ein *déjà vu*: Der Behavioralismus hatte sich einige Jahrzehnte zuvor dank der gleichen Mechanismen in die Breite entwickelt (Ball 1987: 1). Die Rational choice profitiert zusätzlich davon, dass ihr die theoretisch stark verwandte Ökonomie Reputation borgt. Die Wirtschaftswissenschaft wird von den politischen Entscheidungsträgern hoch geschätzt (Johnson 1997: 170).

Doch selbst die Ökonomie genießt ihr Ansehen nicht wegen der dem Laien unverständlichen Modelle, die sich seit geraumer Zeit der Verbalisierung verweigern und statt ihrer die Formelsprache der höheren Mathematik vorziehen. Ihre Reputation verdankt sie allein der angewandten Ökonomie, die mit realwirtschaftlichen Daten arbeitet und auf dieser Basis inzwischen recht treffsichere Prognosen stellt (Anderson 1992, 85ff.). Die Wirtschaftstheorie hebt mit ihren Reputationskriterien allein auf das wissenschaftliche Publikum der professoralen Peers ab. Hätte die Ökonomie nicht mehr zu bieten als ihre hochabstrakte Theorie, dann hätte sie kaum je ihre Bedeutung für die Beratung der Politik erlangt. Die Politikwissenschaft hat demgegenüber nicht einmal soviel öffentliche Reputation, dass die Politik ihre empirischen Forschungsergebnisse dankbar zur Kenntnis nähme.

Im Unterschied zu den Ökonomen haben Politikwissenschaftler geringes praktisches Exklusivwissen. Juristen und politische Praktiker erkennen die Dilemmata des politischen Alltags nicht schlechter als Politikwissenschaftler. Dessen ungeachtet ist die Politikwissenschaft in den USA eine wichtige akademische Ausbildungsbranche. Viele College- und Universitätsabsolventen gehen als graduierte Politikwissenschaftler ins Erwerbsleben, und sie reüssieren in den verschiedenen Berufen und auch in der Politik selbst nicht schlecht. Die amerikanischen Politikwissenschaft zieht in erster Linie Studenten an, weil sie sich mit Wahlen, mit Parteien, mit dem Lobbying, mit der politischen Verwaltung, mit dem Kongress, mit den Policy studies und mit dem Vergleich politischer Systeme befasst. Die meisten Wissenschaftler arbeiten eklektisch. Die Herangehensweisen sind überwiegend der Soziologie, ferner der Psychologie und auch der Geschichtswissenschaft entlehnt. Viel statistisches Know-how kommt dabei zur Anwendung. Wir begegnen hier den altvertrauten wissenschaftlichen Programmen des Behavioralismus als Auseinandersetzung mit messbaren und beschreibbaren Problemen. Das Gros der empirischen Forschung spielt sich unverändert dort ab.

Dennoch hat sich die Rational choice im Forschungsbetrieb etabliert. Sie hat ein stattliches Terrain in den Graduierten- und Postgraduiertenprogrammen, in den Fachzeitschriften und im Veröffentlichungsprogramm der Wissenschaftsverlage erobert. Vergleicht man die Themen im Aufsatzteil der APSR und die Titel in ihrem Verlagsanzeigenappendix, so fällt seit vielen Jahren, ja eigentlich schon seit Jahrzehnten auf, dass die Neuerscheinungen auf dem Fachbuchmarkt eine sehr viel größere Themenbreite aufweisen und dass sie weitaus weniger Methodenverliebtheit dokumentieren als die Artikel, die Redaktion und Gutachter für veröffentlichungswürdig befinden. Doch das Rudern in Richtung auf die Dignität einer exakten Wissenschaft bestimmt die Selbstdarstellung der amerikanischen Fachvereinigungen, insbesondere der APSA. War es früher die Verkürzung des Behavioralismus auf Rechenhaftigkeit und Statistik, die als Krone der Wissenschaftlichkeit galten, so hat heute die Rational choice den Ruf der szientistischen Überlegenheit.

Überhaupt verdient das wissenschaftliche Verlagswesen eine eigene Erwähnung. Schon immer gab es die Eigenverlage großer amerikanischer Universitäten. Sie machten Veröffentlichungsentscheidungen nicht vom voraussehbaren wirtschaftlichen Ergebnis eines Titels abhängig, sondern blickten vielmehr auf Originalität und Innovation. Die Cambridge und die Princeton University Press spielen in der Politikwissenschaft eine große Rolle. Auch die kommerziellen Wissenschaftsverlage sind aus der Entwicklung der amerikanischen Politikwissenschaft nicht fortzudenken. Die in die Tausende gehenden Hochschulwissenschaftler und die Zigtausende Politikstudenten bilden einen Markt, auf dem auch ausgefallene Spezialbücher gekauft werden. Das Verlagshaus Little & Brown ist engstens mit den Sternstunden der American und der Comparative politics in den 1960er Jahren verwoben. Das Verlagsimperium Sage entwickelte sich in der Ära der großen Begeisterung für den Behavioralismus. In jüngster Zeit ist das Unternehmen Lynne Riener hinzugekommen, das alle Sparten der Politikwissenschaft bedient.

3.3.4   Der Aufschwung der Internationalen Beziehungen

3.3.4.1   Der Neorealismus

Die Rational choice beflügelte die Annäherung des Forschungsgebiets der Internationalen Politik an die übrige Politikwissenschaft. Die Theorien des rationalen Handelns sind nicht auf große Datenmengen angewiesen, wie die behavioralistische Politikforschung. Sie sind auch nicht, wie die meisten Konzepte der American politics und der Komparatistik, direkt oder indirekt auf den Analyserahmen eines Staates festgelegt. Beide Sparten der Politikwissenschaft hatten sich von kulturalistischen und soziologischen Ansätzen zur Rational choice vorgearbeitet, um dann festzustellen, dass die kontextfreie Rational choice in intellektuelle Spielerei ohne den Bezug zur realen Politik abgleitet. Die Internationale Politik stieg demgegenüber gleich mit den rationalen Theorien in die Politikwissenschaft ein, um dann freilich zur gleichen Feststellung zu gelangen.

Die Integration des Studiums der internationalen Politik in die Politikwissenschaft begann mit dem von Kenneth Waltz begründeten Neorealismus. Doch Waltz und seine Epigonen hielten das innerstaatliche

Geschehen noch aus den zwischenstaatlichen Beziehungen heraus. Erst seit gut einer Dekade ist die Internationale Politik als Internationale Beziehungen einige Schritte weiter gekommen. Die akademischen Internationalen Beziehungen verbinden heute – wie es die renommierte Zeitschrift *World Politics* bereits 1949 gefordert hat – die Analyse der innergesellschaftlichen Politik mit der Analyse der zwischenstaatlichen Politik.

Die wirkungsmächtige Schule des Neorealismus hat mit der Realistischen Schule Morgenthaus auf den ersten Blick nicht allzu viel gemeinsam. Sie unterscheidet sich mit ihrem *neo* vom Morgenthauschen Realismus im nomothetischen Anspruch. Kenneth Waltz hatte 1959 drei Bilder der Internationalen Beziehungen herausgearbeitet: erstens die Beschaffenheit der menschlichen Natur, womit im Wesentlichen die Menschenbilder der politischen Theorie gemeint waren, zweitens das Bild der innerstaatlichen Interessen, d.h. die Idee von der Außenpolitik als Reflex der Innenpolitik, und drittens das Bild der zwischenstaatlichen Interaktionen, d.h. die Verhaltensmuster im zwischenstaatlichen Umgang (Waltz 1959). Waltz interessierte sich in seinem weiteren Werk allein für das dritte Bild. Dieses steht im Zeichen des internationalen Systems.

Waltz behielt wie Morgenthau das Anarchische der Internationalen Beziehungen im Auge. Er fand aber zu einer Theoriesprache, wie sie in anderen Zweigen der Politikwissenschaft üblich ist. Nach Waltz, der seine Gedanken in dem einflussreichen Band *International Politics* (1979) niedergelegt hat, bilden die souveränen Staaten ein Staatensystem. Die grundlegende Funktion dieses Systems besteht darin, Ordnung in die Staatenwelt zu bringen. Diese Ordnung verbürgt Sicherheit, wenn sie von allen Beteiligten respektiert wird. Sie folgt dabei aber keinem Plan. Sie resultiert aus den Handlungen der Staaten bei der Herstellung ihrer äußeren Sicherheit. Die Elemente des internationalen Systems sind stets gleich: Das System besteht aus Staaten! Die Verteilung der Macht zwischen den Staaten verändert sich jedoch. Waltz hält die Mikroökonomie, also einen Rational choice-Ansatz, besonders geeignet für die Erklärung der Staatenwelt. Der Markt ist eine herrschaftsfreie Angelegenheit. Auch das Staatensystem kennt keine übergeordnete Autorität. In diesem Punkt trifft sich Waltz mit dem Morgenthauschen Realismus. Gegen drohende oder erlittene Verletzungen der äußeren Souveränität hilft allein die vorsorgliche Demonstration von Stärke oder das Heimzahlen in gleicher Münze, gegebenenfalls allein der Krieg. Letztlich haben ausschließlich die Großen die Fähigkeit dazu.

Die Machtunterschiede zwischen den Staaten produzieren Stabilität, wenn sie konstant gehalten werden. Es genügt, das Augenmerk auf die großen Staaten zu richten. Dort, wo sich Kleine mit den Großen anlegen, haben sie meist einen starken Partner im Rücken. Alle Staaten stellen ihre Selbsthilfe auf die Art und das Ausmaß der Bedrohung ein. Ihr Verhältnis ist von Konkurrenz geprägt. Bei lediglich zwei bedrohungsfähigen Staaten resultiert daraus eine biporale Rivalität. Sind mehr Staaten im Spiel, so wird die Balance schwieriger. Das Wechselspiel von Bedrohung, Selbsthilfe und Remedur bleibt. Es lässt sich für die Antike ebenso nachweisen wie für das Mittelalter, für die frühe Neuzeit und für die Gegenwart. Die Konstellation der Staaten ist der entscheidende Punkt. Die Binnenstruktur der Staaten ist ohne Belang.

Die Waltzsche Theorie unterstreicht die Gründe für die vor 20 Jahren noch große Distanz zwischen der Internationalen Politik und der übrigen Politikwissenschaft. Die American politics und auch die Comparative politics kreisten um die politische Binnenstruktur von Staat und Gesellschaft. Sie beobachteten Institutionen und analysierten Policies. Die Realisten und Neorealisten lehnten es rundweg ab, sich auf das Innenleben der Staaten einzulassen. Staaten wurden als einheitliche Akteure aufgefasst, die unabhängig von ihrem Regierungssystem und von ihren inneren Problemen einem Sicherheitsinteresse folgten. Wolfers hatte dafür einmal das Bild der Billardbälle verwendet. Es genüge, Präsidenten, Premierminister, Kanzler, Außenminister und Sicherheitsberater zu beobachten (Wolfers 1962). Die ausgedehnten Ausflüge der Realisten und Neorealisten in die Diplomatiegeschichte registrierten welthistorisch relevante Veränderungen in der Waffentechnik und in der Ökonomie. Es ging ihnen aber darum, die gleichbleibenden Beweggründe der Staaten in der Weltpolitik vom Peleponnesischen Krieg bis zum Golfkrieg nachzuweisen. Die kritischen Kommentare von Bagby (1994) und Hall/Kratochwil (1993) lauteten, die Geschichte mutiere hier zum Labor, um die Annahmen von der Funktionsweise des internationalen Systems mit immer neuem Material zu konfrontieren und zu erhärten. Eine Fachzeitschrift wie die *International Security* bietet bis heute reiche Anschauung für Wissenschaftler, die mit diesem Ansatz operieren. Dieses Treiben erinnert an den Umgang komparatistisch interessierter Rational choice-Politikwissenschaftler mit dem historischen Vergleich. Bei dieser Variante der Internationalen Beziehungen handelte es sich vom Anspruch her ebenfalls um nomothetische Wissenschaft.

3.3.4.2 Der Neoliberalismus

Fragen der Weltwirtschaft wurden erst seit Anfang der 1970er Jahre wahrgenommen. Weder der Realismus noch der Neorealismus hatten sie bis dahin groß thematisiert. Mit dem Auftreten multinationaler Konzerne, ferner mit den massiven Energiepreissteigerungen der 1970er Jahre und schließlich mit der Konsolidierung des europäischen Wirtschaftsraumes stellten sich Probleme, denen die Internationalen Beziehungen nicht länger ausweichen konnten. Für die Auseinandersetzung mit diesen Fragen waren sie aber, da ganz auf Sicherheitsprobleme fixiert, schlecht gerüstet. Wie Rosecrance schrieb, sei die Zahlungsbilanz (balance of payments) für die modernen Staaten vielfach wichtiger geworden als die Machtbalance (balance of power). Der *New Trading State*, den Rosecrance mit Deutschland und Japan exemplifizierte, ein Staat, der auch in seinen Außenbeziehungen dem Imperativ des Wohlfahrtsgewinns folge, erwerbe Macht, Prestige und Wohlstand durch die Beteiligung am Welthandel (Rosecrance 1987).

Anfänglich bearbeiteten noch Neorealisten solche Themen, so etwa Krasner in einer Studie über die amerikanische Rohstoffpolitik (Krasner 1978). Er beobachtete bei dieser Policy über mehrere Jahrzehnte hinweg eine überwältigende Kontinuität. Letztlich kontrolliere der Staat die Handlungsgrenzen privater Akteure. Genau wie Waltz behauptete Krasner nun für die internationalen Wirtschaftsbeziehungen die Existenz feststehender nationaler Interessen, die jeder Staat unabhängig von seiner innergesellschaftlichen Politik verfolge. Demnach gab auch der Komplex der internationalen Wirtschaftsbeziehungen wenig Anlass, sich auf die innenpolitischen Ursachen für das außenpolitische Handeln einzulassen.

Mit der wachsenden Einsicht in die politischen Dimensionen der Weltwirtschaft erweiterte sich das Forschungsfeld der Internationalen *Politik* zu den Internationalen *Beziehungen*. Am Anfang stand die nicht mehr zu übersehende Tatsache, dass die Beziehungen zwischen den Staaten immer stärker von nicht-staatlichen Akteuren beeinflusst wurden. Nicht von ungefähr entdeckten zur gleichen Zeit Journalisten, Politiker und Wissenschaftler die Bedeutung der multinationalen Unternehmen für die globalen Warenströme, für die Energieversorgung und für Arbeitsplätze und Investitionen. Der sicherheitsfixierte Realismus aller Varianten hatte mit privaten Akteuren und mit Wohlfahrtsfragen seine Schwierigkeiten. Ganz ähnlich, wie die American politics und die Komparatistik ihre Anstöße einmal von handfesten politischen Problemlagen erhalten hatten, so folgten die Internationalen Beziehungen der politischen Problemwahrnehmung auf dem Fuße. Die neoliberale Schule der Internationalen Beziehungen bringt diesen Wandel zum Ausdruck. Robert Keohane gilt als maßgeblicher Vertreter des Neoliberalismus (Baldwin 1993). Das Epitheton ornans *neo* leitete sich hier aus der Abgrenzung zur Liberalen Schule der Internationalen Politik her. Bei dieser Schule handelte es sich um die nach dem Ersten Weltkrieg auftretenden Befürworter einer internationalen Rechtsordnung. Ein prominenter Vertreter war der amerikanische Präsident Woodrow Wilson gewesen. Die Liberale Schule war davon ausgegangen, allein durch die Einbindung in völkerrechtliche Verpflichtungen könnten die Staaten zu einem friedvollen Umgang angehalten werden.

Keohane stellte fest, dass die Regierungen angesichts der weltwirtschaftlichen Verflechtungen gar keinen umfassenden Zugriff mehr auf die wohlfahrtsstaatliche Funktion der innerstaatlichen Politik hätten. Die Banken und Unternehmungen folgten im internationalen Geschäft der üblichen Erwerbs- und Gewinnlogik. Das Kapital sei hochgradig mobil und suche sich jene Anlageplätze, auf denen es von der Politik nicht weiter behelligt werde. Die Grundsätze der Wirtschafts- und Handelsfreiheit stünden dagegen, etwas zu unternehmen. Der Staat habe unter solchen Umständen nur dann die Chance, handlungsfähig zu bleiben, wenn er mit anderen Staaten gemeinsame Regeln und Usancen vereinbare, die das grenzüberschreitende Agieren der Unternehmen regulierten. Der Staat versuche also, die drohenden und bereits eingetretenen nationalen Handlungsverluste auf der Ebene der Regierungskooperation aufzufangen (Keohane/Nye 1977, Keohane 1986). Die von den Staaten zu diesem Zweck bestimmten Regelwerke konstituieren die so genannten internationalen Regime.

Diese Situation lässt sich gut mit der Kooperationsdilemmata der Spieltheorie umschreiben: Alleingänge bergen hohe Risiken, Vereinbarungen versprechen kalkulierbare Vorteile für alle. Auch für Sicherheitsprobleme taugt die Regimelösung: dann nämlich, wenn Sicherheit nicht mehr im Alleingang herstellbar ist, die Kooperation aber einen deutli-

chen Sicherheitsgewinn verspricht – mag es sich um Rüstungskontroll-
vereinbarungen oder um Abrüstungsmaßnahmen handeln (Oye 1986).

3.3.4.3 Regime und Intergouvernementalismus

Das Regime hat in den Internationalen Beziehungen eine andere Bedeutung als in der übrigen Politikwissenschaft. Dort werden unter dem
Regime die Regeln der politischen Legitimation und der Machtvertei-
lung verstanden. Regime zeigen an, wer nach welchen Regeln die
Herrschaft ausübt. Der Staat ist ein Instrument des Regimes, die Gesellschaft ist sein Adressat (Fishman 1990). Die Zusammenarbeit in
internationalen Regimen hat ihre Ursachen im nationalen Politikversa-
gen. Internationale Regime gleichen einem internationalen Gesell-
schaftszustand. Sie sind dazu bestimmt, die Zusammenarbeit auf einem bestimmten Politikfeld zu regeln (Haas 1980, 1983). Einen Welt-
staatsersatz, wie man ihn der ursprünglichen Idee der Vereinten Nationen zuschreiben konnte, wollen Regime nicht bieten. Regime kreisen
stets um einen bestimmten Zweck. Dieser mag wie im Falle der Welt-
handelsorganisation sehr breit definiert sein, oder er mag eng definiert
sein, wie ein Artenschutzabkommen, oder in hohem Maße komplex,
wie ein Arrangement zum Schutz des Weltklimas.

Die Regimetheorie bietet sich an, um zur politikwissenschaftlichen
Bearbeitung der Europäischen Union überzuleiten. Der EU-Forscher
Andrew Moravcsik behauptete mit seiner These vom Liberalen Inter-
gouvernementalismus, der Prozess der europäischen Integration stelle
eine besondere Art der Regimebildung dar. Die Regierungen hätten
sich entschlossen, einen Teil ihrer nationalen Gestaltungsbefugnisse
unwiderruflich auf die Union zu übertragen. Insofern hätten sie sich
den Regierungs- und Verwaltungsentscheidungen der Brüsseler Behörden unterworfen und gäben sich mit der Mitwirkung am Zustandekommen europäischer Rechtsnormen zufrieden. Dabei folgten sie einem nüchternen Kalkül: Die europäische Lösung bringe alles in allem
mehr Vor- als Nachteile. In anderen Fragen beharrten die Regierungen
auf nationalen Lösungen, vor allem dann, wenn es sich um Problem-
felder handelte wie innere Sicherheit, Sozialpolitik und Arbeitsmarkt.
Dort würden Wahlen gewonnen oder verloren. Zwar würden, so Moravcsik, die Grenzen zwischen der europäischen und der nationalen
Politik immer wieder neu definiert. Maßgeblich dafür sei aber stets das
Vorteilskalkül der Regierungen, nicht der Lern- und Demonstrationsef-

fekt erfolgreicher Integration (Moravcsik 1991, 1993, 1995, 1997, 1998). Damit bezog Moravcsik eine Gegenposition zu Haas' Auffassung, das Vorbild erfolgreicher Integration entwickle eine eigene Dynamik und strahle auf die nicht-integrierten Bereiche aus (Haas 1958). Haas argumentierte mit Lerneffekten. Moravcsik argumentierte mit Interessen. Moravcsik spielt heute eine tragende Rolle in der politikwissenschaftlichen Theoriebildung über die Europäische Union.

Regime funktionieren, weil sie sich der Staaten als Ausführungsorgane bedienen. Die meisten Regime haben ihre internationale Infrastruktur in Gestalt von Sekretariaten, Ministerkonferenzen und Gipfeltreffen. Sie sind Gegenstand einer üppigen Forschungsliteratur. Auch die so genannten Epistemic communities gehören hierher, d.h. international zusammengesetzte Netzwerke unabhängiger Wissenschaftler. Ihre Urteile und Prognosen zur Klima- und Umweltentwicklung beeinflussen die Einschätzungen und Entscheidungen der Regierungen mit.

Über die Implementationsprobleme internationaler Regime konnten sich die Vertreter der Internationalen Beziehungen bei den Kollegen aufklären, die sich mit der innerstaatlichen Politik befassten. Regime funktionieren nur deshalb und nur so lange, wie sie von den Staaten erfolgreich implementiert werden. Regime regulieren nicht nur das Verhalten staatlicher Akteure, sondern auch dasjenige privater Akteure, z.B. Firmen, Verbraucher und Unternehmer. Für das regimekonforme Verhalten der Marktteilnehmer sorgen die Staaten. Regime funktionieren am besten zwischen ähnlich strukturierten und in aller Regel effizienten Staaten, die gewisse Regeln durchzusetzen vermögen. Die Regimeforschung gelangt so ganz von selbst dahin, die artifiziellen Grenzen zwischen der Innen- und der Außenpolitik zu verwischen. Die Fachzeitschrift *International Organization* wendet sich solchen Themen der internationalen Zusammenarbeit zu.

3.3.4.4 Der Konstruktivismus

Die letzte Stufe in der Entwicklung der Internationalen Beziehungen steht im Zeichen der Entdeckung der Kultur. Politische Großereignisse gaben abermals die ersten Impulse. Die sich nach dem Zerfall der Sowjetunion rasch verändernde Welt stürmte bald in all ihrer Komplexität auf die Internationalen Beziehungen ein. Der kulturalistische Ansatz bot ihnen an diesem Punkt Orientierungshilfen, die in der Komparatistik längst Standard waren. Dabei hatte es keine Bedeutung, dass so manches Rad und Rädchen neu erfunden wurde. Die meisten Wissenschaftler sind wie alle Menschen Gewohnheitswesen. Das galt auch für Beobachter, die die Weltläufe weiterhin in polaren Begriffen beschrieben. Fukuyama besang *The End of History* (Fukuyama 1992). Was im Zeichen amerikanischer Hegemonie stattfand, verdiente nicht mehr den Namen Geschichte. Es war bestenfalls zwischenstaatliche Politik mit niedriger Pulsfrequenz. Huntington indes beschwor im *Clash of Civilizations* ein neues Feindbild: Die islamische Kultur fordere die westliche Lebensweise heraus (Huntington 1998)! Auch die Neorealisten brachen ihre Zelte nicht ab. Warum hätten sie dies auch tun sollen? Ihr Modell war nach seinem wissenschaftlichen Anspruch nicht an eine bestimmte Machtkonstellation oder an eine bestimmte Epoche gebunden.

So mancher Vertreter der Internationalen Beziehungen besann sich auf das psychologische und soziologische Repertoire der übrigen Politikforschung. Für diese Rezeption sollte sich das Etikett des Konstruktivismus einbürgern. Wendt charakterisierte den Konstruktivismus mit den folgenden Annahmen: a) Staaten sind die wichtigsten Analyseeinheiten in der Theorie der Internationalen Beziehungen. Die Beziehungen zwischen den Staaten sind b) sozial konstruiert. Schließlich beruhen c) die Identität und die Interessen der Staaten auf Selbst- und Fremdbildern in der Gesellschaft (Wendt 1992, 1994). Politiker deuten Sinn in das Weltgeschehen hinein, namentlich in das Verhalten der Regierungen. Diese gedanklichen Konstrukte von der Beschaffenheit der Staatenwelt geraten ins Wanken, wenn die Umstände wechseln, in denen sie sich als brauchbar erwiesen haben. Blutige und unblutige Kriege enden mit der Neu- und Umbewertung der Weltbilder. Mit dem Ende des Kalten Krieges erlosch die Feindperzeption Russlands im Westen. Manches scheinbare Rätsel um die Verschiedenheit der Politik in Europa, Nordamerika, in Ostasien und im arabischen Raum fand im Verstehen ihrer Kulturen eine plausible Erklärung, so etwa die auf Anhieb schwer durchschaubare Etikette und Informalität der chinesischen oder japanischen Politik oder die legitimatorische Herausforderung eines politisierten Islam im arabischen Raum. Die Interaktion zwischen den Staaten erzeugt in realen Spielen Übereinstimmungen, Regelhaftigkeiten und auch dauerhafte Verständigungsdefizite. Daraus gewinnen die Internationalen Beziehungen ihre Struktur. Historisch gewachsene Erwartungen bilden einen großen Teil der Normen, die das Verhalten der Staaten regulieren (Kratochwil 1989, Lapid/Kra-

tochwil 1996, Ruggie 1998). Auch kulturelle Ausstrahlung – Lebensweisen, Konsumgewohnheiten, Sprache – ist ein Faktor der internationalen Beziehungen. Nye spricht hier im Zusammenhang mit den USA
von der Soft power (Nye 1990). Er meint damit die globale Verbreitung der amerikanischen Konsum- und Unterhaltungskultur von
McDonald's über Coke und Jeans bis hin zu TV-Serien und Filmen.
Die Einsicht in die Unvermeidlichkeit soziologischer Analyseelemente
ist hier unübersehbar (Jacobsen 1996).

3.4 Politikwissenschaft – eine paradigmatische Wissenschaft?

Die Frage, was Wissenschaft sei und woran man sie erkenne, hatte
weder die Vor-Behavioralisten noch die Frühbehavioralisten um Merriam und Lasswell groß interessiert. Ein deutendes Verstehen genügte
ihnen, wenn es denn nur mit Daten unterfüttert werden konnte. Die
Wissenschaftstheorie, eine philosophische Subdisziplin, erkor sich die
Definition der Wissenschaft zum Problem. Als Paradedisziplin wählte
sie die Physik. Ihr erster prominenter Vertreter, Karl Popper, ein Mei-
ster der einfachen, klaren Sprache, stellte die Falsifikation als Merkmal der Wissenschaftlichkeit heraus. Wissenschaftler erarbeiten Hypothesen, die sie dann im Experiment unter verschiedenen Bedingun-
gen überprüfen. Das Experiment muss so angelegt sein, dass es die
Hypothese maximal strapaziert. Bewährt sich die Hypothese auch im
Härtetest, so darf sie bis auf Weiteres als wahr gelten (Popper 1974).
Die Verkoppelung verschiedener Hypothesen konstituiert ein Gesetz.
Auf Popper berufen sich in der Politikwissenschaft vorzugsweise die
Vertreter der datenverarbeitenden Beweisführung.
    Den nächsten Beitrag zur Wissenschaftstheorie leistete Thomas S.
Kuhn mit dem Bild des wissenschaftlichen Paradigmas. Die Newton-
sche Physik sei ein solches Paradigma gewesen, später sei es von der
Einsteinschen Physik abgelöst worden. Diesen Ablösungsprozess
führte Kuhn darauf zurück, dass Einstein immer mehr Physiker von
seinem Weltmodell überzeugt hatte. Auf diese Weise, durch Lernpro-
zesse und durch die Generationenfolge, also durch soziale Vorgänge,
habe sich Newton in die Physikgeschichte verabschieden müssen.
Wissenschaft und wissenschaftliche Erkenntnis sind demzufolge eine

Sache des Konsenses der Wissenschaftler selbst (Kuhn 1976 (Erstaufl. 1962)).

Lakatos relativierte Kuhns Bild wissenschaftlicher Revolutionen, in dem der Konsens über ein Paradigma irgendwann zerbröselt und einem neuen Paradigma Platz macht. Er entwickelte die Idee, dass in der Wissenschaft mehrere solcher Deutungsmuster nebeneinander existierten (Lakatos 1982). Lakatos ließ vom Begriff des Paradigmas ab und zog es vor, von Forschungsprogrammen zu sprechen. Jedes dieser Forschungsprogramme habe seine Berechtigung, weil es auf einen anderen Problembereich deute. Schließlich sei von Newtons Erkenntnissen noch genug übrig geblieben, um damit sinnvoll weiterforschen zu können. Laudan ging noch einen Schritt weiter zurück. Er ließ jedes Theoriebemühen als Wissenschaft gelten, das irgend etwas erkläre, das bisher noch keine Erklärung gefunden habe (Laudan 1977).

Ziehen wir ein kurzes Resümee, so lässt sich feststellen, dass sich die Wissenschaftstheorie heute damit begnügt, Wissenschaft als ein pluralistisches Phänomen gelten zu lassen. Beardsley sprach in diesem Zusammenhang von einer multiparadigmatischen Verfassung der Politikwissenschaft (Beardsley 1974). Almond notierte, dass die Politikwissenschaft im Unterschied zur harten Wissenschaft keinen Theoriekern besitze (Almond 1990, 14ff.). Dieses Argument lässt sich auch so formulieren, dass die Politikwissenschaft an Präzision und Stoff für eine exakte Wissenschaft nicht mehr hergibt, als ihr die Methoden der empirischen Sozialforschung abgewinnen können.

Die rigiden und statistikorientierten Behaviorialisten waren darüber *not amused*. Allzu gern hätten sie ihr Tun mit einem präzise umgrenzten Wissenschaftsbegriff geadelt. Das Gleiche gilt für die Nachfolger vom Stamme der Rational choice. Die Wissenschaftstheorie gab das Gewünschte leider nicht her. So wurde ein Paradigmabegriff geschnitzt, der das Kuhnsche Paradigma aus der Sphäre der wissenschaftlichen Mode herauslöste. Das Paradigma wurde zur Chiffre für alles, was aktuell als das Beste und Erklärungstüchtigste gilt (Ball 1987: 15ff.). So ließ sich eine Paradigmenfolge vom beschreibenden Institutionalismus über den Behavioralismus bis hin zur Rational choice konstruieren.

Die Einwände ließen nicht lange auf sich warten. Ihr gemeinsamer Nenner bestand darin, dass jegliche Gleichsetzung der Sozialwissenschaften mit den Naturwissenschaften hinke. Sehr prägnant drückten dies Almond und Genco mit ihrer Unterscheidung von Wolken und

Uhren aus. Es gebe Wissenschaften, die sich mit präzise beschreibbaren Gegenständen in allen ihren historischen und gegenwärtigen Erscheinungsformen befassten. Sie hätten das Glück, Gegenstände wie Uhren nach klaren Kriterien bewerten zu können. Andere Wissenschaften, so auch die Politikwissenschaft, hätten keine andere Wahl, als Wolken zu beschreiben. Wolken veränderten ständig ihre Form, ein klassischer Fall des *moving target*. Unmöglich sei es nicht, sich wissenschaftlich mit Wolken, hier metaphorisch für die Gesellschaft, zu befassen. Aber die Präzision der Natur- und Ingenieurwissenschaften sei bei solchem Tun illusorisch (Almond/Genco 1976/77). Also müsse jedes Mittel erlaubt sein, vom Satellitenfoto über die Ballonfahrt bis hin zur Erfahrung altgedienter Seefahrer, um den Wolken auf die Spur zu kommen. Beim Phänomen der Politik wirke das Kaprizieren auf ein Imitat der Naturwissenschaften als Erkenntnisbremse.

Dieses freimütige Bekenntnis zur Soft science entriegelt viele Türen, die sich dem Szientismus verschließen. An diesem Punkt stagniert die Debatte in der amerikanischen Politikwissenschaft – und nicht nur in dieser – bis zum heutigen Tage. Hier eine Politikwissenschaft, die in extenso den Kontext politischen Handelns ausbeutet und dabei auch die Technik anderer Disziplinen in den Dienst nimmt. Dort eine Politikwissenschaft, die den Kontext klein schreibt, um so größer aber die Beliebigkeit des politischen Wollens und die verfügbaren Mittel. Auf der Theorieebene haben modebewusste Disziplinvertreter die Nase vorn, im alltäglichen Forschungs-, Lehr- und Veröffentlichungsbetrieb die anderen.

Weiterführende Literatur

Die wichtigsten Etappen und Themen in der Entwicklung der amerikanischen Politikwissenschaft schildern die Beiträge in der John Dryzek und Stephen T. Leonard (Hrsg.): Political Science in History: Research Programs and Political Traditions, Cambridge 1995. David M. Ricci beschreibt mit bedauernder Geste die Entwicklung des Fachs von den Anfängen bis in die 1980er Jahre: The Tragedy of Political Science: Politics, Scholarship, and Democracy, New Haven und London 1984. Raymond Seidelman bearbeitet das gleiche Thema unter dem Gesichtswinkel des preisgegebenen Anspruchs der Reformwissenschaft, der in der Frühphase des Fachs einmal eine Rolle gespielt hat: Disenchanted Realists: Political Science and the American Crisis, 1884–1984, Albany 1985. Einen plastischen Eindruck von den Motiven und den Umständen des Wandels der Political Science zur Sozialwissenschaft vermittelt eine Sammlung von Interviews mit bekannten Fachvertretern: Michael Baer, Malcolm E. Jewell und Lee Sigelman (Hrsg.): Political Science in America: Oral Histories of a Discipline, Lexington 1991. Einen detaillierten Einblick in die prägende Epoche für den gegenwärtigen Zuschnitt des Fachs gibt Jürgen Falter: Der „Positivismusstreit" in der amerikanischen Politikwissenschaft. Entstehung, Ablauf und Resultate der so genannten Behavioralismus-Kontroverse in den Vereinigten Staaten 1945–1975, Opladen 1982. Die American Political Science Review gibt seit 1983 im Dekadenabstand Berichte zum Stand der Disziplin heraus, die neue Entwicklungen in den verschiedensten Gegenstandsbereichen aufzeichnen. Erschienen sind bisher: Ada F. Finifter (Hrsg.): Political Science: The State of the Discipline, Washington, D.C. 1983; Ada F. Finifter (Hrsg.): The State of the Discipline II, Washington, D. C. 1993.

4   Die Politikwissenschaft in Deutschland

Die deutsche Politikwissenschaft hatte viele Wurzeln. Eine sozialwissenschaftliche Politikforschung stand den wenigsten Wissenschaftlern vor
Augen, die in den Anfangsjahren der Bundesrepublik das Fach vertraten.
Viele waren vom Staatsrecht geprägt, viele andere von der Philosophie,
nicht wenige von der Geschichtswissenschaft, wieder andere vom politischen Engagement. Die politische Philosophie war neben dem Blick hinter
die Verfassungskulissen ein herausragendes Thema. Ein Zweig der Disziplin nahm seit Ende der 1960er Jahre die Forschungen in der amerikanischen Politikwissenschaft zur Kenntnis und begeisterte sich an ihren
Themen. Ein anderer Zweig wandte sich der marxistischen Politikanalyse
zu. Er traf damit die Stimmung an den Universitäten und in Teilen der Gesellschaft, die gegen die Tabuisierung der linken Kritik an den politischen
und ökonomischen Verhältnissen revoltierten. Zahlreiche Wissenschaftler
positionierten sich auf der Seite der kritischen Wissenschaft. Die positive
Wertung der sozialwissenschaftlich betriebenen Politikwissenschaft in den
USA setzte sich ohne große Mühen als Hauptstrom auch in der deutschen
Disziplin durch. Von der starken Methodenorientierung hielt sich die
deutsche Politikwissenschaft fern. Sie setzte auch mit ihren Themen eigene Akzente. Anders hätte sie das vom amerikanischen stark verschiedene
deutsche Regierungssystem gar nicht angemessen analysieren können. Die
komparatistische Teildisziplin war viel stärker auf Westeuropa konzentriert
als die amerikanische. In einzelnen Bereichen wie in der Policy-Forschung
und in den Internationalen Beziehungen ist die Differenz zur amerikanischen
Forschung sehr gering. Die kritische Wissenschaft spielt heute keine nen-
nenswerte Rolle mehr. Ihr politökonomischer Ansatz eignete sich schlecht
für die Betrachtung der Feinmechanik des Regierens. Die politische Philosophie war schon vorher an die Peripherie des Fachs gewandert. Der sozialwissenschaftliche Mainstream konnte mit ihr nichts anfangen, die marxistische
Nebenströmung ohnehin nicht. Standen die 1970er und 1980er Jahre im Zeichen einer stürmischen Forschung über Bundesstaats- und Bundesratspro-
bleme, über Policies und über Parteien, so ist seit mehr als zehn Jahren eine
intensive Forschung über den Bundestag, über Politiknetzwerke und über
Europa und Nordamerika zu verzeichnen. Die Europäische Union hat sich
als ein Querschnittsbereich herausgebildet, der sich mit den herkömmlichen
Spezialisierungen auf die innergesellschaftliche und auf die zwischenstaatliche Politik nicht mehr verträgt.

4.1 Fachgründung im Dissens über Zwecke und Inhalte (seit 1950)

4.1.1 Politische und biografische Hintergründe

4.1.1.1 Die Gründungskonferenzen

Die deutsche Politikwissenschaft ist ein Kind des Wiederauflebens der deutschen Demokratie nach 1945. Als Besatzungsmacht in Deutschland machten sich die USA für das Ziel der Erziehung zur Demokratie stark. Politik sollte an den Universitäten den Ruch des Unsachlichen und Wissenschaftsfremden verlieren. Auf Initiative des Landes Hessen und der amerikanischen Militärregierung wurde 1949 die Konferenz von Waldleiningen einberufen (Mohr 1988: 97ff.). Eingeladen waren Vertreter der Universitäten, amerikanische Politikwissenschaftler sowie Repräsentanten der britischen und französischen Militärregierungen. Der wichtigste Promoter der Konferenz war Karl Loewenstein, der sich von der Politikwissenschaft einen Beitrag zur demokratischen Erziehung in Deutschland versprach. Die Reaktion der Universitätsvertreter war gemischt. Die ein Jahr später einberufene Konferenz von Königstein baute auf den Waldleininger Beratungen auf. Hier kamen abermals Universitätsvertreter, dazu Beamte der Kultusministerien und Vertreter der politischen Bildungsarbeit zusammen (Mohr 1988: 113ff.). Die Konferenzen gelangten zu dem Ergebnis, politikwissenschaftliche Professuren einzurichten. Die Diskussion über das neue Fach war stark von dessen Charakter als „amerikanische Wissenschaft" geprägt. Allerlei Skepsis wurde damit begründet, das Fach habe in Deutschland keine Tradition und lasse sich nicht in die gewachsene Fächerstruktur integrieren.

Zwei Modelle standen in den Beratungen zur Debatte. Einmal die Konzeption einer Politikhochschule nach dem Modell der französischen École Libre des Sciences Politiques und des weiteren der amerikanische Weg der Politikwissenschaft als Universitätsfach. Dabei existierte die erste Option nur hypothetisch. Sie hatte Befürworter, darunter Dolf Sternberger, einen der Fachgründer in Deutschland. Sternberger wollte in Frankfurt/Main eine Hochschule für Politik ins Leben rufen. Dieser Gedanke fand anfänglich auch Unterstützung. Er wurde aber nicht weiterverfolgt, weil das Projekt dem hessischen Finanzminister in der finanzklammen Situation des kriegszerstörten Deutschland zu kostspielig erschien. Im Übrigen war diese Idee mit der Neugründung der DHfP in Berlin inzwischen realisiert worden. Das französische Modell hatte in Deutschland keine Chance auf Realisierung. Die politische Präsenz der USA, die Attraktivität der amerikanischen Kultur im Nachkriegsalltag und die Prägung prospektiver Berufungskandidaten in der amerikanischen Emigration wirkten stärker als die Idee einer Elitenschule.

Alles in allem war die Politikwissenschaft in Deutschland nicht weit hinter den Nachbarländern zurück. Erst in den 1950er Jahren sollte die Politikwissenschaft in Frankreich als Universitätsfach etabliert werden. In Großbritannien steckte das Fach noch in den Anfängen. Allein in den USA war die Politikwissenschaft als ein ausgebautes Universitätsfach existent. Wie beschrieben, hatte sie sich dort enthusiastisch dem empirischen Politikstudium zugewandt. Als ihren zentralen Gegenstand untersuchte sie das Funktionieren der amerikanischen Demokratie. Die deutschen Befürworter der Politikwissenschaft als Hochschuldisziplin operierten im günstigen Umfeld des US-Besatzungsregimes für Deutschland, das auf der Linie der Truman-Administration lag. Deren Grundstimmung war reformistisch und gewerkschaftsfreundlich. Berührungsängste im Verhältnis zur demokratischen Linken gab es nicht.

4.1.1.2 *Universitäten und Fachvertreter in den Anfängen der Politikwissenschaft*

Die Konferenzempfehlungen von Königstein, die sich für das Universitätsfach Politik aussprachen, trugen die amerikanische Handschrift. Sie sollten zunächst in den Ländern der amerikanischen Zone die größte Wirkung entfalten. Hessen führte an drei Hochschulen des Landes (Darmstadt, Frankfurt und Marburg) die Politikwissenschaft ein. Ebenso verfuhr Württemberg an den Universitäten Heidelberg, wo die Sozialwissenschaft bereits vor 1933 eine Tradition hatte, und an der Universität Tübingen. Das Land Baden tat es ihm an der Universität Freiburg gleich. In Berlin gelang die Neugründung der DHfP, die nach einigen Jahren in die FU Berlin eingegliedert wurde. Außerdem richteten Schleswig-Holstein (Kiel), Hamburg, Nordrhein-Westfalen (Bonn, Köln), Rheinland-Pfalz (Mainz) und Bayern (München) zunächst je eine politikwissenschaftliche Professur ein. Im niedersächsischen Wilhelmshaven entstand eine Politikhochschule. Diese war jedoch überaus karg ausgestattet und wurde von der damals einzigen niedersächsischen Universität Göttingen heftig angefeindet – mit dem Effekt, dass die Hochschule 1960 aufgelöst und ihr Personal und die Ausstattung nach Göttingen transferiert wurden (Mohr 1988: 35ff., 75ff.).

Das neue Fach Politikwissenschaft war im Fächerkanon der Universitäten eine *quanité négligeable*, und lange blieb es dabei (dazu sehr instruktiv eine Denkschrift zur Situation der Sozialwissenschaft in der frühen Bundesrepublik: Lepsius 1961). Daran änderte sich nichts, als einige Universitäten (z.B. Hamburg, München, Marburg, Darmstadt) in den späteren 1950er und den frühen 1960er Jahren zweite und dritte Professuren für das Fach einführten. Hessen erwies sich in dieser Hinsicht abermals als besonders politikwissenschaftsfreundlich. Zu einem politikwissenschaftlichen Studiengang kam es zunächst allein in Berlin. Sonst blieb die Politikwissenschaft bis zum Ende der 1960er Jahre ein typisches Nebenfach an den Philosophischen und an den Wirtschafts- und Sozialwissenschaftlichen Fakultäten, zumeist in Verbindung mit Studiengängen für Volkswirtschaftslehre, Soziologie und Geschichte. Erst mit Beginn der 1970er Jahre, dann allerdings sehr rasch, verlor das Berliner Otto-Suhr-Institut, wie die frühere DHfP inzwischen hieß, ihre Monopolstellung als Institut mit einem politikwissenschaftlichen Vollstudium. Bereits 1951 kam es zur Gründung der Deutschen Vereinigung für Politische Wissenschaft (DVPW), einer Ordinarienvereinigung mit entsprechend exklusiver Mitgliedschaft. Ein Zweck dieser Vereinigung war die Edition eines fachwissenschaftlichen Periodikums. Den Hintergrund bildete eine Verlagslandschaft, in der es noch ausgesprochen schwierig war, die Verlage für politikwissenschaftliche Buchprojekte zu gewinnen. Bis dahin hatten Politikwissenschaftler hauptsächlich in der *Zeitschrift für Politik* (ZfP) publiziert. Die ZfP wurde vom außeruniversitären Münchner Institut für Politik herausgegeben. Bereits 1910 war sie als Projekt einiger Historiker entstanden, deren besonderes Interesse der Geopolitik galt, einem Sujet, das später durch die deutsche Kriegs- und Eroberungspolitik in Verruf geriet. In einer Übereinkunft der DVPW mit dem Kölner Verleger Middelhauve wurde 1960 die *Politische Vierteljahresschrift* (PVS) aus der Taufe gehoben. Ihr Vorbild war – wie für die meisten Periodika der noch jungen europäischen Fachvereinigungen – die *American Political Science Review*.

Viele aus Deutschland emigrierte Hochschullehrer waren in den USA mit der Politikwissenschaft in Berührung gekommen. Sie hatten dort ein Studium absolviert und waren vereinzelt auf einschlägige Professuren gelangt (Söllner 1996). Die Rückkehrwilligen unter ihnen stellten ein relativ großes Kontingent der erstberufenen deutschen Fachvertreter: Arnold Bergsträsser, Ernst Fraenkel, Franz Neumann, Friedrich Hermens. Carl-Joachim Friedrich, der seine Harvard-Professur nie aufgab, aber seine Zeit zwischen Harvard und Heidelberg aufteilte, hinterließ ebenfalls bleibende Spuren in der deutschen Fachentwicklung (von Beyme 1997b). Hinzu kamen Journalisten wie Eschenburg und Sternberger und Vertreter der politischen Bildungsarbeit wie Stammer sowie profilierte Repräsentanten der christlichen und sozialistischen Linken wie Kogon und Abendroth. Die Letzteren lernten die amerikanische Politikwissenschaft erst nach dem Krieg kennen. Keiner vermochte ihr viel abzugewinnen. Gemeinsam war allen das Anliegen einer kritischen Demokratielehre (Bleek 2001: 279, 304). Entsprechend dem breiten Spektrum zwischen dem liberalen und dem sozialistischen Demokratieverständnis wurden die Inhalte der Politikwissenschaft sehr unterschiedlich verstanden. Für den liberalen Republikaner Eschenburg war Politik eine andere Sache als für den linken Sozialdemokraten Abendroth (vgl. dazu die Porträts bei Rupp/Noetzel 1991).

Die Universitäten waren vom neuen Fach alles andere als begeistert. Die Rechtswissenschaftlichen Fakultäten waren noch hoch konservativ und mit zahlreichen Karrieristen aus der nationalsozialistischen Ära bestückt. Dort lehnte man ein Fach rundweg ab, das der Linksneigung verdächtig und zudem möglicherweise geeignet war, den Kollegen der Abteilungen Staats- und Staatsrechtslehre Konkurrenz zu machen. Die Historiker sahen sich selbst als die besten Politikwissenschaftler, zumal sich dort die Auffassung hielt, dass sich der Wissenschaftler beim Versuch, die Gegenwart zu analysieren, allzu leicht vom Strom der Tagesmeinungen mitreißen lassen könne. Die Grenzen zwischen der eben eingeführten Zeitgeschichte und der Politikwissenschaft waren zudem unbestimmt. Besson, Bracher, Buchheim und Schwarz bearbeiteten Themen, die sich von jenen der Geschichtswissenschaft allein in der Zeitnähe unterschieden. Die Einrichtung der Politikwissenschaft war unauflöslich mit dem Scheitern der Weimarer Republik und mit den Erfahrungen des Dritten Reiches verbunden. Für herkömmliche Historiker war dieser jüngste Teil der deutschen Geschichte noch viel zu wenig abgehangen, um sich bereits ernsthaft damit zu beschäftigen. Selbst die politiknahe Zeitgeschichte erntete skeptische Blicke. Die zumeist konservativen Historiker taten sich damals schwer damit, dass einer aus ihren Reihen, Fritz Fischer, Deutschlands Urheberschaft am Ersten Weltkrieg belegt hatte. Fischer wurde von vielen Kollegen offen angefeindet. Kurz: Das damalige Universitätsklima war dem neuen Fach Politikwissenschaft nicht sonderlich gewogen.

Die FU Berlin war bis in die Mitte der 1960er Jahre die einzige deutsche Universitätsneugründung. Sie hatte ein forschungsorientiertes Seminar für Politische Wissenschaft eingerichtet. Mit Otto Stammer wurde ein profilierter Wissenschaftler als sein Leiter berufen. Das Seminar hatte keine organisatorische Verbindung zur wiedergegründeten DHfP. Auch nach Eingliederung der DHfP in die FU – unter dem neuen Namen Otto-Suhr-Institut – blieben beide Einrichtungen förmlich voneinander getrennt. Ein Blick auf Stammer lohnt allemal: Stammer war in der Weimarer Zeit in der sozialdemokratischen Arbeiterbildung tätig gewesen. Er hatte die Zeit von 1933 bis 1945 als Angestellter eines Leipziger Industriebetriebs überstanden, dessen Leitung ihm nach 1945 angetragen wurde. Aus Protest gegen die Sowjetisierung des gesellschaftlichen Lebens in den Ländern der Sowjetischen Zone siedelte er nach Westdeutschland über. Stammer, der einmal über ein politisches Thema hatte promovieren wollen, holte nach dem Krieg ein Studium nach und verbrachte einige Zeit an der London School of Economics, wo ihn der Ruf an die FU Berlin erreichte. Bereits zu Beginn seiner dortigen Tätigkeit wurde er als Gast an amerikanische Universitäten eingeladen und nahm dort die Begeisterung für die soziologische Politikanalyse auf (Fijalkowski 1965). Die Mehrzahl seiner Kollegen hatten andere Themen. Was in der amerikanischen Politikwissenschaft bereits seit einiger Zeit der Mainstream war, rangierte in der deutschen Politikwissenschaft unter der Bezeichnung politische Soziologie – bereits terminologisch wenig präzise – an der Peripherie. Stammer hatte im Vergleich mit seinen OSI-Kollegen die bessere Antenne für die Zukunft des Fachs in Deutschland (sehr instruktiv ist in dieser Hinsicht die Themenpalette in Stammer/Weingart 1972).

Am Otto-Suhr-Institut herrschten Skepsis und Unverständnis für die in den USA üblich werdende Art der Politikwissenschaft. Sie war den Professoren des Instituts nicht politisch genug. Politisch meinte hier die Auseinandersetzung mit politischen Ordnungsentwürfen und politischen Werten. Diese lag Stammer und seinen Mitarbeitern in der Tat fern. Die Skeptiker am Otto-Suhr-Institut erlagen einem Missverständnis. Die amerikanische Politikwissenschaft hatte kein Bedürfnis, ein selbstverständliches Faktum des amerikanischen Alltags zu thematisieren: die Demokratie (siehe dazu auch Lietzmann 1996: 40). Ein Kernanliegen der Wissenschaftler am Otto-Suhr-Institut war demgegenüber die Begründung und Verteidigung der Demokratie gegen die rechten Staatsideologien der Vergangenheit und gegen die sozialistische Gegenwart in der DDR. In diesem Punkt gab es eine große Übereinstimmung auch mit Politikwissenschaftlern, die nicht aus der Tradition der DHfP kamen, zum Beispiel Hennis und Sternberger. Diese suchten im Unterschied zu den Berlinern allerdings eher die philosophische Fundierung. Wie es Hennis exemplarisch formuliert hat, sollte die *politische* Wissenschaft die immerwährende Frage nach den falschen und den richtigen Maßstäben im politischen Handeln erörtern (Hennis 1963: 19). Nur auf dieser Grundlage mache es Sinn, sich mit politischen Inhalten, Konflikten und Entscheidungsprozessen zu befassen (so auch Fraenkel/Bracher 1964 (Erstaufl. 1957): 14). Die Grundsatzfrage einer so verstandenen Wissenschaft habe bereits die Denker der griechischen Antike beschäftigt.

4.1.2 Die Prominenz der politischen Philosophie

In der hier geschilderten Anfangsperiode der deutschen Politikwissenschaft stand ein Sujet in Blüte, das zur gleichen Zeit in den USA in den Hintergrund zu treten begann: die politische Philosophie. An der Universität Heidelberg vertrat Dolf Sternberger das Fach. Sternberger, zuvor Journalist an der „Frankfurter Zeitung" (heute FAZ), widmete sich mit besonderem Interesse dem Studium politischer Klassiker, angefangen von Aristoteles über Thomas von Aquin bis hin zu Machiavelli. Seine großen Themen waren die antike Idee der sich in der Gemeinschaft entfaltenden Bürgertugend und ihre Zerstörung durch das in der Renaissance aufkommende Denken in Machtbegriffen (Sternberger 1978). Der aus den USA nach München berufene Eric Voegelin, von Haus aus ein Philosoph, der dort an der Seite von Leo Strauss gegen die empirische Wende der amerikanischen Politikwissenschaft zu Felde gezogen war, verurteilte sogar alles politische Denken nach Plato und Aristoteles als moralischen Regress, als Abkehr von der eigentlichen Politik (Voegelin 1959 (Erstaufl. 1952)).

Wilhelm Hennis lehrte zunächst in Hamburg, dann in Freiburg. Aus der Staatsrechtslehre kommend, sein Lehrer war der Weimarer Staatsrechtslehrer Smend gewesen, betrieb Hennis mit profundem Bildungshintergrund eine Rekonstruktion der antiken Politiklehre des Aristoteles. Mit Machiavelli und vor allem mit Hobbes habe sich die Politik von der Tugendbindung gelöst. Eine Politikwissenschaft, die das Gerechte als Grundlage der Politik nicht mehr zum Thema mache und statt dessen das Wirken der Status- und Erwerbsinteressen in der Politik erörtere und den Staat als Schiedsrichter im Interessengerangel untersuche, betreibe blanke Soziologie (Hennis 1968: 14, Hennis 1963: 16, 121). Der Münchner Politikwissenschaftler Hans Maier, der in Freiburg Politik bereits als Universitätsfach studiert hatte, betonte in ähnlicher Weise den originären Zusammenhang des Politikbegriffs mit einer moralgeleiteten Gesellschaft. Diese habe sich leider durch das Vertragsdenken des 17. und 18. Jahrhunderts, ergo das frühliberale Denken, verflüchtigt (Maier 1964, Maier: 1966: 295, Maier 1986: 24). Der Tenor war bei allen Akzentunterschieden gleich. Fügen wir zuletzt noch hinzu, dass den ersten hier beklagten Sündenfällen des politischen Denkens, Machiavelli und Hobbes, noch etliche spätere hinzugerechnet wurden, unter anderem Rousseau, Hegel und Marx. Die Leserin und der Leser werden sich daran erinnern, dass in der amerikanischen Disziplin wenige Jahre zuvor die gleichen Argumente gegen den Behavioralismus vorgebracht worden waren.

Um der Argumentation der politischen Philosophie, zu der sich diese Wissenschaftler bekannten, folgen zu können, bedurfte es philosophischer Vorkenntnisse. Mancher Student, der sich damals an den Universitäten Frankfurt, Hamburg oder München in der Erwartung eingeschrieben hatte, etwas über die deutsche Innenpolitik oder die Politik anderer Länder zu erfahren, war zunächst mehr als verdutzt ob der Entdeckung, dass sich das politikwissenschaftliche Studium in hohem Maße um die Politikbilder verblichener Geistesgrößen drehte. Wer erwartet hatte, etwas über die Kräfte zu lernen, die in der Politik wirkten, über die Prozeduren etwa, mit denen sich das parlamentarische Geschehen erschließt, musste einige Enttäuschungen verkraften. Bei alledem waren die besagten Fachgründer engagierte akademische Lehrer, die sich in ihren Schriften und Veranstaltungen auf die politischen Strukturen der noch jungen Bundesrepublik einließen. Doch gemessen am Einsatz, mit dem sie politische Philosophie lehrten, erschien dies als Handwerk, nicht als zentraler Inhalt.

Die deutsche Philosophie hatte sich traditionell wenig um politische Fragen gekümmert. Sie war ein Métier der hohen Abstraktion und der hermetischen Sprache gewesen. Nicht von ungefähr galt ein Heidegger als einer der Größten seiner Zunft. Der bereits oben thematisierte Carl Schmitt war ungeachtet seiner Lobpreisung des totalitären Staates ein gebildeter Zeitgenosse mit scharfem Blick für die Politikferne der deutschen Philosophie gewesen. Er hatte erkannt, dass sich viele Grundfragen der Politik bereits bei den angelsächsischen und französischen Klassikern erkennen ließen. Es ist eine andere Sache, dass er diese für seine Lesart des Politischen ausbeutete. Schmitts Werk war der ersten Politikwissenschaftlergeneration in Deutschland bestens vertraut. Sein verdientes Image war das eines geistigen Wegbereiters für das Dritte Reich. Einen ähnlich schlechten Ruf wie Schmitt genossen in der politischen Philosophie Klassiker wie Hobbes, Rousseau und Hegel, Marx ohnehin. Leo Strauss und Hannah Arendt hatten ihnen sämtlich attestiert, ein falsches politisches Denken in die Welt gesetzt zu haben.

Reagierte man zu dieser Zeit auf die politische Philosophie in der amerikanischen Disziplin bereits mit Achselzucken, so wurde sie von vielen deutschen Politikwissenschaftlern der ersten Stunde mit großem Pomp willkommen geheißen. Die Rückbesinnung auf Aristoteles und die Antike war eine Korrekturbewegung. Sie lässt sich jüngeren Zeitgenossen schwer vermitteln. Die Zeiten, die Universitäten und die Politikwissenschaft selbst haben sich seither bis zur Unkenntlichkeit gewandelt. Die Vertreter der politischen Philosophie wollten daran erinnern, dass eine Politik ohne Falsch und Richtig für die Regierenden moralische Schrankenlosigkeit und für die Regierten im harmloseren Fall Leerlauf bedeuten, im ernsteren Fall jedoch in einer politischen Katastrophe enden konnte. Es ging hier letztlich um philosophische Fragen, und das als richtig oder wahr Erkannte verträgt sich nicht mit Relativierungen und Kompromissen.

4.1.3   Demokratiewissenschaft oder Sozialwissenschaft?

4.1.3.1   Fraenkel und das Otto-Suhr-Institut

Vom Berliner Otto-Suhr-Institut ist bereits mehrfach die Rede gewesen. Dort hätte man am ehesten die Rezeption der amerikanischen Politikwissenschaft erwarten dürfen. Ossip Flechtheim, Ernst Fraenkel und Richard Loewenthal kannten die angelsächsischen Länder aus dem Exil (Rupp/Noetzel 1991). Insbesondere Fraenkel galt weit über Berlin hinaus als ein Repräsentant der deutschen Politikwissenschaft. Er verkörperte wie andere, von der Gablentz und Suhr, die Kontinuität der alten DHfP. Otto Suhr hatte als Präsident des Berliner Abgeordnetenhauses und kurzzeitiger Regierender Bürgermeister die Wiedergründung der DHfP tatkräftig unterstützt. Suhr, Fraenkel und Loewenthal sollten den Charakter des Otto-Suhr-Instituts als einem zunächst noch nostalgiebehangenen Institut demokratischer Preußen prägen (dazu Mohr 1988: 47ff., Kastendiek 1977: 180ff., Göhler 1991). Die Lebenswege der ersten Professoren waren tragisch von der Überwältigung der deutschen Politik durch den Nationalsozialismus gekennzeichnet (dazu in einer sehr persönlichen Erinnerung an Fraenkel: Steffani 1997).

Fraenkel hatte vor dem Krieg praktisch bis zur letzten Minute in Berlin ausgeharrt, um als Rechtsanwalt seinen jüdischen Schicksalsgenossen zu helfen. Noch als Dozent mit der alten DHfP vertraut, studierte Fraenkel in den USA in seinen mittleren Jahren Recht. Dort erschien sein Buch *Doppelstaat*, eine aus staatsrechtlicher Sicht verfasste Analyse des Dritten Reiches, die scharfsichtig das Nebeneinander des alten, noch existenten, aber vielfach geschwächten Gesetzesstaates und des blanken Maßnahmenstaates mit seinen partei- und führerstaatlichen Strukturen schilderte (Fraenkel 1974 (Erstaufl. 1940)). Sein Kollege Franz Neumann, der Fraenkels Schicksal als deutscher Jude, Emigrant und entwurzelter Wissenschaftler teilte, erzielte mit seinem *Behemoth*, einer herrschaftssoziologischen Analyse des Dritten Reiches, in den USA den größeren publizistischen Erfolg (Neumann 1977 (Erstaufl. 1942)). In dieser unterschiedlichen Aufnahme machte sich die empirisch gestimmte Merriam/Lasswellsche Politikwissenschaft bemerkbar. Erst nach langem Zögern hatte sich Fraenkel dazu bewegen lassen, nach Deutschland zurückzukehren. Was er im damaligen weltpolitischen Brennpunkt Berlin dann in der Spätphase des Stalinismus an Parteivergötzung, Stalinkult, Aufmärschen und Verfolgung Andersdenkender erlebte, verfestigte seine Ablehnung des Sozialismus sowjetischer Provenienz. Fraenkel wurde zum Antikommunisten, der die Totalitarismustheorie uneingeschränkt akzeptierte.

Fraenkel hatte bereits in der Spätphase der Weimarer Republik wissenschaftlich publiziert. Eines seiner Themen behandelte die dialektische Demokratie, den Widerspruch zwischen staatsbürgerlicher Gleichheit und wirtschaftlicher Ungleichheit. Der gelernte Arbeitsrechtler und ehemalige Syndikus der sozialdemokratischen Weimarer Metallgewerkschaften empfahl den Ausbau der innerbetrieblichen Mitbestimmung, um diesen Gegensatz zu mildern. Die Leserin und der Leser werden sich daran erinnern, dass dieses Problem bereits Hermann Heller, den linken Staatslehrer der Weimarer Zeit und Dozenten an der DHfP, beschäftigt hatte. Es handelte sich um das klassische Dilemma der Sozialdemokratie zwischen dem Bekenntnis zum demokratischen Rechtstaat und der Kritik an den gesellschaftlichen Verhältnissen.

Von der amerikanischen Politikwissenschaft her kannte Fraenkel Bentley und Truman, die ihm Impulse für sein eigenes Werk gaben. Auch mit Laskis Werk war er vertraut. Fraenkel blieb trotz dieser Einflüsse ein Staatstheoretiker, und sein Zugriff auf die Politikanalyse war der des aufgeklärten Staatsrechtlers (Göhler 1986). Gerade damit leistete er jedoch einen bedeutsamen Beitrag zur Abkehr von der in Deutschland gepflogenen abstrakten Sichtweise der herkömmlichen Staatsrechtswissenschaft. Der Gemeinwohlbegriff galt in Deutschland traditionell als normative, im Staat verkörperte Größe. Fraenkel entwickelte nun in partieller Anlehnung an Laski und in positiver Würdigung der Klassiker Locke und Madison die Vorstellung von der Politik als empirisches Gemeinwohl. Das Gemeinwohl ist demnach das Ergebnis eines *due process*, einer verfahrensgerechten, fairen Entscheidung. Hier wirkte das Studium des amerikanischen Rechts. Das Kräftespiel von Parteien, Verbänden und öffentlicher Meinung umschreibt den Bereich der kontroversen Politik. Ihm steht ein nicht-kontroverser Politiksektor gegenüber: das Ensemble der Verfassungs- und Verfahrensnormen. Dieser Normenkomplex sorgt dafür, dass die Verlierer des Geschehens im kontroversen Sektor der Politik die Ergebnisse respektieren und dass die Gewinner ihren Erfolg lediglich in der Substanz einer Einzelpolitik verbuchen (Fraenkel 1964b: 71ff., 142ff.).

Diese von Fraenkel so genannte neopluralistische Staatstheorie hat die Themen der frühen Politikwissenschaft in Deutschland stark beeinflusst. Ihre Rezeption ist im Selbstverständnis der deutschen Nachkriegsdemokratie wirksam geworden. Auch die politische Bildung wurde nachhaltig von ihr bestimmt. Fraenkel gelang, woran die politische Philosophie mit ihrem Anspruch scheiterte, weil sie allenfalls philosophisch Gebildete und Interessierte erreichte. Seine Staatstheorie war verständlich. Sie verdeutlichte an wenigen Punkten einen komplexen Zusammenhang, und sie erschloss sich dem politisch interessierten wissenschaftlichen Laien. Das Geheimnis ihres Erfolgs lag darin begründet, dass sie die Idee der modernen Demokratie aufnahm und die Politik als Interessenbetrieb legitimierte (Buchstein 1991). Zudem hatte Fraenkel ein großes Repertoire verfassungspolitischer Beispiele parat, um seiner Theorie eine plastische Dimension zu geben. Fraenkel war, verglichen mit der Antikebegeisterung einiger Kollegen, höchst modern. Seine Theorie traf das Zentralproblem der zeitgenössischen Demokratie.

Trotzdem war Fraenkel kein Freund der behavioralistischen Politikwissenschaft, wie sie zur gleichen Zeit in den USA beherrschend wurde. Er wandte sich ausdrücklich gegen die "Soziologisierung" des Fachs und sparte damit seinen Berliner Kollegen Stammer nicht aus (Göhler 1986: 23ff.). Diese Distanz ist vor dem Hintergrund seiner mit Erfahrungsbeispielen gesättigten Staatstheorie erstaunlich. Ihre Ursache liegt in der Betonung der Werthaftigkeit des nicht-kontroversen Sektors. Der Minderheitenschutz, das Recht auf Opposition, die Mehrheitsregel und Anstandsmaßgaben haben im politischen Betrieb zunächst eine der Verkehrsregelung vergleichbare technische Funktion. Darüber hinaus drücken sie Werte wie Liberalität, Toleranz und soziale Verantwortung aus. Fraenkel ging es im Wesentlichen um Letzteres. Er schätzte grundsätzlich das staatsrechtliche Herangehen an ein politisches Problem. Das Staatsrecht richtet den Blick auf die Normen, die in ihrer demokratischen Sinnhaftigkeit am besten durch ein Verfassungsgericht geschützt werden. Die Verfassungspraxis klärt über den Geist auf, in dem die Normen zur Anwendung gelangen. Historische Glücksfälle wie Großbritannien haben das Kunststück geschafft, diesen Geist dort in die Köpfe von Generationen von Politikern einzupflanzen, so dass es bis heute ganz ohne Verfassungsgericht auskommt (Fraenkel 1964b: 13ff.).

Fraenkels einziges großes Buch in seiner Zeit am Otto-Suhr-Institut unterstrich dieses Herangehen. In diesem Werk mit dem Titel *Das amerikanische Regierungssystem* schilderte Fraenkel das politische System der USA so, wie es kein Amerikaner hätte tun können – in der Art einer systematischen Darstellung der verfassungsrechtlichen und verfassungspolitischen Grundlagen (Fraenkel 1976 (Erstaufl. 1960)). Das war beim amerikanischen System ausgesprochen schwierig, weil es im Wesentlichen auf der Verfassungsrechtsprechung fußt. Das Buch übersetzte das eng mit der Verfassungssoziologie und mit historischen Ereignissen verknüpfte amerikanische Constitutional law in eine systematische Verfassungslehre mit Anklängen an die Darstellungstradition der deutschen Staatsrechtswissenschaft.

Fraenkel und seine Kollegen am Otto-Suhr-Institut hielten zwar Wissen über das organisatorische Innenleben der Parteien und Verbände und über den politischen Prozess für unverzichtbar. Für die Zentralfrage nach dem Sinn regulativer Normen und ihrer Anpassungsfähigkeit leistete es nach ihrer Auffassung jedoch nichts (so auch Fraenkels Berliner Kollege von der Gablentz 1965: 14). Fraenkel knüpfte zwar viel stärker an praktische Probleme an als seine Kollegen außerhalb von Berlin mit ihren politikphilosophischen Tüfteleien. Das Normenproblem hatte für ihn allerdings den gleichen Stellenwert. Er zäumte es nur von einer ganz anderen Seite auf, nämlich mit der positiven Wertung des liberalen Verfassungsdenkens der Moderne, das den Staat als Treuhänder der Gesellschaft auffasst. Gegen die Rezeption der Soziologie war Fraenkel genauso resistent wie die bekennenden Aristoteliker Sternberger, Hennis und Maier.

4.1.3.2 Bergsträsser und die Freiburger Politikwissenschaft

Neben Fraenkel hatte Arnold Bergsträsser die größte Bedeutung für die Entwicklung der deutschen Politikwissenschaft. Bergsträsser hatte in der Weimarer Zeit am Heidelberger Staatswissenschaftlichen Institut studiert und war in den späten 1930er Jahren in die USA emigriert. Von konservativer Gesinnung, hing er ständestaatlichen Ideen an. Persönlich war er umstritten, sein Verhalten gegenüber den Nationalsozialisten galt als opportunistisch. Im amerikanischen Exil wurde er von seinen Landsleuten gemieden. Als Inhaber der Freiburger Politikprofessur betonte er die aristotelische Wertbindung der Politik und stellte sich damit ins Lager der politischen Philosophie (H. Schmitt 1995, 1999). Bergsträssers literarisches Werk war bescheiden und blieb ohne größere Resonanz und wohl auch ohne größere Bedeutung.

Bergsträsser war vor allem ein unermüdlicher Wissenschaftsmanager. Bereits vor dem Krieg hatte er sich als Organisator des internationalen Studentenaustauschs einen Namen gemacht. In den USA war er weit herumgekommen. Er hatte dabei etliche Institutionen und Politikwissenschaftler kennen gelernt und durch diese Kontakte die empirische Wende zum Behavioralismus mitbekommen. In Freiburg sammelte er einen Schülerkreis um sich, den er, auch mit Auslandsstipendien, kräftig förderte. Selbst war er Mitglied in einer Vielzahl in- und ausländischer wissenschaftlicher Vereinigungen. Als die Politikwissenschaft in den 1960er Jahren zunächst mäßig ausgebaut wurde, konnte er dank seiner Kontakte zahlreiche Schüler an anderen Universitäten platzieren. Mit der Betreuung vieler Habilitationen wuchs ein Reservoir von Berufungskandidaten mit Freiburger Ursprungszeugnis heran.

Dies alles wäre kaum der Erwähnung wert, hätten sich die Bergsträsser-Schüler nicht selbst eine beachtliche Reputation erarbeitet und in ihrer Gesamtheit das volle Themenspektrum des Fachs abgedeckt. Dieter Oberndörfer bediente das hierzulande noch so genannte Feld der Entwicklungsländerforschung, Hans-Peter Schwarz die zeitgeschichtsnahe Außenpolitik, Kurt Sontheimer die deutsche Innenpolitik und Hans Maier das Ideenstudium. Die Rezeption der ausländischen Forschung, nach Lage der Dinge insbesondere der amerikanischen, galt als Befähigungskriterium. Bergsträsser hatte keine Berührungsangst vor dem empiriebegeisterten Behavioralismus. Er folgte einfach der Idee, dass sich eine eigenständige deutsche Politikwissenschaft nicht von der amerikanischen Forschung abkoppeln dürfe. Wer am besten den Anschluss an die amerikanische Sozialwissenschaft hielt, würde letztlich auch in der jungen deutschen Politikwissenschaft die Nase vorn behalten. Wie Schwarz in einem noch nach 40 Jahren lesenswerten Essay schrieb, lag die große Chance der Politikwissenschaft in Deutschland in der Integration verschiedener Wissensgebiete um den Gegenstand Politik (Schwarz 1962: 321). Über Freiburger Autoren und den Freiburger Rombach-Verlag sollten deutsche Politikstudierende erstmals breiter mit dem Modell des politischen Systems, mit dem Konzept der politischen Kultur und mit der Fallstudientechnik vertraut werden.

4.1.3.3 Nebenzweige der frühen Politikwissenschaft

Die Politikwissenschaft in Berlin und in Freiburg repräsentierte sowohl die bereits in der Weimarer Zeit betriebene Politikanalyse als auch die Kenntnis der amerikanischen Disziplin. Daneben wurden etliche Professuren von Persönlichkeiten wahrgenommen, die das Fach als Autodidakten lehrten. Darunter befanden sich Journalisten wie Eschenburg und Sternberger und kurzzeitig sogar ein früherer Politiker wie der vormalige Reichskanzler Brüning. Sie alle schöpften aus ihrer Beobachtungsgabe und ihrer Erfahrung. Was sich in der Sozialwissenschaft und speziell in der amerikanischen Politikwissenschaft tat, interessierte hier nicht. Das Gleiche galt für die engagiertesten politischen Köpfe unter den frühen Fachvertretern, Abendroth und Kogon. Der linkskatholische Eugen Kogon hatte lange Zeit in den Konzentrationslagern des Dritten Reiches verbracht. Er verfasste die ersten zeithistorischen Analysen des NS-Staates. Der aus der Weimarer Arbeiterbewegung kommende Wolfgang Abendroth hatte sich aktiv gegen den Nationalsozialismus gestellt und war zu Haft und Militärstrafdienst verurteilt worden.

In der Marburger Politikwissenschaft um Abendroth standen ganz andere Themen im Vordergrund als in der übrigen, noch sehr heterogenen Disziplin: die Geschichte der Linken in der späten Weimarer Republik, die Interpretation des Grundgesetzes als Auftrag zu einer den Kapitalismus überwindenden Reformpolitik (Abendroth 1966) und die Arbeiterbewegung (Abendroth 1965). Abendroth stand für eine positionsgeleitete Wissenschaft. Bei Abendroth entstanden etliche Arbeiten über Parteien, über innerparteiliche Demokratie und Wählervereinigungen, die zu ihrer Zeit weithin beachtet wurden. In dem Maße, wie die junge Politikwissenschaft zu einer Disziplin mit eigener Sprache und mit einem eigenen Methoden- und Wissensvorrat wurde, wanderte diese frühe Variante der Marburger Politikwissenschaft an den Rand des Fachs.

4.1.4 Gegenstände der frühen Politikforschung

4.1.4.1 Das Regierungssystem und die Parteiendemokratie

Wie dieser Überblick gezeigt hat, drifteten die Wissenschaftsverständnisse in der neuen Disziplin weit auseinander. Das äußerte sich sehr deutlich in der Schwierigkeit, sich auf den Gegenstand der Politikwissenschaft zu verständigen. Die nicht gerade präzise Formel der Integrationswissenschaft, die auch dem Recht, der Geschichte und der Ökonomie Platz ließ, war symptomatisch. Von einem systematischen Import der aufstrebenden empirischen Politikwissenschaft konnte außerhalb Freiburgs zunächst keine Rede sein. Dafür waren die meisten Politikwissenschaftler zu philosophisch gestimmt, sie waren auch noch zu stark von der Tradition der aufgeklärteren deutschen Staatsrechtslehre geprägt. Selbst in Heidelberg, wo Friedrich wirkte, wurde vornehmlich der Verfassungsstaatsvergleich betrieben (Friedrich 1953).

Dessen ungeachtet sollte später in Heidelberg ein Zentrum der Komparatistik entstehen (Lietzmann 1999). Der Kanon der frühen Jahre erschließt sich recht gut aus dem seinerzeit stark verbreiteten, von Fraenkel und Bracher herausgegebenen *Lexikon Staat und Politik* (Fraenkel/Bracher 1964 (Erstaufl. 1957)). Nicht einmal die Fachbezeichnung fand Konsens. Entschieden sich die Berliner für Politische Wissenschaft, so sprachen die Tübinger und zunächst auch die Hamburger von der Wissenschaft von der Politik und die Freiburger von Wissenschaftlicher Politik; in Berlin sollte auch der Name Politologie in Umlauf kommen (von Eynern 1954). Im Sprachgebrauch, aber nicht in den Benennungen, sollte sich die Bezeichnung Politikwissenschaft durchsetzen. Politische Wissenschaft ist eine wörtliche, aber sinnverzerrende Übersetzung der Political science. Die Politikwissenschaft trifft das Gemeinte besser.

Die Gegenstände und das Vorgehen der frühen deutschen Politikwissenschaft erinnerten an die vorbehavioralistische Epoche in den USA. Erstaunlich war dies nicht. Die Einflüsse der US-Politikwissenschaft repräsentierten in Deutschland zunächst Wissenschaftler, die von der Chicago-Schule um Merriam wenig und von der ausgereiften behaviorialistischen Wissenschaft überhaupt nichts hielten. Der nächstliegende Gegenstand, das politische System der Bundesrepublik Deutschland, war kaum älter als die deutsche Politikwissenschaft selbst. Es blieb zunächst wenig mehr zu tun als das Regierungssystem zu beschreiben und das Agieren der darin handelnden Personen zu schildern. Die Weimarer Politik wurde intensiv von Politikwissenschaftlern untersucht, die ihr Métier als Zeitgeschichte ansahen. Große Wirkung erzielte etwa Brachers am Berliner Stammer-Institut entstandene Studie über das Ende der Weimarer Republik (Bracher 1955). Sie arbeitete neben dem historikerüblichen Quellenstudium mit der Befragung von Zeitzeugen und mit statistischem Material. Das Genre der zeitgeschichtlichen Analysen lief lange neben den institutionentypischen und politiksoziologischen Themen her (so auch Baring 1969, 1982). Im Laufe der Jahre verlor sich die Differenz zu den Themen der zeitnah arbeitenden Historiker vollständig. Zeitnähe stieß aufgrund der Entwicklungen in der Geschichtswissenschaft auf immer weniger Skepsis. Sozialwissenschaftliche Methoden wurden auch in der Historiographie heimisch.

Die staatlichen Institutionen standen im Mittelpunkt der ersten kompakten Darstellungen. Theodor Eschenburg war ein Politikwissenschaftler altliberalen Formats, der in der Weimarer Zeit publizistisch gearbeitet hatte. Dank seiner Weimarer Kenntnisse wusste er um die Bedeutung der Ministerien und der Verbände in der Alltagspolitik. Mit seinem Buch *Staat und Politik in der Bundesrepublik Deutschland* (Eschenburg 1956) legte er die erste Gesamtdarstellung mit Lehrbuchcharakter vor. Ein Jahr zuvor hatte er bereits mit einem Büchlein *Herrschaft der Verbände?* (Eschenburg 1955) Beachtung gefunden. Eschenburgs Stil war lebendig. Seine Problematisierungen waren vom Sinn der Institutionen bestimmt und mit treffenden Skizzen der handelnden Personen gewürzt. Seine zentrale These: Hin und wieder gibt es begnadete Politiker, die aus Klugheit und Instinkt vieles richtig machen. Sie werden aber immer Ausnahmeerscheinungen sein. Deshalb ist es wichtig, dass auch die Durchschnittspolitiker nicht allzu weit in die falsche Richtung gehen. Die Institution – das Amt – wirkt wie ein Leitfaden, der die Handelnden vor den gröbsten Fehlern bewahrt, und zwar mit dem Vorbild der Amtsvorgänger, mit der Erwartung der Öffentlichkeit und mit dem Rat loyaler Mitarbeiter und Beamter.

Sternberger förderte in Heidelberg erste Studien, die auf das faktische Treiben hinter den Verfassungskulissen abhoben. Er kannte und schätzte Bagehots Verfassungsanalyse. Hier entstand ein beschreibender Wissensfundus über die Bundesrepublik, aus dem ein Kanon erwachsen konnte (Sternberger 1956, Breitling 1955, Breitling 1960/61). Ein gutes Teil dieser frühen Grundlagenliteratur erschien nicht in dickleibigen Büchern, sondern in wissenschaftlichen Aufsätzen. Besonderes Interesse fand das Verhältnis der Bundestagsfraktionen zu ihren Parteien (Wildenmann 1955, Ullrich 1967, Soell 1969, Nowka 1973). Der Hintergrund war hier die Weimarer Erfahrung, dass die Parteien ihre Parlamentarier an der denkbar kürzesten Leine geführt hatten.

Hennis forderte wie Eschenburg dazu auf, bei aller parlamentarischen Legitimation der Politik nicht zu vergessen, dass die Inhalte der Regierungspolitik in der Ministerialbürokratie bearbeitet und dass sie im Zusammenspiel mit den Verbänden in die Gesetzgebung eingespeist werden (Hennis 1961, 1964). Auch Hennis zog seine Lehre aus Bagehot. In der von ihm herausgegebenen Buchreihe *Politica* erschien die einzige deutsche Übersetzung des britischen Klassikers (Bagehot 1971 (Erstaufl. 1867)). Durch den Seitenblick auf den Westminster-Parlamentarismus lief der komparative Blickwinkel in vielen einschlägigen Arbeiten gleich mit. Beispielhaft dafür war Winfried Steffani, eher ein Vertreter der zweiten Politikwissenschaftlergeneration, der mit einer ausgefeilten Regierungssystemtypologie die Grundformen des parlamentarischen und des präsidentiellen Regierungssystems herausarbeitete (Steffani 1962).

Das erste wirkliche Standardwerk über die deutsche Politik, Thomas Ellweins *Das Regierungssystem der Bundesrepublik Deutschland*, erschien 1963. Es ist bis heute mehrfach neu aufgelegt worden (Hesse/Ellwein 1997 (Erstaufl. Ellwein 1963)). Die jüngeren Auflagen bewegen sich in einem dichten Feld von konkurrierenden Veröffentlichungen (darunter die verbreitetsten Rudzio 2000 (1983), von Beyme 2000 (Erstaufl. 1972)). Bis in die 1960er und 1970er Jahre wurden eine Vielzahl von Politik Studierenden durch Ellweins Buch mit einer Darstellung des politischen Systems der Bundesrepublik vertraut, die über die blanke Beschreibung hinausging. Das Regierungssystem im Titel war kein altfränkisches Synonym für den später von den meisten Politikwissenschaftlern präferierten Begriff des politischen Systems. Das Regieren stand im Mittelpunkt. Es wurde als zielgerichtetes politisches Handeln im Umfeld der Rechtsnormen und bürokratischen Institutionen verstanden. Ellwein, zugleich ein Nestor der deutschen Verwaltungswissenschaft, vermittelte das Innenleben der Ministerien und die Implikationen des deutschen Verwaltungsföderalismus für das Regierungsgeschäft (Ellwein 1976). Die Politikwissenschaft besichtigte in diesen Arbeiten erstmals die Institutionen der Bundesrepublik als Mittel der Politik und zugleich als einschränkenden Rahmen des politischen Handelns.

Auf diese Weise kamen Erkenntnisse zusammen, die von der Juristen- und Historikerkonkurrenz nach ihrer anfänglichen großen Skepsis als etwas Neues und Eigenes, als politikwissenschaftlich wahrgenommen wurden. Es störte weder die Nachbardisziplinen noch die Fachkollegen, dass die Methodik dabei recht beliebig war, meist auch gar nicht thematisiert wurde. Kurioserweise wurde der Bundestag bei der Aufarbeitung der Institutionen zunächst stiefmütterlich behandelt. Das mochte an der Adenauer-Zeit und der auf sie folgenden Episode der Großen Koalition liegen, als die Mehrheit der Abgeordneten als Sicherungstrupp für den Regierungsbetrieb funktionierten. Das einzige Buch über das Parlament, das sich nicht im Referieren von Geschäftsordnungsbestimmungen und Fraktionssatzungen erschöpfte, war eine Übersetzung aus dem Amerikanischen von Gerhard Loewenberg (1969 (Erstaufl. 1967)). Auch die Parteien fanden noch kein großes Interesse. Der Artikel 21 GG mit seinem Demokratiepostulat für die Parteien regte allerdings Untersuchungen über das Problem der innerparteilichen Demokratie an (so aus unterschiedlichen Perspektiven Abendroth 1964, Lohmar 1965). Bei der Erörterung des Themas wirkte die klassische Untersuchung von Robert Michels nach, die mit dem „ehernen Gesetz" oligarchischer Strukturen eine immanente Gesetzlichkeit demokratischer Organisationen herausgefunden haben wollte (Michels 1970 (Erstaufl.1911)). Zeuners Studie über die Kandidatenaufstellungen für die Bundestagswahl 1965 wurde zum bekanntesten Beispiel für empirische Arbeiten, die sich dem Problem der schwachen Mitgliederpartizipation in den Parteien zuwandten (Zeuner 1970). Die Debatte um die innerparteiliche Demokratie ist von den Traumata der jüngeren deutschen Geschichte geprägt gewesen. Durch die Rechtsprechung des Bundesverfassungsgerichts und die nicht enden wollende Fortschreibung der Parteienfinanzierungsregularien ist sie bis heute lebendig. In fachlicher Hinsicht handelte es sich um Themen für die Gesangbücher des politischen Bildungsbetriebs. Die Funktionärslastigkeit der Parteien und Verbände ist ein Faktum, das selbst in den ältesten Demokratien zu Hause ist. Erst mit Kaack, der eine umfassende Darstellung des deutschen Parteiensystems vorlegte, sollte die deutsche Parteienforschung aus ihrem teils essayistischen, teils staatsrechtlichen Gestus herausfinden (Kaack 1971).

4.1.4.2 Die Vergleichende Regierungslehre

In der Vergleichenden Regierungslehre, wie die Vergleichende Politikwissenschaft damals überwiegend noch hieß, tat sich zunächst wenig. Werfen wir dazu einen Blick auf eine für Studienzwecke bestimmte Veröffentlichungsreihe des Westdeutschen Verlags. Den Band über die USA verfasste Fraenkel (1976 (Erstaufl. 1960)) und den über die Bundesrepublik Ellwein (1963). Goguel und Ziebura schrieben den Band über Frankreich (1956), den Band über Großbritannien der renommierte britische Verfassungshistoriker Jennings (1958). Grottian, nach seinem Herkommen ein Osteuropahistoriker, der jetzt am Otto-Suhr-Institut lehrte, bearbeitete den Band über die Sowjetunion (Grottian 1964). Das Schnittmuster aller dieser Bücher war gleich gehalten: Die Verfassung und die Verfassungspraxis standen im Mittelpunkt. Das gleiche galt für Theo Stammens Übersichtswerk zur Vergleichenden Regierungslehre. Stammen verließ das Darstellungsprinzip der Länderstudie und fertigte Skizzen der angelsächsischen und europäischen Demokratien, der sozialistischen Länder und auch der damals so genannten Entwicklungsländer an (Stammen 1967). Die zur gleichen Zeit in den USA rasant voranschreitenden Comparative politics fanden noch keinen Niederschlag. Von Beymes breit angelegte vergleichende Untersuchung des Parlamentarismus in Europa blieb in ihrer flächendeckenden Struktur und in ihrer historischen Tiefe ein Unikat (von Beyme 1999 (Erstaufl. 1970)).

Im Umkreis des Kölner Politikwissenschaftlers Hermens entstanden eine Reihe von Länderstudien, die speziell auf das Wahlsystem eingingen. Hermens hatte noch im amerikanischen Exil die These entwickkelt, das Versagen der Demokratie in Deutschland sei maßgeblich auf das Verhältniswahlsystem zurückzuführen; die stabile Demokratie brauche das Mehrheitswahlsystem (Hermens 1941). Die Debatte um Mehrheits- und Verhältniswahlsystem sollte in den 1960er Jahren sogar die Politik erreichen. Die Erfahrungen Kanzler Adenauers und seines Nachfolgers Erhard mit einer unbequemen FDP veranlassten die Union, das Mehrheitswahlsystem ins Spiel zu bringen. Auch die SPD sympathisierte zeitweise mit der Idee. Hermens' Schüler wie Naßmacher (1968) und Kevenhörster (1969) führten diese Forschungslinie mit ihren Erstlingswerken fort. Inzwischen hatte sich allerdings die Erkenntnis durchgesetzt, dass Wahlsysteme engstens mit einer bestimmten parlamentarischen Praxis, mit den Karrierewegen des politischen Personals und mit den Erwartungen der Öffentlichkeit verwoben sind. Stabilität und Wandel, so hatte der Blick auf andere Länder gezeigt, lassen sich mit sehr verschiedenen Wahlsystemen kombinieren.

4.2 Die Rezeption der amerikanischen Politikwissenschaft und die Entstehung einer kritischen Politikwissenschaft (seit 1975)

4.2.1 Der Ausbau der Politikwissenschaft an den Universitäten

Wenden wir uns jetzt der nächsten Phase in der Entwicklung der deutschen Politikwissenschaft zu. Sie war durch folgende Merkmale charakterisiert:

- Die Schülergeneration der Fachgründer gelangte in Professuren und setzte andere Akzente,
- die amerikanische Politikwissenschaft wurde jetzt systematisch rezipiert, ihre Themen und Methoden veränderten die Disziplin in Deutschland,
- die Politikwissenschaft wurde in den 1970er Jahren massiv ausgebaut,
- Berlin verlor sein Monopol als Universität mit einem politikwissenschaftlichen Studiengang,
- die Hinwendung eines Teils der Politikwissenschaftler zur marxistischen Theorie spaltete das Fach.

Der Generationswechsel fiel zwischen 1965 und 1975 mit dem gleichzeitigen Aufbau des Fachs zusammen. Die sozialliberale Koalition förderte in den 1970er Jahren massiv die Ausweitung der Studienplätze und den Hochschulbau. Die Länder wiederum gründeten neue Universitäten und bauten die bestehenden Pädagogischen Hochschulen zu Universitäten und Gesamthochschulen aus (Nordrhein-Westfalen, Niedersachsen, Rheinland-Pfalz, Bayern). Weitere politikwissenschaftliche Diplomstudiengänge wurden eingeführt, zunächst in Hamburg. Andere Länder entschieden sich für sozialwissenschaftliche Studiengänge mit politikwissenschaftlichen Schwerpunktangeboten. Die Einführung der schulischen Unterrichtsfächer Politik und Politik/Sozialkunde spielte als Nachfrage- und Ausbaufaktor für die Politikwissenschaft eine wichtige Rolle. Die Nebenfach- und Lehrerausbildung rechtfertigt nach wie vor ein gutes Teil der vorhandenen Kapazitäten.

War die Besetzung vorhandener Stellen bis Mitte der 1970er Jahre noch ein Kooptationsprozess, in dem die Professoren habilitierte Wissenschaftler in ihre Reihen aufnahmen, so verlagerte die Neufassung der Hochschulgesetze die Berufungen in Gremien, in denen der akademische Mittelbau und die Studenten mitwirkten. Infolge des massiven Stellenausbaus reichte der Pool gereifter Assistenten, die noch die Ochsentour der Habilitation überstanden hatten, für den Nachwuchs nicht mehr aus. Frisch promovierte Mitarbeiter rückten in Dauerstellen auf. Die Anzahl der Politikwissenschaftler an den Universitäten weitete sich in kürzester Frist aus. Dann alterten die Berufenen kollektiv auf Dauerstellen. In der ersten Dekade des neuen Jahrhunderts steht der nächste ruckartige Generationswechsel an. Dieses Dilemma der deutschen Bildungspolitik trifft die gesamte Breite der Geistes- und

Sozialwissenschaften. Für die weitere Entwicklung der Politikwissenschaft waren diese Vorgänge bedeutsam, weil sich das Fach in seinen Vertretern zunächst drastisch verjüngte und mit den Jüngeren teils ganz andere Schwerpunkte setzte als die Gründergeneration. Schübe und Blockaden solcher Art kannte die US-amerikanische Politikwissenschaft nicht. Das Fehlen von Altersgrenzen, der sparsame Gebrauch von Tenure, das unproblematische Kumulieren von Zeitbeschäftigungen und die autonome Stellenplanung der Universitäten ermöglichen dort eine Flexibilität, die allen Disziplinen, auch der Politikwissenschaft, in der Personal- und Schwerpunktentwicklung gut bekommen ist.

4.2.2 Die Anziehungskraft der in den USA betriebenen Politikwissenschaft

Die Aufnahme der Trends in den USA geriet seit Beginn der 1970er Jahre zu einem Hauptmerkmal der deutschen Politikwissenschaft (von Beyme 1986: 21f., Kastendiek 1991: 123). Die Klage einer Bevormundung der *Besiegten von 1945* (Arndt 1978) blieb eine Einzelstimme, die für keine Richtung in der deutschen Politikwissenschaft repräsentativ war. Wolf-Dieter Narr und Frieder Naschold publizierten 1969 drei Bände über Systeme und Systemsteuerung (Narr 1971 (Erstaufl. 1969), Naschold 1972 (Erstaufl. 1969), Narr/Naschold 1971). Darin breiteten sie dem deutschen Fachpublikum das Eastonsche Systemmodell, die Modernisierungsforschung, die Steuerungs- und Partizipationstheorie und vieles andere aus, was den behavioralistischen Tenor der US-Politikwissenschaft auszeichnete. Im Grunde genommen berichteten sie, dass sie in den USA eine ganz andere Fachwelt kennen gelernt hatten als an den deutschen Universitäten.

Narr kreierte zu Beginn des allein von ihm verfassten Bandes eine Unterteilung der Politikwissenschaft nach Herangehensweisen, und zwar nach a) einem normativ-ontologischen, b) einem empirisch-analytischen und c) einem historisch-dialektischen Ansatz. Gemeint waren mit diesen szientistischen Vokabeln aber eigentlich nur a) die politische Philosophie, b) die Political science behavioralistischer Art und c) die marxistische Wissenschaft (Narr 1971 (Erstaufl. 1969)). Diese Systematik fand sich keine zehn Jahre zuvor in etwas anderer Terminologie bei Oberndörfer, der wie alle Freiburger gut mit der amerikanischen Politikwissenschaft vertraut war

(Oberndörfer 1962. 12ff). Der geringe Zeitabstand von Oberndörfers zu Narrs Buch machte einiges deutlich: Zu Beginn der 1960er Jahre war die Politikwissenschaft immer noch ein Orchideenfach. Wenige Jahre später, in der stürmischen Aufbauphase der Sozialwissenschaften und in einem viel politikwacheren Universitätsmilieu, lohnte es, auflagenstarke Fachbücher zu produzieren. Narrs Buch bestach zu seiner Zeit, weil es einen guten Schlüssel für die Sortierung des in Deutschland noch anzutreffenden Mixtums von politikphilosophischer, institutionenbeschreibender und politiksoziologischer Literatur bot. Darüber hinaus beschrieb es mit großen Sympathien den Ort der marxistischen Analyse in der Politikwissenschaft. Narr erfasste auf Jahre hinaus exakt die Morphologie der deutschen Politikwissenschaft. Die politische Philosophie hatte in den USA, wie oben berichtet, längst den Rückzug angetreten. Marxisten waren in der amerikanischen Politikwissenschaft stets eine zu vernachlässigende Größe geblieben. In der deutschen Disziplin schickten sich die Marxisten gerade erst an, im Fach Fuß zu fassen.

Ein weiteres wichtiges Buch stand am Beginn des rezeptiven Aufholens der deutschen Politikwissenschaft. Lehmbruch legte 1967 ein deutschsprachiges Einführungsbuch zur Politikwissenschaft vor. Es erhob den Anspruch, nicht nur die Gegenstände der Politikwissenschaft vorzustellen, sondern auch den Wissenschaftscharakter der Disziplin vor Augen zu führen. Lehmbruchs Einführung, auch nach heutigen Standards ein höchst informatives, geschliffenes Werk, machte ihre Verbeugung vor der Philosophie und vor der marxistischen Veränderungswissenschaft. Im Kern erklärte es aber nüchtern und verständlich, dass Wissenschaft mit Methoden zu tun habe und dass sie auf gesicherte Erkenntnisse ziele, um schließlich mit Daten und Fallbeispielen Beweise zu finden (Lehmbruch 1971 (Erstaufl. 1967): 32ff.). Auf einen kurzen Nenner gebracht: Popper plus Behavioralismus! Lehmbruchs Einführung wurde verdientermaßen zum Verkaufsrenner. Es erlebte zahlreiche Überarbeitungen und Neuauflagen. Überhaupt wurden in der Folgezeit zahlreiche Einführungs- und Übersichtswerke veröffentlicht, die durchweg den empirischen Charakter des Fachs betonten (Naschold 1972, Berg-Schlosser/Maier/Stammen 1974, Beyme/Czempiel/Kielmannsegg/Schmoock 1987ff., von Alemann 1994). Der differenzierte englischsprachige Politikbegriff – Polity, Politics, Policy – fand durch Studienbücher mit großer Verbreitung Eingang in die Fachsprache (Böhret/Jann/Kronenwett 1988 (Erstaufl. 1979), Rohe 1994 (Erstaufl. 1978)).

Lehmbruch war keineswegs der einzige, der sich Verdienste beim Wissenschaftstransfer aus den USA erwarb. Oberndörfer, der in Freiburg Bergsträssers Professur beerbt hatte, tat ein Gleiches, ebenso wie seine Schüler, zum Beispiel Jürgen Falter und Manfred Mols in spezielleren Bereichen wie der Wählerforschung und der Dritte-Welt-Forschung. Am Sozialwissenschaftlichen Institut der FU Berlin wurde das empirische Profil von jeher durch die Kommunikation mit der behavioralistischen Politikwissenschaft geschärft. Heidelberg rückte zum Zentrum der komparatistischen Forschung auf. Von Beyme ragte dort mit einer stupenden literarischen Produktion heraus, die den internationalen Forschungsstand in lesenswerten und lesbaren Büchern aufarbeitete. Nohlen erforschte in Fortführung eines älteren Großprojekts über die Wahl der Parlamente (Sternberger 1969ff.) Wahlsysteme im historischen und internationalen Vergleich (z.B. Nohlen 1978).

Lassen wir es bei diesen Beispielen bewenden. Wichtiger als Namen und Institute war in diesem Zusammenhang die Tatsache, dass die deutsche Politikwissenschaft zur importierenden Wissenschaft wurde. Eingeführt wurden Theorien und Methoden und – last but not least – Forschungsergebnisse. Ein Blick in das exzellente Lexikon, das Anfang der 1980er Jahre als *Pipers Wörterbuch zur Politik* aufgelegt (Nohlen 1982ff.) und zehn Jahre später als *Lexikon der Politik* (Nohlen 1992ff.) fortgeschrieben wurde, zeigt dies in aller Deutlichkeit. Die Annotierungen der Stichwortartikel führen überwiegend mehr angelsächsische als deutsche Literatur auf. Sehr markant war die Rezeptionsleistung der deutschen Politikwissenschaft auf den Gebieten der Komparatistik, der politischen Theorie, der Methoden und der Policy-Forschung (Berg-Schlosser/Müller-Rommel 2003 (Erstaufl. 1987), von Beyme 2000 (Erstaufl. 1972), Hartmann 1995, Schubert 1991, Windhoff-Héritier 1987, Müller/Schmidt 1979).

Die Importleistung erschöpfte sich nicht in der Lektüre von Fachliteratur. Wichtiger noch waren intensive Reisetätigkeit, Gastprofessuren in den USA, Einladungen amerikanischer Gastwissenschaftler nach Deutschland, gemeinsame Veröffentlichungen und die Teilnahme an Workshops und Konferenzen. So lässt es sich erklären, dass die Vertreter der politikwissenschaftlichen zweiten Generation, die aktiv mit ihren amerikanischen Kollegen kommunizierten, die gleichen Themen ins Auge fassten und Elemente des angelsächsischen Stils übernahmen. Mathematisierung, Datenverarbeitung und soziologische und psychologische Argumentationsmuster griffen Platz. An philosophischen Themen hatten die Importeure so gut wie kein Interesse. Einen guten Überblick über das in diesen Jahren rezipierte Wissen vermitteln die Reihenveröffentlichungen des Piper-Verlages, in geringerem Umfang auch des Verlagshauses Hoffman & Campe. Beide Verlage leisteten einen erklecklichen Beitrag, um eine allgemein verständliche Grundlagenlektüre zu verbreiten. Beide Verlage haben sich allerdings seit geraumer Zeit aus der Veröffentlichung politikwissenschaftlicher Literatur zurückgezogen. Auch das zeitweise starke Engagement des Kohlhammer-Verlags für politikwissenschaftliche Titel ist stark reduziert. Heute findet die Veröffentlichung buchhandelsgängiger politikwissenschaftlicher Literatur hauptsächlich in den Fachverlagen Campus, Leske + Budrich, Nomos und Westdeutscher Verlag statt.

Verglichen mit Deutschland war die Politikwissenschaft an amerikanischen Hochschulen eine überaus starke Branche. Angesichts der vielfach größeren Anzahl von Lehrern und Forschern in den USA konnte es dort – trotz aller Mediokrität, wie es sie überall gibt – gar nicht ausbleiben, dass in absoluten Zahlen mehr gute Forschung und Innovation stattfand. Von daher war es für die deutsche Politikwissenschaft nur vernünftig, auf dem Rezeptionswege Schritt zu halten und dabei eigene Akzente zu setzen. Britische, französische, skandinavische und andere europäische Politikwissenschaftler taten nichts anderes.

4.2.3 Politikwissenschaft als kritische Wissenschaft: Der Marxismus als Alternative

In den 1970er Jahren richtete sich die marxistische Politikanalyse in der Politikwissenschaft ein. Dazu eine Vorbemerkung: Marxistische Politikwissenschaft ist streng besehen eine Contradictio in adiecto! Es handelt sich beim Marxismus um eine Einheitswissenschaft, die das Politische, den Überbau, in den Kontext des Ökonomischen stellt. Letzteres gilt – als die Basis der Gesellschaft – als das Wichtigere. Der Staat hat in der Marxschen Lehre aller Varianten die Aufgabe, die Herrschaft des Kapitals, also die Eigentumsverhältnisse, zu sichern. Referieren wir dazu die in der deutschen Politikwissenschaft damals verbreitete Version Offes: Im entwickelten Kapitalismus, damals gern auch als Spätkapitalismus bezeichnet, ist es nur funktionsgerecht, wenn sich der Staat auf begrenzte Konflikte mit dem Kapital einlässt. Konflikte im Bereich der Sozialpolitik und bei der betrieblichen Mitbestimmung entscheidet der kapitalistische Staat bisweilen zu Lasten der Kapitaleigner. Die scheinbaren Erfolge solcher einkommens- und machtverteilenden Politik stabilisieren indes die langfristigen Kapitalinteressen. Sie bauen bei den abhängig Beschäftigten Unzufriedenheit ab und söhnen sie mit dem kapitalistischen System aus (Offe 1972). Der Staat ist in dieser Perspektive für den Kapitalismus notwendig. Nur mit seiner Hilfe können die Kapitaleigner davor bewahrt werden, mit ihrer kurzsichtigen Ablehnung profitschmälernder Maßnahmen den Kapitalismus auf lange Sicht zu schädigen. Der Staat agiert so als ideeller Gesamtkapitalist. Diese Staatsableitung wurde zwar im soziologischen und systemsprachlichen Jargon dargeboten, in der Sache fügte sie den Marxschen Erkenntnissen nichts Neues hinzu.

Die sich als marxistisch verstehende Politikwissenschaft stellte sich die Aufgabe, diese pazifizierende Funktion des Staates herauszuarbeiten. Sie wollte die in den bürgerlichen Demokratien betriebene Wohlfahrtspolitik als sozialromantisch entschleiern. Daraus leitete sie die Selbstbezeichnung als kritische Wissenschaft her. Dies war der analytische Anspruch. Die marxistische Wissenschaft erhob darüber hinaus den Anspruch des Praxisbezugs. Die Wissenschaft dürfe nicht unparteiisch sein. Sie müsse einen Beitrag zur grundlegenden Veränderung der kapitalistischen Verhältnisse leisten (Agnoli 1967). Dazu gehörte Aufklärungsarbeit genauso wie das Aufzeigen der Perspektive einer freien, selbstbestimmten Gesellschaft. Auch galt es, politische Ansatzpunkte zur Erosion des Kapitalismus zu erkennen.

Die Renaissance des marxistischen Denkens hatte verschiedene Gründe. Der wichtigste darunter war das kritische Potential der Marxschen Theorie. In den grobschlächtigeren Zeiten des Kalten Krieges war der Marxismus schlicht mit Stalinismus, mit der DDR, mit Planwirtschaft und mit Parteidiktatur gleichgesetzt worden. In vielen Köpfen war aber die Einsicht erhalten geblieben, dass Marx der Visionär einer von Vernunft und Willensfreiheit bestimmten künftigen Ordnung gewesen war. Es war offensichtlich, dass die sowjetische Realität nichts damit zu tun hatte. Sie war bei den marxistischen Studenten und Wissenschaftlern überwiegend als staatskapitalistisch diskreditiert. Die SPD hatte sich 1959 in Godesberg stärker als je zuvor von ihren marxistischen Wurzeln gelöst. Sie hatte damit viele Mitglieder und intellektuelle Sympathisanten verprellt, die im Marxismus eine aussagekräftige Sozialtheorie schätzten. Zudem waren im Schoße sozialistischer Regime in Jugoslawien und später in der Tschechoslowakei Ideen zur Korrektur des stalinistisch deformierten Sozialismus gereift. In Vietnam kämpfte eine nationale Unabhängigkeitsbewegung im Zeichen von Marx und Lenin. In China, über das man tatsächlich wenig wusste, schien in der Kulturrevolution eine neue Art von Sozialismus zu reifen. Dem stand in der Bundesrepublik eine selbstzufriedene politische Klasse gegenüber, die sich in der Überzeugung sonnte, im Kalten Krieg auf der richtigen Seite zu stehen.

Aus dieser Mélange von Wahrnehmungen, Ereignissen und Gefühlen erwuchs der Studentenprotest von 1968/69. Aus denselben Quellen sprudelte die Attraktivität des marxistischen Denkens in der deutschen Sozialwissenschaft. Die Politikwissenschaft blieb davon nicht unberührt. Das Bekenntnis zum Marxismus war in der so genannten 68'er Generation chic (Koenen 2001). Es erwies sich an einigen Universitäten sogar als karrierefördernd. Die im Reformelan der 1960er und 1970er Jahre vorgenommenen Änderungen der Universitätsverfassungen brachten Studenten und Assistenten, die den Marxismus aufgesogen hatten, in die Lage, über Berufungen mitzubestimmen. Die Prämie ging oft genug an Bewerber, die das richtige politische Lied trällerten.

Klassische Themen der modernen Politikwissenschaft wurden jetzt aus dem Blickwinkel ihres Beitrags zur Analyse des Kapitalismus abehandelt. Narrs Erstlingswerk war ein mit Lob bedachter programmpolitischer Vergleich von CDU und SPD gewesen, der den Abschied von klassischen sozialdemokratischen Zielen belegte (Narr 1965). Der gleiche Befund lautete nur gut zehn Jahre später, gleichgültig, welche große Volkspartei nun das Ruder führe, den Kapitalismus wollten auch die selbststilisierten sozialdemokratischen Reformkräfte nicht mehr überwinden. Deshalb agiere das ganze pluralistische Parteienangebot als Einheitspartei (Narr 1977). Viele ausländische Autoren wurden rezipiert, die in ihrer heimischen Politikwissenschaft wenig Beachtung fanden. Mills (1956) hatte den vom amerikanischen Präsidenten Eisenhower geprägten Begriff des militärisch-industriellen Komplexes für die Untersuchung der amerikanischen Machtelite verarbeitet, Edelman (1976 (Erstaufl. 1964)) die Themenaussparungen in der öffentlichen Debatte als kapitalistischen Herrschaftstrick entlarvt und Bachrach und Baratz (1977 (1970)) das Augenmerk auf die Nicht-Entscheidung als politisches Ereignis gelenkt. Der Brite Miliband (1975 (Erstaufl. 1969)) ließ Laskische Gedanken wiederaufleben, indem er die Konjunktur- und Sozialpolitik des kapitalistischen Staates als das Übertünchen politischer Grundsatzkonflikte herausstrich. Damit eroberte er sich auf Jahre hinaus einen prominenten Platz auf den Lektüreempfehlungslisten für Seminarveranstaltungen. In der britischen Politikwissenschaft spielte er so gut wie keine Rolle. Dort war das Interesse an der Staatstheorie des demokratischen Sozialismus gering.

Ging es in diesen Arbeiten aber noch um Policies, um politische Institutionen und Akteure, also geradezu klassische Gegenstände der Politikwissenschaft, so blendeten andere Wissenschaftler Fragen des Überbaus weitgehend aus und wandten sich ganz den Basisproblemen der politischen Ökonomie zu (Wildermuth 1991). Exemplarisch waren im Otto-Suhr-Institut betriebene Studien, die mit Datenbelegen über sinkende Renditen und verfallende Kapitalstöcke die Befindlichkeit des Kapitalismus diagnostizierten (Altvater/Hoffmann/Semmler 1980, Altvater 1986, 1987). Der Vollständigkeit halber sei noch das Abdriften eines Teils der marxistischen Politikwissenschaft in den orthodoxen Parteimarxismus der leninistischen Variante vermerkt. Er sollte Menschen aus *all walks of life* dazu bringen, den Kapitalismus unter Druck zu setzen (Vilmar 1973). Wir finden darin zwei klassische Themen des marxistischen Denkens: die grundlegende Bedeutung der Ökonomie für die Gesellschaftsanalyse und die Einheit von Theorie und Praxis. Dem Überbau wurde der Rücken gekehrt. Damit wurden die letzten Verbindungen zu den Themen der bürgerlichen Politikwissenschaft gekappt.

In Marburg griff nach dem Weggang des knorrigen und undogmatischen Altmarxisten Abendroth der Vulgärmarxismus Platz. Politische Herrschaft unter den Voraussetzungen der kapitalistischen Ausbeutung und der bürgerlichen Demokratie wurde dahin untersucht, ob sie bereits die Merkmale eines bevorstehenden Umschlagens in die faschistische Herrschaft erkennen ließ (Kühnl 1990 (Erstaufl. 1978)). Die darin implizierte, dramatisch überzogene Mutmaßung über den weiteren Weg der kapitalistischen Demokratien hatte einen Hintergrund – die gegen die Linke hetzende Presse des Verlagshauses Springer, die starke Polarisierung der politischen Landschaft in der Ära der sozialliberalen Koalition, das Scheitern der von Studenten und Arbeitern getragenen linken Gegenkultur im Frankreich des Mai 1968 und das Zerschlagen des von vielen Hoffnungen begleiteten Reformprojekts der marxistischen Linken in Chile. Andere Marburger verabschiedeten sich vom autoritätskritischen Marxismus und integrierten sich in die Dogmenpflege des Instituts für Marxismus-Leninismus der Deutschen Kommunistischen Partei (DKP) und seines Chefdenkers Joseph Schleifstein (Deppe 1977, 1984). In den 1970er und 1980er Jahren verblasste vorübergehend das Wirken professioneller Wissenschaftler mit gutem Standing im Fach vor dem beherrschenden Marburger Biotop hausberufener Assistenten, die sich in das Milieu der DKP-Hochschulgruppe des Marxistischen Studentenbundes eingegliedert hatten (Hüttig/Raphael 1999).

Die Abschottung vom Hauptstrom der bürgerlichen Politikwissenschaft fand in betont alternativen Einführungswerken ihren Ausdruck, so in der Marburger Einführung (Abendroth/Lenk 1982 (Erstaufl. 1968)), der Berliner Einführung (Blanke/Jürgens/Kastendiek 1975) und der Frankfurter Einführung (Kress/Senghaas 1971). Sie alle rieben sich an einer Mainstream-Politikwissenschaft, die entweder den aristotelischen Normativismus und die hausbackene, noch staatsrechtlich beeinflusste Institutionenanalyse kultivierte oder die ganz im Gegenteil blind die Datenhuberei der behavioralistischen Politikwissenschaft in den USA kopierte. Die Autoren dieser Einführungen waren sämtlich Assistenten, von denen etliche im Zuge der Hochschulexpansion in zumeist neu geschaffene Professorenstellen gelangten.

Geriet die Marburger Politikwissenschaft vorübergehend ins Fahrwasser eines vor Trockenheit knarrenden, originalitätsschwachen Parteimarxismus, so blieb die Berliner Politikwissenschaft einem frecheren, autoritätskritischen Marxismus treu, der in den späteren 1960er Jahren zum Kennzeichen der linken studentischen Subkultur geworden war. Vormalige Politikstudenten und -assistenten am Otto-Suhr-Institut sollten als Ergebnis einer kurzen und heftigen Hausberufungsschwemme das Erscheinungsbild des Instituts und die dort bisher betriebene Politikforschung bis zur Unkenntlichkeit verändern. Die Politische Ökonomie wurde zum Leitmotiv der Berliner Politikwissenschaft. Diese war überaus produktiv, nur eben in Verlagen wie Olle & Wolter und in der Zeitschrift *Probleme des Klassenkampfes* (heute *Prokla*). Westdeutsche Marxisten schrieben eher in Veröffentlichungen des Pahl-Rugenstein-Verlags, u.a. in den *Blättern für deutsche und internationale Politik.*

Hausberufungen sorgten dafür, dass die traditionellen Politikwissenschaftler am Otto-Suhr-Institut bald marginalisiert wurden. Der Berliner Veröffentlichungsertrag im Erscheinungsprogramm bekannter Verlage und in den einschlägigen Fachzeitschriften schmolz dahin. In den späten 1980er Jahren schwang das Pendel vor dem Hintergrund des Niedergangs des tristen sozialistischen Systems zurück. Die vormals linken Assistenten waren auf wohldotierten Professorenstellen in die Jahre gekommen. Der akademische Markt für die politökonomische Literatur kollabierte und die Studenten begannen mit dem Blick auf den Arbeitsmarkt pragmatischer zu studieren. Unter diesen nüchternen Auspizien fand die Konjunktur dieser Politikwissenschaftsversion ein Ende. Symptomatisch war die Spätlese einer Konferenz des Otto-Suhr-Instituts zum 50jährigen Bestehen mit einer Mischung zwischen Larmoyanz ob des nachlassenden Interesses an der Politökonomie (Altvater 1989: 83f.) und lärmender Selbstbestätigung über den Beitrag der Berliner Politologie zur Entlarvung der realen Machtverhältnisse in der Bundesrepublik (Agnoli 1989: 17f.). Rückblickend bleibt festzustellen, dass die Marxisten nach gegenwärtigen Maßstäben wenig Bleibendes an politikwissenschaftlichen Erkenntnissen hinterlassen haben. Ihre Verdienste liegen auf einer anderen Ebene: der Enttabuisierung der marxistischen Analyse und der Vitalisierung der Gesellschaftskritik! Die Früchte dieser Leistung sollten erst in der Verbindung mit der Mainstream-Politikwissenschaft reifen. Die Ernte blieb jüngeren Fachvertretern vorbehalten, die gegen die analytische Leistung amerikanischen Sozialwissenschaft keine Vorbehalte mehr kannten.

4.2.4 Die Spaltung der Fachvereinigung und die Expansion des Fachs nach der Wiedervereinigung

Die Vertreter der konventionellen und die der Veränderungswissenschaft prallten beim Hamburger Kongress der DVPW 1973 aufeinander. Es ging aber nicht nur oder vielleicht nicht einmal in erster Linie um Inhalte. Es handelte sich vielmehr um einen Generationenkonflikt. Junge und linke Professoren, unterstützt von Assistenten, überspielten ihr Unbehagen mit neuen Themen und mit dem Plädoyer für neue Regularien in der Fachvereinigung. Dieses Unwohlsein nährte sich aus der unverhohlenen Auffassung der älteren Platzhirsche, die zahlreichen jungen Kollegen seien allzu rasch und unverdient aufgestiegen. Die konservativen Opponenten fanden sich zunächst grollend damit ab, dass die Konferenzbeschlüsse die Tore für neue DVPW-Mitglieder weit öffneten. Zehn Jahre später wuchs sich dieser Groll zur Spaltung aus. Einige Professoren und habilitierte Wissenschaftler schieden aus der DVPW aus und gründeten die Deutsche Gesellschaft für Politik-

wissenschaft (DGfP). Eine kurz davor stattgefundene DVPW-Fach-
konferenz in Hannover hatte einiges dazu beigetragen. Sie stand im
Zeichen der Policy-Forschung und hatte in der Rezeptionsbegeisterung
für den Dernier cri der amerikanischen Forschung durchblicken lassen,
heute lohne es wohl nicht mehr, sich mit Institutionen und anderen
konventionellen Themen zu beschäftigen. Keine weiteren zehn Jahre
später hatten sich beide Vereinigungen wieder angenähert, auch dank
der Findung ehemaliger Reformhochschullehrer zu einem professoralen Habitus, den sie in den bewegteren Zeiten selbst noch heftig kritisiert hatten. Die Deutsche Vereinigung für Politische Wissenschaft ist
mit 1.300 Mitgliedern (2001) – neben der britischen Political Science
Association – eine der beiden größten europäischen Fachvereinigungen.

Nach der Vereinigung der deutschen Staaten wurde das Fach Politikwissenschaft auch an den Universitäten der neuen Bundesländer
eingeführt. Das Pflichtfach Marxismus/Lenismus taugte nicht für die
Metamorphose zur Politikwissenschaft. Alle Versuche in diese Richtung beschränkten sich auf die zeitweilige Umbeschilderung von Instituten im Umfeld einer ganz anders strukturierten Universitäts- und
Wissenschaftslandschaft. Die Politikwissenschaft wurde an den ost-
deutschen Universitäten mit Hilfe von Fachvertretern aus den Universitäten der Altbundesrepublik eingerichtet. Das Ergebnis war die
Übertragung der Fächer- und Studiengangsstrukturen. Die Erweiterung
der Politikwissenschaft auf die neuen Länder bot die Gelegenheit zur
Straffung, Vereinheitlichung und Modernisierung der Fachgliederun-
gen und Fachbezeichnungen. So wurden die in den Musterordnungen
für politikwissenschaftliche Studiengänge aufgeführten Teilgebiete der
Politikwissenschaft recht gleichmäßig mit eigenen Professuren ausgestattet. Die Berliner Politik nutzte die Existenz zweier großer Universitäten zur Flurbereinigung. Die in die Jahre gekommenen Hausge-
wächse des Otto-Suhr Instituts steuerten den Ruhestandshafen des
bürgerlichen Staates an. Viele Stellen wurden gestrichen. Heute ist das
Otto-Suhr-Institut auf den Zuschnitt eines üblichen größeren Univer-
sitätsinstituts zurückgestutzt.

4.3 Die Forschung im Dialog mit der internationalen Politikwissenschaft (seit 1975)

4.3.1 Der Bedeutungsverlust der politischen Philosophie

Ein Indiz für den inhaltlichen Wandel der deutschen Politikwissenschaft war der Abstieg der politischen Philosophie zu einer Randerscheinung im Gesamtbild des Fachs (Bermbach 1984). Die Beschäftigung mit politischen Theorien und Ideen blieb zwar ein Schwerpunkt der deutschen Politikwissenschaft neben anderen. Aber die Geschichte der politischen Ideen obsiegte letztlich über die nach ihrem Anspruch sinnvermittelnde politische Philosophie (Bärsch 1981). Iring Fetscher betrieb das Studium politischer Theorien als die Kombination von Geistes- und Sozialgeschichte. Er setzte sich dabei mit der modernen britischen Forschung auseinander. Eine Ideologie oder eine Theorie wurde als Ausdruck der Welterklärung in Epochen historischer Umbrüche aufgefasst. Die über das Historische hinausweisende Frage bezog sich auf den Geltungskern der Theorie in der Gegenwart. Damit wahrte die Ideengeschichte den Bezug zu Problemen, die Politikwissenschaftler in anderen Sparten des Fachs untersuchten. Die Klassiker, die dabei zum Zuge kamen, waren gleichzeitig die Unpersonen der politischen Philosophie: alle Zelebritäten von Machiavelli an aufwärts. So, wie sich Fetscher als Hobbes- und als Marxismusforscher (Fetscher 1966, 1984 (Erstaufl. 1966)) einen Namen machte, so traten Walter Euchner und Herfried Münkler mit Forschungen über Locke, Machiavelli und abermals Hobbes hervor (Euchner 1969, Münkler 1982, 1993). Die Vitalität dieses Zweigs der deutschen Politikwissenschaft dokumentiert eindrucksvoll das in den 1980er Jahren erschienene *Pipers Handbuch der politischen Ideen*, ein enzyklopädisches Werk (Fetscher/Münkler 1985ff.). Sonst wird das Forschungsgebiet der politischen Ideen nur noch in Großbritannien gleichermaßen intensiv gepflegt. Anderswo hat es sich in der Fachphilosophie und in der Geschichtswissenschaft neue Refugien gesucht.

Im Vergleich mit den politikphilosophischen Anfängen des Fachs ist es zu einer „Versozialwissenschaftlichung" und „Historisierung" des Ideenstudiums gekommen. Selbst ein von Maier mitherausgegebenes Kompendium der Klassiker des politischen Denkens, das die Tradition der politischen Philosophie beachtet, betreibt die kontextsensible Analyse (Maier/Denzer 2001 (Erstaufl. Maier/Rausch/Denzer 1968)). Alle Bemühungen zum Aufbau einer Münchner Schule mit der Referenzgestalt des Aristotelikers Voegelin kamen nicht weit (Herz/ Weinberger 1999). Eine von Voegelin und seinen Schülern initiierte ambitionierte Schriftenreihe erlebte kaum mehr als die Take-off-Phase (Voegelin 1968, Henningsen 1970). Sie wies mit dem Eingehen auch auf das asiatische Denken auf etwas Neues neben den ausgetretenen Pfaden der okzidentalen Klassiker (Opitz 1969).

Schauen wir zuletzt noch auf den Beitrag der Politikwissenschaft zum Verständnis der Demokratie. Nach dem damaligen Modebegriff wurde sie auch als Demokratietheorie bezeichnet. Die Fraenkelsche Tradition der pluralistischen Staatstheorie hatte ihre Wirkung vor allem in der Interpretation der atlantischen Demokratien entfaltet. Fraenkels Schüler Steffani führte sie fort (Steffani 1980). In der Folgezeit verlor sie zwar nicht ihre Substanz, aber doch das Umfeld, in dem sie Profil gewonnen hatte. Sie wurde politisches und politikwissenschaftliches Gemeingut – politisches, weil sie den Konsens aller maßgeblichen Kräfte in der Bundesrepublik traf, wissenschaftliches, weil die Entwicklung der Staatsrechtslehre und die Rechtsprechung des Bundesverfassungsgerichts in dieselbe Richtung gegangen waren. So integrierte sich dieser Strang der frühen deutschen Politikwissenschaft – in Fraenkels Sprache – in den nicht-kontroversen Sektor der Politik. Wirkungsgeschichtlich betrachtet war dies ein großer Erfolg. Weil es der pluralistischen Advokatur gegen die Herausforderungen von rechts und links nach einiger Zeit nicht mehr bedurfte, ermattete diese Theorie als Thema der Politikwissenschaft. Sie läuft heute in der politischen Praxis mit. Fraenkel selbst ist bereits zum Thema für Disziplinhistoriker geworden.

Die politische Philosophie blieb in der Politikwissenschaft heimisch (Gebhardt 1984). Ihre Themen und Autoren wechselten jedoch (Ballestrem/Ottmann 1990). Nicht Leo Strauss und nicht Hannah Arendt rückten an die Stelle von Aristoteles, Machiavelli, Hobbes und Rousseau, sondern Habermas, Luhmann, Rawls, Walzer und Giddens. Die Reaktualisierung Kants, also Ethik statt Tugend, Verträge statt Gemeinschaft, wurde auf den kleinen philosophischen Nebenbühnen der Politikwissenschaft nachgefragt. Die hohe Abstraktion sorgte weiterhin für eine große Distanz zwischen der politische Theorie philosophischer Provenienz insgesamt und den übrigen Zweigen der Politikwissenschaft. Dennoch erwies sich die Verbindung der eher philosophisch verstandenen Theorie mit der übrigen Politikwissenschaft in Deutschland stärker und stabiler als in den USA. Das war um so erstaunlicher, als sich ein Konsens über die Frage, was eine politische Theorie auszeichne, auch hierzulande verflüchtigt hat (Brodocz/Schaal 2002, Bd. 1: 10)).

Großen Einfluss hatte vor allem Jürgen Habermas. Er kombinierte in einem Büchlein über *Legitimationsprobleme im Spätkapitalismus*, das vorübergehend zum Kultbuch avancierte, die marxistische Analyse mit der soziologischen Systemtheorie (Habermas 1973). Habermas grenzte die brachialen politischen und ökonomischen Systemwelten von der Lebenswelt ab. Letztere umschreibt den Freiheits-, Gestaltungs- und Rückzugsraum des Einzelnen. Mit ihren typischen Vermachtungen greifen die Systemwelten immer stärker in die persönliche Lebenswelt ein. Mit dem Thema der Befriedungsfunktion des Sozialstaates im Spätkapitalismus (will sagen: des ausgereiften Kapitalismus) schlug Habermas in diesem Buch eine Brücke zur Kapitalismuskritik der schlichteren Art. Sie erklärte ein gutes Teil seiner damaligen Popularität an den hochgradig politisierten Hochschulen. Habermas' *Theorie des Kommunikativen Handelns*, die von der gedachten – kontrafaktischen – Annahme der Rationalität als Leitfaden des Handelns ausging, reifte in seinem späteren Werk. Sie war bereits in so abstrakten Sphären angesiedelt, dass die politikwissenschaftliche Rezeption allmählich auf die philosophisch Interessierten zusammenschmolz (Habermas 1988 (Erstaufl. 1981)). Dort allerdings genossen seine Sprache und sein Argumentieren höchste Wertschätzung. Verhaltene Kritik regte sich, als sich Habermas mit der Konkretion seiner Theorie (Habermas 1994 (Erstaufl. 1992)) affirmativ auf den herkömmlichen demokratischen Rechtsstaat einließ. Enttäuscht vermeldete die Rezeption, da bleibe nicht mehr allzu viel Distanz zum hergebrachten liberalen Staat der bürgerlichen Gesellschaft (Schmalz-Bruns 1995: 115).

John Rawls' Rekonstruktion der Kantschen Republik in einer neuen, sozialstaatlichen Version (Rawls 2002 (Erstaufl. 1971)) wurde in der deutschen Diskussion emphatisch aufgenommen, ebenso Walzers kommunitaristische Neubelebung des Gemeinschaftsgedankens (Walzer 1992 (Erstaufl. 1983)). Auch Luhmanns soziologische Theorie wurde in der politischen Theorie zur Kenntnis genommen. Der Staat soll sich auf das Steuerungsmittel des Rechts beschränken, sich nicht des Geldes bedienen und von Umverteilung die Finger lassen. Dieser liberale Grundgedanke stand quer zum gemeinschaftlichen Akzent der politischen Philosophen (Luhmann 1981).

Diese Art von Theorie steht im Schatten der politikwissenschaftlichen, um empirische Brauchbarkeit bemühten Theoriedebatte. Sie residiert teilweise zwar noch in den Räumlichkeiten der Politikwissenschaft. In den USA ist sie dagegen bereits so gut wie außerhalb der Disziplin angesiedelt. Hier wie dort fahren die empirisch orientierte Politikforschung und die politische Philosophie auf ihrer eigenen Spur.

4.3.2 Der Stil der deutschen Politikwissenschaft

Mit der Rezeption der amerikanischen Forschung verließ die deutsche Politikwissenschaft die hausbackene Beschreibung der Institutionen. Sie wandte sich der kontrollierten Beobachtung, der Datenanalyse und der hypothesen- und modellgeleiteten Bearbeitung zu. Die Datenverarbeitung wird hierzulande aber bis heute kleiner geschrieben als in der amerikanischen Schwesterzunft. Die meisten Arbeiten deutscher Politikwissenschaftler zeichnen sich in der Regel durch geringe statistische Raffinesse aus oder sie verzichten ganz darauf. Die Tendenz indes geht dahin, in dieser Hinsicht aufzuholen. Die Mehrzahl der Politikwissenschaftler legen einfach weniger Wert auf statistische Techniken. Sie arbeiten um so intensiver die historische und die soziologische Dimension der Probleme auf. Der Deutsche Bundestag, der Bundesrat, die Koalitionsregierung und die Parteien bieten weniger Ansatzpunkte für statistische Analysen als die durch Parteien bestenfalls schwach strukturierten Ausschüsse und Verfahren des amerikanischen Kongresses. Die parteiengesteuerten politischen Vorgänge vom Bund bis in die Gemeinden lassen sich besser mit anderen Herangehensweisen erschließen. Vor allem deshalb hat die empirische Politikforschung in Deutschland ein anderes Gesicht als in den USA. Das Gleiche gilt, wie später zu erörtern sein wird, auch für die britische Politikwissenschaft.

Die Rational choice kennt *dieses* Handikap nicht, weil sie nicht zwangsläufig auf Daten angewiesen ist. Als schlankes Deutungsmodell operiert sie in Konkurrenz mit der dichten Beschreibung, die sich des historischen und kulturellen Arguments bedient. Die Rational choice sucht die Bewährung in den verschiedensten Zusammenhängen und an den verschiedensten Gegenständen. In den 1980er und dann stürmischer in den 1990er Jahren wurde die Rational choice rezipiert (Lehner 1981, Wiesenthal 1987, Schubert 1992, Druwe/Kunz 1996, Braun 1999). Hier erwies es sich als große Hilfe, dass die größere und hochschulpolitisch gewichtigere Wirtschaftswissenschaft mit demselben Modell operierte. Die Übersetzung noch unbekannter Autoren wie Olson (1968 (Erstaufl. 1965), 1991 (Erstaufl. 1982)) und Hirschman (1974 (Erstaufl. 1970)) ins Deutsche lohnte sich dank des Ökonomenpublikums. Wie in den USA wird die Rational choice die vertrauten Herangehensweisen in der Politikwissenschaft auch hierzulande verändern, aber wohl kaum im dortigen Ausmaß. Deutsche Politikwissenschaftler haben zudem den Vorteil aller Rezeption: Die rigiden, statistikgläubigen Behavioralisten und die Rational-choice-Adepten in den USA haben viele Schlachten gegen den zähen Kontextfaktor des sozialen Geschehens und gegen die Beharrungsfähigkeit kulturalistischer und historischer Gegebenheiten verloren. Diese Auseinandersetzungen müssen hierzulande nicht noch einmal geführt werden.

4.3.3.. Kernbereiche des Studiums der deutschen Politik

4.3.3.1 Parlamentarismusforschung

Die Parlamentarismusforschung war das erste systematisch erforschte Gegenstandsfeld der deutschen Innenpolitik. Ihr Programm formulierte Steffani mit den Eckwerten der Transparenz, Effizienz und Demokratie (Steffani 1971). Die Gründung der Deutschen Vereinigung für Parlamentsfragen ging mit dem Erscheinen des Vierteljahresperiodikums der *Zeitschrift für Parlamentsfragen* (ZParl) einher. Damit gab es neben der Münchner *Zeitschrift für Politik* (ZfP) mit ihrer großen Offenheit für aktuelle Probleme eine Erweiterung und Belebung der kargen Zeitschriftenlandschaft für politikwissenschaftliche Themen. Die *Politische Vierteljahresschrift* (PVS) war in wechselnden Phasen zunächst mit politischer Philosophie und Ideengeschichte, dann mit marxistischer Staatsableitung, in der nächsten Etappe mit Policy-Analysen und schließlich zeitweise mit Rational choice-Erörterungen überfrachtet worden. Die in kürzeren Abständen erscheinenden Sonderbände der *PVS* geben die Arbeit in den zahlreichen Sektionen der DVPW wieder. Sie ergänzen die Vierteljahreshefte mit einem Forum, das einen Ausgleich für das geringe Artikelvolumen in den Fachzeitschriften bietet. In jüngerer Zeit erschienen Sonderhefte zu den Themen des Regierens in entgrenzten Räumen, zum europäischen Mehrebenensystem, zum Föderalismus und zum Verhältnis von Religion und Politik. Das Themenspektrum der *Zeitschrift für*

Parlamentsfragen (ZParl) umfasst den Bundestag, Probleme des Länderparlamentarismus, Parteienfragen, Wahlanalysen und Seitenblicke auf den Parlamentarismus im Ausland.. Mit einer Kombination aus Abhandlungen und zahlreichen Kurzbeiträgen präsentiert es seit drei Jahrzehnten stetig und konzentriert die aktuelle wissenschaftliche Beobachtung des politischen Systems der Bundesrepublik. Die *Zeitschrift für Politikwissenschaft* (ZPol) ergänzt seit 1996 die Palette fachwissenschaftlicher Periodika. Die Hecklastigkeit eines monströsen Rezensionsapparats zeichnet sie als Unikum in der deutschen Zeitschriftenlandschaft aus.

Ismayrs Standardwerke zum Deutschen Bundestag sind noch jüngeren Datums. Sie durchleuchten die Institution beobachtungsgestützt bis ins letzte Detail und mit allen ihren Verbindungen und Verästelungen zur Regierung und zum Bundesrat (Ismayr 1992, 2000). Mit dem Begriff des Fraktionenparlaments benannte Thaysen das Spezifikum des Deutschen Bundestages (Thaysen 1975). Damit wurde der deutsche Parlamentarismus bewusst von der adversarialen Westminsterkonstellation des Government and Opposition abgehoben. Regierung und Opposition drücken sich im deutschen Parlamentarismus, bedingt durch die Tradition des Parteienstaates und die Praxis der Koalitionsregierung, in anderer Weise aus als an der Themse. Selbst die Regierungsfraktionen sind im Bundestag als eigenständige Akteure zu erkennen. Im Westminster-Modell treten sie ganz hinter die Regierung zurück. Steffani bezeichnete die eigenartige Kombination von rede- und arbeitsparlamentarischen Elementen einmal als eine Besonderheit des deutschen Parlamentarismus. Der Akzent lag hier auf den parlamentarischen Arbeitsweisen und den Debattierstilen (Steffani 1979: 327ff.). Die empirische Bundestagsforschung setzt heute anders an – bei der bereits von Bagehot an die erste Stelle gesetzten Parlamentsfunktion der Regierungswahl.

Wie Thaysen, Davidson und Livingston in einen umfassenden Vergleich des Bundestages und des US-Kongresses reümierten, besteht der politikinhaltliche Unterschied zwischen der parlamentarischen und der präsidialen Demokratie darin, dass bei der Wahl des Bundestages Uno acto die Regierung und mit ihr das Regierungsprogramm zur Disposition stehen. Bei der Wahl des US-Kongresses wird aber *nur* ein politisches Programm gewählt. Dieses mag sich mit neuen Mehrheiten womöglich erledigen und den Präsidenten zu neuen Programmüberlegungen zwingen. Eines bleibt ungeachtet der Unterschiede zwischen den Regierungssystemen gleich: Der Programmvorschlag ist stets die Sache der Regierung. Seine Akzeptanz ist im Falle des Kongresses nur mit erheblich größeren Risiken behaftet. Diese Restrisiken wurzeln in öffentlichen Stimmungen und in den Wahlkreisinteressen der Kongressmitglieder. Im parlamentarischen System der Bundesrepublik haben die typischen Konflikte in der Koalitionsregierung eine vergleichbare Bedeutung (Thaysen/Davidson/Livingston 1988: 563f.).

Das Fraktionenparlament und die Koalitionsregierung bilden den Nabel des deutschen Parlamentarismus. Die Ausschüsse haben – mit der Ausnahme des Kontrollinstruments der parlamentarischen Untersuchungsausschüsse (Plöhn 1991) – weniger Interesse gefunden. Auch darin folgt die Forschung der realen Gewichteverteilung im parlamentarischen System. Sturms Analyse des Haushaltsausschusses des Bundestages hat immerhin das wichtigste Ausschussgremium bearbeitet. Darüber hinaus genießt sie bis auf Weiteres den Rang einer Referenzstudie für Anschlussforschungen über die Bundestagsausschüsse (Sturm 1988). Auf die materielle Gesetzgebungsarbeit konzentriert sich ein ganz neuer Blickwinkel der Bundestagsforschung. Von Beymes Studie über den *Gesetzgeber* untersucht den Bundestag als Schnittstelle des politischen Prozesses. Mit der Beobachtung verschiedener, strategisch wichtiger Gesetzgebungsstationen registriert sie, was dort eingespeist wird (Gesetze, Haushalt), woher es kommt (Regierung, Verbände, Parteien) und wie es verarbeitet wird (Ausschüsse, Plenum, Kommissionen). Der Vergleich mehrerer durch das Parlament geschleuster Policies erlaubt Verallgemeinerungen (von Beyme 1997a). Diese Herangehensweise kombiniert pragmatisch die Vetopunkteperspektive mit derjenigen des Politikzyklus.

Die Bundestagsfraktionen und ihr Einfluss auf die Regierungsbildung stehen im Mittelpunkt einer weiteren Referenzarbeit. Schüttemeyer untersucht die Fraktionen im Spannungsfeld zwischen dem Regierungsauftrag des Parlaments und den außerparlamentarischen Parteistrukturen. Die Arbeit präsentiert dichte Belege dafür, dass die recht autonomen Senioren- und Juniorenfraktionen des Regierungsbündnisses mitregieren. In Gestalt der Ministerpräsidenten sind bundespolitische Strukturen herangewachsen, die in eine Konkurrenz zum Mitgestaltungsanspruch der Fraktionen eingetreten sind. Die Parlamentarismusforschung verweist hier auf die Verschränkungen des Fraktionenparlaments mit den charakteristischen Strukturen des deutschen Bundesstaates (Schüttemeyer 1998).

Nach der jahrzehntelangen Vernachlässigung des grundlegenden politischen Faktums der Regierungskoalition ist die Forschung zu diesem Thema angelaufen. Zwar fehlte es nie an zeitgeschichtlich-deskriptiven Studien aus der Feder von Beobachtern mit Zugang zu Insider-Informationen (Baring 1982, Korte 1992). Systematischere Arbeiten erschienen dagegen sehr sporadisch (Niclauß 1988, Helms 2001). Methodische ambitioniertere Koalitionsstudien sind erst seit Kurzem zu verzeichnen. Sie integrieren sich in die internationale Forschung. Diese arbeitet einerseits sehr theoriebetont mit Modellen (Browne/Dreijmanis 1982). Andererseits verbindet sie die Parlaments- und Parteienforschung (Pridham 1986, Müller/Strom 2000). Neben ersten Bestandsaufnahmen der internationalen Koalitionsforschung (Kropp/ Sturm 1998) fassen die Arbeiten zu diesem Thema die Verknüpfung von Landes- und Bundeskoalitionen, also die bündnispolitische Verflechtung der staatlichen Ebenen, ins Auge (Sturm/Kropp 1999). Die Vielzahl der deutschen Länder und die recht große Streubreite der Koalitionsmuster bieten eine Fülle von Material für vergleichende Fallstudien. Mit dem Vergleich der Koalitionsregierungen von Rheinland-Pfalz und Thüringen stellt Kropp einige Thesen der internationalen Koalitionsforschung auf die Probe. Die Ergebnisse sind ernüchternd. Die koalitionstheoretischen Thesen – Minimalkoalition, Office-seeking und Office-holding –laufen in der Konfrontation mit den konkreten Beispielen erstaunlich weit ins Leere. Situative Erklärungen überzeugen noch am besten (Kropp 2001).

4.3.3.2 Bundesrats- und Bundesstaatsforschung

Der deutsche Bundesstaat ist in verfassungstechnischer Hinsicht einer der kompliziertesten seiner Art. Das wachsende Bewußtsein von der Komplexität des Föderalismus spiegelt sich in der Literatur wider (instruktiv ist ein Vergleich einer der ersten und einer der jüngsten Lehrbuchdarstellungen zu diesem Thema: Laufer 1974; Kilper/Lhotta 1996). Die Probleme des Bundesstaates manifestieren sich in der charakteristischen Institution des Bundesrates. Das erste beschreibende Sichten der Länderkammer hatte noch ein offensichtlich wichtiges, aber eher fachliches Gesetzgebungsorgan vermerkt (Neunreither 1959). Die nächste größere Studie fußte bereits auf Befragungen und Beobachtungen. Sie galt den Landesvertretungen in der Bundeshauptstadt und vermittelte Einsichten in das Alltagsmanagement der Ländermitwirkung an der Bundespolitik (Laufer/Wirth 1974). In den 1970er Jahren gewann der Bundesrat dramatisch an Bedeutung. Das

Länderorgan rückte in der kurzen Episode der Großen Koalition und mit der restlosen Ausschöpfung der konkurrierenden Gesetzgebung des Bundes zu einer veritablen „Zweiten Kammer" auf. Seit 1972 blockierten die oppositionellen Partei(en) im Bundesrat häufig die Politik der Bundesregierung. Seither wird der Bunderat hauptsächlich als Machtspieler im politischen System erörtert.

Lehmbruch beschrieb in *Parteienwettbewerb im Bundesstaat*, wie sich im Bundesrat zwei Entscheidungsmodalitäten reiben, die Mehrheitsentscheidung und das kompromissorientierte Verhandeln (Lehmbruch 2001 (Erstaufl. 1976)). Dem Buch sollte schon bald nach seinem Erscheinen Klassikerqualität attestiert werden. Es war mit profundem historischem Wissen und mit großem Gespür für amerikanische und europäische Referenzinstitutionen verfasst. Lehmbruch wies nach, dass der deutsche Föderalismus von jeher im Schatten Preußens, also eines Einheitsstaates, gestanden habe. Durch die Zerschlagung Preußens waren in Norddeutschland und im Rhein-Main-Raum einzelne Länder entstanden. Der Erwartungshorizont des vormaligen Einheitsstaates habe dort in den von der Weimarer Republik geprägten Eliten fortgewirkt. Die Liberalen und die Sozialdemokraten hätten von jeher mit einheitsstaatlichen Strukturen geliebäugelt. Von daher sei den Unitarisierungsprozessen in der frühen Bundesrepublik auch kein nennenswerter Widerstand entgegengesetzt worden. Die Länder hätten durch die freiwillige Selbstkoordinierung – Dritte Ebene – die Vereinheitlichung sogar noch aus freien Stücken vertieft. Abromeit nannte die Gegenwartsbefindlichkeit des deutschen Föderalismus denn auch in einem mit Pointierungen nicht geizenden Buch kurz und bündig den *Verkappten Einheitsstaat* (Abromeit 1992).

Die Mehrheits- und Regierungsfähigkeit der deutschen Parteien hat sich seit Gründung der Bundesrepublik maßgeblich verbessert. Die für den Parlamentarismus charakteristische Parteienkonkurrenz verheißt nach Lehmbruch die Chance eines klaren Mehrheitswechsels. Seit einem Vierteljahrhundert gehe es in der Parteienkonkurrenz nicht mehr nur um Mehrheiten im Bundestag und in den Landtagen, sondern auch um die Mehrheiten im Bundesrat. Der Bundesrat regiere de facto im Bund mit. Er biete die Chance, die Bundesopposition als Teilhaberin an der Regierungsmacht sichtbar zu machen. Eine oppositionelle Ländermehrheit zwinge die Regierung zu politikinhaltlichen Kompromissen. Die Möglichkeit eines Bundesratsvetos erzwinge ein Regieren im Sinne verhandlungsfähiger Angebote.

Die Aktualität des von Lehmbruch beschriebenen Problems ist ungebrochen. Heute befasst sich die Föderalismusanalyse mit der Frage, ob die Länder zu Probebühnen für innerparteiliche Führungsansprüche gereift sind. Das kollektive Gewicht der Ministerpräsidenten kann den Bundestagsfraktionen und den Parteiapparaten das Wasser reichen. Die Ministerpräsidenten profilieren sich in ihren Parteien und gegebenenfalls gegen sie, und dies nicht nur in den Unionsparteien mit ihrer ohnehin stark föderativen Struktur, sondern mittlerweile auch in der SPD. Die Ministerpräsidenten überragen in der von Steffani einmal so genannten *Republik der Landesfürsten* das politische Organ des Bundesrates bei weitem (Steffani 1997: 56ff.). Sie sind inzwischen als Gruppe von politischen Schlüsselakteuren gründlich durchleuchtet worden (Schneider 2001).

Mit dem erschöpfenden Bundeszugriff auf die konkurrierende Gesetzgebung haben die Länderparlamente ganze Tätigkeitsbereiche verloren. Die Landesparlamente sind die Schmuddelkinder des deutschen Parlamentarismus geworden. Die ganze Kümmerlichkeit des Landesparlamentarismus, dem neben der sporadischen Regierungswahl und der grauen Verwaltungskontrolle nicht mehr viel geblieben ist, zeigt sich darin, dass die Forschung sich kaum noch damit beschäftigt. Die letzten einschlägigen Veröffentlichungen der bekannten Fachverlage sind mehr als 20 Jahre alt (Friedrich 1975, Schneider 1979). Eine mit guten Gründen auf die politischen Schlüsselstrukturen konzentrierte Analyse produzierte ihre Schattenseiten. Im Zeichen der Veärnderungen durch die EU lebt das Interesse an den Landesparlamenten wieder auf (Mielke/Reutter 2003).

4.3.3.3 Parteien- und Verbändeforschung

Die Auseinandersetzung mit den politischen Parteien hat in der deutschen Politikwissenschaft Tradition. Besondere Resonanz fand das Konzept der Volkspartei. Sein Urheber, Otto Kirchheimer, bezeichnete den Typus der auf breiten elektoralen Zuspruch angelegten demokratischen Großpartei in Abgrenzung zur Klassen- oder Konfessionspartei als Volkspartei (Kirchheimer 1953, 1965). Die englische Prägung dieses Begriffs lautet Catch-all party – was besser mit Jedermannspartei als mit Volkspartei zu übersetzen ist. In Deutschland war dieser Begriff der Volkspartei politisch bereits besetzt, positiv mit Offenheit für alle, negativ mit der impliziten Abwertung von Parteien, die sich bewusst als Repräsentanten eines Teils der Gesellschaft bekannten (Klassenparteien, Konfessionsparteien). Die tatsächlichen Interessenbindungen der deutschen Volksparteien wurden zum Dauerthema der politikwissenschaftlichen Parteienforschung. Vor allem die Parteiprogramme und die Mitglieder- und Funktionärsstruktur wurden untersucht (Mintzel 1984). Das Interesse an Programmfragen (Narr, Raschke) ließ aber bald nach. Es war wesentlich aus dem Godesberger Wandel der SPD und aus den Richtungsauseinandersetzungen in der regierenden SPD motiviert (Narr 1965, Schwan 1974).

Empirische Parteienstudien ließen recht lange auf sich warten. Erst Mitte der 1970er Jahre lagen erste Arbeiten vor. Den einen Typus repräsentierte Mintzel mit einer auf historischen Quellen und Akteursbeobachtungen fußenden Studie über die CSU (Mintzel 1975). Raschke bevorzugte demgegenüber die Fallstudie, um am Beispiel der Berliner SPD innerparteiliche Machtkämpfe zu erklären (Raschke 1975). Bis heute fehlt es zwar nicht an etlichen Übersichtsdarstellungen und Revuen der deutschen und internationalen Parteienforschung (z.B. von Alemann 2000). Aber etliche Einzelstudien sind historisch angelegt, oder sie arbeiten Partei für Partei mit publizistischem Pfiff und ganz ohne fachliches Brimborium ab (z.B. Lösche/Walter 1996).

In den Landesverbänden der CDU verlangt allein die Vielfalt der Strömungen einen hohen organisationspolitischen Preis. Das mühsame Suchen nach einem gemeinsamen Nenner verbraucht in der Union sehr viel Kraft (Schmid 1990). Die innerparteilichen Turbulenzen nach der Ära Kohl haben diese Erkenntnis unterstrichen. Um so verwunderlicher ist es, dass die CDU, immerhin die am längsten regierende politische Kraft in der Bundesrepublik, bei Politikwissenschaftlern nie großes und dauerhaftes Interesse gefunden hat. Die CSU ist gründlicher erforscht worden (Mintzel 1975). Sie legt von jeher eine größere Geschlossenheit an den Tag als die Schwesterpartei und zeichnet sich durch kräftesparende Hierarchien aus. Auch die größeren Studien zur SPD sind dünn gesät. Recht nahe an aktuellen Richtungsstreitigkeiten untersuchten Müller-Rommel (1982) und Saalfeld (1995) die Gruppenstruktur der Bundestagsfraktion.

Zur bemerkenswerten Strukturanalyse wuchs sich ein eigentlich parteienhistorisch angelegtes Buch über die SPD aus. Lösche und Walter zeichneten das Bild einer „lose verkoppelten Anarchie". Die Partei biete einigen wenigen eine Milieuheimat, anderen die Geselligkeit des Vereins, wieder anderen das Vehikel einer durchgeplanten politischen Karriere, einige fänden dort den richtigen Ort, um ihre Gesinnung zu bestätigen. Engagierte Mitglieder investierten Zeit und Arbeit in der Erwartung auf Lohn in Gestalt einer mehr oder minder bescheidenen politischen Karriere (Lösche/Walter 1991).

Integrationsfähige Parteiführer geben den Parteien Schwung. Medienimages punkten im Elektorat. Resolutionen halten aktive Mitglieder bei der Stange. Inhalte dienen lokalen und regionalen Parteigliederungen als Vehikel, um Vertretungsansprüche anzumelden. Die Grünen, so dokumentierte Raschke, hatten den Anspruch, die taktischen Spiele um Positionen und öffentliche Inszenierungen nicht mitzumachen und an ihre Stelle die harte Diskussion um Inhalte zu setzen (Raschke 1993). Es sollte anders kommen. Das generelle Medieninteresse an Sensationen und an neuen Gesichtern lässt sich nur mit dem Risiko des Machtverlustes ignorieren. Die Mediengunst ist so wichtig geworden, dass medientüchtige Gestalten selbst in den traditionell verapparateten Parteien die altgedienten Funktionäre ausflankieren. Probleme dieser Art werden vorerst eher noch in Überblicksdarstellungen der Parteienforschung als in empirischen Einzelstudien erörtert (z. B. Wiesendahl 1998).

Die Regierungsarbeit verlangt viel Professionalität. Sie kann lediglich von strategischen Eliten von fünf oder sechs Personen gebündelt und in die Öffentlichkeit vermittelt werden. Die Fraktionen beugen sich diesen Zwängen. Wo die Parteien und Fraktionen dazu außerstande sind, so zeigt Raschke am Beispiel der Grünen, drohen sie ihre Strategiefähigkeit einzubüßen und in den Routinen des Regierungsalltags stecken zu bleiben (Raschke 2000). Strategisch orientiertes Handeln verlangt vor allem, die mediale Öffentlichkeit in jedes Vorhaben einzubinden, das eine inhaltliche Politikveränderung anstrebt (Nullmeier/Saretzki 2002).

Die Verbändeforschung entfaltete sich zunächst am Gegenstand der Gewerkschaften und Arbeitsbeziehungen. Die Unternehmerverbände fanden wenig Interesse. Das vorherrschende Interesse an Policy-typischen Fragestellungen (Arbeitsmarkt- und Gesundheitspolitik) schob die weitere Frage nach der Beteiligung der verbandlichen Akteure in den Hintergrund (eine rühmliche Ausnahme bildete von Alemann 1989). Die Verbändeforschung ist ein Stiefkind in der deutschen Politikwissenschaft geblieben. Dies ist um so erstaunlicher, als die herkömmliche Verbändelandschaft von den Umwälzungen in der Arbeitswelt und von den Belastungsgrenzen der sozialen Sicherungssysteme unter starken Anpassungsdruck gesetzt worden ist. Bei den meisten einschlägigen Arbeiten handelt es sich um Übersichtsdarstellungen (Weber 1977, von Beyme 1980, von Alemann 1987) oder um Studien und Veröffentlichungen, die von einschlägigen Verbänden gefördert worden sind (von Alemann 1999, Bührer/Grande 2000). Sebaldts Studie über Verbände und Verbandseinfluss füllt inhaltlich und methodisch eine große Lücke in der Forschung über das politische System der Bundesrepublik. Sie bestätigt auf verläßlicher Datenbasis viele gängige Annahmen über das Vorgehen und die bevorzugten Adressaten der Interessengruppen. So belegt sie unter anderem die Ministerien als Primäradresse verbandlicher Einflüsse. Sie zeigt auch, dass in Berlin ein Phänomen entstanden ist, das in Washington, D.C. seit langem existiert – der Typus des Auftragslobbyisten, der eine wechselnde Klientel bedient (Sebaldt 1997). Es handelt sich hier um eine weitere der in den letzten Jahren erschienenen, empiriegesättigten Untersuchungen zum politischen System der Bundesrepublik, die Maßstäbe für die weitere Forschung setzen.

4.3.3.4 Policy-Forschung

Mit dem erwachenden Interesse an der Komplexität des deutschen Bundesstaates erhielt auch die Policy-Forschung Auftrieb (Hartwich 1985). Die Auswirkungen der Bund-Länder-Kooperation in der Regionalförderung und beim Städtebau (Scharpf/Reissert/Schnabel 1976) sowie die Ergebnisse sozial- und christdemokratischer Regierungsführung in der Landespolitik (Schmidt 1980) standen im Mittelpunkt der ersten bekannteren Arbeiten. Die Policy-Forschung übernahm einschlägige Konzepte – Politikarena, Politikzyklus, Netzwerke – aus den USA (Hesse 1985: 43). Der Run auf die Policy-Forschung erinnerte bisweilen an den Erfolg einer neuen Kleidermode. Ältere Forschungsgegenstände fanden daneben wenig Gnade (beispielhaft für die distanzfreie Rezeption: Schmidt 1985: 142).

Wie in den USA war es von der inhaltlichen Betrachtung der Policies zu ihrer institutionellen Infrastruktur kein allzu weiter Weg. Schon früh wies Jann in einer vergleichenden Studie zur Jugend- und Drogenpolitik auf die Bedeutung des so genannten Policy-making system hin, in dem Policies heranreifen oder auf den Prüfstand kommen (Jann 1983). Das Policy-making system war in der Sache nichts anderes als das zunächst in der amerikanischen Politikwissenschaft diskutierte

Phänomen der Netzwerke. Politiknetzwerke wurden denn auch, wie international üblich, als Antizipations- und Moderationsmechanismen untersucht. Den Blick führte die handlungstheoretische Perspektive. Vorrangig interessierten die Regeln und Usancen, die den Spielraum der Akteure eingrenzen (Czada/Windhoff-Héritier 1991). Schmidt drückte eine allgemeine Wahrnehmung aus, als er unisono mit seinem amerikanischen Kollegen Katzenstein betonte, dass der politische Prozess in Deutschland deshalb so kompliziert sei, weil die Effekte angestrebter Politiklösungen häufig durch die unabhängige Notenbank, das Verfassungsgericht und die Verschränkung der Landes- und der Bundespolitik konterkariert würden (Katzenstein 1987, Schmidt 1992). Eine Serie von Editionen mit dem Titel *Regieren* (Hartwich 1990, Hartwich/Wewer 1991, 1992, 1993) eruierte aus der Handlungspersektive auf zahlreichen Politikfeldern die Bedingungen, die in Deutschland das Regieren diktieren. Einem Politikwandel sind die Instititutionen abhold. So schleppte sich die Rentenpolitik ungeachtet der aktuellen Regierungskonstellationen über Jahrzehnte hinweg in den eingefahrenen Spuren der vor langer Zeit einmal getroffenen Systementscheidungen dahin. Ein kleines überparteiliches Kartell von Rentenpolitikern und Sozialverbandsfunktionären hat sich in den kalkulierbaren Gegebenheiten eingerichtet (Nullmeier/Rüb 1993). Ein ähnliches Netzwerk agiert mit ähnlichen Ergebnissen in der Gesundheitspolitik (Döhler/Manow 1997).

Bei der Beobachtung des Politikzyklus und beim Studium der Politiknetzwerke gerieten die Verwaltungsstrukturen und die administrativen Eliten ins Visier. In den wichtigsten Politikbereichen sind Landes- und Bundesministerien gemeinsam involviert. Die Politikbearbeitung ist wegen des arbeitsteiligen Föderalismus hierzulande komplizierter als anderswo. Diesem Umstand trugen groß angelegte Studien über die politisch-administrativen Eliten Rechung (Steinkemper 1973, Herzog 1975, 1990). Wir beobachten hier, was oben bereits für die American politics vermerkt wurde. Politikwissenschaftler, die sich mit der Politik des eigenen Landes beschäftigen, konzentrieren sich für gewöhnlich auf die Schlüsselstrukturen. Folglich setzt die Policy-Analyse in Deutschland andere Akzente als die amerikanische Forschung die von den Voraussetzungen eines präsidialen Regierungssystems ausgeht (von Beyme 1985: 11).

Scharpf unternahm den theoretisch ambitionierten Versuch, das Regieren im deutschen Bundesstaat auf eine Formel zu bringen. Dabei verknüpfte er die Policy-Perspektive mit institutionentheoretischen Überlegungen. Scharpfs griffige Metapher der Politikverflechtungsfalle behauptete, dass die Interessen der Länder *und* das Zustimmungserfordernis der Länder im Bundesrat der Politik der Bundesregierung stets die gewollte einheitliche Wirkung nähmen (Scharpf 1985). Das Implementations- bzw. Verwaltungsmonopol der Länder ziehe zwangsläufig Zeitverschiebungen und Verwässerungen nach sich. Dabei handelten die Politiker und die Bürokraten im Bund und in den Ländern jeweils ganz rational nach dem Ziel, auf ihrer Verantwortungsebene die Probleme zu lösen (Scharpf 1994). Weil sie aber jeweils mit unterschiedlichen Zeithorizonten – Wahlen – handelten und weil sie unterschiedlichen Zwängen – politische Mehrheiten, Standortinteressen – gehorchen müssten, sei das Ergebnis aus der Sicht des Ganzen suboptimal (Scharpf 1993). Im Theoriekonstrukt des akteurszentrierten Institutionalismus zog Scharpf später eine Summe aus seinen einschlägigen Arbeiten. Stand in der institutionentheoretischen Debatte bisher die Frage im Vordergrund, warum es Institutionen gibt und wie sie dem Verhalten der Akteure eine linke und rechte Grenze ziehen, so fragt Scharpf zunächst nach dem Zielen der Akteure. Erst dann wendet er sich den Institutionen zu. Das Wollen des Akteurs ist der springende Punkt, die Institution ist eine Hürde oder ein nützliches Instrument (Scharpf 2000). Die Finalität der Policy rangiert in dieser politikingenieurhaften Perspektive deutlich vor der Institution.

4.3.4 Die Politik der Europäischen Union

Seit Gründung der Bundesrepublik hat die Politik stets darauf gesetzt, zunächst den westdeutschen und später den gesamtdeutschen Staat in die europäische Staatengemeinschaft zu integrieren. Lange war der Komplex der Europäischen Gemeinschaft bzw. der Europäischen Union ein Thema der akademischen Internationalen Beziehungen. Das in Deutschland vertraute hohe Maß an intergouvernementaler Politik charakterisiert in gesteigerter Form auch die europäische Politik. Der Bundesrat hat Anklänge an den Rat der Europäischen Union. Die europäischen Staaten verwalten europäisches Recht, ganz ähnlich, wie die deutschen Länder das Bundesrecht ausführen. Beamtenkonferenzen prägen in Brüssel das Bild noch stärker als in Deutschland. Vor dem Hintergrund der immer deutlicher wahrgenommenen Wandlung der Europäischen Union zu einem europäischen politischen System setzten seit Ende der 1980er Jahre erste Erörterungen der europäischen

Politik ein, die nicht mehr dem Blickwinkel der Internationalen Beziehungen folgten.

Das europäische Mehrebenensystem drückt den Generalnenner europapolitischer Analysen aus. Es bot sich deshalb für eine institutionentheoretische Analyse an. Die Politikverflechtungsfalle lähmt Scharpf zufolge auch die Europäische Union (Scharpf 1999, siehe auch Héritier 1999). Der Ausgangspunkt der Überlegung ist hier das wünschenswerte optimale Resultat europäischer Problemlösungen. An diesem sollten die vorhandenen Institutionen und Lösungswege bewertet werden. Exemplarisch für dieses Vorgehen war Scharpfs Kritik an der negativen Integration, d.h. an den Deregulierungseffekten des europäischen Binnenmarktes (Scharpf 1996). Für die positive Integration einer gemeinsamen Wirtschafts- und Sozialpolitik taugen die europäischen Institutionen erkennbar – noch – nicht. Die empirische Forschung folgte allerdings eher dem Mehrebenenbild Putnams (1988), das auf das Zustandekommen von Ergebnissen überhaupt angelegt ist (Jachtenfuchs/Kohler-Koch 1996). Mit der Grundrichtung der von den meisten europäischen Politikwissenschaftlern betriebenen Forschung zur Europäischen Union stimmte Wessels' These von der Fusion nationaler Politiken mit der gemeinschaftlichen europäischen Politik besser überein als die Politikverflechtungsfalle. Nach Wessels loten die nationalen Regierungen Rat der EU nur solche Optionen aus, die für alle konsensfähig sind. Der Point of no return auf dem Weg zur weiteren Integration sei längst überschritten. Doch Ergebnisse kämen in Brüssel nicht ohne den Mindestnenner der nationalen Interessen zustande. Weil Erfolge in der nationalen Politik auch die Flankierung aus Brüssel benötigten, habe sich eine Verschmelzung von nationaler und europäischer Politik ergeben (Wessels 1992).

Im Umkreis des Max-Planck-Instituts für Sozialwissenschaften wurden Nahtstellenbereiche der europäischen und der deutschen Politik in Fallstudien über die Umwelt- und Telekommunikationspolitik untersucht (Schmidt 1998, Héritier/Mingers/Knill/Becka 1994). Der hochkomplizierte, schwer durchschaubare Implementationskomplex der europäischen Politik, die so genannte Komitologie, die europäische Rechtsnormen anwendbar gestaltet, ist dank einschlägiger Untersuchungen ein Stück transparenter geworden (Töller 2002). Auch die Schnittstellen der deutschen und der europäischen politischen Bürokratien, also Kernstrukturen im Sinne der Fusionsthese, haben Beachtung gefunden. Entgegen ihrem Ruf agieren deutsche Ministerien in Brüssel gar nicht so schlecht. Mit den Beamten der Europäischen Kommission teilen sie die

Erfahrung eines komplizierten Mehrebenensystems (Derlien/Murswiek 1999). Seit kurzem liegt in *Das neue deutsche Regierungssystem* auch ein Lehrbuch vor, das die Strukturen und Probleme des deutschen Regierungssystems im weiteren Kontext der europäischen Politik darstellt (Sturm/Pehle 2001). Arbeiten dieser Art sind zukunftweisend geworden. Weder die in Deutschland betriebenen Policies noch das deutsche Regierungssystem lassen sich künftig noch ohne den europäischen Rahmen schildern. Die Intensität der Europaforschung in der britischen und französischen Politikwissenschaft bekräftigt diese Einschätzung.

4.3.5   Die Komparatistik

4.3.5.1 Typologische Bestimmung des parlamentarischen und des präsidentiellen Regierungssystems

Ein Merkmal der frühen deutschen Komparatistik war die Debatte geeigneter Regierungssystemtypologien. Fraenkel wählte die Begriffe des parlamentarischen und des präsidentiellen Regierungssystems, um die Idealtypen des demokratischen Verfassungsstaates zu benennen (Fraenkel 1964b). Für die Unterscheidung führte er Kriterien wie das parlamentarische Vertrauensbedürfnis der Regierung, die Kompatibilität von Amt und Mandat und die Art der Parteien an. Steffani entwickelte daraus eine ausgefeilte Typologie. Sie war darauf angelegt, Regierungssysteme schon beim Blick auf einige Prüfpunkte bestimmen zu können (Steffani 1979: 37ff.). So hob Steffani das schlanke Kriterium der Abberufbarkeit der Regierung als grundlegendes Merkmal des parlamentarischen Regierungssystems hervor. Ist diese Abberufbarkeit nicht gegeben, so handelt es sich um ein präsidentielles Regierungssystem. Das parlamentarische Regierungssystem zeichnet sich ferner durch seine doppelte Exekutive aus: Es trennt die Regierungsmacht von der Staatsrepräsentation.

Nun gibt es das präsidentielle Regierungssystem in den westlichen Demokratien als reinen Typus allein in den USA und mit leichten Modifikationen in der Schweiz. Das parlamentarische Regierungssystem tritt vielgestaltiger auf. Um die richtige Variante zu treffen, setzte Steffani Hilfsmerkmale ein, so die Rolle eines konstitutionell starken Kanzlers oder Premierministers (Kanzler- bzw. Premierministerhegemonie) oder die eines Präsidenten, der nicht bloß zeremonielle Aufgaben hat (Präsidialhegemonie), oder auch die eines starken Parlaments (Parlamentshegemonie). Als problematischer Anwendungsfall dieser Typologie erwies sich das Regierungssystem der V. Französischen Republik. Von Beyme sprach hier von einem Mischsystem (von Beyme 1999 (Erstaufl. 1970)). Das formale Kriterium der Abberufbarkeit werde in der Steffanischen Definition zu stark gewichtet. Die V. Republik verkörpere einen besonderen Typus. Die Dauer und die gelegentliche Heftigkeit dieser Debatte erhielt mit Duvergers These vom semi-präsidentiellen Regierungssystem neue Nahrung. Duverger widerlegte den Unikatscharakter der V. Republik mit den Beispielen der Weimarer Republik, Finnlands und Portugals. Die von ihm vorgeschlagene Benennung dieses Systemtypus als semi-präsidentiell fand heftigen Widerspruch (Duverger 1980, Bahro/Veser 1995, Steffani 1995). Die typologische Diskussion geriet nach geraumer Zeit in ein Missverhältnis zu ihrem wissenschaftlichen Ertrag. Die wissenschaftliche Konvention hat das semi-präsidentielle System gelten lassen. Als dauerhaftes Resultat bestätigte die typologische Debatte aber die Erkenntnis, dass die parlamentarische Macht zur Kündigung des Regierungsauftrags ein ganzes Bündels tragender Strukturen des Regierungssystems präjudiziert.

Ein weiteres grundlegendes Faktum des parlamentarischen Regierungssystems brachte Steffani in der Regierungsmehrheit auf den Begriff. Die Regierungsmehrheit bezeichnet den Verbund von Regierung und Parlamentsmehrheit. Die Gewaltenteilungslinie verläuft nach Steffani im parlamentarischen System zwischen Regierungsmehrheit und Opposition. Die von Montesquieu überkommene Gewaltenteilungssystematik mit ihrer Unterscheidung von Parlament und Regierung tauge allein für den präsidentiellen Systemtyp. Steffani passte den Gewaltenteilungsgedanken mit diesen Überlegungen den Besonderheiten des parlamentarischen Systems an. Die Regierungsmehrheit zwinge dem Kabinett und den regierungstragenden Parteien sowie der parlamentarischen Opposition eine rollenspezifische Handlungslogik auf, die alle Verfassungs- und Parteiensystemunterschiede zwischen den parlamentarischen Systemen überlagere (Steffani 1991).

Typologien sind wichtig, vor allem als Leitplanken für die Sichtung von Problemen. Um jedoch Regierungssysteme und die Unterschiede zwischen ihnen zu verstehen, führt an der Beobachtung der politischen Praxis kein Weg vorbei. Die variationsreiche, auch regional differenzierte politische Landschaft Westeuropas lässt sich einem Kompendium entnehmen, das auch eine Fülle typologischer Handreichungen anbietet (Ismayr 2002 (Erstaufl. 1997)). Als spezielle Regierungssystemstrukturen sind die Kabinette (Blondel/Müller-Rommel 1993), die Haushaltsbeschließungsprozesse in Europa und in Nordamerika (Sturm 1989) sowie das Handeln gesetzgeberischer Zentralakteure (Regierungsmehrheit, Opposition) auf ausgewählten Politikfeldern (Helms 1997) bearbeitet worden.

4.3.5.2 Parteien und Parteiensysteme

Politische Motive spielten bei der Themenwahl der Vergleichenden Politikwissenschaft eine nicht zu unterschätzende Rolle. In den 1970er und 1980er Jahren plagten sich sozialdemokratische Regierungen in der Bundesrepublik, in Italien, in Großbritannien und in den Niederlanden damit, verteilungspolitisch relevante Reformen durchzusetzen. Sinkende Steuereinnahmen, Arbeitslosigkeit und drohende Inflation schlugen ihnen die Mittel aus der Hand. Vielerorts tobten innerparteiliche Kämpfe zwischen der sozialdemokratischen Linken, die auf das Beibehalten eines verteilungspolitischen Reformkurses drängte, während der pragmatischere Flügel zum Anpassen an die weltwirtschaftlichen Realitäten riet. Exemplarisch waren die Spannungen in der SPD. Die skandinavischen Länder steckten in den gleichen Dilemmata wie Deutschland. Dort allerdings führten selbst bürgerliche Regierungen eine inhaltlich sozialdemokratische Politik im Großen und Ganzen weiter.

Vor dem Hintergrund dieser Beobachtungen boomten Vergleichsstudien über europäische Parteien (z.B. Raschke 1978, von Beyme 1982). Zunächst wurden verstreute Informationen zusammengetragen, strukturiert und durch neue Ergebnisse ergänzt. Dabei wurde die angelsächsische Parteienforschung rezipiert. Besondere Beachtung fand Lipsets und Rokkans (1967) Modell historisch-politischer Konfliktlinien. Ihre Thesen von der parteienbildenden Kraft neuer sozialer Schichten und Klassen warfen die Frage auf, ob der Wohlfahrtsstaat und das Schrumpfen der Industriearbeiterschaft der politischen Linken nicht langfristig die Existenzgrundlagen entzogen hätten. Raschke entwarf ein für internationale Vergleiche konzipiertes Raster für die Analyse innerparteilicher Gruppen (Faktionen). Neben eigenen Recherchen wertete er die zu jener Zeit sehr intensive amerikanische Forschung über Faktionen und Klientelismus aus (Raschke 1977). Raschke wollte herausfinden, welches Veränderungspotential in reformwilligen innerparteilichen Flügeln steckte, das die regierungsfähigen Parteien als Ganzes nicht mehr aufbrachten. Die Anschauung einer in schwieriger Zeit regierenden SPD war in dieser Fragestellung mit den Händen zu greifen. Konservative und christliche Parteien fanden deutlich geringeres Interesse. Die Forschung darüber versandete, nachdem erste Untersuchungen erschienen waren (Veen 1983ff.).

4.3.5.3 Korporatismus, Verbände und Policies

Im internationalen Verbändevergleich wurden vorzugsweise die Gewerkschaften bearbeitet, die Arbeitgeber- und Industriellenverbände aber kaum (z.B. Hartmann 1985). Hier wirkten ähnliche Motivlagen wie bei den Parteien. Die Mitbestimmungsdiskussion stand in den 1970er Jahren in voller Blüte. Skandinavien bot einige Muster an überbetrieblicher gewerkschaftlicher Mitbestimmung und egalitärer Politik. Die österreichische Sozialpartnerschaft war ein beliebtes Referenzmodell für erfolgreiche Vollbeschäftigungspolitik und kräftige Mitsprache der Gewerkschaftsbewegung in der Wirtschaftspolitik. Der Ertrag dieser Forschungen schlug sich in Überblickswerken und Handbüchern über Arbeitsbeziehungen und Gewerkschaften nieder (beispielhaft von Beyme 1977, Mielke 1983). Hier wurde Wissen aggregiert und geordnet, das ältere Fachvertreter überhaupt noch nicht als politikwissenschaftlich relevant wahrgenommen hatten.

Vergleichende Korporatismusstudien erfreuten sich großer Beliebtheit. Deutsche Politikwissenschaftler beteiligten sich hier rege an der internationalen Forschung. Lehmbruch griff die von Schmitter eröffnete Debatte auf und schärfte das Korporatismuskonzept (Schmitter/Lehmbruch 1979, Lehmbruch/Schmitter 1982). Er fahndete in einem berühmt gewordenen Aufsatz nach den Transaktionen, die der wirtschafts- und beschäftigungspolitischen Konsensbildung vorausgehen. Als Elemente korporatistischer Politik schälte er die Repräsentativität der verbandlichen Institutionen und die Exklusivität ihrer Kontakte zur Regierung heraus. Im korporatistischen Alltag verhandele die Regierung ausschließlich mit jenen Verbänden, bei denen sich Verhandlungen auszahlten. Davon sei aber nur dann auszugehen, wenn die betreffenden Verbände den wesentlichen Teil einer gesellschaftlichen Gruppe verträten. Die Regierung wiederum begünstige diese Verbände, indem sie konkurrierende Verbände vernachlässige oder ausschließe. Entfalle nur eines dieser Elemente, so breche der ganze korporatistische Interessenvermittlungsmodus zusammen (Lehmbruch 1977/78).

Die ersten deutschen Korporatismusstudien widmeten sich der makroökonomischen Politik, der so genannten Einkommenspolitik, wie sie exemplarisch in Skandinavien, in der Schweiz und in Österreich betrieben wurde. In den 1970er und 1980er Jahren galt die korporatistische Politik noch als brauchbares Modell für Vollbeschäftigung und Wachstum. Diese Art des Korporatismus wird schon lange nicht mehr praktiziert. Spätere komparatistische Arbeiten bedienten sich des Korporatismusmodells, um die Strukturen der in den westeuropäischen Ländern betriebenen Sozialpolitik zu erklären (Schmidt 1988). Die Verbändeforschung hat sich inzwischen vom Korporatismusthema gelöst. Der große Korporatismus zentraler Übereinkünfte zwischen Staat, Gewerkschaften und Arbeitgebern (Armingeon 1983) gehört der Vergangenheit an. Ein jüngeres Werk über die Verbände in Europa fasst das Ensemble der Verbände als Verbändesystem ins Auge und arbeitet die verbandlichen Strukturen mit historischen Hintergründen und aktuellen Daten heraus (Reutter/Rütters 2001). Auch die Verbändelandschaft der USA, die dortselbst als politikwissenschaftliches Thema eher am Rande mitläuft, ist kürzlich in einer akribischen, anspruchsvollen Untersuchung empirisch bearbeitet worden (Sebaldt 2001). Ob sich aus diesen Impulsen eine Verstetigung der vergleichenden Verbändeforschung ergeben wird, bleibt abzuwarten. Das quantitative Missverhältnis der vergleichenden Verbändeforschung zur vergleichenden Parteienforschung ist längst reif für eine Korrektur.

Vergleichende Policy-Studien entwickelten sich in den 1980er Jahren in starker Affinität zur Untersuchung des Korporatismusphänomens. Schmidt ging in einer OECD-weiten Untersuchung von den Unterschieden im Leistungsprofil bürgerlicher und sozialdemokratischer Regierungen aus. Er knüpfte an Überlegungen des amerikanischen Politikwissenschaftlers Hibbs (1977, 1978) an. Hibbs hatte im makrostatistischen Datenvergleich die tatsächlichen Erfolge sozialdemokratischer Politik auf den Feldern der Beschäftigung und der Wirtschaftspolitik gemessen. Schmidt wies nach, dass linke Parteien in bescheidenen Margen tatsächlich andere Ergebnisse erzielt hatten als bürgerliche Parteien (Schmidt 1982). Für den Beleg mit harten Daten und mit einer größtmöglichen Fallzahl zahlte er den Preis problematischer Gleichsetzungen. So gerieten beispielsweise die Partei der amerikanischen Demokraten in dieselbe Kategorie fortschrittlicher Parteien wie die europäischen Sozialdemokraten und die europäischen christlichen Demokraten in dieselbe Gruppe wie die Konservativen. Mit einer weiteren teuren Konzession mussten die kulturellen Umfeldunterschiede zwischen Europa, den USA und Japan vernachlässigt werden. Wie hätte es auch anders sein können? Komparative Untersuchungen beachten entweder den Kontext sehr genau, dann schreiben Sie das Verstehen größer als die Daten, oder sie geben der Datenanalyse den Vorzug und vernachlässigen sehenden Auges den nicht quantifizierbaren Kontext der Politik. Hier reproduzierte sich ein altes und letztlich auswegloses Dilemma, nicht anders, als es so häufig in der amerikanischen Referenzdisziplin geschieht.

Der Wohlfahrtstaat war der zweite große Gegenstandsbereich vergleichender Analysen (Schmid 2002 (Erstaufl. 1996), Flora/Heidenheimer 1987, Alber 1982). Hier fanden historische Pfade und Leitwerte größere Beachtung. Die Forschung in diesem Bereich ist in hohem Maße internationalisiert; die Einbindung in die europäischen und europäisch-amerikanischen Forschungsverbünde zeigte ihre Wirkung. Insofern gelten für die Forschung in der deutschen Politikwissenschaft die gleichen Tendenzen, von denen oben im Kontext der amerikanischen Politikwissenschaft berichtet wurde. In einer aufwändigen Studie über die Arbeitsmarktpolitik in Deutschland, Großbritannien und Schweden wandte sich Scharpf der Handlungsfreiheit der Akteure im Rahmen der arbeitsmarktpolitischen Institutionen zu: der Arbeitsverwaltung, den Gewerkschaften, den Arbeitgebern und der Regierung. Die in diesen Institutionen habitualisierten Handlungsweisen dienten ihm als Erklärungsvariablen. Die institutionellen Lektionen hätten in Schweden, dessen Arbeitsmarktpolitik ganz auf Anpassungsfähigkeit angelegt sei, gut gepasst. Die britische Politik sei demgegenüber nicht einmal zum Mitgestalten der Arbeitsmarktpolitik fähig. Der Arbeitsmarkt sei dort fragmentiert und die Gewerkschaften agierten vornehmlich in den Unternehmen. Die deutsche Politik habe mit Lektionen aus den 1950er und 1960er Jahren gearbeitet. Die Akteure hätten das Faktum der internationalen Arbeitskostenkonkurrenz nicht wahr haben wollen. Insofern taugten die Lektionen der Vergangenheit für die veränderte Situation nicht mehr viel. Das Resultat: Die Arbeitsmarktpolitik musste in Deutschland und Großbritannien versagen (Scharpf 1987). Das Untersuchungsdesign dieser Studie nahm den historischen Institutionalismus in der amerikanischen Forschung vorweg.

4.3.5.4 Vom Westeuropavergleich zum Demokratievergleich: Die Erweiterung des komparatistischen Spektrums

Die 1990er Jahre markierten eine neue Etappe in der Komparatistik. Jetzt wurden viele internationale Vorbildstudien in Anschlussforschungen verarbeitet. So organisierte Döring einen umfassenden Vergleich der westeuropäischen Parlamente nach Tsebelis' Bild einer durch ihre Vetopunkte charakterisierten Institution. Ein internationales Autorenteam klopfte in dieser Studie die Zweiten Kammern, die Ausschüsse und die parlamentarischen Kontrollinstrumente auf ihre Bedeutung ab (Döring 1995). Viele der neueren Arbeiten dehnten das Vergleichsspektrum auf Nordamerika aus. So wurden etwa die Erscheinungsformen der neoliberalen Wirtschaftspolitik und ihre Auswirkungen auf den Wohlfahrtsstaat in Deutschland, Großbritannien, Kanada und den USA erörtert (Borchert 1995). Vor allem Parteienstudien erweiterten das Vergleichsfeld. Die Ursachen und Umstände des Erfolgs Grüner Parteien ermittelte eine Analyse, die unter anderem die Gründe für den Misserfolg Grüner Parteien in den angelsächsischen Ländern aufzeigte (Müller-Rommel 1993). In jüngster Zeit treten Arbeiten über rechtspopulistische Parteien hervor. Minkenberg stellte in einer Dreiländerstudie über Deutschland, Frankreich und die USA die Methodik und Datenverarbeitung in den Mittelpunkt (Minkenberg 1998). Decker bearbeitete dieses Thema in einem breit angelegten transatlantischen Vergleich eher kontextbezogen (Dekker 2000). Beide analysierten ihre Fallbeispiele mit Ansätzen der Bewegungsforschung: Im Mittelpunkt der Erklärung standen Gelegenheitsstrukturen wie Protestpotentiale und fehlerhafte Problemeinschätzungen durch die herkömmlichen Parteien. Rechtspopulistische Parteien zeichnen sich als die jüngste Häutung der europäischen Parteiensysteme ab.

Ein weiteres großes Thema war der Verlust der *linkages*, d.h. das Austrocknen der mit den Parteien verbundenen Organisationsmilieus. Dank der Medienbeachtung schillernder Gründergestalten machen selbst organisationsschwache Neuparteien den ressourcenstärkeren Altparteien vorübergehend das Leben schwer (Poguntke 2000). Die etablierten Parteien selbst verwandeln sich zunehmend in spezialisierte Gebilde für die Bedürfnisse der Mandatsträger und für die Wahlkampfführung. Von Beyme hat diesen Prozess mit der Wendung *Von den Volksparteien zu den professionalisierten Wählerparteien* beschrieben (von Beyme 2000). Die Partei als moderne politische Servicestation deutet auf das Phänomen der politischen Klasse.

Die politische Klasse ist mit der politischen Funktionselite der Amtsinhaber und Mandatsträger identisch. In der Forschung stehen aber nicht so sehr die Elitenfunktionen im Mittelpunkt, sondern die Erwerbs- und Statusinteressen dieser Klasse (von Beyme 1995). Es geht also im Sinne Max Webers nicht um das Leben „für die Politik", sondern um das Leben „von der Politik". Das Phänomen der politischen Klasse schwingt in vielen neueren Arbeiten über Parteien, Wahlen und die Finanzierung des politischen Betriebs mit. Als wissenschaftliches Thema hat es eine starke Affinität zur internationalen Parteienforschung, insbesondere zur pointierten These von den Kartellparteien (Katz/Mair 1995).

Wie jede andere Erwerbsklasse braucht die politische Klasse ein erlerntes Repertoire von Normen, die ein erfolgreiches Agieren im politischen Betrieb ermöglichen. Die Professionalisierung politischer Karrieren stand im Mittelpunkt eines editorischen Großprojekts, das sich auf die Parlamentsabgeordneten in Europa, Nordamerika und Japan konzentriert. Das Regierungspersonal und die Spitzenfunktionäre der Parteien rekrutieren sich vorzugsweise aus den Reihen der Parlamentsabgeordneten (Borchert 1999). Die Kostenseite der Parteien und Wahlkämpfe ist ein weiterer Schwerpunkt dieses Forschungskomplexes. Die Finanzierung der Parteien ist zu einem wesentlichen Teil Wahlkampffinanzierung, und Wahlkämpfe sind in allen Demokratien ein Geldproblem (dazu exemplarisch Landfried 1994). Wahlkämpfe entscheiden, ob Minister, Abgeordnete und politische Beamte ihren Job behalten. Die politische Klasse gäbe es ohne die öffentliche Alimentierung überhaupt nicht. Selbst die Kandidatur für ein Parlamentsmandat beinhaltet finanzielle Hürden. In der amerikanische Demokratie entfaltet der Preis für die Kandidatur durchaus prohibitive Wirkungen. Sogar in Deutschland, das keine aufwändigen Vorwahl- oder Kandidaturkämpfe kennt, verlangt die Bewerbung auf eine Kandidatur beträchtliche Summen (Oldopp 2001).

Die Komparatistik ist in der deutschen Politikwissenschaft ein Feld mit vielen Lücken geblieben. Etliche deutsche Politikwissenschaftler beschäftigen sich mit den USA. Die American politics in den USA produzieren unablässig Neues. Bei den meisten deutschen Arbeiten über die USA handelt es sich Fallstudien, die den vergleichenden Aspekt vernachlässigen. Beispielhaft seien hier zwei Arbeiten skizziert: Schreyers akribisch erarbeitetes Panorama der changierenden Gruppen- und Strömungsbilder im Repräsentantenhaus bearbeitet eine

Dimension der Congressional parties, die für die Meinungs- und Mehrheitsbildung größere Bedeutung hat als die formelle Parteizugehörigkeit (Schreyer 1997). Klages hat um nichts weniger eindrucksvoll die Rückeroberung der Budgethoheit durch den Kongress und die Sanierung des amerikanischen Bundeshaushalts dargestellt (Klages 1997). Beide Arbeiten sind in den Forschungszusammenhängen des Frankfurter Zentrums für Nordamerikastudien entstanden. Die Comparative politics hinterlassen in diesen Arbeiten so gut wie keine Spuren. Lösches Einführung in die amerikanische Politik mit ihren Seitenblikken auf entsprechende Problemlagen in Deutschland (Lösche 1989) und Prätorius' kultursensible Darstellung des politischen Prozesses in den USA (Prätorius 1997) sind Ausnahmen. Auch diese Autoren unternehmen keinen Ländervergleich. Die Darstellungsperspektive ist aber so gewählt, dass sie Brücken zum Vergleich mit der vertrauten deutschen Politik baut. Ganz allgemein ist die Vergleichsoffenheit – im Unterschied zur Selektivität der Vergleichsthemen – in der deutschen Politikwissenschaft stärker ausgeprägt als in den USA. Die Komparatistik ist hierzulande ein fester Bestandteil des politikwissenschaftlichen Fächerkanons und der Studiengänge. Spezialisten für die britische Politik (etwa Döring 1993; Sturm 1990) und die französische Politik (zum Beispiel Kempf 1997) arbeiten in aller Regel auch über deutsche Themen.

4.3.5.5 Dritte-Welt- und Osteuropaforschung

In den 1970er und 1980er Jahren war das Studium der postkolonialen Welt vom so genannten Tercermundismo des afro-französischen Autors Frantz Fanon beeinflusst. Fanon benannte das sozialistische Widerlager der Ersten Welt des kapitalistischen Westens als Zweite Welt (Fanon 1968 (Erstaufl. 1961)). Als Dritte Welt wurden die postkolonialen Staaten bezeichnet. Die dem Weltmarkt innewohnenden Gesetzmäßigkeiten galten als Ursachen für die Entwicklungshindernisse. Den Schlüssel für die Erklärung und Überwindung der Armut in weiten Teilen der Welt birgt demnach die Ökonomie. Auf diesem Ansatz fußt – neben einer unüberschaubaren Fülle von Fallstudien – die ambitionierte Reihe des *Handbuchs der Dritten Welt* (Nohlen/Nuscheler 1993ff. (Erstaufl. 1974ff.)). Das Werk ist eine Fundgrube für Daten und Fakten über Bevölkerung und Wirtschaft. Die Historie und die Kultur werden hingegen stiefmütterlich abgehandelt. Will man es marxistisch ausdrücken, so steht hier die Basis im Zentrum, das Ökonomische. Dem Überbau wird der zweite Platz zugewiesen.

Die These, dass die Dritte Welt durch Ausbeutung in Armut gehalten werde, verbrauchte sich mit der Zeit. Die zunächst noch bescheidene Rezeption der amerikanischen State-Society-Literatur signalisierte ein Umdenken. Elsenhans begründete die Entwicklungshemmnisse mit der Existenz von Staatsklassen in den zahlreichen Ländern der Dritten Welt. Die Staatsklassen schöpften mit Hilfe ihrer Staatsapparate das gesellschaftliche Einkommen und die Transferleistungen aus dem Ausland ab, um für sich und ihre Familien einen westlichen Ausbildungs- und Konsumstandard zu realisieren. Die Stabilität des Ganzen werde mit Repression erkauft. Repression gehe in der Regel mit dem Verzicht auf eine gerechtere und produktivere Einkommenslenkung einher. Der entwicklungspolitische Preis werde im Versäumnis einer gerechteren und produktiveren Einkommenslenkung entrichtet (Elsenhans 1986, 1984). Menzel hatte mit einem lauten Abgesang auf das Ende der Dritten Welt und das Scheitern der großen Theorie Recht (Menzel 1992). Heute sitzen die Forscher über Lateinamerika, Afrika und Asien im selben Boot wie ihre amerikanischen Kollegen. Thesen vom patrimonialen Staat (Perthes 1990), vom anomischen Staat (Waldmann 2002) oder sogar vom Failed state (Tetzlaff 2000) belegen dies.

Die Erforschung der außereuropäischen Politik war die Sache zahlreicher Regionalforschungsinstitute. Als Afrika, Asien und Lateinamerika ins Blickfeld rückten, mussten sich die Politikwissenschaftler an renommierten Platzhaltern für Regionalkompetenz messen. Sowjetunion- und Osteuropaspezialisten politikwissenschaftlicher Provenienz forschten im Umfeld des inzwischen aufgelösten Bundesinstituts für Internationale und Ostwissenschaftliche Studien, einem Produkt des Kalten Krieges. Es war einst dazu bestimmt, der Bundesregierung wissenschaftlich bei der Aufklärung der Feindlage im Osten behilflich zu sein. Die Stars der Einrichtung glänzten durch Sprachkompetenz und waren gewiss auch gute Beobachter – eines waren sie mit ganz wenigen Ausnahmen nicht: Politikwissenschaftler! Es handelte sich um Osteuropahistoriker, Planwirtschaftsexperten und Osteuroparechtler. Der Stab und die zahlreichen freien Mitarbeiter zählten unter anderem landeskundige Emigranten, zumeist mit einer guten wissenschaftlichen Ausbildung. Der Horizont dieser Spezialisten endete zumeist an den Grenzen irgendeines osteuropäischen Landes. Die Aufgaben des Instituts werden heute von der Stiftung Wissenschaft und Politik wahrgenommen, die wissenschaftliche Analysen für die Bundesregierung anfertigt.

Eine recht prominente Rolle bei der Erforschung Osteuropas hatten die Ostrechtler. Brunner und Meissner setzten beim Leninschen Staatsmodell, bei den Verfassungen und beim Parteistatut an, um die sozialistischen Systeme zu analysieren (zum Beispiel Meissner/Brunner 1975, Brunner 1977, Meissner 1982). Diese Strukturen waren aussagefähig. Deshalb hatten diese Wissenschaftler auch politikwissenschaftlich Wichtiges mitzuteilen. Mit dem Zusammenbruch des sozialistischen Systems nützte die Kenntnis der leninistischen Strukturen nicht mehr viel. Was an neuen Strukturen heranwuchs, nahm sich ganz ähnlich aus wie Phänomene in anderen Teilen der Welt. Die postsozialistischen Systeme verlangten die Erschließung der informellen und der schwach institutionalisierten Politik, nicht zuletzt auch den Abgleich mit der Dritten Welt. Als noch niemand das bevorstehende Ende des Sozialismus ahnte, taten es nur wenige deutsche Politikwissenschaftler, herausragend von Beyme, den Politikwissenschaftlern an den Russian and Soviet Research Centers der USA gleich und rückten der Sowjetunion und Osteuropa mit den aktuellen Herangehensweisen der Komparatistik zu Leibe (von Beyme 1975, 1983).

In der Ära der beiden deutschen Staaten gab es eine beachtliche DDR-Forschung. Der beschreibende Zugriff auf Staat und Gesellschaft der DDR war die Regel, die Anwendung sozialwissenschaftlicher Methoden – so die Arbeiten von Ludz (1968, 1980) – die Ausnahme. Als die DDR- und Osteuropaforschung 1990 ihren Gegenstand verlor, machte sich Ratlosigkeit breit. Einige Wissenschaftler suchten Zuflucht im Deskriptiven, indem sie die flüchtigen Parteienstrukturen im neuen Osteuropa nachzeichneten und Verfassungen beschrieben (Glaeßner 1994, Segert/Stöss/Niedermayer 1997, Segert/Machos 1995). Andere ließen sich auf das in der amerikanischen Demokratieforschung entwickelte Stufenmodell des Übergang zur Demokratie ein: auf das Transitionsmodell (Merkel 1994, Merkel/Sandschneider/Segert 1996, Merkel/Sandschneider 1997, Merkel 1999a). Dabei holten sie neben den Fragmenten der zerfallenen Sowjetunion auch Afrika und Lateinamerika vor die Lupe. Etliche Politikwissenschaftler, die sich nie zuvor mit Osteuropa befasst hatten, fühlten sich bemüßigt, dem wissenschaftlichen Publikum ihre Sicht der Vorgänge im „Neuen Osten" (Offe 1994) darzulegen. Die Transitionsforschung ist heute schon wieder im Abebben begriffen. Autoritäre Systeme haben den realen Sozialismus auf dem Gebiet der ehemaligen Sowjetunion, in Weißrussland, in der Ukraine, im Kaukasus und in Zentralasien auf absehbare Zeit abgelöst. Russland befindet sich in einem Zustand, der zaghafte demokratische, insgesamt aber noch autoritäre Strukturen aufweist. Die Transition zur Demokratie (von Beyme 1994) ist zum Studium „defekter" Demokratien mutiert (Merkel 1999b). Die defekte Demokratie ist aber eigentlich nichts anderes als die schwache Polyarchie des politikwissenschaftlichen Klassikers Dahl in neuer terminologischer Gewandung. Man könnte ebenso gut von weichem Autoritarismus sprechen.

Das nachsowjetische Russland wurde von vornherein stärker mit einem politikwissenschaftlichen und nicht so sehr mit einem landeskundlichen Zugriff bearbeitet; das Gleiche galt für Osteuropa (Mommsen 2003, Rüb 2001, Trautmann 1995, von Steinsdorff 1995, 1999, Segert 2002). Die Kommunismusforschung ist zum Thema für Historiker geworden. Die jüngeren Betreiber der politikwissenschaftlichen Russland- und Osteuropaforschung haben in der Regel eine politikwissenschaftlichen Ausbildung genossen. Politikwissenschaftliche Professionalität und Sprachkompetenz genügen, um Osteuropa komparatistisch zu erschließen. Die Aussichten für eine breitere und professionelle Erforschung Osteuropas stehen damit gut (dazu auch von Beyme 2001: 126ff.).

Schwierige Sprachen und fremde Kulturen machen die Spezialisierung auf außereuropäische Länder und Regionen zu einem schwierigen Unterfangen. Der typische deutsche Politikexperte für Ostasien, Südostasien oder den arabischen Raum hat hierzulande ein schwieriges Sprachstudium absolviert. Im Veröffentlichungsbild wissenschaftlicher Verlage erscheinen Arbeiten über China, Japan und andere ostasiatische Länder sporadisch (Kevenhörster 1969, 1973, Hartmann 1992). Landeskenner mit politikwissenschaftlicher Qualifikation, die an den Regionalforschungsinstituten keine raren Erscheinungen mehr sind, haben voll damit zu tun, „exotisches" Wissen weiterzugeben. Der politikwissenschaftliche Experte muss in seinem Orient- oder Afrikainstitut hart arbeiten, um die mit seinem Job verbundenen Pensen an Radiointerviews, TV-Statements und Artikeln in der Fach- und Tagespresse zu bewältigen und eventuell noch schmückende Lehraufträge wahrzunehmen. Es dürfte schlicht an der Zeit fehlen, um daneben noch allgemeine Entwicklungen im Fach zu verfolgen. Zum Expertenstatus für ein Land oder eine Region trägt solches Wissen nichts bei. Solche Experten genießen in der deutschen Öffentlichkeit ein hohes Ansehen.

Das unterscheidet sie von ihren zahlreicheren amerikanischen Kollegen. Als Politikwissenschaftler sind diese im Regelfall aber besser auf dem Laufenden. Sie blicken nicht vorrangig auf ein hochinteressiertes Laienpublikum und auf die Medien, sondern auf das Urteil der Peers in der Scientific community.

4.3.6 Die Internationalen Beziehungen

Die Rezeption der amerikanischen Disziplin war in den Internationalen Beziehungen besonders eifrig. Morgenthau und Kissinger galten bis in die 1970er Jahre hinein als die wichtigsten Bezugsautoren. Das Ergebnis dieser Rezeption war die Analyse von Akteuren und außenpolitischen Konstellationen. Hier gab es einmal die höchst anspruchsvolle Forschung über die Adenauer-Ära, mit der sich Hans-Peter Schwarz (1966, 1981, 1983) große Reputation erschrieb. Er sollte damit Schule machen. Gründliche Arbeiten über Schlüsselperioden der deutschen Außenpolitik legten in späteren Jahren beispielsweise Baring (1982), Korte (1992) und Küsters (2000) vor. Sie verschränkten biographische, konzeptionelle und bürokratisch-institutionelle Teilanalysen.

Enger angelegt war die Diplomatiegeschichte. Hier wurden Ereignisfolgen geschildert, die vornehmlich mit außenpolitischen Doktrinen und dem Handeln der Staatenlenker erklärt wurden. Die Diplomatiegeschichte markiert ein bis dato aktuelles Genre der außenpolitischen Literatur. Auch dafür gibt es in den USA ein Pendant, in neuerer Zeit etwa die Arbeiten von Gaddis (1978, 1987, 1992, 1997). Neben der theoriegeleiteten Literatur ist die Diplomatiegeschichte dort allerdings randständig geworden. Stilbildend für die deutsche Politikwissenschaft war Besson mit einer Geschichte der amerikanischen Außenpolitik von Roosevelt bis Kennedy (Besson 1964). Er hatte sich Kennans kleines Büchlein über die amerikanische Außenpolitik in der ersten Hälfte des 20. Jahrhunderts (Kennan 1952) zum Vorbild genommen. Bessons Buch sollte für eine Generation von Politikstudenten Grundlagenlektüre werden. Hacke führte diese Tradition diplomatiehistorischer Arbeiten (so auch Besson 1970, Ziebura 1970) mit Monographien über die amerikanische und deutsche Außenpolitik fort (1983, 1988, 1997). Die Innenpolitik wurde bei alledem wie vor einem halben Jahrhundert von Morgenthau lediglich am Rande beachtet. Kindermann, ein Morgenthau-Schüler, schrieb den Realismus auf seine Weise fort, indem er Morgenthaus überaus nüchterne Kategorie des nationalen Interesses mit ethischen Maximen wie Freiheit und Frieden verknüpfte. Er übertrug Morgenthau auch in eine systemtheoretische Sprache (Kindermann 1981). Außerhalb des Kindermannschen Schülerkreises fanden diese Renovierungsversuche an einer im Fach bereits als antiquiert geltenden Theorie keinen Widerhall. Der Deutsch-Amerikaner Hanrieder hatte das Wort vom *penetrated system* Westdeutschlands geprägt: Innenpolitik, sicherheitspolitische Westbindung und europäische Integration greifen ineinander und bedingen einander (Hanrieder 1967, Hanrieder 1995 (Erstaufl. 1989)). Für das Studium der deutschen Außenpolitik hatte diese Sicht die größere Vorbildwirkung (exemplarisch Haftendorn 1975).

Die marxistische Deutung hinterließ vorübergehend breite Spuren in der Betrachtung der Weltpolitik. Kapitalinteressen und Klassenbeziehungen avancierten, begünstigt durch die Begeisterung für marxistische Theorie, in den 1970er Jahren zur Zentralerklärung für internationale Konflikte. Wir begegnen hier dem gleichen Phänomen wie zur selben Zeit in anderen Sparten des Fachs. Die Gegensätze zwischen reicher und armer Welt (Nord-Süd-Konflikt), ebenso Phänomene wie der Vietnamkrieg und die zahlreichen, auf die zwischenstaatlichen Beziehungen ausstrahlenden Bürgerkriegsauseinandersetzungen in der Dritten Welt wurden imperialismustheoretisch interpretiert (Krippendorf 1973, 1986, Tudyka 1971). Besonders populär war die Dependenztheorie. Die kapitalistischen Industrieländer förderten die industrielle Entwicklung in der Dritten Welt nur soweit, wie es ihren Interessen an Rohstoffen und Märkten entspreche. Die Geschäfte des Kapitals besorge in den Opfernationen die Oberschicht. Sie manage den Im- und Export, kontrolliere den Staat und vermittle nach außen den schönen Schein der Souveränität (Baran 1966 (Erstaufl. 1957), Cardoso/Faletto 1976, Frank 1969 (Erstaufl. 1968)). Mächtige, rohstoffarme Produzenten hier, schwache, ressourcenreiche Lieferquellen dort; bürgerliche Demokratie und relativ breit gestreuter Wohlstand hier, Diktaturen und Armut dort. Die Not der einen bedinge das Prosperieren der anderen. Mit leisen Variationen intonierten Krippendorf, Senghaas und Galtung diese Melodie im Dauerbetrieb. Solches Denken war zeitbedingt. Der marxistische Ansatz in der deutschen Politikwissenschaft verzeichnete auch hier, wie in anderen Bereichen der Politikwissenschaft, hohen Energieverbrauch, vermutlich einiges an Selbstbestätigung, letztlich aber geringe Erträge.

Der pragmatische Umgang mit den in den USA diskutierten Ansätzen brachte Fortschritte. Schwarz machte keinen Hehl aus seiner

Auffassung, dass er Morgenthaus Sicht der Staatenbeziehungen teilte. Aber er nahm wie selbstverständlich die innenpolitischen Bedingtheiten der Außenpolitik zur Kenntnis (Schwarz 1994, 1995, Kaiser/Schwarz 2000). Sein Gespür für die historische Relativität nationaler Interessen kam in der Sache einer Abkehr von der Grundannahme des Realismus gleich, es gebe keine Wechselwirkung zwischen der innergesellschaftlichen Politik und der Außenpolitik. Ein Projekt wie Haftendorns *Verwaltete Außenpolitik,* das von Allisons Kuba-Studie (1971) inspiriert war, thematisierte den gouvernementalen Apparat als Träger der Außenpolitik (Haftendorn 1978).

Link bot ein Beispiel für die Kombination der in der amerikanischen Forschung vertretenen Sichtweisen auf einem neorealistischen Nenner. Er teilte die hohe Bewertung des Sicherheitskalküls, das die Neorealisten dem Handeln der Staaten zuschreiben. Ganz und gar nicht neorealistisch fasste Link allerdings die Dimensionen weltwirtschaftlicher Macht ins Auge. Darin erkannte er ein Vermachtungsphänomen eigener Art. Wirtschaftliche Macht manifestiere sich im internationalen Markt. Der Weltmarkt sei nicht politikfrei, aber er konstituiere sich vorrangig durch kommerzielles Kalkül und Handel. Der Neorealist gewann bei Link dann wieder in der Auffassung die Oberhand, die Staaten und militärisch untermauerte staatliche Macht prägten auch im Zeitalter der Globalisierung maßgeblich das Bild der Weltpolitik (Link 1980, 1999).

Die Theoriedebatte in den USA wurde von deutschen Wissenschaftlern in einer Ausführlichkeit und mit einer Regelmäßigkeit publiziert, die für so manchen anderen politikwissenschaftlichen Schwerpunkt höchst wünschenswert gewesen wäre (Haftendorn 1975, Behrens/Noack 1984, Meyers 1985, Rittberger 1990, Krell 2000). Etliche deutsche Wissenschaftler haben sehr produktiv an amerikanischen Institutionen gearbeitet, um anschließend an deutsche Universitäten zurückzukehren. Czempiel, Kaiser, Kratochwil, Risse, Adomeit und Wendt haben der deutschen wie der angelsächsischen Forschungsliteratur Beachtliches hinzugefügt. Mit zwei Fachperiodika, den *Internationalen Beziehungen*, die sich vor allem an der Theoriedebatte beteiligen, und der *Internationalen Politik*, die Wissenschaftler, Publizisten und Politiker zu Worte kommen lässt, existieren zwei große Foren. Die akademischen Internationalen Beziehungen sind damit komfortabler ausgestattet als die übrigen politikwissenschaftlichen Forschungsschwerpunkte.

Wegen der großen Reputierlichkeit alles Theoretischen werden Begriffe in der deutschen Politikwissenschaft wichtiger genommen als in der angelsächsischen Welt. Das Beiwort liberal wird nicht überall gern gehört. Bei der deutschen Nachkriegsdemokratie handelte es sich um eine Schöpfung im liberalen Geiste, politisch wie ökonomisch. Aber liberal galt bei einigen Wissenschaftlern als Unwort, weil es auf die Philosophie des Kapitalismus hindeutete. Daraus resultieren bis heute pseudo-theoretische Verrenkungen, die sich nur aus politischem Bekenntnisdrang erklären lassen. Im Zusammenhang mit neoliberalen Kooperationstheorien ist deshalb nicht von Liberalismus oder Neoliberalismus die Rede, sondern von Institutionalismus (Keck 1991). In der Substanz steckt darin wenig mehr als begriffliches Rangieren. Dem Neoliberalismus geht es just darum, die internationalen Beziehungen aus der Anarchie herauszuholen und sie durch Institutionen wie internationale Regime in regelhaftes, kalkulierbares Handeln zu lenken. Die Forschung über internationale Regime kommuniziert inhaltlich engstens mit der amerikanischen Disziplin (Efinger/Rittberger/Wolf/ Zürn 1990, Rittberger 1994, Müller 1993).

Einen großen theoretischen Wurf unternahm Czempiel im Versuch, die Asymmetrien in der Weltpolitik abzubilden. Das Ergebnis war ein Gittermodell der internationalen Beziehungen (Czempiel 1981). Militärische und ökonomische Macht seien ungleich verteilt. In den USA verbänden sich große ökonomische und militärische Macht. In anderen Fällen, etwa Deutschland und Japan, gebe es große ökonomische, aber geringe politische und militärische Macht. In wieder anderen Fällen sei große militärische, aber keine entsprechende ökonomische Macht anzutreffen, wie seinerzeit in der Sowjetunion. Czempiels Modell eignete sich auch für das Integrieren der Schnittstellen von Innen- und Außenpolitik. Eine Reihe von Fallanalysen orientierte sich auf dieser heuristischen Landkarte (zum Beispiel Czempiel 1979, Rode 1980). In einer Untersuchung über die *Machtprobe* wandte Czempiel sein Verknüpfungsmodell auf die Endphase der amerikanisch-sowjetischen Systemkonkurrenz an (Czempiel 1989). Von der herkömmlichen Diplomatiegeschichte waren diese Forschungen um Lichtjahre entfernt. Selbst eingefleischte Innenpolitiker erkannten in Teilaspekten dieser Analysen ihr eigenes Métier wieder.

Dennoch bleibt eine Besonderheit der Analyse der Internationalen Beziehungen zu vermerken. Ein belehrendes Pathos unterscheidet hierzulande viele Vertreter der Internationalen Beziehungen vom nüchterneren Tenor der amerikanischen Forschung. Ein Grund liegt in der engen Verbindung der Internationalen Beziehungen mit der Friedensforschung. Als Projekt der sozialdemokratischen Wissenschaftspolitik genoss die Friedenspolitik in den 1970er Jahren besondere Förderung. Sie ist Kriegsursachenforschung. Die Friedensforscher suchen die Ursachen des Unfriedens in den gesellschaftlichen Verhältnissen. Der Mensch als solcher ist vernünftig. Es kommt nur darauf an, die Unvernunft gewaltsamer Handlungen und Verhältnisse im Gespräch herauszustellen. Ungerechte Gesellschaften gebären Kriege. Der Krieg lässt sich am besten damit bekämpfen, dass Gewalt und Unrecht aus der innergesellschaftlichen Politik verschwinden (Czempiel 1999). Solche Überlegungen führen stracks aus der empirischen Analyse heraus in philosophische und politische Bekenntnisse. Ein Fachjournal wie die *Internationalen Beziehungen* bietet dafür reichhaltiges Anschauungsmaterial.

Weiterführende Literatur

Wilhelm Bleek informiert umfassend über die Geschichte der deutschen Politikwissenschaft: Geschichte der Politikwissenschaft in Deutschland, München 2001. Auf die ersten zwanzig Jahre der Fachdisziplin geht sehr ausführlich Arno Mohr ein: Politikwissenschaft als Alternative. Studien einer wissenschaftlichen Disziplin auf dem Wege zu ihrer Selbständigkeit in der Bundesrepublik Deutschland 1945-1965, Bochum 1988. Porträts der Politikwissenschaftler in der ersten und zweiten Generation enthalten die von Hans-Karl Rupp und Thomas Noetzel herausgegebenen Bände: Macht, Freiheit, Demokratie. Anfänge der westdeutschen Politikwissenschaft. Biographische Annäherungen, Bd. 1, Marburg 1991; Macht, Freiheit, Demokratie; Die zweite Generation der deutschen Politikwissenschaft, Bd. 2, Marburg 1994. Den Traditionen und Richtungen im Fach widmen sich Gerhard Göhler und Bodo Zeuner (Hrsg.): Kontinuitäten und Brüche in der deutschen Politikwissenschaft, Baden-Baden 1991, sowie Wilhelm Bleek und Hans Lietzmann (Hrsg.): Schulen in der deutschen Politikwissenschaft, Opladen 1999. In sehr kritischer Distanz zur konventionellen Politikwissenschaft hat Hans Kastendiek die erste größere Darstellung zur Fachgeschichte verfasst: Die Entwicklung der westdeutschen Politikwissenschaft, Frankfurt/M. und New York 1977. Die ge-

genteilige Sicht erschließt sich aus der Bilanz von Erwin Faul: Politikwissenschaft im westlichen Deutschland. Bemerkungen zu Entwicklungstendenzen und Entwicklungsanalysen, in: Politische Vierteljahresschrift, 20. Jg., 1979, S. 71-103. Die Lage der Disziplin in der Mitte der 1980er Jahre ergibt sich aus dem von Klaus von Beyme herausgegebenen Band: Politikwissenschaft in der Bundesrepublik Deutschland. Entwicklungsprobleme einer Disziplin. in: Politische Vierteljahresschrift, 17. Jg., Sonderheft 17, Opladen 1986. Einen knappen Befund neueren Datums bietet: Hans J. Lietzmann (Hrsg.): Politikwissenschaft in der Bundesrepublik, in: Hans J. Lietzmann und Wilhelm Bleek (Hrsg.): Politikwissenschaft. Geschichte und Entwicklung in Deutschland und Europa, München und Wien 1996, S. 38-76.

5 Politikwissenschaft in Großbritannien

Die britische Politikwissenschaft zeichnet sich von jeher durch große Kontinuität aus. Bis zum Ende der 1960er Jahre war sie traditionelle Politikbeschreibung und Verfassungsgeschichte. Mit dem Ausbau des Fachs begann die intensivere Rezeption der Forschungen in der amerikanischen Referenzwissenschaft. Dabei blieben britische Politikwissenschaftler ihrem Stil treu. Das Verallgemeinern und Theoretisieren der amerikanischen Disziplin liegt ihnen fern. Die Analysen britischer Politikwissenschaftler bevorzugen die Erklärung im historischen und kulturellen Kontext. Ihre Stärken sind die solide Interpretation und die dichte Beschreibung. Beides stimmt mit den Eigenheiten der britischen Politik überein. Sowohl die Regierungspolitik als auch die Verflechtungen zwischen der Regierung und den organisierten Interessen sind sehr viel weniger transparent als in den USA oder in Deutschland. Der britische Verfassungswandel lässt sich mangels kodifizierter Normen nur im historischen Verlauf ermitteln. Dieser Stil der britischen Politikwissenschaft hat sich aus der Notwendigkeit entwickelt, immer wieder in die informelle Politikdimension vorzudringen. Er kommt ihr beim Studium der komplizierten Politik der Europäischen Union entgegen. Die Komparatistik ist ein hochentwickelter Zweig der britischen Disziplin. Das Interesse selbst an der entfernteren Staatenwelt hat seit den Tagen des Empire Tradition. Diese Tradition wirkt auch in die Politikwissenschaft. In den Internationalen Beziehungen ist der Einfluss der amerikanischen Disziplin größer, aber nicht beherrschend. Die so genannte britische Schule der Internationen Beziehungen betont die zwischenstaatlichen Usancen und das Völkerrecht als Bindemittel der Staatenwelt. Die Tradition des Ideenstudiums reicht lange vor die Gründung einer britischen Politikwissenschaft zurück. In der Disziplin bewohnt sie aber nur noch eine Nische.

5.1 Die britische Politikforschung in ideen- und institutionengeschichtlicher Tradition (seit 1950)

Britische Politikwissenschaftler gründeten 1950 die Political Science Association (PSA). Damit gab es zwar eine politikwissenschaftliche Fachvereinigung. Aber das Format der Disziplin war noch ähnlich wie in Deutschland. Das Studium politischer Ideen und der Institutionen bestimmten die Agenda. Wie in Deutschland die frühe Politikwissenschaft noch teilweise stark an das Staatsrecht erinnerte, so ließ die britische Politikwissenschaft ihre Herkunft aus der Ideen- und Verfassungsgeschichte erkennen.

In Oxford hat die politische Philosophie Tradition. Der kontextverachtende Gestus der deutschen Politikphilosophie war ihr jedoch fremd. Dafür gab es viele Gründe, darunter das hohe Ansehen der Geschichtsforschung an den britischen Universitäten (Lepszy 1990). Im Unterschied zu den USA und Deutschland wirkten dort nie Politikphilosophen, die Zensuren für richtiges und falsches politisches Denken vergeben hätten (Kelly 1999). Ausnahmen wie der gegen die Moderne wetternde Crick bestätigten die Regel. An der behavioralistischen Politikwissenschaft in den USA ließ Crick kein gutes Haar (1959, 1966, 1980). Bei Vertretern der politischen Philosophie in Deutschland war er als Kronzeuge wider die moderne Politikwissenschaft wohlgelitten. Michael Oakeshott, Laskis Nachfolger an der London School of Economics, plädierte demgegenüber für die Geschichte als Erklärungsmodus für politische Ideen.

Große Resonanz erzielte in Großbritannien der kanadische Politikwissenschaftler C. B. MacPherson (1990 (Erstaufl. 1962)). Er charakterisierte in einem viel beachteten Buch die englischen Vertragstheoretiker, darunter auch den anderswo vielgescholtenen Hobbes, als im Kern frühliberale Denker. Argumentationsleitend war hier das *cui bono* des individualistischen Menschenbildes. MacPherson projizierte es auf die frühkapitalistische Entwicklung im Hobbesschen England. Hobbes habe nicht, wie die aristotelischen Kritiker es ihm ankreideten, der Allmacht des Staates, sondern vielmehr der Beschränkung des Staates das Wort geredet. MacPhersons marxistische Deutung der Klassiker löste eine Welle der Neuinterpretationen aus. Die Cambridge-Schule der Klassikerinterpretation ist mit Namen wie Skinner und Pocock verbunden (Rosa 1994). Ihr kommt es darauf an, die

Schriften der Klassiker im Bedeutungshorizont der Literatur und Sprache ihrer Zeit zu entschlüsseln. Zu diesem Zweck gleicht sie die Klassikertexte mit den Sprachbildern zeitgenössischer Literaten ab (Skinner 1969). Dieser Zugang zu den Klassikern ist eher philologisch und weniger sozialhistorisch oder sozialwissenschaftlich (Pocock 1972, 1985, Skinner 1978).

Die *Political Studies*, das Periodikum der britischen Fachvereinigung, belegen in zahlreichen Artikeln das Klassikerstudium als Bestandteil des Fachkanons. Besondere Faszination geht nach wie vor von Hobbes aus – *the Hobbes industry* (Goldsmith 1991). Doch gemessen an dem, was die meisten britischen Politikwissenschaftler umtreibt, bewegt sich das Ideenstudium seit langem an der Peripherie der Disziplin.

Die erste über Großbritannien hinaus beachtete große Arbeit über die britischen Parteien stand noch ganz im Rahmen der historischen Tradition. McKenzie hatte in einem weiten Rückblick die Entwicklung der Konservativen und der Labour Party geschildert und dabei die These verfolgt, die Struktur der britischen Parteien passe sich dem demokratisch modifizierten Westminster-System an, und dieses verlange den Primat der Parlamentsfraktionen im Unterhaus (McKenzie 1964 (Erstaufl. 1955)). Unverkennbar wirkte hier Bagehot nach. Eine berühmt gewordene Fortschreibung Bagehots leistete Richard Crossman in seinem Vorwort zur *English Constitution*. Das Vorwort erschien erstmals 1963. Es bilanzierte die effizienten und zeremoniellen Elemente der britischen Realverfassung hundert Jahre nach Bagehot neu. Crossman beschrieb den Wandel des Westminster-Systems durch das Auftreten der politischen Parteien und die Massenmedien.

5.2 Die politische Initialzündung für den Ausbau der Politikwissenschaft (seit 1965)

Der Aufschwung der britischen Politikwissenschaft begann Mitte der 1960er Jahre (Johnson 1989: 27f.). Damals beschloss eine Labour-Regierung, die Sozialwissenschaften zu fördern. Den Anschub finanzierte das Social Science Research Council, eine Regierungsstiftung. Lange zuvor war bereits der Ausbau neuer Universitäten fernab von London vorangetrieben worden. Die Politikwissenschaft profitierte von diesen Entscheidungen. Startete die PSA im Jahr 1951 noch mit 100 Mitgliedern, so zählte sie 1994 1.400 Mitglieder (Chester 1975, Johnson 1989: 27; Kaiser 1996: 229). Diese Entwicklung entspricht ungefähr dem Wachstum der Deutschen Vereinigung für Politische Wissenschaft. Wie dort ging der Ausbau der Politikwissenschaft mit der Ausdehnung der Forschungsthemen einher, die bald eine ähnliche Breite erreichten wie in der führenden amerikanischen Politikwissenschaft.

Großbritannien laborierte von den 1960er bis in die 1980er Jahre an wirtschaftlichen Schwierigkeiten: geringes Wachstum plus Inflation. Der Verlust ausländischer Märkte, sich häufende und schwer kalkulierbare Arbeitskämpfe sowie ein wachsender Druck, sich der Europäischen Gemeinschaft anzuschließen, verlangten eine brauchbare Diagnose der britischen Gesellschaft. Ausländische Vorbilder gewannen an Anziehungskraft (Norton/Hayward 1986: 211, Hayward 1999: 32). Sie boten Anschauung, wie sich die britischen Probleme womöglich kurieren ließen. So galten die deutschen Arbeitsbeziehungen lange als mustergültig. Eine Zeitlang wurde sogar – vergeblich – versucht, sie auf die Insel zu übertragen. Auch die französische École Nationale d'Administration (ENA) faszinierte. Von der Kopie des französischen Elitenrekrutierungs- und Ausbildungssystems wurde mehr Effizienz erwartet als vom überkommenen britischen Civil service.

Bis in die Mitte der 1970er Jahre war die Political science als Fach etabliert. Mit Beginn der Regierung Thatcher (1979-1991) endete die Förderung der Sozialwissenschaften abrupt – ganz im Einklang mit der Philosophie der neoliberalen Wirtschaftslehre, die sich für politische Reformen nur soweit interessierte, wie sie das Wirken des Staates in der Gesellschaft zugunsten des Marktes zurückzudrängen vermochte.

5.3 Der britische Stil: Nonchalantes Methodenverständnis

Die britische Politikwissenschaft importiert intensiv Themen und Vorgehensweisen von jenseits des Atlantik. Die Bedingungen für den Transfer waren denkbar günstig. Amerikanische Politikwissenschaftler drifteten, begünstigt durch die Umgangssprache und das ähnliche Hochschulsystem, ebenso locker in britische Universitäten hinein, wie britische Politikwissenschaftler ihre Plätze kurzerhand mit denen an amerikanischen Universitäten vertauschten. Das Ergebnis dieser Kommunikation waren etliche Monographien, Sammelbände und Aufsätze, die gemeinsam erarbeitet und publiziert wurden. Mit großer Resonanz im Fach arbeitete Samuel H. Beer, ein amerikanischer Wissenschaftler, in einer historischen Retrospektive die Programme und die Politik der Tories und der Labour Party und die Rolle der Gewerkschaften heraus (Beer 1965, 1968, 1969, 1982 (Erstaufl. 1962)).

Ein weiterer wichtiger Faktor für die reibungslose Verständigung mit der amerikanischen Disziplin waren gemeinsame Wahrnehmungen von Staat und Gesellschaft. Der britische und der amerikanische Staat beherbergen keine beinharten Staatsverwaltungen mit feinen und feinsten Verästelungen bis in die letzte Kleinkommune. Es handelt sich um Government – eine mehr als semantische Differenz zum Staat! Im Government schwingt weniger eine administrative als eine politisch-parlamentarische Konnotation mit (so auch Dyson 1980). Im Government steckt die Gesellschaft, die in Lockescher Manier einen Regierungsauftrag erteilt. Diese Denkweise ist eine latente Prämisse der im angelsächsischen Weltbild gereiften Politikwissenschaft. Sie musste sich in Deutschland erst gegen ein Denken durchsetzen, das anfänglich noch stark am Staatsrecht haftete. Angelsächsische Politikwissenschaftler, die sich die kontinentaleuropäische Welt erschließen wollten, mussten sich erst klarmachen, dass der Staat dort aus einer etatistischen Tradition heraus gewachsen war, die den Herrscher und seine Verwaltung über die Gesellschaft gesetzt hatte. Mit seiner abstrakten Symbolik und mit seiner hierarchischen Struktur ist der kontinentale Staat eine mächtigere Erscheinung als das britische Government (Laborde 2000). In diesem Unterschied wirkte für britische Politikwissenschaftler ein kräftiger Anreiz für die vergleichende Forschung. Großbritannien mußte sich spätestens seit der Mitgliedschaft in der EG mit den Kontinentaleuropäern auseinandersetzen.

Trotz alledem hat die britische Politikwissenschaft die Vorgaben der amerikanischen Disziplin nicht kopiert. Sie hat Theorien und Methoden zur Kenntnis genommen. So trat Barry mit einem stark beachteten Bändchen über die ökonomische Politiktheorie an, als diese noch nicht einmal in der amerikanischen Disziplin richtig angekommen war (1975 (Erstaufl. 1970)). Britische Politikwissenschaftler haben das szientistische Ideal des Behavioralismus nie nahe an sich herangelassen. Der Zugriff der britischen Politikwissenschaft auf empirische Probleme blieb pragmatisch und selbstbewusst. Das Beschreiben wurde als Analysemittel geschätzt. Hier wirkte die Erfahrung aus der Beschäftigung mit der britischen Politik. Der Rahmen der britischen Verfassung erschließt sich nach wie vor aus den Verfassungskonventionen, d.h. stillschweigenden Übereinkünften über die Grenzen des Erlaubten. Ohne das Hinschauen und ohne den Abgleich von Vergangenheit und Gegenwart kommt man ihm nicht auf die Spur (dies zeigt am Beispiel des Politikwissenschaftlers Finer die biografische Skizze von Kavanagh 1997). Blickt die britische Politikwissenschaft auf den europäischen Kontinent, dann bleibt sie dieser Gewohnheit treu.

Grabenkämpfe zwischen Behavioralisten und Anti-Behavioralisten, wie seinerzeit in den USA, oder zwischen politischen Philosophen, Empirikern und Marxisten, wie in der deutschen Politikwissenschaft, sind der britischen Politikwissenschaft fremd geblieben (Norton/Hayward 1986: 212). Darin drückt sich gleichermaßen die politische wie die Wissenschaftstradition des Landes aus. Die britische Universität hat eine große Vergangenheit in der Geschichtsschreibung und in den Kulturwissenschaften. Beiden ist ein unaufgeregter Stil eigentümlich. Es kommt ihnen darauf an, beschreibend und sinndeutend den Gegenstand zu erschließen. Die britischen Historiker gehören zu den besten im Fach. Sie arbeiten, wie es Historikerart ist, mit gründlich recherchierten Fakten, denen sie vorsichtige Schlussfolgerungen abgewinnen (so auch Berg-Schlosser 1995: 462). Ein Traditionsgut großer Zeiten bewahrend, deckt die britische Historiographie noch heute die gesamte Breite der außereuropäischen Regionen ab. Das Studium fremder Sprachen und Kulturen steht hoch im Kurs. Von der Philosophie hielten sich Historiker und Kulturwissenschaftler fern. Die britische Politikwissenschaft nahm sich aus der amerikanischen Produktion, was sie brauchen konnte. Was ihr nicht behagte, ignorierte sie einfach (Hayward 1999, Crewe/Norris 1991: 526ff.). Methodenfetischismus ist so gut wie unbekannt.

Die Vertreter einer methodenstrengen Politikwissenschaft werden aber nicht ausgegrenzt. Wer derlei schätzt, erntet kein feindseliges Lamento. So, wie britische Fachvertreter die datenanalytischen Exzesse der Behavioralisten ignoriert haben, so gelassen sehen sie zu, wie sich heute die Rational choice auslebt. Es hat nicht an Versuchen gefehlt, die Methodenstrenge zu fördern. Die Beiträge des *British Journal of Political Science* kreisen um die Datenverarbeitung und in den letzten Jahren auch um Rational choice-Analysen. Als Autoren verzeichnet es aber auffallend viele US-Politikwissenschaftler sowie jene britischen Kollegen, die ihr Metier „amerikanisch" verstehen. Diese Zeitschrift ist kein Spiegelbild der Politikwissenschaft im Vereinigten Königreich. Wirklich repräsentativ ist das Hausorgan der Political Science Association, die *Political Studies*.

Die britische Politikwissenschaft ist international sichtbarer als die deutsche und die französische. Dabei ist auch ein kommerzieller Faktor wirksam. Verlagshäuser wie MacMillan sowie die Cambridge und die Oxford University Press, um nur einige zu nennen, publizieren auf beiden Seiten des Atlantik. Das Zeitschriftenimperium Frank Cass verlegt mehrere fachwissenschaftliche Zeitschriften, darunter die *West European Politics*. Britische Buch- und Reihenherausgeber sprechen den gesamten Pool der in Frage kommenden amerikanischen und kanadischen Politikwissenschaftler an, ohne den Verleger groß mit Übersetzungskosten behelligen zu müssen. Der englischsprachige wissenschaftliche Buchmarkt außerhalb der USA wird von London aus mitbedient. Die großen britischen Verlage haben ihre Dependancen in Indien, Australien, Singapur und Hongkong. Britische Wissenschaftler ziehen daraus ihre Vorteile. Den Verlegern fällt die Veröffentlichungsentscheidung leichter, wenn sie mit einem Titel den gesamten anglofonen Markt bedienen können. Zum Vergleich: Deutschsprachige Publikationen stoßen jenseits von Deutschland, Österreich und der Schweiz an ihre Marktgrenzen.

5.4 Die Themen der britischen Politikwissenschaft

5.4.1 Whitehall

Die Beschäftigung mit dem Westminster-System war und blieb ein Schwerpunkt der Auseinandersetzung mit der britischen Politik. Soweit das Phänomen des britischen Parlamentarismus es zuließ, kamen dabei Techniken der empirischen Sozialforschung zum Einsatz. Einigen Stoff dafür gab es in der wachsenden Professionalisierung der Unterhausabgeordneten, ferner im Wandel der parlamentarischen Konventionen sowie im Elitenwandel. Diese Forschungen dokumentiert vorzugsweise die Zeitschrift *Parliamentary Affairs*. Die Analyse des Regierungssystems konzentriert sich auf Kernstrukturen wie das Kabinett und die Ministerialbürokratie, kurz: auf Whitehall – und nicht auf Westminster!

Die wichtigste Bedingung für die Effizienz des britischen Party government ist die Vertraulichkeit der Beziehungen zwischen der politisch verantwortlichen Regierung und den Beamten des Civil service. Von Letzteren wird strikte Verschwiegenheit und unbedingte Loyalität zum betreffenden Minister erwartet. Die Ministerialbeamten üben ein gehöriges Teil Macht aus. Sie haben den Vorteil der jahrzehntelangen Kontinuität im Regierungsgeschäft, und sie bestimmen mit ihrem Urteil diskret die Parameter des Regierungshandelns mit. Sie bilden zusammen mit den organisierten Interessen in ihrem Einzugsbereich, wie Heclo und Wildavsky herausgearbeitet hatten, Policy communities (Heclo/Wildavsky 1974). Diese Rolle stünde in Frage, sobald die Regierungsbürokratie selbst zum Gegenstand der tagespolitischen Auseinandersetzung würde. In Deutschland und in den USA mit ihrer Tradition des politischen Beamtentums stellen sich diese Probleme nicht. Dort fehlt es nicht an auskunftsfreudigen Personen, die sich auf den verschlungenen Pfaden der Regierungsmacht auskennen und gern ihr Wissen preisgeben.

Whitehall war lange eine überlebensgroße Herausforderung an die britische Politikwissenschaft. Das ist es im Großen und Ganzen geblieben (Kaiser 1996: 230f.). Der Civil service und selbst die Minister „machen dicht", wenn ihnen Journalisten und Sozialwissenschaftler mit Fragen nach Interna auf den Leib rücken. Noch die wichtigsten Quellen für informelle Prozesse sind die Memoiren oder Tagebücher prominenter Elder statesmen. So gelten die *Crossman Diaries* als besonders wertvolle Quelle (Hayward 1990: 99f., Marshall 1999). Der Labour-Politiker Crossman hatte sich Anfang der 1960er Jahre mit der Fortschreibung von Bagehot einen Namen gemacht (Crossman 1972). Mit Mackintosh rückte Crossmans These vom Prime-ministerial government zum Gegenstand historisch-systematischer Forschung auf: Er kam zu dem Ergebnis, in der Tat spitze sich die Kabinettsregierung immer mehr auf den *efficient part* des Premierministers zu, der die Regierung im Medienzeitalter zu personifizieren verstehe. Er sei auch in der Wahrnehmung der Öffentlichkeit zur wichtigsten Klammer zwischen dem Regierungserfolg und dem Zusammenhalt der Mehrheitspartei geworden (Mackintosh 1981 (Erstaufl. 1968)).

Unter dem Eindruck des Regierungsstils Thatchers und ihrer Nachfolger ist diese These bis zur Behauptung einer *British presidency* eskaliert. Nie hätten die Kabinettsminister so stark im Schatten des Premierministers gestanden wie heute. Der britische Premierminister habe weit mehr Handlungsfreiheit als der amerikanische Präsident (Rose 2001). Kein von der Opposition beherrschter Kongress macht dem Premier Schwierigkeiten, wie sie im US-amerikanischen Regierungssystem an der Tagesordnung sind. Der Premier muss nur seine Hinterbänkler bei der Stange halten. Die Unterhausmitglieder gleichen Hunderten personifizierter Seismographen für öffentliche und innerparteiliche Stimmungen. Um den Premierminister und die Organisation von Downing Street No. 10 rankt sich heute eine üppige Literatur. Sie deutet auf das reale Zentrum der britischen Politik. Ein Schwerpunkt liegt auf der Frage, ob die Binsenweisheit von der diskreten Macht des Civil service nicht mittlerweile revisionsbedürftig sei. Liegen die Beobachter richtig, so hat sich unter dem Druck erfolgsbedürftiger Premierminister eine Politisierung in den Civil service eingeschlichten. Die politikinhaltliche Steuerung aus dem Amt des Premierministers heraus ist eine Tatsache; sie hat die Reichweite des Civil service ein Stückweit beschnitten (Gamble 1990: 412, 414, Wilson/Barker 1995). Die typischen Institutionen einer politischen Verwaltung wie die Rechtsfigur des politischen Beamten oder die französischen Ministerkabinette zeichnen sich nicht ab. Die Anpassungsprozesse werden voraussichtlich wie fast alle politischen Wandlungen im Regierungsapparat informelle Strukturen hervorbringen, nach denen die britische Forschung für gewöhnlich Ausschau hält (Gaffrey 1991). Der mythenbehangene Civil service ist in der Sprache Bagehots heute ein Stück mehr *dignified part* und ein Stück weniger *efficient part* als vor zwanzig Jahren.

5.4.2 Westminster und die politischen Parteien

Die reichhaltige Parlamentsforschung registriert aufmerksam Veränderungen wie die Professionalisierung der Unterhausmitglieder und das Dissidenzverhalten in den Fraktionen. Die Abstimmungsdisziplin als bloßer Solidaritätsreflex ist passé (Norton 1937). Die Projektion Westminsters auf den Kontinent birgt nach wie vor einen großen Reiz. Sie ist ein Grund für die komparative Disposition vieler britischer Politikwissenschaftler. Ein stark beachtetes Beispiel bot Williams vor knapp 40 Jahren mit einer Studie über die IV. Französische Republik, in der die

Beziehungen zwischen Parlament und Regierung nach Westminster-Kriterien Stück für Stück abgeprüft wurden (Williams 1964).

Roses *Party Government* (1974), das zweite bekannte Parteienwerk nach McKenzies *British Political Parties* war eine Parteienanalyse, wie sie auch in Deutschland betrieben wird, d.h. die Besichtigung von Programmen, Finanzen und Parteibürokratie (Rose 1974). McKenzies früheres Werk lebte noch davon, dass es mit einer peniblen historischen Analyse das Innenleben der im Parlament agierenden großen Parteien aufarbeitete. Seither ist die britische Parteienforschung unmittelbare Beobachterin dramatischer Vorgänge geworden (Kavanagh 1985). Die Konservative Partei ist seit 1965 Schauplatz zwar sporadischer, dafür aber um so heftigerer Machtkämpfe. Die Labour Party bot über einen Zeitraum von mehr als zwanzig Jahren das Schauspiel erbitterter Richtungskämpfe, so mit einer von Tony Blair in aller Öffentlichkeit vollzogenen Abkehr vom linken Traditionsgut der Partei. Mit der gleichen Herangehensweise, wie sie in der deutschen Forschung üblich ist, wandte sich die britische Politikwissenschaft diesen Vorgängen zu. Sie betrieb die verstehende Analyse von Machtlagen. Diese Veränderungen produzierten für die Politikwissenschaft ein weiteres neues Thema. Bis in die 1970er Jahre hinein gab es zwischen den Parteien einen recht breiten politikinhaltlichen Konsens über den Wohlfahrtstaat und die Grundlinien der Wirtschaftspolitik. Dieser Konsens verflüchtigte sich mit dem von den Konservativen eingeleiteten Rückzug des Staates aus der Regulierung der Arbeitsmärkte und aus den öffentlichen Dienstleistungen (Gamble 1990: 414ff., Dearlove 1982: 448).

5.4.3 Verbände und Policy communities

Im Hinblick auf das eigene politische System arbeiten britische Politikwissenschaftler mit einem beträchtlichen Handikap. Die Journalisten sind ihnen mit persönlichen Kontakten weit voraus. Sie können über die Geschehnisse im Halbdunkel der Ministerien mehr in Kenntnis bringen. Die Folgen der hermetischen Regierungstätigkeit für die Wissenschaft reichen bis in die Policy-Analysen hinein. Diese dringen mit handfesten Belegen im Allgemeinen nicht weiter vor als bis zu dem Punkt, wo in klandestinen Zirkeln Entscheidungen vorbereitet werden. Auch die Verbände wahren strikte Diskretion, um ihre Kontakte zum Civil service nicht zu beschädigen. Rose hatte in einem bekannten Buch mit dem Titel *Do Parties Make a Difference?* (1984 (Erstaufl. 1980)) eher die engen Spielräume der Politik im Zeichen ökonomischer Anpassungszwänge im Auge. Zum Verhältnis zwischen Ministerialapparat und Kabinett passt die Frage nicht schlechter. Kurioserweise sollte die Frage zum Zeitpunkt, da dieses Buch erschien, nicht von der Wissenschaft, sondern von der neoliberalen Reformpolitik der Regierung Thatcher eindeutig beantwortet werden.

Britische Politikwissenschaftler erschließen den Interessenverarbeitungsprozess auf Umwegen. Großer Beliebtheit erfreuen sich Analysen des parlamentarischen und des Regierungsmilieus. Darin wird nach dem Motto des *second best* nach Strukturen Ausschau gehalten, die in offeneren politischen Systemen als Gegenstand der unmittelbaren Beobachtung in Frage kommen. S.E. Finer befasste sich, inspiriert von Trumans *Governmental Process,* mit den britischen Interessengruppen. Der Titel seiner Ergebnisse war bezeichnend und verdeutlichte bereits die Differenz zur amerikanischen Problematik: *Anonymous Empire* (Finer 1966). Seine Methoden, die dichte Beschreibung, die historische Tiefe und der Common sense statt szientistischer Sprache und Statistik waren urbritisch. Beachtenswert sind die gründlichen Analysen der Unternehmersverbände (Grant/Marsh 1977). Auch die Forschung über Firmen als Corporate actors ist weit gediehen (Grant/Martinelli/Paterson 1989, Grant 1978, 1980, Greenwood/Cram 1996, Jordan/Richardson 1987). Nach dem Grund muss man nicht suchen. Die Unternehmerverbände sind schwach und die Arbeitsbeziehungen extrem dezentralisiert, wie in den USA.

Die in der amerikanischen Politikwissenschaft einmal angeregte Debatte um politikspezifische Netzwerke ist in der britischen Politikwissenschaft aufgenommen worden. Mit Bedacht haben britische Wissenschaftler aber nicht die nüchterne Begrifflichkeit des Netzwerks übernommen, sondern statt dessen die Bezeichnung der Policy community gewählt. In diesem Begriff kommen das Moment der Diskretion und das sekretive Whitehaller Milieu besser zum Ausdruck (Jordan 1990a, 1990b).

5.5 Komparatistik

Die britische Disziplin schätzt den internationalen Vergleich. S.E. Finers Unterscheidung der Regierungssysteme begnügte sich schlicht mit der Einteilung in liberale Demokratien und in autoritäre Systeme. Letztere wurden noch in Oligarchien und Militärregime sowie in totalitäre Regime differenziert (Finer 1970). Auch Rose und Suleiman hielten sich in einem bekannten Vergleich der Regierungsspitzen in den Demokratien mit der Abstraktion und Feinrasterung zurück (Rose/Suleiman 1980). Sie pflegten die Beschreibung. Der Kontrast zum bemühten Kartografieren und Kategorisieren in der deutschen Politikwissenschaft könnte nicht größer sein. Von den europäischen Nachbarländern wird vor allem Frankreich gern bearbeitet. Hayward hat zahlreiche Arbeiten über den französischen Staat veröffentlicht (Hayward 1973, 1976, 1993, siehe auch Hayward 1997). Andrew Knapp gilt als herausragender Kenner der neogaullistischen RPR (Knapp 1994). Britische Autorinnen und Autoren haben bereits frühzeitig als Standardwerke angesehene Darstellungen des politischen Systems der V. Französischen Republik verfasst (Blondel/Godfrey 1968, Pickles 1972).

King schrieb vor 30 Jahren eine Artikelserie, die zu den frühesten vergleichenden Policy-Studien überhaupt zählt. Ihr Thema waren die unterschiedlichen Prioritäten derselben Policy in mehreren Ländern (King 1973a, 1973b). Kings Ergebnis lautete, dass die unterschiedlichen Präferenzen für bestimmte Policies auf historisch erklärbaren Wertschätzungen beruhten. Der private Pkw sei in Deutschland ein sehr viel wichtigeres persönliches Statussymbol als in Großbritannien. Das Auto habe den immobilen Proletarier in die mobile Mittelschicht katapultiert. Verkehr und Straßenbau hätten in Deutschland deshalb so große Bedeutung. Auch Castles setzte sich mit historischen Konstellationen auseinander, um die Ursachen für nationale Unterschiede auf denselben Politikfeldern herauszufinden (Castles 1979, 1989). Er konzentrierte sich nur stärker auf den Einfluss sozialdemokratischer Parteien und wohlfahrtsstaatliche Ideen. Auf Modellbildungen verzichtet die britische Disziplin auch hier. In der Sache tut sie aber nichts anderes als das, was seit einigen Jahren in der szientistischen Sprache der amerikanischen Politikwissenschaft als historischer Institutionalismus betrieben wird.

Im Policy style hat Richardson den typischen Modus des Zustandekommens einer Policy beschrieben. Der ins Auge fallende Unterschied der schattenhaften britischen Policy communities zu den offeneren Netz-

werkstrukturen der Nachbarländer brachte ihn dazu, einen breit angelegten Vergleich der Politikstile in Europa zu organisieren (Richardson
1982). Richardson hatte unter anderem Policy communities in der britischen und schwedischen Verkehrspolitik untersucht. Erkenntnisleitend
war das Motiv, gemeinsame Schnittmengen bei der Erarbeitung der verschiedenen Policies zu ermitteln. Die Schlüsselfrage war der Habitus der
Politik. Das Ergebnis der Recherche waren konsensuelle und konfliktori-
sche, diskrete und offene, organisationsgeprägte und personalistische
Politikstile. Auch diese Perspektive war sehr britisch. Sie näherte sich
dem Policy-making mit dem Einkreisen von Akteuren und Institutionen
an, ganz so, wie sich andere britische Politikwissenschaftler an Whitehall
herangetastet hatten. Auch die vergleichende Analyse der Kabinettsregierung ist ein Schwerpunkt der komparatistischen Forschung. Sie ist von
der Anschauung des Kabinetts in der britischen Politik motiviert (Blondel 1988a, Blondel 1988b, Blondel/Müller-Rommel 1993, Blondel/Mül-
ler-Rommel 1998 (Erstaufl. 1988)).

Der Parteienvergleich bewegte sich auf ähnlichen Bahnen wie in
der kontinentaleuropäischen Politikwissenschaft. Zuerst boomten, wie
in Deutschland, die komparativen Studien über sozialdemokratische
Parteien (zum Beispiel Paterson/Thomas 1977). Die Labour-Linke war
in den 1970er Jahren noch vital. Sie fand auch Sympathisanten in der
Politikwissenschaft. Reformgesinnte Wissenschaftler stellten sich die
Frage, warum sich linke Regierungen so schwer damit taten, im Regie-
rungshandeln ihren Programmen zu folgen. Exemplarisch für die Auseinandersetzung mit dieser Frage waren Coates und Miliband. Seriöse
Editionen über konservative (Layton-Henry 1982) und christlich-
demokratische Parteien (Irving 1979) wurden zuerst von britischen
Politikwissenschaftlern vorgelegt.

Arbeitskämpfe und die Reform der Arbeitsbeziehungen waren in
den 1960er und 1970er Jahren das beherrschende Thema der britischen
Politik. Was lag näher, als sich durch den Blick auf andere Länder
mehr Klarheit über die eigene Situation zu verschaffen (Crouch/Piz-
zorno 1978, Windmuller/Gladstone 1984)? Der Blick über den Atlantik war bei diesem Thema so selbstverständlich wie beim Policy style
(Wilson 1990 b). Wilsons Arbeiten über die amerikanischen Gewerkschaften und Verbände erreichten an US-amerikanischen Colleges und
Universitäten den Rang einschlägiger Fachliteratur (Wilson 1979,
1981). Die scheinbare Randständigkeit der Verbände – im Unterschied
zum maßgeschneiderten Lobbying – hatte das Thema seit den Tagen

V. O. Keys in der amerikanischen Politikwissenschaft nahezu austrocknen lassen.

Das Journal *West European Politics* erscheint in Großbritannien. Es spricht aber einen gesamteuropäischem Autorenkreis an und setzt auf Aktualität und Themenbreite. In den letzten Jahren hat es die neuen europäischen Demokratien wie Polen, Tschechien und Ungarn in sein Themenspektrum integriert. Die Autoren der *West European* Politics sind zum großen Teil britische Politikwissenschaftler. Auch die bereits seit 1966 erscheinende Zeitschrift *Government and Opposition* widmet sich nicht, wie der Titel vermuten lassen könnte, allein den charakteristischen Institutionen des Westminster-Parlamentarismus. Auch bei den bereits erwähnten Zeitschriften *Political Studies* und *Parliamentary Affairs* handelt es sich um Periodika mit einem breiten komparatistischen Themenkreis, der auch die außereuropäischen Gesellschaften nicht ausspart. Das *Journal of Commonwealth and Comparative Politics* pflegt den speziellen Themenbereich Australien, Kanada und Neuseeland sowie die anglofonen Staaten Afrikas, Asiens und der Karibik.

Wie in den USA gibt es an den britischen Universitäten Programme für Area studies, die Politikwissenschaftler, Historiker und Vertreter anderer Disziplinen zusammenbringen. An der Erforschung der Sowjetunion waren britische Politikwissenschaftler maßgeblich beteiligt. Hill befasste sich mit den organisationspolitischen Anomien des sowjetischen Parteistaates. Die Führungsrolle der Partei sei längst einer Kumpanei der Funktionäre auf den unteren Ebenen gegen die an der Spitze gewichen. Ganz unten würden die Bilanzen geschönt, um den Erfolg nachzuweisen und das Fortkommen zu sichern. Ganz oben wolle man die resultierenden Fehlleistungen nicht als strukturelle Mängel wahrhaben. Man personalisiere sie mit Degradierungen und Versetzungen und bagatellisiere sie damit (Hill/Frank 1981, Hill 1980). Alec Nove, ein renommierter Kenner der Planwirtschaft, hatte bereits in den 1960er Jahren ähnliche Lernverweigerungen als Achillesferse der Sowjetökonomie herausgearbeitet (Nove 1980).

Brown galt als ein Nestor der politikwissenschaftlichen Sowjetunionforschung (Brown 1974). Er konstatierte schon zu einem Zeitpunkt, da die Sowjetunion unerschütterlich stabil erschien, gemeinsam mit seinem Kollegen Gray, dass die Tschechoslowakei, Polen und Ungarn von der Tradition ihrer vorsozialistischen Geschichte langfristig destabilisiert würden. Die Erfahrung des autokratischen Zarismus und der Osmanenherrschaft habe demgegenüber in der Sowjetunion und auf dem Balkan der Diktatur Vorschub geleistet. Das sozialistische Kuba dokumentiere sozialistische Politik in der regional üblichen caudillistischen Gewandung (Brown/Gray 1977). White vertiefte den kulturalistischen Ansatz bei der Rückdimensionierung des sowjetischen Systems sogar bis in die Zeit der Goldenen Horde, die den Moskauer Herrschern in der Zeit des europäischen Hochmittelalters die Anschauung despotischer Herrschaftspraxis vermittelt habe (White 1979).

Die britischen Sowjetexperten hatten weniger Schwierigkeiten mit dem Niedergang der Sowjetunion als ihre amerikanischen Kollegen (Gill 1994). Im Wissen um die historischen Hintergründe stiegen sie sogleich in fundierte Analysen des nachsowjetischen Russland ein. Die früheren *Soviet Studies*, ein hochkarätiges komparatistisches Fachjournal, wurden mit der Auflösung der Sowjetunion in *Europe-Asia Studies* umbenannt. Der Blick auf die Beiträge zeigt, dass unter verbesserten Forschungsbedingungen alle Register gezogen werden, die sich seit langem bei der Analyse anderer Gesellschaften bewährt haben. Brown sezierte den *Gorbatschow-Faktor* und die Gebrechen des Sowjetsystems, um dem überraschenden Ende der Sowjetunion auf die Spur zu kommen. Er gewichtete den Einfluss der Persönlichkeit so stark, dass sich die Sowjetunion nach seiner Auffassung mit einem anderen Führer womöglich noch bis heute auf den Beinen hätte halten können (Brown 2000 (Erstaufl. 1996)). White, der inzwischen mit russischen Politikwissenschaftlern zusammenarbeitet, gehört heute zu den führenden Kennern des neuen Russland und der Ukraine (White/Nelson 2001). S.E. Finer thematisierte in einer weit über Großbritannien hinaus beachteten Studie die Rolle des Militärs in der Politik (1988 (Erstaufl. 1975)). Auf Jahrzehnte hinaus handelte es sich um eine Referenzstudie, die vergleichend und in historischer Perspektive die bewaffneten Apparate als politische Akteure analysierte.

China, der indische Raum und Afrika bilden weitere Schwerpunkte der britischen Komparatistik. Wie Clapham (1985, 2000) hervorhebt, mache es wenig Sinn, pauschalisierend von der Dritten Welt zu reden. Die Probleme lägen in Afrika, Asien und Lateinamerika sehr unterschiedlich und sie verlangten ein differenzierendes Herangehen. Ihnen allen gemeinsam sei die zerbrechliche Staatlichkeit am Rande des informellen Quasi-Staates, das fehlende Nationbewusstsein und schließlich das Militär in seiner Doppeleigenschaft als Ordnungsmacht und Ersatz für eine Regierungspartei. Auch britische Komparatisten arbeiten – wie ihre amerikanischen Kollegen – mit dem Konzept des Staates. Joseph umschrieb in einer Studie über Nigeria das dortige Verhältnis des Staates zur Gesellschaft mit dem *Prebendal State* (Joseph 1987). Er zog damit eine Parallele zu den mittelalterlichen englischen Kirchengütern, die einst dazu bestimmt waren, von der Priesterschaft für ihren Lebensunterhalt ausgebeutet zu werden. Es war bezeichnend, dass ein britischer Politikwissenschaftler hier eine historische Metapher für ein Phänomen gebrauchte, das seine komparatistischen Kollegen in den USA in taxonomischer Sprache mit dem schwachen oder dem weichen Staat und in Deutschland mit der Staatsklasse beschrieben hatten.

Mit ihren Forschungen über die Welt jenseits der britischen Inseln knüpfte die britische Politikwissenschaft an eine alte Tradition der britischen Universitäten und Forschungsinstitute an. Der konkrete Nutzen für das Empire hatte vor langer Zeit einmal das Interesse an fremden Ländern motiviert. Er spielt heute keine Rolle mehr. Doch die Beschäftigung mit anderen Ländern hat sich gehalten. Ihr Funke ist von der Historiografie auf die Politikwissenschaft übergesprungen. Die politikwissenschaftliche Komparatistik wird sonst nur in den USA im noch größeren Maßstab betrieben.

5.6 Europäische Union

Die Europäische Union bildet seit einigen Jahren einen weiteren Schwerpunkt der britischen Politikforschung. In einer breit angelegten Buchreihe über die EU, dem ambitioniertesten Forschungsprojekt über die EU überhaupt, sind bereits zahlreiche Einzelstudien erschienen. Eine kurze Auswahl mag die Breite illustrieren: Die einschlägigen Arbeiten handeln über den Rat der EU (Hayes-Renshaw/ Wallace 1997), die Europäische Kommission (Nugent 2000), das Regieren in der EU (Wallace/Young 1997, Peterson/Bromberg 1999), die europäischen Interessengruppen (Greenwood 1997), die Parteien (Hix/Lord 1997) und die europäischen Bürokraten (Stevens/ Stevens 2001). Die erste umfassende Synopse der nationalen Koordinierungsmechanismen für die Brüsseler Politik entstand als Ergebnis eines von britischen Wissenschaftlern organisierten Symposiums (Kassim/Peters/Wright 2001). Eine derart dichte Beschreibung der europäischen Politik sucht in der amerikanischen und kontinentaleuropäischen Politikwissenschaft ihresgleichen. Autoritative Einführungs- und Überblickswerke zur EU, die weit außerhalb Großbritanniens verbreitet sind, liegen gleich mehrfach vor (Wallace/Wallace 2000 (Erstaufl. 1975), Richardson 1996).

In allen diesen Arbeiten manifestiert sich der besondere Zugriff der britischen Politikwissenschaft. Sie bestechen mit ihrer Erschließung der informellen Politikdimension und mit dem Aufdecken der delikaten zwischenbürokratischen Beziehungen in Brüssel. Nirgendwo sonst werden das Wirken der Lobby-Organisationen in Brüssel und die kleinen Gewichteverschiebungen zwischen Kommission, Rat und Parlament im politischen Tagesbetrieb so konzentriert bearbeitet.

Die Ausbildung im Studium der britischen Politik schärft den Blick für langsam vonstatten gehende Veränderungen. Die formalen Institutionen versprechen wenig Aufklärung über die tatsächlich bedeutsamen Dinge. Britische Politikwissenschaftler, die bei ihrem ureigenen Objekt Westminster auf Auskunftsschwierigkeiten stoßen, treffen im mitteilsameren Milieu der deutschen, französischen und vor allem der Brüsseler Politik geradezu Idealbedingungen an. Die Herangehensweisen, die von der sperrigen britischen Politik aufgenötigt werden, tragen hier ihre Früchte.

Umgekehrt gibt es Probleme, die unbestreitbar wichtig sind, bei denen der britische Stil aber weniger erfolgreich ist. Bei der Bearbeitung der politisch relevanten Rechtsprechung, beim Problem des Bundesstaates und ganz allgemein bei der faktischen Kraft des Normativen – exemplarisch ist die Verfassungspolitik – kann die britische Politikwissenschaft keine Vorteile ausspielen. Hier treten eher deutsche und amerikanische Beobachter hervor, die von ihren Regierungssystemen her mit den Problemen des Föderalismus und mit der judiziellen Politik vertraut sind. Zusammenfassend lässt sich feststellen, dass die britische Politikwissenschaft bei der Etablierung des Forschungsschwerpunkts EU ihren deutschen und französischen Schwesterdisziplinen weit voraus ist.

5.7 Internationale Beziehungen

Die Internationalen Beziehungen gingen in der britischen Politikwissenschaft eigene Wege. Sie begannen als Friedensforschung. In Aberstwyth (Wales) wurde 1919 die erste Professur für Internationale Beziehungen eingerichtet. Ihre großen Themen waren Kriegsursachen und Kriegsverhinderung. Der Nationalismus und der Nationalstaat galten als die wichtigsten Faktoren der nicht enden wollenden Friedlosigkeit. Beispielhaft war etwa David Mitranys Vorschlag, mit der

Auflösung des Nationalstaates die Grundlage für Kriege zu beseitigen. Expertengremien ohne nationale Bindungen eigneten sich besser für die Lösung internationaler Probleme als die überkommenen Strukturen der Nationalstaaten (Mitrany 1933, 1943).

Der britische Historiker E. H. Carr bilanzierte in seinem Werk *The Twenty Years' Crisis 1919-1939* die zahlreichen Versuche, das Wiederaufleben des Krieges nach 1919 mit Verträgen und internationalen Institutionen zu verhindern. Seine Schlussfolgerung lautete, Aggression lasse sich nur mit militärischen Mitteln eindämmen. Die militärisch glaubhafte Bereitschaft zum Krieg sei die beste Friedenssicherung (Carr 1964 (Erstaufl. 1939)). Carrs Botschaft fiel in den anfänglich stark von Morgenthau geprägten amerikanischen Internationalen Beziehungen auf fruchtbaren Boden. Carr lagen jedoch die große Theorie Morgenthaus und dessen grandiose Vereinfachungen denkbar fern. Das hinderte Morgenthaus Epigonen nicht daran, Carr als Kronzeugen für die militärisch untermauerte Macht als Essenz der internationalen Beziehungen zu vereinnahmen.

Neben der Rezeption der amerikanischen Internationalen Beziehungen hat sich in der britischen Politikwissenschaft ein spezifischer Ansatz herausgebildet, der etwas bombastisch als die britische Schule bekannt geworden ist. Diese Schule unterscheidet sich vom Realismus der verschiedenen Schattierungen darin, dass sie die These von der Anarchie zwischen den Staaten nicht akzeptiert. Wie ihre wichtigsten Vertreter Wight und Bull betonen, spielen die Ideen in den internationalen Beziehungen eine wichtige Rolle. So, wie die Menschen in der Gesellschaft gewisse Umgangsformen beachten, wie sie bestimmte Werte respektieren und damit eine Gesellschaft konstituieren, so bilden auch die Staaten eine Gesellschaft (Bull 1966a: 48f.). Die Regeln der Diplomatie sind ein tragendes Element, die Respektierung territorialer Grenzen ein anderes. Die Idee des Völkerrechts ist ein integraler Bestandteil der Staatenwelt (Bull 1966b: 52).

Warum zwischen den Staaten kein regelloses Gegeneinander herrscht, erklärt sich aus dem Völkerrecht. Das Völkerrecht ist ein Produkt der europäischen Staatenwelt. Die postkolonialen Staaten haben seine Gepflogenheiten alles in allem akzeptiert (Wight 1966). Verträge, Usancen und Anstandsregeln konstituieren zwar noch keinen Weltstaat. Dafür fehlt es an der Durchsetzungskraft internationaler Organisationen. Aber sie bringen doch so etwas wie eine Staatengesellschaft zustande. Diese Weltgesellschaft existiert in den Köpfen.

Der Wandel der Staatengesellschaft lässt sich mit Epochenverglei-
chen der Beziehungen zwischen den Staaten darstellen. Das Europa
der Kabinettskriege folgte einer anderen Etikette als das Europa der
nationalistischen Kriege. Mit der Betrachtung der Gegenwart lässt sich
abschätzen, welche Wandlungen sich womöglich in der näheren Zukunft anbahnen (Butterfield/Wight 1966) Verliert das in den vergangenen Jahrhunderten in Europa geformte und später von den asiatischen und afrikanischen Ländern übernommene Staatenbild seine Ver-
bindlichkeit, dann steht diese Staatengesellschaft auf dem Spiel. Dieses Problem bearbeiten Fallstudien über die zwischenstaatlichen Beziehungen in der Dritten Welt (Ayoob 1995, 1998, Neuman 1998) und
Darstellungen, die das Prisma außereuropäischer Kulturen vorführen,
um verschiedene Weltsichten zu veranschaulichen (Jacquin-Berdal/
Oros/Verweij 1998, Vandersluis 2000).

Solche Überlegungen passen mit einer nomothetischen Lehre von
den Internationalen Beziehungen, wie sie in der amerikanischen Politikwissenschaft vorherrscht, nicht zusammen. Wir begegnen hier dem
in der britischen Disziplin auch sonst anzutreffenden Misstrauen gegenüber szientistischen Erklärungen und dem Vertrauen in die Aussagekraft historischer Studien.

Weiterführende Literatur

Die Geschichte der britischen Politikwissenschaft findet sich in um-
fangreichen Werken, die den Stand des Fachs referieren. Jack Hayward und Philip Norton gaben die erste Darstellung dieser Art heraus:
The Political Science of British Politics, Brighton 1986. Nevil Johnson
schilderte die Entwicklung der britischen Politikwissenschaft mit dem
vergleichenden Seitenblick auf die amerikanische Disziplin: The Limits of Political Science, Oxford 1989. Das jüngste und umfassendste
Werk zum Thema ist von Jack Hayward, Brian Barry und Archie
Brown herausgegeben: The British Study of Politics in the Twentieth
Century, New York 1999. Sehr informativ ist der kurze Überblick von
André Kaiser: Die Entwicklung der Politikwissenschaft in Großbritannien. Zwischen Tradition und Professionalisierung, in: Wilhelm Bleek
und Hans J. Lietzmann (Hrsg.): Politikwissenschaft. Geschichte und
Entwicklung, München und Wien 1996, S. 219-239.

6 Die Politikwissenschaft in Frankreich

Bis weit in die 1970er Jahre hinein war die französische Politikwissenschaft lediglich ein Vertiefungs- und Ergänzungsfach in Verbindung mit staats- und rechtswissenschaftlichen Studiengängen. Dem Wachstum des Fachs waren damit relativ enge Grenzen gesteckt. Dessen ungeachtet nahm die französische Politikwissenschaft bereits in den 1950er Jahren die von der amerikanischen Disziplin ausgehenden Impulse für empirische Forschungen auf. Die parlamentszentrierte IV Republik mit einer denkbar offenen und bewegten politischen Bühne bot gute Voraussetzungen für Forschungen, wie sie in den behavioralistisch begeisterten USA üblich waren. Der Wechsel zur V. Republik wirkte sich unmittelbar auf die Politikwissenschaft aus. Die neue Republik hatte die wichtigeren politischen Vorgänge vom Parlament in die Ministerien verlagert. Nach jahrzehntelanger Parlamentsherrschaft musste die französische Öffentlichkeit eine neue politische Grammatik lernen. In diesem Lernprozess spielten Politikwissenschaftler eine bedeutende Rolle. Es handelte sich aber um Fachvertreter einer Spezies, die Politikwissenschaft als Verfassungswissenschaft betrieben. Die Politikwissenschaft wurde in der Außenwahrnehmung sehr stark mit dem Gegenstandskomplex des Verfassungsrechts und der Verfassungspolitik identifiziert. Die Verfassungsentwicklung produzierte über Jahrzehnte hinweg immer wieder neue Präzedenzfälle und verlangte neue Interpretationen. In den 1980er Jahren trat die sozialwissenschaftlich verstandene Politikwissenschaft wieder stärker in den Vordergrund. Die Gründe waren die Veränderungen im Fächerangebot der Universitäten und die größere Autonomie der Disziplinvertreter bei der Qualifizierung des wissenschaftlichen Nachwuchses. Die französische Disziplin ist im Vergleich mit der britischen und deutschen relativ klein. Aber ihre Forschungen stehen an Themenbreite, Originalität und Internationalität nicht hinter derjenigen in den Nachbarländern zurück.

6.1 Der institutionelle Rahmen

De Gaulles Mitarbeiter Debré rief 1946 eine Verwaltungshochschule ins Leben, die École Nationale d'Administration (ENA). Die ENA war für die Ausbildung von Verwaltungsexperten bestimmt, die sich im öffentlichen Recht, im Finanzwesen und im Verwaltungsmanagement auskannten. Die ENA-Absolventen sollten die planvolle industrielle Entwicklung vorantreiben. Für die technischen Verwaltungszweige hatte es solche Verwaltungshochschulen bereits seit der napoleonischen Ära gegeben. Justizbeamte erhielten ihre Ausbildung an den Universitäten. Die Präfekten jedoch, die Beamten im Finanzministerium, im Rechnungshof und in der Verwaltungsaufsicht hatten keinen einheitlichen Werdegang.

Die vormalige École Libre des Sciences Politiques wurde als Institut d'Études Politiques in die Stiftung einer Fondation Nationale des Sciences Politiques überführt. Als quasi-staatliche Institution führte das IEP ganz offiziell die informelle Funktion der École Libre weiter. Als Nachfolgeinstitution stand sie auf finanziell sicheren Füßen, und sie konnte ihre Ausbildung zielgenauer auf die Abnehmerinstitutionen abstimmen (Bock 1996, 201ff.). Die ältere École Libre hatte Studierenden im Raum Paris bei der Bewerbung für den Staatsdienst einen Startvorteil gebracht. Begünstigt wurden Sprösslinge aus dem Kreise des Pariser Großbürgertums und der Spitzenbürokraten. Um eine entsprechende Kritik zu entkräften, wurden nach 1948 weitere IEPs in der französischen Provinz, in Bordeaux, Rennes, Aix-en-Provence, Toulouse, Grenoble, Lyon, Lille und Straßburg eingerichtet. Nicht anders als das Pariser IEP arbeiten die anderen IEPs eng mit Politikwissenschaftlern der ortsansässigen Universitäten zusammen. Als Elitenhochschulen sind die IEP erfolgreich.

Die Association Francaise de Science Politique wurde im Jahr 1950 gegründet. Diese Vereinigung der politikwissenschaftlichen Hochschullehrer hob gemeinsam mit der Fondation Nationale des Sciences Politiques die Fachzeitschrift *Revue Francaise de Science Politique* aus der Taufe. Für die Lehre und Forschung bildeten die IEPs eine schmale Grundlage. Eine Verfügung des Erziehungsministeriums bildete die Basis für den Ausbau der Politikwissenschaft an den Universitäten. Die Politikwissenschaftler Burdeau und Duverger hatten sich für das neue Universitätsfach eingesetzt. Seit 1954 konnte die Politikwissenschaft im Rahmen eines Jurastudiums als Vertiefungsfach gewählt werden (Burdeau 1964: 14). Sehr viel später wurde das Fach als Wahlfach an einigen geisteswissenschaftlichen Fakultäten eingeführt.

Auf den Zuschnitt des Fachs und seine Inhalte wirkte sich die Anbindung der Politikwissenschaft an Einrichtungen der rechts- und staatswissenschaftlichen Ausbildung folgendermaßen aus:

- Die Politikwissenschaft hatte durchweg Neben- und Vertiefungsfachcharakter, zum einen in der Variante eines juristischen und zum anderen in der Variante eines IEP-Studiums.
- Der Horizont der Studenten wie auch der Lehrenden war ganz auf das Rechts- und Verfassungsdenken abgestimmt. Die Grenze zwischen der Politik- und der Rechtswissenschaft war deshalb unscharf.

Diese Art von Politikwissenschaft unterschied sich in den 1950er und selbst in den 1960er Jahren nicht von der Befindlichkeit der Disziplin etwa in Deutschland. Erst danach fand allmählich ein Wandel zur Sozialwissenschaft hin statt. Ein Gutteil der französischen Politikwissenschaftler betrieben weiterhin Verfassungsanalyse, ein anderer Teil suchte Anschluss an die internationale Politikwissenschaft. In der Außenwahrnehmung dominierte lange die erste Gruppe. Französische Fachvertreter wählen heute die gleichen Themen und sie gehen nicht anders vor, als es international üblich ist. Der Generationenwechsel und der Statuswandel des Fachs waren die wichtigsten Gründe. Seit 1973 gibt es ein Qualifikationsverfahren für Politikprofessoren, das ausschließlich Politikwissenschaftler beteiligt. Andere Disziplinen verloren damit ihren Einfluss auf die Rekrutierung. Seit 1977 gibt es ferner den Magister (Maîtrise) als Universitätsabschluss. Er verleiht den akademischen Grad für ein politikwissenschaftliches Vollstudium (Favre 1985: 39).

Die IEPs vergeben das politikwissenschaftliche Diplom. Es attestiert die Vertiefung eines bereits mit politikwissenschaftlichen Anteilen versehenen staatswissenschaftlichen Studiums. Die Fondation Nationale des Sciences Politiques hat den Wandel der Politikwissenschaft zum sozialwissenschaftlichen Fach tatkräftig mitgefördert. Mit der Herausgabe von Zeitschriften und Buchpublikationen unterhält sie wissenschaftliche Foren. Viel stärker als etwa in der deutschen Politikwissenschaft erschließen sich die Leistungsfähigkeit und die Themenvielfalt der Disziplin aus den Fachperiodika. Sie können es leicht mit den bekannten englischsprachigen Zeitschriften aufnehmen. Die

Forschungen im Bereich der Komparatistik, der Europäischen Union und der Internationalen Beziehungen teilen sich vorwiegend in Zeitschriften mit. Der ausschließliche Blick auf den Ausstoß von fachwissenschaftlichen Monographien und Sammelwerken führt deshalb zu falschen Schlussfolgerungen. In Frankreich ist die Anzahl der Politikwissenschaft Studierenden geringer als in den größeren Nachbarländern. Viele sind nicht einmal Hauptfachstudenten. Der Markt für Bücher über Spezialthemen ist deshalb sehr beschränkt. Bei den politikwissenschaftlichen Titeln der einschlägigen Verlage – Presse Universitaire Francaise, Armand Colin, Édition du Seuil – handelt es sich in deutlicher Überzahl um Einführungs- und Überblicksliteratur, die sich nicht an das Graduiertenpublikum wendet. Gerade deshalb ist das Engagement der Fondation Nationale des Sciences Politiques so wichtig. Themen mit einer Affinität zum Staatsrecht und zur Soziologie haben aber eine größere Ausstrahlung (Legrave 1998). Beide Nachbarwissenschaften haben die Entwicklungsetappen des Fachs geprägt: Bis heute ist die Staatsrechtswissenschaft bedeutsam, seit geraumer Zeit ist es auch die Soziologie!

Seit 1977 erscheint das Periodikum *Pouvoirs*. In dieser Reihe werden Schwerpunkthefte publiziert, die einen aktuellen Themenbereich in allen politikwissenschaftlichen Aspekten ausleuchten. Die *Pouvoirs* zeichnen sich wie die *Revue Francaise de Science Politique* durch ein breites Themenspektrum und einen internationalen Autorenkreis aus. Französische Autoren veröffentlichen in größerer Zahl auch in den komparatistisch spezialisierten englischsprachigen *Government & Opposition*, in den *West European Politics* und in den *Comparative Politics*.

6.2 Ein behavioralistischer Kavalierstart (seit 1950)

Die ersten großen Monographien aus der Feder französischer Politikwissenschaftler ließen kaum erwarten, dass sich das Fach recht lange in den Bahnen einer Verfassungswissenschaft bewegen sollte. Rémond wartete mit einer Arbeit in der Tradition Siegfrieds auf, die sich mit den politischen Traditionen in der französischen Provinz auseinandersetzte. Im Wahlverhalten der weiten französischen Provinz drücke sich die Kontinuität von Ideologien aus, so der monarchische Legitimismus, der Bonapartismus, der liberale Radikalismus, auch die verschiedenen Varianten des Sozialismus (Rémond 1954). Deutsch verknüpfte diese Erkenntnisse mit dem Konzept der *familles politiques*. Die politischen Familien sind Strömungen mit recht großer Beharrungskraft. Sie artikulieren sich im Zeitverlauf eben nur in wechselnden Parteien (Deutsch/Lindon/Weill 1966). Die zahlreichen organisationspolitischen Häutungen der Parteienlandschaft hängen mit der Honoratiorenprägung der Parteien zusammen. Mit dem Abtreten starker Persönlichkeiten fand so manche Partei bald ihr Ende, in anderen Parteien gab es nicht genügend Platz für konkurrierende Führer mit politischer Ausstrahlung. Vorübergehende oder anhaltende Schwächen in der Wählergunst werden bis heute gelegentlich, wenn auch nicht so folgenschwer wie in der Vergangenheit, mit Spaltungen und Umbenennungen quittiert. Probleme, die in den Nachbarländern Auseinandersetzungen zwischen innerparteilichen Richtungen ausgelöst hatten, brachten in Frankreich neue Parteien hervor. Die zahlreichen kleineren Parteien und die Spaltung der politischen Mitte in christliche, konservative und liberale Honoratiorenparteien waren die wesentliche Ursache für die Instabilität der Regierungen der IV. Republik gewesen.

Diese komplizierte Szenerie ließ sich allein mit dem Blick auf Parteienschicksale nicht strukturieren. Ebensoviel Aufklärung versprach der Blick auf verborgene Strukturen von größerer Dauerhaftigkeit. Hier liegt der Grund für die bis heute ungebrochene Beliebtheit wahlgeographischer Studien. Sie eruieren die Lager- oder Richtungspräferenzen des Elektorats bei häufig wechselnder Parteienbesetzung (Goguel 1958 (Erstaufl. 1946), 1970). Die französische Politikwissenschaft arbeitete in den 1950er und 1960er Jahren als Ganze bereits viel stärker empirisch, als es in den Disziplinen der Nachbarländer der Fall war.

Meynaud verfasste den französischen „Truman". Seine Analyse des Verbändesystems schilderte die Entstehungsursachen, die Organisationsstrukturen und die Anlaufpunkte der organisierten Interessen im Parlament und in der Bürokratie (Meynaud 1959, 1962). Es sollte noch einige Zeit dauern, bis in der britischen und in der deutschen Politikwissenschaft gleichwertige Arbeiten erschienen. Lavau hatte in der Auseinandersetzung mit der behavioralistischen Parteienliteratur sehr frühzeitig einen Rahmen für das Studium der französischen Parteien gespannt (Lavau 1953). Es sollte aber eine Generation dauern, bis das Fach auf Bearbeitungsvorschläge dieser Art einging. Duverger veröffentlichte ein international erfolgreiches Werk über die politischen Parteien (Duverger 1959). Er entwickelte im Wege des historischen und des Ländervergleichs eine Parteientypologie, mit der sich die internationale Parteienforschung kritisch auseinandersetzen sollte. Vor allem Duvergers These vom Verhältniswahlsystem als Ursache für Parteienzersplitterung und instabile Regierungen wurde in der internationalen Forschung kontrovers diskutiert.

Die IV. Republik bot für Arbeiten, wie sie zu dieser Zeit in den USA üblich waren, Anlässe und Stoff in Hülle und Fülle. Kein anderes Parlament in Europa kam so nahe an Strukturen wie im US-Kongress heran wie die französische Nationalversammlung. Sie zeichnete sich durch schwache und wenig dauerhafte Parteien, geringe Koalitionsdisziplin, unverhohlenen Druck der Interessengruppen auf die Parlamentarier und durch allmächtige Parlamentsausschüsse aus, deren Vorsitzende zuweilen nicht einmal mit Ministerämtern tauschen wollten. Die bewegte und offene politische Szenerie der 1950er Jahre motivierte auch amerikanische und britische Politikwissenschaftler für das Studium der französischen Politik, so mit Untersuchungen über die politische Rolle der Unternehmen, über die poujadistische Protestbewegung und über den Parlamentarismus (Hoffmann 1956, Ehrmann 1957, Williams 1964).

Um so bemerkenswerter war es vor diesem Hintergrund, dass sich eine ganz andere Außenwahrnehmung von der französischen Politikwissenschaft durchsetzen sollte: die einer vom Staatsrecht nicht zu unterscheidenden Verfassungskunde! Dafür gab es vor allem einen politischen Grund. Die IV. Republik befand sich seit ihren Anfängen in einer Krise. Die gaullistische Rechte hatte diese Republik der Parteien nie akzeptiert. Die instabilen Regierungen waren den extremen innen- und außenpolitischen Herausforderungen, so dem raschen Wandel von der Agrar- zur Industriegesellschaft und den Kolonialkrisen, schlecht gewachsen. Hinter dem holprigen Regieren in der parlamentarischen IV. Republik war der Gegenentwurf einer präsidialen Republik stets sichtbar. De Gaulle hatte diese andere Republik schon im Exil gefordert. Die Parteien hatten sie ihm nach der Befreiung Frankreichs verweigert. Als die französische Herrschaft in Algerien 1958 zu wanken begann, traten Ängste vor einem möglichen Putsch des gedemütigten Militärs hinzu. Der unerwartet rasche Kollaps der IV. Republik ließ den de Gaulleschen Entwurf in modifizierter Gestalt Wirklichkeit werden. In Windeseile löste die V. Republik die Vorgängerrepublik ab.

Dieser Wechsel war mehr als eine bloße Verfassungsrevision. Erstmals seit dem Ende des Zweiten Kaiserreichs wechselte das politische Paradigma. Die starke Exekutive mit dem Präsidenten an der Spitze verdrängte die parlamentarische Republik mit der Hegemonie des Parlaments. Die deutsche Politikwissenschaft diskutierte das semipräsidentielle System aus der Distanz als typologische Herausforderung, die sich schlecht in die vorhandenen Ablagen einsortieren ließ. Den französischen Politikwissenschaftlern brannten die neuen Institutionen, die Persönlichkeit de Gaulles und der von der neuen Republik erzwungene, exekutivzentrierte politische Stil unter den Nägeln. Die französischen Wissenschaftler, die sich vom Behavioralismus hatten begeistern lassen, besaßen aber nicht das Rüstzeug, um nun gerade Verfassungsfragen zu diskutieren. Angesichts der politischen Situation, die der Politikwissenschaft Antworten abverlangte, sollte sich das Staunen über die Prominenz der so genannten französischen Verfassungspolitologen verflüchtigen. Ein weiterer Punkt kam noch hinzu. Frankreich hatte zwar eine Tradition des öffentlichen Rechts. Diese bezog sich aber im Wesentlichen auf Verwaltungsfragen. Die Verfassung war nie ein großes Thema gewesen. Das hing zum Teil mit der Ideologie der Verfassungssouveränität zusammen – ein Erbgut der von Rousseau und Siéyès beeinflussten Doktrin des Volkswillens. Sie stellte die Wertigkeit der Verfassung in den Schatten. Zwischen 1875 und 1940 hatte es keiner Verfassungsdiskussion mehr bedurft, weil die III. Republik vordergründig höchst stabil gewesen war und selbst das traumatische Erlebnis des Ersten Weltkriegs gut überstanden hatte. Ungeachtet ihrer recht großen Aufgeschlossenheit für empirische Forschungen erörterten die meisten französischen Politikwissenschaftler die Politik in ihren rechtlichen und formellen Erscheinungsformen. Das junge Fach hatte seine Vertreter eben lange aus dem Kreise von Wissenschaftlern rekrutiert, die aus der Rechts- und Staatswissenschaft kamen. Hier verhielt es sich in Frankreich nicht anders als in Deutschland, wo die frühe Politikwissenschaft ebenfalls staatsrechtlich koloriert gewesen war.

6.3 Der Republikwechsel: Die Verfassungsanalyse überlagert die empirische Politikwissenschaft (seit 1958)

In der langen Periode der schwächelnden IV. und dann der zeitweise ins Autoritäre spielenden V. Republik war Verfassungsexpertise gefragt. Geboten wurde sie von Politikwissenschaftlern wie Duverger, Quermonne und Vedel. Sie beherrschten das Repertoire des Verfassungsvergleichs und vermochten die Handlungslogik der Politik in einem gegebenen Verfassungsrahmen zu beurteilen. Dies war die Stunde für Politikwissenschaftler vom Zuschnitt eines Loewenstein, Friedrich oder Fraenkel in der amerikanischen und in der deutschen Politikwissenschaft. Sie alle betrieben keine rechtsdogmatische Verfassungserörterung, sondern eine mit Common sense gewürzte Verfassungsinterpretation. Sie verarbeiteten historische Erfahrungen und scheuten kein Urteil über die absehbaren Folgen der Verfassungspolitik. Die Politikwissenschaftler waren in Frankreich die ersten und die eigentlichen Staatsrechtler, eine Tatsache, die sich in dem heute gebräuchlichen Begriff der *constitutionnalistes* ausdrückt. In Deutschland hingegen waren die Staatsrechtler lange vor der Politikwissenschaft da.

Geraume Zeit vor dem Übergang zur V. Republik exponierten sich Duverger und Vedel mit Vorschlägen für eine Verfassung, die das Parlament in die Schranken weisen sollte. Ihre Empfehlung, das präsidentielle System amerikanischer Machart auf Frankreich zu übertragen, fand jedoch keine Resonanz. Die umstrittene Verfassung der V. Republik und besonders der autoritäre Führungsstil de Gaulles hielten die Diskussion von Verfassungsfragen lebendig. Diese Debatte wurde nicht nur in Fachveröffentlichungen geführt, sondern auch in der seriösen Hauptstadtpresse, namentlich in „Le Monde". Die *constitutionnalistes* kommentieren bis heute verfassungspolitische Fragen in den großen Tageszeitungen. Wenn Leca dazu anmerkte, zwischen Wissenschaft und Zeitungskommentar sei bei alledem kein Unterschied zu erkennen, und das zeige, dass es eigentlich keine französische Politikwissenschaft gebe, dann war dieses Urteil ungerecht (Leca 1991: 157). Sein Kommentar ließ sich entgegen der Absicht auch als Kompliment ausdrücken, dass sich die französischen Verfassungspolitologen verständlich mitzuteilen verstehen. Bedarf an Verfassungskommentierung gibt es bis zum heutigen Tage.

Lange bevor 1986 erstmalig das Ereignis der so genannten Kohabitation eintrat, war die Frage erörtert worden, ob die auf de Gaulle zugeschnittene Verfassung überhaupt die Koexistenz eines Präsidenten aus dem einen Lager und einer Parlamentsmehrheit aus dem anderen Lager, ergo eines Regierungschefs aus dem anderen Lager aushalte (Duverger 1980). Die Konstellation einer politisch gespaltenen doppelten Exekutive – nach Steffani – verursacht in Anbetracht der rein repräsentiven Aufgaben des Staatsoberhaupts im üblichen parlamentarischen Regierungssystem keine Probleme. In Frankreich warf sie jedoch angesichts der Verfassungsposition des Präsidenten und der von den Präsidenten bestimmten Geschichte der V. Republik Fragen der Belastbarkeit auf. Die Erfahrung mit der Kohabitation sollte diese Fragen positiv beantworten. Entwicklungen wie die Herausbildung des Verfassungsrates zu einem Verfassungsgericht und die Problematisierung des Septennats, die im Jahr 2000 zur Verkürzung der präsidialen Amtsdauer auf fünf Jahre führten, konservierten ein Problemmilieu, in dem die Verfassungsexperten mit wissenschaftlichem Urteil und mit außerwissenschaftlichem Rat gefragt waren.

Duverger war der bekannteste Vertreter dieser Art von Politikwissenschaft (Duverger 1986, 1996). Sein inzwischen mehr als 20mal aufgelegtes Buch über *Le système politique francais* arbeitet sich verfassungsgeschichtlich von der Revolution bis zur Gegenwart vor. Dann widmet es sich ausführlich der V. Republik. Die Hälfte der Ausführungen zur aktuellen Verfassungsform gilt der Verfassungssystematik, dem Wahlsystem und den Staatsorganen. Die andere Hälfte wendet sich der politischen Handhabung der Verfassungsbestimmungen zu. Was der Autor unter einem politischen System versteht, entpuppt sich schon beim flüchtigen Blick auf den Inhalt als das Verfassungsregime, d.h. als die praktizierte Verfassung. Der politikwissenschaftliche Systembegriff, der im Fach sonst mit Easton oder Almond assoziiert wird, ist eine ganz andere Sache. Selbst Begriffe wie das Government oder das Regierungssystem treffen das Verfassungsregime nicht. Duverger nimmt von der informellen Verfassungspraxis nur jene Aspekte zur Kenntnis, die sich in irgendeiner Weise auf formelle Verfassungselemente beziehen lassen. Den ganzen in der übrigen französischen Politikforschung so wichtigen Bereich der Hochbürokratie, der Grands corps und der Cabinets ministériels blendet Duverger aus. Die Arbeiten Quermonnes zum exekutiven Binnenverhältnis von Präsident und Regierungschef (1996 (Erstaufl. 1980)) folgten demselben Muster,

ebenso die zwar staatsrechtlich deklarierten, aber nicht anders strukturierten Studien von Zarka (1992) und Ardant (1991) über den Premierminister. Selbst Duvergers typologisches Werk über den Vergleich semi-präsidentieller Regierungssysteme (Duverger 1986) hielt
sich an den Rahmen der formellen Verfassung.

6.4 Die sozialwissenschaftliche Politikforschung tritt erneut in den Vordergrund (seit 1980)

Die Verfassungspolitikwissenschaft ist nach wie vor lebendig. Doch
die Forschung über die französische Politik geht seit den 1980er Jahren andere Wege. Sie bewegt sich im Spektrum einer sich sozialwissenschaftlich verstehenden Politikwissenschaft, nicht anders als in
Deutschland oder Großbritannien (Mény 1989). Die neuere Variante
bestimmt inzwischen auch die Wahrnehmung des Fachs von außen
(Leca 1991: 164f.). Knüpfen wir gleich bei der Begrifflichkeit an. Aus
Anlass des 30jährigen Bestehens der V. Republik verfasste Mény eine
kleine Schrift über das politische System Frankreichs. Das System war
jetzt aber kein Synonym für die praktizierte Verfassung mehr. Mény
verstand darunter, wie international üblich, den politisch-soziologi-
schen Komplex der Verbände, der Parteien, der Bürokratie und der
Regierungsorgane (Mény 1999 (Erstaufl. 1988)). Die Kohabitation, ein
zentrales Thema der französischen Verfassungspraxis, gewann durch
den sozialwissenschaftlichen Zugriff auf die Institutionen eine neue
Dimension. Lacroix und Lagroye untersuchten die Rolle des Präsidenten mit der Frage nach den Verfassungskonventionen. Sie erörterten den Gebrauch präsidialer Amtssymbole und die Beteiligung der
Medien am Mythos der überragenden Bedeutung des Präsidenten im
politischen Geschehen (Lacroix/Lagroye 1992).

In der Kohabitation verlagern sich die Regierungsentscheidungen
vom Staatsrat, in dem weiterhin der Präsident den förmlichen Vorsitz
bei Kabinettsberatungen führt, in das Vorfeld informeller Absprachen
zwischen dem Regierungschef und seinen Ministern. Der Premierminister ist in aller Regel ein *présidentiable*, d.h. ein geborener Bewerber
für das Präsidentschaftsamt (Ardant 1999c). Ein Sujet wie die Typolo-
gisierung der Regierungssysteme wird heute nicht mehr, wie noch in
der Debatte um das semi-präsidentielle Regierungssystem, als Problem

des Verhältnisses von Parlament und Regierung, sondern nach dem Vorbild Lijpharts als Problem der Mehrheits- und der Konsensregierung diskutiert (Ardant 1998a).

Das Thema der Kohabitation zeigt auch für Frankreich, dass sich die Beschäftigung mit dem eigenen politischen System auf die Schlüsselstrukturen konzentriert. Weitere zentrale Elemente des politischen Systems sind die politische Bürokratie und die Institutionen der Elitenrekrutierung. In Frankreich ist eine massive Konzentration der politischen, wirtschaftlichen und gesellschaftlichen Eliten in einem überschaubaren Segment der Oberschicht anzutreffen (Birnbaum/Baruq/-Bellaiche/Marie 1978). Der Soziologe Birnbaum erklärte dieses Phänomen mit der so genannten *pantouflage*. Es handele sich hier um ein Spiel von Beziehungen, das den Typus des Spitzenbürokraten in alle gesellschaftlichen Bereiche verpflanzt habe (Birnbaum 1978). Viele Verwaltungsspitzen finden den Weg in eine politische Karriere. Im Unterschied zur Vorgängerrepublik besitzt das Parlaments- und Regierungspersonal eine solide administrative Erfahrung (Antoni/Antoni 1976, Cayrol/Parodi/Ysmal 1973). Dieser Komplex wird mit soziologischen Methoden analysiert.

Nach Crozier kapseln sich die leitenden Ministerialbeamten in der geschlossenen Welt der Beamtenkorporationen ab. Der persönliche Umgang mit den Untergebenen werde auf ein Mindestmaß reduziert. Die Führungsebene treffe verwaltungstechnisch perfekte Entscheidungen, ohne allerdings die Adressaten zu beteiligen. Untergebene und Betroffene nutzten ihrerseits alle Möglichkeiten, um die Wirkung dieser Entscheidungen zu unterlaufen (Crozier 1963). Das Ergebnis sei die Blockade (Crozier 1973). Trotz des bis in die 1980er Jahre strikt zentralistisch organisierten französischen Staates, so bestätigte auch der amerikanische Politikwissenschaftler Tarrow (1977), konnten die – – mit nur wenigen Befugnissen ausgestatteten – Bürgermeister im Einvernehmen mit den Präfekten als den Vertretern der Zentralregierung ein hohes Maß an Autonomie erobern. Dies war möglich, weil die zentralen Entscheidungen wesentlich von der Informationsgebung der Präfekten abhingen. Mit seinen Thesen erzielte Crozier große Wirkung. Heftige und spektakuläre Proteste selbst in der extremen Erscheinungsform des demonstrativen Rechtsbruchs sind in der französischen Gesellschaft keine Ausnahmerscheinung. Sie werden gemeinhin der mangelnden Konsultation der gesellschaftlichen Organisationen im Vorfeld politischer Entscheidungen zugeschrieben.

Bourdieu hat in seiner Abhandlung über *Die feinen Unterschiede* die Attribute sozialer Macht unterschieden. So erwachse aus Ansehen, Bildung und Reichtum Macht. In der kleinen Welt der Mächtigen verbänden sich diese Machteigenschaften. Ganz ohne Vermögen lasse sich keine Lebensweise realisieren, zu der die Gesellschaft aufschaue. Die Reichen könnten es zu Ansehen bringen, wenn sie den Habitus der zu Geld gekommenen Parvenus abstreiften. Die Gebildeten hätten die Chance, in angesehene Positionen aufzusteigen und ein Vermögen zu erwerben (Bourdieu 1982 (Erstaufl. 1979)). Der amerikanische Politikwissenschaftler Suleiman steuerte zur Elitenforschung interviewgestützte Untersuchungen über die ENA und andere Eliteschulen bei. Darüber hinaus belegte auch er die Verwaltungskorps als Drehscheiben für bürokratische, ökonomische und politische Karrieren (Suleiman 1974, 1978).

In den 1980er und 1990er Jahren wurde dieser Themenbereich ein Schwerpunkt der französischen Politikforschung (Bodiguel/Quermonne 1983, Muller 1991, Kessler 1986). Bourdieu veröffentlichte eine umfangreiche Studie über den Korpsgeist in der Ministerialbürokratie. Seine pointierte These lautete, dass an der ENA und an den anderen Verwaltungshochschulen ein neuer Adel entstehe, der nach der Absolvierung einiger Aufnahmeriten in Führungspositionen aufsteige (Bourdieu 1989). Die ENA und ihre Verbindung zu den Ministerien und den Verwaltungskadern wurden in den 1980er Jahren sogar zum Politikum. So wurde die ENA 1991 nach Straßburg verlegt, um sie aus dem Pariser Beziehungsgeflecht zu lösen. Ein dankbares Objekt der Politikanalyse ist sie geblieben (siehe auch Ardant 1997a).

Weitere Forschungsschwerpunkte bilden, wie auch in der Politikwissenschaft der Nachbarländer üblich, Parteien und Public policies. Repräsentativ für den behavioralistischen Gestus der französischen Parteienforschung (Seiler 1993) sind Ysmals datengesättigtes Werk über die politischen Parteien und Birenbaums Buch über den Front National (Ysmal 1989, Birenbaum 1992). Beide Untersuchungen setzen sich mit dem soziologischen Zuschnitt der Parteimitglieder und der Wähler auseinander. Eine ältere Tradition der französischen Parteienliteratur begnügte sich noch damit, die Parteienhistorie zu betreiben (so Charlot 1970, 1983).

Als plastisches Bild für das Parteiensystem der letzten 25 Jahre bürgerte sich die *quadrille bipolaire* ein, d.h. die Unterscheidung eines linken und eines rechten Parteienlagers, die sich jeweils aus zwei Parteien zusammensetzen (Borella 1974, 1995). In der *quadrille bipolaire* sind die früher einmal bedeutsamen Parteien der politischen Mitte aufgegangen. Sie haben sich dem rechten oder dem linken Lager angeschlossen. Die politische Richtungsgruppen und die persönlichen Gefolgschaften mächtiger Honoratioren beugen sich heute dem unsanften Druck des majoritären Wahlsystems. Sie fügen sich in eine Lagerdisziplin, ohne die keine Partei im Regierungssystem der V. Republik reüssieren kann. Die Parteienforschung bearbeitet Themen wie die Wahlkämpfe (Ardant 1992) und die Wahlkampffinanzierung (Ardant 1994a). Arbeiten zur Policy-Forschung und über spezielle Politikfelder dokumentieren die Rezeption und Anwendung der internationalen Forschung (Mény/Thoenig 1989, Ardant 1999a). Die Policy-Forschung ist als Forschungsfeld präsent (Jobert/Muller 1987). Als stürmische Mode ist sie freilich – ebenso wie in Großbritannien – ausgeblieben.

Die Europäische Union hat in den letzten Jahren ein wachsendes Interesse gefunden. So präsentierte die *Revue Francaise de Science Politique* erstmals eine Synopse europäischer Politikfelder mit Beispielen aus der regulierenden und auch verteilenden Politik (Mény 1996). Cini hat sich als Analytikerin der Europäischen Kommission einen Namen gemacht (1996, 1997). Im Vergleich der Wettbewerbs- und der Umweltdirektion fasste sie die wichtigste und eine der weniger gewichtigen Kommissionsdienstellen ins Auge. Cini veranschaulichte die kommissionstypischen Konflikte zwischen Kommissaren, Kabinetten und Europabeamten. Ihr Interesse galt dem Nachweis verschiedener Organisationskulturen unter dem Dach der Europäischen Kommission. Die Arbeit der Wettbewerbskommission behalte stets das hohe Renommee im Auge, das sie sich in der Kommissionsarbeit und in der Außenwahrnehmung erworben habe. Mény, Muller und Quermonne untersuchten in einer anderen Synopse die Nahtstellen zwischen dem nationalen Regierungsbetrieb und den Brüsseler Institutionen. Im Mittelpunkt stand die Frage, wie die größeren Mitgliedsländer der Union ihre Regierungsstruktur und ihre Personalpolitik auf eine möglichst effektive Mitsprache in Unionsangelegenheiten einstellten. Messe die britische und die französische Regierungsarbeit der in Brüssel zu entscheidenden Politik hohe Priorität zu und habe sie dafür eigens Ministerien eingerichtet, so verhinderten die traditionellen Ressortegoismen in Deutschland gleichwertige Arrangements. Das Management der französischen Interessen in Brüssel gelte als technisch und inhaltlich exzellent, das deutsche indes ungeachtet der Qualität seiner nach Brüssel entsandten Beamten als wenig erbaulich (Mény/Muller/Quermonne 1996).

Mény, ein bekannter Exponent der vergleichenden Politikwissenschaft in Frankreich, ist Autor eines mehrfach übersetzten Werkes über die USA und die größten Länder in der EU (Mény 1996 (Erstaufl. 1988)). Die Konzentration auf die größten Akteure in der europäischen Politik und in der Weltpolitik – Deutschland, Frankreich, Großbritannien, Italien, USA – war eine auch für die Ausbildungsinhalte künftiger Beamtenmandarine und Diplomaten zweckmäßige Auswahl. In der Auseinandersetzung mit der Dritten Welt wird in der französischen Politikwissenschaft – wie auch in der Fachdiskussion in Deutschland und Großbritannien – die Ausbeutung der Gesellschaft durch eine Staatsklasse thematisiert, so etwa in einer voluminösen Untersuchung über den Staat in Afrika (Bayart 1989).

Die Reihe *Pouvoirs* bietet mit Schwerpunktveröffentlichungen über China, Indien, Japan und Algerien (Ardant 1999b; 1998b; 1997b; 1994b) eine große Themenvielfalt. Es tut der Qualität dieser Publikationen keinen Abbruch, dass sie den aktuellen Bedarf an länderbezogenem Vertiefungswissen bedienen – gerade auch angesichts der Zufälligkeit, mit der etwa deutsche Fachpublikationen diese Themen aufgreifen. An Internationalität fehlt es in der französischen Politikwissenschaft nicht. Etliche französische Politikwissenschaftler veröffentlichen ihre Arbeiten gleich in englischsprachigen Periodika. Die *Revue Francaise de Science Politique* veröffentlicht in Abständen die Fachkonferenzbeiträge der Association Francaise de Science Politique. Als Themenbeispiele seien die Europäische Union, der Korporatismus, der Systemwechsel und der Verfassungswandel in Frankreich vermerkt. Auch diese Tagungen zeichnen sich durch die Internationalität der Teilnehmer aus.

Wenn die französische Politikwissenschaft in der Politikwissenschaft des Auslands trotz allem lediglich schwach wahrgenommen wird, dann geht dies auf zwei Ursachen zurück:

- Als internationale Wissenschaftssprache ist das Französische ins Hintertreffen geraten. In der Politikwissenschaft der angelsächsischen Welt, auch Skandinaviens, werden französische Texte nicht gelesen – deutsche Texte übrigens auch nicht! Dieses Handikap trifft die Politikwissenschaft in beiden Ländern.
- Die französische Politikwissenschaft hat in der Größendimension sogar im Vergleich mit der deutschen Politikwissenschaft einen

Nachteil. Politik ist in Deutschland ein Schulfach, für dessen Unterrichtung ein Universitätsstudium qualifiziert. In Frankreich ist es anders. Politikwissenschaft ist in Deutschland an den meisten Universitäten ein Hauptfach, in Frankreich haben die politikwissenschaftlichen Studiengänge nicht allzu viele Studenten. Es handelt sich überwiegend um ein Nebenfach in Ausbildungsgängen, die in der einen oder anderen Weise für den Staatsdienst ausbilden (Zettelmeier 1996).

Die zuletzt genannten Gründe halten den Bedarf an Politikwissenschaftlern in den Lehr- und Forschungsberufen recht gering. Sie begünstigen die Publikationsnachfrage vor allem nach Einführungs- und Übersichtswerken. Die französische Disziplin bewegt sich im Zuschnitt eines kleinen Fachs, obgleich es sich bei Frankreich weder um ein kleines Land handelt und obgleich es durchaus keine kleinwüchsige Hochschullandschaft besitzt. Die französische Politikwissenschaft hat alle Merkmale der skandinavischen, niederländischen, schweizerischen oder österreichischen Politikwissenschaft. Sie hat das gleiche, wenn auch weniger dramatische Größenordnungsproblem. Dieses zwingt sie, das Forum der Fachzeitschrift sehr stark zu gewichten. Der Druck auf die Mitteilung der Forschungsergebnisse in englischsprachigen Periodika ist aus aus demselben Grund sehr groß. Die akademischen Internationalen Beziehungen sind ein Randgebiet der französischen Politikwissenschaft geblieben. Dieser Gegenstand wird hauptsächlich diplomatiegeschichtlich bearbeitet. In der angelsächsischen und deutschen Rezeption wird dieser Teil der französischen Forschung kaum zur Kenntnis genommen. Auch die politische Theorie ist kein großes Thema. Sie wird weit hinter der Grenze der Politikwissenschaft zur Philosophie erörtert.

Weiterführende Literatur

Die Literatur zur Geschichte der Disziplin in Frankreich ist spärlich gesät. Der folgende Artikel ist in verschiedenen Sammelbänden und Periodika erschienen: Jean Leca: French Political Science and Its „Subfields": Some Reflections on the Intellectual Organization of the Discipline in Relation to Its Historical and Social Situation, in: David Easton, John G. Gunnell und Luigi Graziano (Hrsg.): The Development of Political Science: A Comparative Survey, London und New York 1991, S. 147-186. Sehr informativ ist ebenfalls: Pierre Favre: Histoire de la science politique, in: Madeleine Grawitz und Jean Leca (Hrsg.): Traité de science politique, Tome 1: La science politique, science sociale, l'ordre politique, Paris 1985, S. 3-45. Mit der Politikwissenschaft als Lehrfach befasst sich Werner Zettelmeier: Entstehung und Entwicklung der politikwissenschaftlichen Lehre an den französischen Universitäten. Zwischen Marginalität und Autonomie, in: Hans J. Lietzmann und Wilhelm Bleek (Hrsg.): Politikwissenschaft. Geschichte und Entwicklung in Deutschland und Europa, München und Wien 1996, S. 171-190. Der Elitenausbildungsbeitrag des Fachs ist Gegenstand des Beitrags von Hans Manfred Bock: Nationale Eliten-Bildung und Ausbildung politisch-administrativer Führungskräfte. Zum Modell der Sciences politiques in Frankreich, in: Hans J. Lietzmann und Wilhelm Bleek (Hrsg.): Politikwissenschaft. Geschichte und Entwicklung in Deutschland, München und Wien 1996, S. 191-218.

7 Fazit

Die Geschichte des Fachs folgte hier bewusst nationalen Grenzen. Dabei zeigte sich Mal für Mal: Was heute als Politikwissenschaft betrieben wird, ist von Entwicklungen in den USA bestimmt. Die Politikwissenschaft in den USA versteht sich als empirische Wissenschaft. Sie will Gesetzmäßigkeiten herausfinden und problematisiert selbst in der Einzelfallbetrachtung die Verallgemeinerbarkeit. Dieses Wissenschaftsbild ist in der europäischen Politikwissenschaft eine – hier und dort starke – Nebenströmung (McKay 1988: 1991). Die britische Politikwissenschaft schätzt die dichte Beschreibung, wie sie in der Geschichts- und Kulturwissenschaft üblich ist. An der Verallgemeinerung liegt ihr nicht allzu viel. Hier unterscheidet sich die deutsche Politikwissenschaft. Die meisten deutschen Politikwissenschaftler argumentieren historisch und soziologisch. Das Bemühen um das Typisieren und Verallgemeinern ist allerdings ausgeprägter als in der britischen Fachvariante. Die französische Politikwissenschaft hat mit ihrer Nähe zum Staatsrecht immer noch ein besonderes Profil, aber sie nimmt sich sonst kaum anders aus als in Deutschland und Großbritannien. Nach einer Phase der reinen Rezeption der amerikanischen Disziplin sind in Europa eigene Traditionen und Forschungsschwerpunkte entstanden. Diese hatten ihre Ursachen im Wissenschaftsmilieu und in der sich vertiefenden Auseinandersetzung mit der eigenen Innenpolitik.

Galtung mit seiner Differenzierung zwischen nationalen Wissenschaftsstilen liegt für die Politikwissenschaft falsch. Streng besehen gibt es nicht einmal einen US-amerikanischen Stil, wenn man bedenkt, dass Behavioralismus, Kulturalismus und Rational choice in der weltgrößten Disziplin koexistieren. Der Behavioralismus ist einem induktiven Wissenschaftsverständnis verhaftet, die Rational choice hingegen ein rein deduktives Treiben, wie es Galtung eher der Wissenschaft im deutschsprachigen Kulturkreis zuschreibt. Die britische Politikwissenschaft mit ihrer ausgeprägten Distanz zur Statistik und mit ihrer Neigung zur Historisierung passt in keine Form hinein, in der auch die amerikanische Poli-

tikwissenschaft noch Platz fände. Es ist schwer, für die deutsche Politikwissenschaft überhaupt zu einer treffsicheren Charakterisierung zu
kommen. Sie praktiziert den Behavioralismus, aber nicht flächendekkend. So, wie Galtung die deutsche Wissenschaft karikiert, nämlich deduktiv und philosophisch, ist sie ganz gewiss nicht. Schließlich erscheint
auch die französische Politikwissenschaft bei genauerem Hinsehen überhaupt nicht „gallisch". Kleinmaßstäblicher zwar, erinnert ihr Zuschnitt an
ein Compositum Mixtum, wie es auch in Deutschland anzutreffen ist.

Wissenschaft hat stets einen soziozentrischen Bias. Insofern hat Galtung schon recht. Und er hat auch damit recht, dass es guten Sinn macht,
diesen Bias herauszufinden. Das Wissen um bekannte Stärken, Schwachpunkte oder Übertreibungen ist wichtig. Es hilft den Hintergrund wissenschaftlicher Fragestellungen und Untersuchungsdesigns besser verstehen.
Ein kleiner Vergleich, der auf die Politikwissenschaft besser passen mag
als Galtungs Holzschnitt, mag dies illustrieren:

Die Medizinsoziologin Payer hat herausgefunden, dass sich deutsche Ärzte auf Herz und Kreislauf als Lieblingstummelplatz für die
Diagnose von Beschwerden und Therapien geeinigt haben. Französische Ärzte behandeln lieber die Leber – le Beaujolais nouveau est arrivé! Britische Mediziner glänzen durch große Zurückhaltung mit operativen Eingriffen und unterstützen so weit wie möglich die natürlichen Heilungsprozesse. Ihre amerikanischen Kollegen betrachten den
Operationssaal als Reparaturwerkstatt und zögern nicht lange mit operativer High-tech, um verstopfte Leitungen zu reinigen oder Ersatzteile
einzubauen. Dennoch dürfte ein amerikanischer Mediziner die typische
Herzbeschwerde erkennen oder ein französischer Arzt mit den Symptomen einer Rückenbeschwerde vertraut sein (Payer 1989).

Das Studium der nationalen Politik steht für die meisten Politikwissenschaftler im Mittelpunkt. Das hat seine guten Gründe. Die Studierenden, die Geldgeber, die Bildungspolitiker und last but not least die Arbeitsmärkte erwarten die Vermittlung von Wissen über die Politik des
betreffenden Landes. Die Besonderheiten des amerikanischen, britischen,
französischen und deutschen Regierungssystems drücken sich in den
Themen der Politikforschung aus. In den USA genießt der Kongress besondere Beachtung, in Großbritannien Whitehall und die Prime-Ministerisierung der Politik, in Deutschland die komplizierte Verschränkung
von Parteienstaat, Föderalismus und Parlamentarismus, in Frankreich
schließlich die Eigenart des semi-präsidentiellen Regierungssystems und
die recht homogenen und exklusiven Führungseliten.

Insbesondere die britische und die deutsche Politikwissenschaft lassen fließende Übergänge zwischen innenpolitischen und vergleichenden Analysen erkennen. Die amerikanische Komparatistik wird in größerer Isolation von den American politics betrieben. Letztere zeichnen sich durch ihre Selbstbezogenheit aus. Das Studium der amerikanischen Innenpolitik genügt sich selbst, ob es sich nun mit Institutionen, mit Prozessen oder mit Politikfeldern beschäftigt. Mit der europäischen Politik ist sie wenig vertraut, und was man dort von ihr weiß, deutet mehr auf die Unterschiede als auf Gemeinsamkeiten hin. Daraus ergibt sich die merkwürdige Situation, dass die amerikanischen Komparatistiker in vielerlei Hinsicht besser mit Vertretern der europäischen Politikwissenschaft kommunizieren als mit amerikanischen Fachwissenschaftlern, die sich ausschließlich der Politik in der eigenen Gesellschaft widmen. Die Comparative politics in den USA sind nach geographischen Schwerpunkten breiter gefächert als die Subdisziplinen in Europa.

Die Internationalen Beziehungen sind, chronologisch gesehen, ein Latecomer in der Politikwissenschaft. Das gilt für die amerikanische und für die europäische Politikwissenschaft gleichermaßen – aber mit einer deutlichen Zeitverschiebung: Dieser jüngste Kernbereich der Politikwissenschaft wollte lange nicht einmal im selben Sprengel siedeln wie die recht bodenständigen Abteilungen für Innenpolitik und internationalen Gesellschaftsvergleich. Hier ging es um hehre Entwürfe von Krieg und Frieden, um Staatskunst, nicht um die niederen Kompromisse zwischen den Akteuren im Erwerbs- oder im Kulturleben. Erstaunlich lange ignorierten die Internationalen Beziehungen, dass alle Staaten ein Innenleben besitzen, das auf die Beziehungen zu anderen Staaten ausstrahlt.

Die Machtkonkurrenz zwischen den Supermächten Sowjetunion und USA untermauerte anfänglich die Trennung zwischen der Politikwissenschaft und den Internationalen Beziehungen. Erst in dem Moment, als sich Wechselwirkungen zwischen der Innen- und der Außenpolitik zeigten, wurde die übrige Politikwissenschaft als nützlich für eine differenzierte Sicht der internationalen Beziehungen erkannt. Verhielt es sich bei den innenpolitischen Analysen und in der Komparatistik so, dass zunächst politiksoziologische Erklärungen im Zeichen der behavioralistischen Umwälzung Konjunktur hatten und dass sie später von der Rational choice Konkurrenz bekamen, so war es in den akademischen Internationalen Beziehungen genau umgekehrt. Realismus, Neorealismus, Liberalismus und Institutionalismus waren durchweg dem Bild rationaler Akteure verhaftet. Erst dann folgte dort die Soziologisierung und Kulturalisierung der Sichtweisen.

Wenden wir uns zuletzt dem ältesten Zweig der Politikwissenschaft zu, der politischen Theorie. Doch stimmt das eigentlich – der älteste Zweig der Politikwissenschaft? Hat die Politikwissenschaft ihre Impulse nicht aus der Auseinandersetzung mit den Phänomenen der Industriegesellschaft des 19. Jahrhunderts und aus der Demokratisierung gewonnen? Die Frage stellen heißt sie beantworten. Die philosophische und philologische Textanalyse braucht den Hintergrund der industriellen und post-industriellen Gesellschaft nicht. Aristoteles, Hobbes und Tocqueville hätten auch ohne die Parteien- und Parlamentarismusforschung an den Philosophischen Fakultäten überlebt. Der Status des Klassikerstudiums variiert von allen hier betrachteten Fachsegmenten der Politikwissenschaft am stärksten. In den USA haben sich die politische Philosophie und die Ideengeschichte weitgehend aus der Politikwissenschaft verabschiedet, in Großbritannien und Deutschland haben beide in den Fachvereinigungen eine Heimstätte behalten. Diese Unterschiede sind das Ergebnis organisationspolitischer Positionskämpfe. In der Politikwissenschaft auf den britischen Inseln und in deutschen Landen ist die politische Philosophie kaum weniger randständig als in den USA. Niemand nimmt wirklich Anstoß daran, dass sie hier formal als Politikwissenschaft firmiert und dort nicht. Dies unterstreicht nur das Desinteresse. Theorien, die sich auf die empirische Politikforschung beziehen, sind eine andere Sache. Sie entwikkeln sich für gewöhnlich in der Symbiose mit konkreten Forschungen. Die Politikwissenschaft ist mehr oder minder mit sozialwissenschaftlicher Theorie affiziert. Eine nach diesem Verständnis theoriefreie Politikwissenschaft wäre nichts anderes als Landschaftsmalerei.

Fragen wir zu guter Letzt, ob eine Geschichte der Politikwissenschaft Lehren hergibt. Es ist nicht unnütz, einigermaßen über den Werdegang einer Wissenschaft Bescheid zu wissen, die sich vorzugsweise der politischen Gegenwart zuwendet. Dies wäre das übliche Bildungsargument. Es gibt aber einen wichtigeren Grund, die Disziplingeschichte zu kennen: Der Überblick sollte gezeigt haben, warum die Politikwissenschaft in Europa andere Gesichter hat als in den USA. Ein britisches Standardlehrbuch nimmt sich anders aus als ein deutsches und ein deutsches wieder anders als ein amerikanisches. Ein amerikanischer Politikwissenschaftler kapriziert sich auf andere Aspekte eines Phänomens. Zumeist sucht er nach Regelhaftigkeiten und Typologisierungsmöglichkeiten, während sich seine britische Kollegin damit begnügt, Motive und Umstände mit dem Blick hinter die Kulissen zu ermitteln. Ein deutscher Kollege fühlt sich vielleicht bemüßigt, erst einmal den gesamten Forschungsstand im In- und Ausland zu referieren, bevor er zum eigenen Erklärungsansatz kommt. Ein Amerikaner erörtert in dieser Situation vielleicht die relativen Vorzüge einer soziologischen oder einer Rational choice-Erklärung. Eigenheiten beruhen auf Gewohnheiten, in der Politikwissenschaft nicht anders als in der übrigen Wissenschaft oder im wirklichen Leben. Wenn man sie kennt, kann man besser mit ihnen umgehen. So manche scheinbare Merkwürdigkeit, die bei der Lektüre eines amerikanischen oder britischen Autors empfunden wird, vor allem beim Aufbau von Fragestellungen, bei der Belegtechnik und bei der Interpretation der Ergebnisse, klärt sich mit dem Blick auf die Fachtradition auf. In diesem Sinne lohnt das Wissen um die Gründzüge der Fachgeschichte allemal. Die Kenntnis der nationalen Fachgeschichte ist Bildungswissen. Aussagefähig wird sie erst dann, wenn die Kenntnis der Fachgeschichte in anderen Ländern, insbesondere derjenigen in den USA, hinzutritt.

Literatur

Abendroth, Wolfgang 1964: Innerparteiliche und innerverbandliche Demo-
kratie, in: Politische Vierteljahresschrift, 5. Jg., S. 307-338.
Abendroth, Wolfgang 1965: Sozialgeschichte der europäischen Arbeiter-
bewegung, Frankfurt/M.
Abendroth, Wolfgang 1966: Das Grundgesetz. Eine Einführung in seine po-
litischen Probleme, Stuttgart.
Abendroth, Wolfgang/Lenk, Kurt 1982 (Erstaufl. 1968): Einführung in die
politische Wissenschaft, 6. Aufl., München.
Aberbach, Joel D./Rockman, Bert A. 1977: The Overlapping Worlds of
American Federal Executives and Congressmen, in: British Journal of
Politicial Science, 7. Jg., S. 23-47.
Aberbach, Joel D./Rockman Bert A. 1978: Bureaucrats and Clientele
Groups: A View from Capitol Hill, in: American Journal of Political
Science, 22. Jg., S. 818-832.
Aberbach. Joel D./Putnam, Robert D./Rockman, Bert A. 1981: Bureaucrats
and Politicians in Western Democracies, Cambridge/Mass. und London.
Aberbach, Joel D./Krauss, Ellis/Muramatsu, Michio/Rockman, Bert A. 1990:
Comparing Japanese and American Administrative Elites, in: British
Journal of Political Science, 20. Jg , S. 461-488.
Abromeit, Heidrun 1992: Der verkappte Einheitsstaat, Opladen.
Adams, William 1989: History, Interpretation & the Politics of Theory, in:
Polity, 21. Jg., S. 45-66.
Agnoli, Johannes 1967: Die Transformation der Demokratie, in: Agnoli, Jo-
hannes/Brückner, Peter (Hrsg.): Die Transformation der Demokratie,
Berlin.
Agnoli, Johannes 1989: Von der kritischen Politologie zur Kritik der Politik,
in: Albrecht, Ulrich/Altvater, Elmar/Krippendorf, Ekkehard (Hrsg.):
Was heißt und zu welchem Zweck betreiben wir Politikwissenschaft?,
Opladen, S. 13-24.
Alber, Jens 1982: Vom Armenhaus zum Wohlfahrtsstaat. Analysen zur Entwick-
lung der Sozialversicherung in Westeuropa, Frankfurt/M. und New York.
Albrecht, Ulrich/Altvater, Elmar/Krippendorf, Ekkehard (Hrsg.) 1989: Was
heißt und zu welchem Zweck betreiben wir Politikwissenschaft? Kritik
und Selbstkritik aus dem Otto-Suhr-Institut, Opladen.
Alemann, Ulrich, von 1987: Organisierte Interessen in der Bundesrepublik,
Opladen.

Alemann, Ulrich von 1994: Grundlagen der Politikwissenschaft, Opladen.

Alemann, Ulrich von (Hrsg.) 1995: Politikwissenschaftliche Methoden. Grundriss für Studium und Forschung, Opladen.

Alemann, Ulrich von/Schmid, Josef 1999: Die Gewerkschaft ÖTV. Reformen im Dickicht gewerkschaftlicher Organisationspolitik, Baden-Baden.

Alemann, Ulrich von 2000: Das Parteiensystem der Bundesrepublik Deutschland, Opladen.

Allison, Graham T. 1971: Essence of Decision: Explaining the Cuban Missile Crisis, Boston.

Almond, Gabriel A. 1946: Politics and Ethics – A Symposium, in: American Political Science Review, 40. Jg., S. 283-293.

Almond, Gabriel A./Cold, R./Macridis, Roy C. 1955: A Suggested Research Strategy in Western European Government and Politics, in: American Political Science Review, 49. Jg., S. 1042-1049.

Almond, Gabriel A. 1956: Comparative Political Systems, in: Journal of Politics, 18. Jg., S. 391-409.

Almond, Gabriel A. 1958: Interest Groups and the Political Process, in: American Political Science Review, 52 Jg., S. 270-282.

Almond, Gabriel A./Verba, Sidney 1963: The Civic Culture, Boston.

Almond, Gabriel A./Powell, G. Bingham 1966: Comparative Politics: A Developmental Approach, Boston.

Almond, Gabriel A. 1966: Political Theory and Political Science, in: American Political Science Review, 60. Jg., S. 869-879.

Almond, Gabriel A./Genco, Stephen J. 1976/77: Clouds, Clocks and the Study of Politics, in: World Politics, 29. Jg., S. 489-522.

Almond, Gabriel A./Verba, Sidney (Hrsg.) 1980: The Civic Culture Revisited, Boston und Toronto.

Almond, Gabriel A. 1988: The Return to the State, in: American Political Science Review, 82. Jg., S. 853-874.

Almond, Gabriel A. 1990: A Discipline Divided: Schools and Sects in Political Science, Newbury Park, London und New Delhi.

Almond, Gabriel A. 1991: Rational Choice Theory and the Social Sciences, in: Monroe, Kristen Renwick (Hrsg.): The Economic Approach to Politics: A Critical Reassessment of the Theory of Rational Action, New York, S. 32-52.

Almond, Gabriel A. 1997: A Voice from the Chicago School, in: Daalder, Hans (Hrsg.), Comparative European Politics: The Story of a Profession, London und Washington, S. 54-67.

Altvater, Elmar/Hoffmann, Jürgen/Semmler, Willi 1980: Politik in der Bundesrepublik, Berlin.

Altvater, Elmar u.a. 1986: Kontroversen zur Krisentheorie. Überakkumulation, Verschuldung, Nachfragepolitik und Alternativen, Hamburg.

Altvater, Elmar (Hrsg.) 1987: Die Armut der Nationen: Handbuch zur Schuldenkrise von Argentinien bis Zaire, Berlin.

Altvater, Elmar 1989: Politische Ökonomie – Karriere eines Paradigmas?, in: Albrecht, Ulrich/Altvater, Elmar/Krippendorf, Ekkehard (Hrsg.): Was heißt und zu welchem Zweck betreiben wir Politikwissenschaft?, Opladen, S. 83-97.

Altvater, Elmar/Hoffmann, Jürgen/Semmler, Willi 1980: Vom Wirtschaftswunder zur Wirtschaftskrise, 2 Bde., 2. Aufl., Berlin.

American Political Science Association 1950: Toward a More Responsible Party Government, in: American Political Science Review, 44. Jg., Supplement.

Anderson, Lisa 1987/88: The State in the Middle East and North Africa, in: Comparative Politics, 20. Jg., S. 1-18.

Anderson, Martin 1992: Impostors in the Temple, New York, London, Toronto, Sydney, Tokyo and Singapore.

Antoni, Pascale/Antoni, Jean-Dominique 1976: Les ministres de la Ve République, Paris.

Ardant, Philippe 1991: Le premier ministre en France, Paris.

Ardant, Philippe (Hrsg.) 1992: Campagne électorale, Pouvoirs Nr. 63, Paris.

Ardant, Philippe (Hrsg.) 1994a: L'argent des élections, Pouvoirs Nr. 70, Paris.

Ardant, Philippe (Hrsg.) 1994b: Le nouveau Japon, Pouvoirs Nr. 71, Paris.

Ardant, Philippe (Hrsg.) 1997a: L'ENA, Pouvoirs Nr. 80, Paris.

Ardant, Philippe (Hrsg.) 1997b: La chine après Deng, Pouvoirs Nr. 81, Paris.

Ardant, Philippe (Hrsg.) 1998a: La démocratie majoritaire, Pouvoirs Nr. 85, Paris.

Ardant, Philippe (Hrsg.) 1998b: L'Algérie, Pouvoirs Nr. 86, Paris.

Ardant, Philippe (Hrsg.) 1999a: Le pouvoir médical, Pouvoirs Nr. 89, Paris.

Ardant, Philippe (Hrsg.) 1999b: L'Inde, Pouvoirs Nr. 90, Paris.

Ardant, Philippe (Hrsg.) 1999c: La cohabitation, Pouvoirs Nr. 91, Paris.

Arendt, Hannah 1981 (Erstaufl. 1958): Vita Activa oder Vom tätigen Leben (Originaltitel: The Human Condition), München.

Armingeon, Klaus 1983: Neo-korporatistische Einkommenspolitik. Eine vergleichende Untersuchung von Einkommenspolitiken in westeuropäischen Ländern in den 70er Jahren, Frankfurt/M.

Arndt, Hans-Joachim 1978: Die Besiegten von 1945. Versuch einer Politologie für Deutsche samt Würdigung der Politikwissenschaft in der Bundesrepublik Deutschland, Berlin.

Arrow, Kenneth 1951: Social Choice and Individual Values, New Haven.

Ayoob, Mohammed 1995: The Third World Security Predicament: State Making, Regional Conflict, and the International System, London.

Ayoob, Mohammed 1998: Subaltern Realism: International Relations Theory Meets the Third World, in: Neuman, Stephanie G. (Hrsg.): International Relations Theory and the Third World, Basingstoke und London, S. 31-54.

Bachrach, Peter/Baratz, Morton S. 1977 (Erstaufl. 1970): Macht und Armut. Eine theoretisch-empirische Untersuchung, mit einem Vorwort von Claus Offe, (Originaltitel: Power and Poverty: Theory and Practice), Frankfurt/M.

Baer, Michael A./Jewell, Malcolm E./Sigelman, Lee (Hrsg.) 1991: Political Science in America: Oral Histories of a Discipline, Lexington.

Bagby, Laurie M. Johnson 1994: The Use and Abuse of Thykidides in International Relations, in: International Organization, 48. Jg., S. 131-153.

Bagehot, Walter 1963 (Erstaufl. 1867): The English Constitution. Introduction by R.H.S. Crossman, London und Glasgow.

Bagehot, Walter 1971 (Erstaufl. 1867): Die englische Verfassung (Originaltitel: The English Constitution), hrsg. von Klaus Streifthau, Neuwied und Berlin.

Bahro, Horst/Veser, Ernst 1995: Das semipräsidentielle System – „Bastard" oder Regierungsform sui generis?, in: Zeitschrift für Parlamentsfragen, 26. Jg., S. 471-485.

Baldwin, David A. (Hrsg.) 1993: Neorealism and Neoliberalism: The Contemporary Debate, New York.

Ball, Terence 1987: Introduction, in: Terence Ball (Hrsg.): Idioms of Inquiry. Critique and Renewal in Political Science, Albany, S. 1-10.

Ball, Terence 1987: Is There Progress in Political Science?, in: Ball, Terence (Hrsg.): Idioms of Inquiry: Critique and Renewal in Political Science, Albany, S. 13-44.

Ballestrem, Karl Graf/Ottmann, Henning (Hrsg.) 1990: Politische Philosophie des 20. Jahrhunderts, München.

Baran, Paul A. 1966 (Erstaufl. 1957): Politische Ökonomie des wirtschaftlichen Wachstums, Neuwied und Berlin (Originaltitel: The Political Economy of Growth), New York.

Baring, Arnulf 1969: Außenpolitik in Adenauers Kanzlerdemokratie. Bonns Beitrag zur Europäischen Verteidigungsgemeinschaft, Stuttgart.

Baring, Arnulf 1982: Machtwechsel. Die Ära Brandt-Scheel, Stuttgart.

Barnes, Samuel H./Kaase, Max (Hrsg.) 1979: Mass Participation in Five Western Democracies, Beverly Hills und London.

Barnes, Samuel H./Sani, Giacomo 1976: Mediterrean Political Culture and Italian Politics: An Interpretation, in: British Journal of Political Science, 6. Jg., S. 289-303.

Barry, Brian M. 1975 (Erstaufl. 1970): Neue Politische Ökonomie. Ökonomische und soziologische Demokratietheorie (Originaltitel: Sociologists, Economists and Democracy), Frankfurt/M. und New York.

Bärsch, Claus-E. 1981 Vom Sinn der politischen Ideengeschichte für das Studium, in: Politische Vierteljahresschrift, 12 Jg., S. 327-333.

Bates, Robert H. 1997: Area Studies and the Discipline: A Useful Controversy?, in: PS: Political Science and Politics, June, S. 166-169.

Bates, Robert H. 1998: Contra Contractarianism: Some Reflections on the New Institutionalism, in: Politics & Society, 16. Jg., S. 387-401.

Bates, Robert H./Figureido, Rui J. P. de/Weingast, Barry R. 1998: The Politics of Interpretation: Rationality, Culture, and Transition, in: Politics & Society, 26. Jg., S. 601-642.

Bates, Robert H./Greif, Avner/Levi, Margaret/Rosenthal, Jean-Laurent/Wein-
gast, Barry R. 1998: Analytic Narratives, Princeton.
Bauer, Raymond A./Pool, Ithiel de Sola/Dexter, Lewis A. 1967: American
Business and Public Policy, New York.
Bayart, Jean-Francois 1989: L'État en Afrique La politique du ventre, Paris.
Beard, Charles A. 1974 (Erstaufl. 1913): Eine ökonomische Interpretation der
amerikanischen Verfassung (Originaltitel: An Economic Interpretation
of the Constitution of the United States), Frankfurt/M.
Beardsley, Philip L. 1974: Political Science: The Case of the Missing Para-
digm, in: Political Theory, 2. Jg., S. 46-61.
Becker, Gary S. 1976: The Economic Approach to Human Behavior, Chicago
und London.
Beer, Samuel H. 1965: Pressure Groups and Parties in Britain, in: American
Political Science Review, S. 1-25.
Beer, Samuel H. 1968: The Comparative Method and the Study of British
Politics, in: Comparative Politics, S. 19-36.
Beer, Samuel H. 1969: Modern British Politics. 2. Aufl., London.
Beer, Samuel H. 1982 (Erstaufl. 1962): Britain against Itself: The Political
Contradictions of Collectivism, London.
Behrens, Henning/Noack, Paul 1984: Theorien der Internationalen Politik,
München.
Beller, Dennis C./Belloni, Frank P. 1978a: The Study of Factions, in: Beller,
Dennis C./Belloni, Frank P. (Hrsg.): Faction Politics: Political Parties
and Factionalism in Comparative Perspective, Santa Barbara und Ox-
ford, S. 3-17.
Beller, Dennis C./Belloni, Frank P. 1978b: Party and Faction: Modes of Po-
litical Competition, in: Beller, Dennis C./Belloni, Frank P. (Hrsg.): Fac-
tion Politics: Political Parties and Factionalism in Comparative Perspective, Santa Barbara und Oxford, S. 417-450.
Ben-David, Joseph 1971: The Scientist's Role in Society, Englewood Cliffs.
Bentley, Arthur F. 1908: The Process of Government. A Study of Social Pro-
cesses, Cambridge.
Berger, Peter L./Luckmann, Thomas 1977 (Erstaufl. 1962): Die gesellschaft-
liche Konstruktion der Wirklichkeit. Eine Theorie der Wissenssoziolo-
gie, Frankfurt/M.
Berger, Suzanne 1984: Politics: American and Non-American, in: PS: Politi-
cal Science and Politics, Summer, S. 545-548.
Berg-Schlosser, Dirk/Maier, Herbert/Stammen, Theo 1974: Einführung in die
Politikwissenschaft, München.
Berg-Schlosser, Dirk 1995: Politikwissenschaft und nationale Stile, in: Nohlen, Dieter (Hrsg.): Lexikon der Politik, Bd. 1: Politische Theorien,
München, S. 459-467.
Berg-Schlosser, Dirk/Müller-Rommel, Ferdinand (Hrsg.) 2003 (Erstaufl.
1987): Vergleichende Politikwissenschaft. Ein einführendes Studien-
handbuch, 4. Aufl., Opladen.

Bermbach, Udo 1984: Über die Vernachlässigung der Theoriengeschichte als Teil der Politischen Wissenschaft, in: Politische Vierteljahresschrift, 25. Jg., Sonderheft 15, S. 9-31.

Berndtson, Erkki 1987: The Rise and Fall of American Political Science, in: International Political Science Review, 8. Jg., S. 85-100.

Berndtson, Erkki 1991: The Development of Political Science: Methodological Problems of Comparative Research, in: Easton, David/Gunnell, John G./ Graziano, Luigi (Hrsg.): The Development of Political Science: A Comparative Survey, London und New York, S. 34-58.

Besson, Waldemar 1964: Von Roosevelt bis Kennedy. Grundzüge der amerikanischen Außenpolitik, Frankfurt/M.

Besson, Waldemar 1970: Die Außenpolitik der Bundesrepublik. Erfahrungen und Maßstäbe, München.

Beyme, Klaus von 1975: Ökonomie und Politik im Sozialismus, München.

Beyme, Klaus von 1977: Gewerkschaften und Arbeitsbeziehungen in kapitalistischen Ländern, München.

Beyme, Klaus von 1980: Interessengruppen in der Demokratie, 5. Aufl., München.

Beyme, Klaus von 1982: Parteien in westlichen Demokratien, München.

Beyme, Klaus von 1983: Die Sowjetunion in der Weltpolitik, München.

Beyme, Klaus von 1984: Die Rolle der Theoriengeschichte in der amerikanischen Politikwissenschaft, in: Politische Vierteljahresschrift, 25. Jg., Sonderheft 15, S. 181-193.

Beyme, Klaus von 1985: Policy Analysis und traditionelle Politikwissenschaft, in: Hartwich, Hans-Hermann (Hrsg.): Policy-Forschung in der Bundesrepublik Deutschland, Politische Vierteljahresschrift, Sonderheft 15, Opladen, S. 7-29.

Beyme, Klaus von 1986: Die deutsche Politikwissenschaft im internationalen Vergleich, in: Beyme, Klaus von (Hrsg.): Politikwissenschaft in der Bundesrepublik Deutschland. Entwicklungsprobleme einer Disziplin, in: Politische Vierteljahresschrift, Sonderheft 17, Opladen, S. 12-26.

Beyme, Klaus von/Czempiel, Ernst-Otto/Kielmannsegg, Peter Graf von/ Schmook, Peter (Hrsg.) 1987ff.: Politikwissenschaft. Eine Grundlegung, 3 Bde., Stuttgart.

Beyme, Klaus von 1994: Systemwechsel in Osteuropa, Frankfurt/M.

Beyme, Klaus von 1995: Die politische Klasse im Parteienstaat, 2. Aufl., Frankfurt/M.

Beyme, Klaus von 1997a: Der Gesetzgeber. Der Bundestag als Entscheidungszentrum, Opladen.

Beyme, Klaus von 1997b: A Founding Father of Comparative Politics: Carl Joachim Friedrich, in: Daalder, Hans (Hrsg.), Comparative European Politics: The Story of a Profession, London und Washington, S. 7-15.

Beyme, Klaus von, 1999 (Erstaufl.1970): Die parlamentarische Demokratie. Entstehung und Funktionsweise 1789-1999 (Titel der ersten und der zweiten Auflage: Die parlamentarischen Regierungssysteme in Europa), Opladen und Wiesbaden.

Beyme, Klaus von 2000 (Erstaufl. 1972): Die politischen Theorien der Gegenwart. Eine Einführung, 8. Aufl., Wiesbaden.

Beyme, Klaus von, 2000: Parteien im Wandel. Von den Volksparteien zu den professionalisierten Wählerparteien, Wiesbaden.

Beyme, Klaus von 2001: Russland zwischen Anarchie und Autokratie, Wiesbaden.

Bialer, Seweryn 1980: Stalin's Successors: Leadership, Stability, and Change in the Soviet Union, Cambridge.

Bialer, Seweryn (Hrsg.) 1984: The Domestic Context of Soviet Foreign Policy, Boulder/Co. und London.

Binder, Leonard/Coleman, James S./LaPalombara, Joseph/Pye, Lucian W./Verba, Sidney/Weiner, Myron 1971: Crises and Sequences in Political Development, Princeton/N. J.

Birenbaum, Guy 1992: Le Front National en politique, Paris.

Birnbaum, Pierre 1978: Les sommets de l'Etat. Essai sur l'élite du pouvoir en France, Paris.

Birnbaum, Pierre/Barucq, Charles/Bellaiche, Michel/Marie, Alain 1978: La classe dirigeante francaise, o.O.

Blanke, Bernhard/Jürgens, Ulrich/Kastendiek, Hans 1975: Kritik der politischen Wissenschaft, 2 Bde., Frankfurt/M. und New York.

Bleek, Wilhelm 1972: Von der Kameralausbildung zum Juristenprivileg. Studium, Prüfung und Ausbildung der höheren Beamten des allgemeinen Verwaltungsdienstes im Deutschland des 18. und 19. Jahrhunderts, Berlin.

Bleek, Wilhelm 1987: Die Gründung der Wissenschaft von der Politik in den USA. Ein Kapitel amerikanisch-deutschen Kulturtransfers, in: Funke, Manfred/Jacobsen, Hans-Adolf/Schwarz, Hans-Peter (Hrsg.): Demokratie und Diktatur. Geist und Gestalt politischer Herrschaft in Deutschland und Europa, Bonn, S. 521-533.

Bleek, Wilhelm 1996: Aspekte der Wissenschaftsgeschichte der Politikwissenschaft, in: Hans J. Lietzmann und Wilhelm Bleek (Hrsg.), Politikwissenschaft. Geschichte und Entwicklung in Deutschland und Europa, München und Wien, S. 21-37.

Bleek, Wilhelm/Lietzmann, Hans J. (Hrsg.) 1999: Schulen in der deutschen Politikwissenschaft, Opladen.

Bleek, Wilhelm 2001: Geschichte der Politikwissenschaft in Deutschland, München.

Blondel, Jean 1968/Godfrey, Drexel: The Government of France, London.

Blondel, Jean 1988a: Ministerial Careers in Western Europe, Houndmills.

Blondel, Jean (Hrsg.) 1988b: Cabinet Structure and the Policy-Process in Western Europa, Special Issue: West European Politics, 16 Jg., London.

Blondel, Jean/Müller-Rommel, Ferdinand (Hrsg.) 1993: Governing Together: The Extent and Limits of Joint Decision-Making in Western European Cabinets, New York.

Blondel, Jean/Müller-Rommel, Ferdinand (Hrsg.) 1998 (Erstaufl. 1988): Cabinets in Western Europe, Houndmills.

Bluhm, William T./Hermann, Margarete C./Murphy, Walter F./Nelson, John S./Pye, Lucian W. 1985: Political Science and the Humanities: A Report of the American Political Science Association, in: PS: Political Science and Politics, Spring, S. 247-259.

Bock, Hans Manfred 1996: Nationale Elitenbildung und Ausbildung politisch-administrativer Führungskräfte. Zum Modell der Science politique in Frankreich, in: Lietzmann, Hans J./Bleek, Wilhelm (Hrsg.): Politikwissenschaft. Geschichte und Entwicklung, München und Wien, S. 191-218.

Bodiguel, Jean-Luc/Quermonne, Jean-Louis 1983: La haute fonction publique sous la Ve République, Paris.

Böhret, Carl/Jann, Werner/Kronenwett, Eva 1988 (Erstaufl. 1979): Innenpolitik und politische Theorie, 3. Aufl., Opladen.

Borchert, Jens 1995: Die konservative Transformation des Wohlfahrtsstaates. Großbritannien, Kanada, die USA und Deutschland im Vergleich, Frankfurt/M. und New York.

Borchert, Jens (Hrsg.) 1999: Politik als Beruf. Die politische Klasse in westlichen Demokratien, Opladen.

Borella, Francois, 1995: Les partis politiques dans la France d'aujourd'hui, Paris.

Bourdieu, Pierre 1982 (Erstaufl. 1979): Die feinen Unterschiede. Kritik der gesellschaftlichen Urteilskraft (Originaltitel: La distinction. Critique sociale du jugement), Frankfurt/M.).

Bourdieu, Pierre 1989: La noblesse d'État. Grandes écoles et esprit de corps, Paris.

Bowen, John/Petersen, Roger (Hrsg.) 1999: Critical Comparisons in Politics and Culture, Cambridge.

Bracher, Karl-Friedrich 1955: Die Auflösung der Weimarer Republik, Villingen.

Braibanti, R. 1968: Comparative Political Analysis Reconsidered, in: Journal of Politics, 30. Jg., S. 25-65.

Braun, Dietmar 1999: Theorien rationalen Handelns in der Politikwissenschaft. Eine Einführung, Opladen.

Breitling, Rupert 1955: Die Verbände in der Bundesrepublik. Ihre Arten und ihre politische Wirkungsweise, Meisenheim a. G.

Breitling, Rupert 1960/61: Die zentralen Begriffe der Verbandsforschung, in: Politische Vierteljahresschrift, 1./2. Jg., S. 47-73.

Brewer Gary D./de Leon, Peter 1983: The Foundations of Policy Analysis, Homewood, Ill.

Brodocz, André/Schaal, Gary S. (Hrsg.) 2002: Politische Theorien der Gegenwart, 2 Bde., Opladen.

Brown, Archie H. 1974: Soviet Politics and Political Science, London und Basingstoke.

Brown, Archie H. 2000 (Erstaufl. 1996): Der Gorbatschow-Faktor. Wandel einer Weltmacht (Originaltitel: The Gorbachev Factor), Frankfurt/M. und Leipzig.

Brown, Archie H./Gray, Jack (Hrsg.) 1977: Political Culture and Political Change in Communist States, London und Basingstoke.

Browne, Eric C./Dreijmanis, John (Hrsg.) 1982: Government Coalitions in Western Democracies, New York.

Bryce, James 1921: Modern Democracies, New York.

Bryce, James 1959 (Erstaufl. 1888): The American Commonwealth, New York.

Brzezinski, Zbigniew/Huntington, Samuel P. 1977 (Erstaufl. 1964): Political Power: USA/USSR, Harmondsworth.

Brunner, Georg 1977: Politische Soziologie der UdSSR, 2 Bde., Wiesbaden.

Buchanan, James M./Tullock, Gordon 1965: The Calculus of Consent. Logical Foundations of Constitutional Democracy, Ann Arbor.

Buchstein, Hubertus 1991: Auf der gemeinsamen Suche nach einer "modernen Demokratietheorie": Otto Suhr, Franz L. Neumann und Ernst Fraenkel, in: Göhler, Gerhard/Zeuner, Bodo (Hrsg.): Kontinuitäten und Brüche in der deutschen Politikwissenschaft, Baden-Baden, S. 171-194.

Buchstein, Hubertus 1999: Wissenschaft von der Politik, Auslandswissenschaft, Political Science, Politologie. Die Berliner Tradition der Politikwissenschaft von der Weimarer Republik bis zur Bundesrepublik, in: Bleek, Wilhelm/Buchstein, Hubertus (Hrsg.): Schulen in der deutschen Politikwissenschaft, Opladen, S. 183-211.

Bührer, Werner/Grande, Edgar (Hrsg.) 2000: Unternehmerverbände und Staat in Deutschland, Baden-Baden.

Bull, Hedley 1966a: Society and Anarchy in International Relations, in: Butterfield, Herbert/Wight, Martin (Hrsg.): Diplomatic Investigations: Essays in the Theory of International Relations, London, S. 35-50.

Bull, Hedley 1966b: The Grotian Conception of International Society, in: Butterfield, Herbert/Wight, Martin (Hrsg.): Diplomatic Investigations: Essays in the Theory of International Relations, London, S. 51-73.

Burdeau, Georges 1964 (Erstaufl. 1959): Einführung in die politische Wissenschaft (Originaltitel: Méthode de science politique), Neuwied und Berlin.

Burgess, John W. 1904: Germany, Great Britain, and the United States, in: Political Science Quarterly, 19. Jg., S. 1-19.

Butterfield, Herbert/Wight, Martin (Hrsg.) 1966: Diplomatic Investigations: Essays in the Theory of International Politics, London.

Calder, Kent 1988: Crisis and Compensation: Public Policy and Political Stability in Japan, 1949-1986, Princeton/N. J.

Calvert, Randall L. 1993: Lowi's Critique of Political Science: A Response, in: Political Studies, 26. Jg., S. 196-198.

Campbell, Angus 1960: The American Voter, New York.

Cardoso, Fernando H./Faletto, Enzo 1976: Abhängigkeit und Entwicklung in Lateinamerika, Frankfurt/M.

Carr, Edward Hallett 1964 (Erstdruck 1939): The Twenty Years' Crisis 1919-1939, New York.

Castles, Francis G. (Hrsg.) 1989: The Comparative History of Public Policy, Oxford.

Castles, Francis G. 1978: The Social Democratic Image of Society: A Study of the Achievements and Origins of Scandinavian Social Democracy in Comparative Perspective, Henley und Boston.

Cayrol, Roland/Parodi, Jean-Luc/Ysmal, Colette 1973: Le député francais, Paris.

Chambers, William N./Burnham, Walter D. (Hrsg.) 1975 (Erstaufl. 1967): The American Party Systems: Stages of Political Development, 2. Aufl., New York.

Charlot, Jean 1970: Le gaullisme, Paris.

Charlot, Jean 1983: Le gaullisme d'opposition, 1946-1958, Paris.

Chester, Norman 1975: Political Studies in Britain: Recollections and Comments, in: Political Studies, 23. Jg., S. 29-42.

Chester, Norman 1986: Economics, Politics, and Social Studies in Oxford, 1900-1985, Houndmills und Basingstoke.

Cini, Michelle 1996: La commission européenne lieu d'émergence de cultures administratives. L'example de la DG IV et de la DG XI, in: Revue francaise de science politique, 46. Jg., S. 457-472.

Cini, Michelle (1997): Administrative Culture in the European Commission: The Cases of Competition and Environment, in: Nugent, Neill (Hrsg.): At the Heart of the Union: Studies of the European Commission, Houndsmill und London, S. 71-88.

Clapham, Christopher 1985: Third World Politics: An Introduction, London.

Clapham, Christopher 2000: Degrees of Statehood, in: Vandersluis, Sarah Owen (Hrsg.): The State and Identity Construction in International Relations, Houndmills und New York, S. 31-48.

Coates, David 1975: The Labour Party and the Struggle for Socialism, Cambridge.

Cohen, Michael D./March, James G./Olsen, Johan P. 1972: A Garbage Can Model of Organizational Choice, in: Administrative Science Quarterly, 17. Jg., S. 1-25.

Collini, Stefan/Winch, Donald/Burrow, John 1983: That Noble Science of Politics: A Study in Nineteenth Century Intellectual History, Cambridge.

Collini, Stefan 1991: Public Moralists: Political Thought and Intellectual Life in Britain, Oxford.

Crewe, Ivor/Norris, Pippa 1991: British and American Evaluation: Divergence or Convergence?, in: Political Studies, S. 425-531.

Crick, Bernard 1959: The American Science of Politics: Its Origins and Conditions, London.

Crick, Bernard 1966: Eine Lanze für die Politik, München

Crick, Bernard 1980: The British Way, in: Government and Opposition, 15. Jg., S. 297-307.

Crossmann, Richard 1972: Inside View: Three Lectures on Prime Ministerial Government, London.

Crouch, Colin/Pizzorno, Alessandro (Hrsg.) 1978: The Resurgence of Class Conflict in Western Europe since 1968, New York.

Crozier, Michel 1963: Le phénomène bureaucratique. Essai sur les tendances bureaucratiques des systèmes d'organisation modernes et leurs relations en France avec les systèmes social et culturel, Paris.

Crozier, Michel 1973: La société bloquée, Paris.

Curtis, Gerald L. 1971: Election Campaigning Japanese Style, New York und London.

Curtis, Gerald L. 1988: The Japanese Way of Politics, New York.

Curtis, Gerald L. 1999: The Logic of Japanese Politics: Leaders, Institutions, and the Limits of change, New York.

Czada, Roland M./Windhoff-Héritier, Adrienne (Hrsg.) 1991: Political Choice: Institutions, Rules, and the Limits of Rationality, Frankfurt/M. und Boulder.

Czempiel, Ernst-Otto 1979: Amerikanische Außenpolitik. Gesellschaftliche Anforderungen und politische Entscheidungen, Stuttgart.

Czempiel, Ernst-Otto 1981: Internationale Politik, Paderborn.

Czempiel, Ernst-Otto 1989: Machtprobe: Die USA und die Sowjetunion in den achtziger Jahren, München.

Czempiel, Ernst-Otto 1999: Kluge Macht. Außenpolitik für das 21. Jahrhundert, München.

Daalder, Hans (Hrsg.) 1997: Comparative European Politics: The Story of a Profession, London.

Dahl, Robert A. 1976 (Erstaufl. 1956): Vorstufen zur Demokratietheorie (Originaltitel: A Preface to Democratic Theory), Tübingen.

Dahl, Robert A. (Hrsg.) 1966: Political Oppositions in Western Democracies, New Haven und London.

Dahl, Robert A. 1971: Polyarchy: Participation and Opposition, New Haven und London.

Dahl, Robert A. 1975: Und nach der Revolution? Herrschaft in einer Gesellschaft freier Menschen, Frankfurt/M. und New York.

Dahl, Robert A. 1989 (Erstaufl. 1961): Who Governs? Democracy and Power in an American City, New Haven.

Dahrendorf, Ralf 1995: LSE: A History of the London School of Economics and Political Science, 1895-1995, Oxford und New York.

Dalton, Russell J./Flanagan, Scott C./Beck, Paul Allen (Hrsg.) 1984: Electoral Change in Advanced Industrial Democracies: Realignment or Dealignment?, Princeton/N. J.

Dearlove, John 1982: The Political Science of British Politics, in: Parliamentary Affairs, 35. Jg., S. 436-454.

Decker, Frank 2000: Parteien unter Druck. Der neue Rechtspopulismus in den westlichen Demokratien, Opladen.

Deppe, Frank (Hrsg.) 1977: Staat und Monopole, 2 Bde., Das Argument, Sonderband 16, Berlin.

Deppe, Frank 1984: Ende oder Zukunft der Arbeiterbewegung? Gewerk-schaftspolitik nach der Wende. Eine kritische Bestandsaufnahme, Köln.

Derlien, Hans-Ulrich/Murswieck, Axel (Hrsg.) 1999: Der Politikzyklus zwi-schen Bonn und Brüssel, Opladen.

Destler, I. M. 1986: American Trade Politics: System Under Stress, Wash-ington/D.C. und New York.

Deutsch, Emeric/Lindon, Denis/Weill, Pierre 1966: Les familles politiques d'aujourd'hui en France, Paris.

Deutsch, Karl W. 1963: The Nerves of Government: Models of Political Communication and Control, New York.

Deyo, Frederic C. (Hrsg.) 1987: The Political Economy of the New Asian In-dustrialism, Ithaca und London.

Diamond, Larry/Linz, Juan J./Lipset, Seymour M. (Hrsg.) 1988f.: Democracy in Developing Countries, 4 Bde.

Dicey, A. V. 2002 (Erstaufl. 1885): Einführung in das Studium des Verfas-sungsrechts (Originaltitel: Introduction to the Study of the Law of the Constitution), Baden-Baden.

Döhler, Marian/Manow, Philip 1997: Strukturbildung von Politikfeldern: Das Beispiel bundesdeutscher Gesundheitspolitik seit den Fünfziger Jahren, Opladen.

Döring, Herbert 1993: Großbritannien. Regierung, Gesellschaft und politi-sche Kultur, Opladen.

Döring, Herbert (Hrsg.) 1995: Parliaments and Majority Rule in Western Europe, Frankfurt/M. und New York.

Downs, Anthony 1968: Ökonomische Theorie der Politik, Tübingen.

Druwe, Ulrich/Kunz, Volker (Hrsg.) 1996: Handlungs- und Entscheidung-stheorie in der Politikwissenschaft, Opladen.

Dryzek, John S. 1986: The Progress of Political Science, in: Journal of Poli-tics, 48. Jg., S. 301-319.

Dryzek, John S./Leonard, Stephen T. 1988: History and Discipline in Political Science, in: American Political Science Review, 82. Jg., S. 1245-1260.

Dryzek, John S. 1990: Can Political Science History Be Neutral?, in: Ameri-can Political Science Review, 84. Jg., S. 600-606.

Dunne, Tim 1999: A British School of International Relations, in: Hayward, Jack/Barry, Brian/Brown, Archie (Hrsg.): The British Study of Politics in the Twentieth Century, New York, S. 395-424.

Duve, Thomas 1998: Die Gründung der Zeitschrift für Politik – Symbol und Symptom für die Entstehung einer Politikwissenschaft um 1900, in: Zeitschrift für Politik, N.F., 45. Jg., S. 405-426.

Duverger, Maurice 1959: Die politischen Parteien (Originaltitel: Les partis politiques), Tübingen.

Duverger, Maurice 1980: A New Political System Model: Semi-Presidential Government, in: European Journal of Political Research, 8. Jg., S. 165-187.

Duverger, Maurice (Hrsg.) 1986: Les régimes semi-présidentiels, Paris.

Duverger, Maurice 1996: Le système politique francais, 21. Aufl., Paris.

Dye, Thomas R. 1966: Politics, Economics, and the Public. Policy Outcomes in the American States, Chicago.

Dyson, Kenneth H. F. 1980: The State Tradition in Western Europe: A Study of an Idea and Institution, Oxford.

Easton, David 1951: The Decline of Modern Political Theory, in: Journal of Politics, 13. Jg., S. 36-53.

Easton, David 1957: An Approach to the Analysis of Political Systems, in: World Politics, 9. Jg., S. 383-400.

Easton, David 1965: A Systems Analysis of Political Life, New York.

Easton, David 1985: Political Science in the United States: Past and Present, in: International Political Science Review, 6. Jg., S. 133-152.

Eckstein, Harry 1963: A Perspective on Comparative Politics, Past and Present, in: Eckstein, Harry/Apter, David (Hrsg.): Comparative Politics, Glencoe/Ill.

Eckstein, Harry 1966: Division and Cohesion in Democracy: A Study of Norway, Princeton/N. J.

Eckstein, Harry 1998: Unfinished Business: Reflections on the Scope of Comparative Politics, in: Comparative Political Studies, 31. Jg., S. 505-534.

Edelman, Murray 1976 (Erstaufl. 1964): Politik als Ritual. Die symbolische Funktion staatlicher Institutionen und politischen Handelns (Originaltitel: The Symbolic Uses of Politics), Frankfurt/M. und New York.

Edwards, George C./Sharkansky, Ira 1978: The Policy Predicament. Making and Implementing Public Policy, San Francisco.

Efinger, Manfred/Rittberger, Volker/Wolf, Klaus Dieter/Zürn, Michael 1990: Internationale Regime und Internationale Politik, in: Rittberger, Volker (Hrsg.): Theorien der Internationalen Beziehungen. Bestandsaufnahme und Forschungsperspektiven. Opladen, S. 263-285.

Ehrmann, Henry W. 1957: Organized Business in France, Princeton, NJ 1957.

Eisfeld, Rainer 1991: Ausgebürgert und doch angebräunt. Deutsche Politikwissenschaft 1920-1945, Baden-Baden.

Elkins, David J./Simeon, Richard E. B. 1978/79: A Cause in Search of Its Effect, or What Does Political Culture Explain?, in: Comparative Politics, 11. Jg., S. 127-145.

Ellwein, Thomas 1963: Das Regierungssystem der Bundesrepublik Deutschland, Köln und Opladen.

Ellwein, Thomas 1976: Regieren und Verwalten. Eine kritische Einführung, Opladen.

Elsenhans, Harmut 1984: Abhängiger Kapitalismus oder bürokratische Entwicklungsgesellschaft, 2. Aufl., Frankfurt/M. und New York.

Elsenhans, Hartmut 1986: Dependencia. Unterentwicklung und der Staat in der Dritten Welt, in: Politische Vierteljahresschrift, 27. Jg., S. 131-158.

Epstein, Edwin M. 1969: The Corporation in American Politics, Englewood Cliffs/N. J.

Eschenburg, Theodor 1955: Herrschaft der Verbände?, Meisenheim.

Eschenburg, Theodor 1956: Staat und Gesellschaft in Deutschland, Stuttgart.

Esping-Andersen, Gösta 1990: The Three Worlds of Welfare Capitalism, Princeton/N. J.

Euchner, Walter 1969: Naturrecht und Politik bei John Locke, Frankfurt/M.

Eulau, Heinz 1963: The Behavioral Persuasion in Politics, New York.

Eulau, Heinz 1967: Segments of Political Science Most Susceptible to Behavioristic Treatment, in: Charlesworth, James S. (Hrsg.): Modern Political Analysis, New York und London, S. 32-50.

Eulau, Heinz (Hrsg.) 1969: Behavioralism in Political Science, New York.

Evans, Peter B./Rueschemeyer, Dietrich/Skocpol, Theda (Hrsg.) 1985: Bringing the State Back In, Cambridge, London und New York.

Eynern, Gert von 1954: „Politologie", in: Zeitschrift für Politik, N.F., 1. Jg., S. 83-85.

Falter, Jürgen W. 1982: Der „Positivismusstreit" in der amerikanischen Politikwissenschaft. Entstehung, Ablauf und Resultate der so genannten Behavioralismus-Kontroverse in den Vereinigten Staaten 1945-1975, Opladen.

Falter, Jürgen W. 1994: Behavioralismus, in: Dieter Nohlen (Hrsg.): Lexikon der Politik, Bd. 2: Politikwissenschaftliche Methoden, München, S. 45-52.

Fanon, Frantz 1968 (Erstaufl. 1961): Die Verdammten dieser Erde (Originaltitel: Les damnés de la terre), Frankfurt/M.

Farr, James 1988: The History of Political Science, in: American Journal of Political Science, 32. Jg., S. 1175-1195.

Farr, James 1995: Remembering the Revolution: Behavioralism in American Political Science, in: Farr, James S./Dryzek, John S./Leonard, Stephen T. (Hrsg.): Political Science in History: Research Programs and Political Traditions, Cambridge, S. 198-224.

Faul, Erwin 1979: Politikwissenschaft im westlichen Deutschland. Bemerkungen zu Entwicklungstendenzen und Entwicklungsanalysen, in: Politische Vierteljahresschrift, 20. Jg., S. 71-103.

Faulkner, Robert K. 1993: The United States: Liberals, Conservatives and the Challenge of Liberalism, in: Political Studies, 41. Jg., S. 107-132.

Favre, Pierre 1985: Histoire de la science politique, in: Madeleine Grawitz und Jean Leca (Hrsg.): Traité de science politique, Bd. 1: La science politique, science sociale, l'ordre politique, Paris, S. 3-45.

Favre, Pierre 1989: Naissance de la science politique en France (1870-1914), Paris.

Favre, Pierre/Legrave, Jean-Baptiste (Hrsg.) 1998: Enseigner la science politique, Paris et Montréal.

Fenno, Richard F. 1966: The Power of the Purse: Appropriations Politics in Congress, Boston.

Fenno, Richard F. 1995 (Erstaufl. 1973): Congressmen in Committees, Boston.

Fenno, Richard F. 1996: Senators on the Campaign Trail: The Politics of Representation, Norman.

Fenno, Richard F. 1978: Home Style: House Members in Their Districts, Boston und Toronto.

Fetscher, Iring 1984 (Erstaufl 1966): Einleitung zu: Thomas Hobbes: Leviathan, Frankfurt/M., S. IX-LXI.

Fetscher, Iring 1967: Karl Marx und der Marxismus, Frankfurt/M.

Fetscher, Iring/Münkler, Herfried (Hrsg.) 1985ff.: Pipers Handbuch der politischen Ideen, München.

Fijalkowski, Jürgen 1965: Otto Stammer, in: Kölner Zeitschrift für Soziologie und Sozialpsychologie, 17. Jg., S. 409-415.

Finer, Herman 1949: Theory and Practice of Modern Government, rev. Edn., New York.

Finer, Samuel E. 1966: Anonymous Empire: A Study of the Lobby in Great Britain, London.

Finer, Samuel E. 1970: Comparative Government, London.

Finer, Samuel E. 1988 (Erstaufl. 1975): The Man on Horseback: The Role of the Military in Politics, 2. Aufl., Harmondsworth.

Fiorina, Morris P. 1989 (Erstaufl. 1974): Congress: Keystone of the Washington Establishment, 2. Aufl., New Haven und London.

Fiorina, Morris P./Rohde, David W. (Hrsg.) 1994 (Erstaufl. 1989): Home Style and Washington Work, New York.

Fishman, Robert M. 1990: Rethinking State and Regime: Southern Europe's Transition to Democracy, in: World Politics, 42. Jg., S. 422-440.

Flora, Peter/Heidenheimer, Arnold J. (Hrsg.) 1987: The Development of Welfare States in Europe and America, New Brunswick und London.

Fong, Glenn R. 1990: State Strength, Industry Structure, and Industrial Policy, in: Comparative Politics, 22. Jg., S. 273-299.

Fox, Harrison/Hammond, Susan Webb 1977: Congressional Staffs: The Invisible Force in American Lawmaking, New York und London.

Fraenkel, Ernst 1929: Kollektive Demokratie, in: Die Gesellschaft. Internationale Revue für Sozialismus und Politik, 6. Jg., Bd. 2, S. 103-118 (abgedruckt in: Ernst Fraenkel, Reformismus und Pluralismus, hrsg. von Falk Esche und Frank Grube, Hamburg 1973, S. 73-87).

Fraenkel, Ernst 1964a (Erstaufl. 1957): Parlamentarisches Regierungssystem, in: Fraenkel, Ernst/Bracher, Karl-Dietrich (Hrsg.): Staat und Politik, 2. Aufl., Frankfurt/M., S. 238-243

Fraenkel, Ernst 1964b: Deutschland und die westlichen Demokratien, Stuttgart.

Fraenkel, Ernst/Bracher, Karl Dietrich 1964 (Erstaufl. 1957): Einleitung, in: Fraenkel, Ernst/Bracher, Karl-Dietrich (Hrsg.): Staat und Politik, 2. Aufl., Frankfurt/M., S. 10-16.

Fraenkel, Ernst 1974 (Erstaufl. 1940): Der Doppelstaat New York (Originaltitel: The Dual State), Frankfurt/M.

Fraenkel, Ernst 1976 (Erstaufl. 1960): Das amerikanische Regierungssystem, 3. Aufl., Köln und Opladen.

Frank, André Gunder 1969 (Erstaufl. 1968): Kapitalismus und Unterentwicklung in Lateinamerika (Originaltitel: Capitalism and Underdevelopment in Latin America), Frankfurt/M.

Friedman, Milton 1971 (Erstaufl. 1962): Kapitalismus und Freiheit (Originaltitel: Capitalism and Freedom), Stuttgart.

Friedrich, Carl Joachim 1953: Der Verfassungsstaat der Neuzeit, Berlin.

Friedrich, Carl Joachim 1954: Grundsätzliches zur Geschichte von der Wissenschaft von der Politik, in: Zeitschrift für Politik, N.F., 1. Jg., S. 325-336.

Friedrich, Carl Joachim/Brzezinski, Zbigniew 1956: Totalitarian Dictatorship and Autocracy, Cambridge.

Friedrich, Manfred 1975: Landesparlamente in der Bundesrepublik, Opladen.

Froman, Lewis A. 1967: Congressional Process: Strategies, Rules, and Procedures, Englewood Cliffs, NJ.

Fukuyama, Francis 1992: Das Ende der Geschichte: Wo stehen wir? (Originaltitel: The End of History), München.

Gablentz, Otto Heinrich von der 1965: Einführung in die Politische Wissenschaft, Köln und Opladen.

Gaddis, John Lewis 1978: Russia, the Soviet Union, and the United States: An Interpretative History, New York.

Gaddis, John Lewis 1987: The Long Peace: Inquiries into the History of the Cold War, New York und Oxford.

Gaddis, John Lewis 1992: The United States and the End of the Cold War, New York und Oxford.

Gaddis, John Lewis 1997: We Know Now: Rethinking Cold War History, Oxford.

Gaffrey, John 1991: The Political Think-Tanks in the UK and the Ministerial Cabinets in France, in: West European Politics, 14. Jg., S. 1-17.

Gais, Thomas L./Peterson, Mark A./Walker, Jack L. 1984: Interest Groups, Iron Triangles and Representative Institutions in American National Government, in: British Journal of Political Science, 14. Jg., S. 161-185.

Galtung, Johan 1983: Struktur, Kultur und intellektueller Stil. Ein vergleichender Essay über sachsonische, teutonische, gallische und nipponische Wissenschaft, in: Leviathan, 11. Jg., S. 303-308.

Gamble, Andrew 1990: Theories of British Politics, in: Political Studies, 38. Jg., S. 404-420.

Gebhardt, Jürgen 1984: Über das Studium der politischen Ideen in philosophisch-historischer Absicht, in: Politische Vierteljahresschrift, 25. Jg., Sonderheft 15, S. 126-160.

Geertz, Clifford 1987: Dichte Beschreibung. Beiträge zum Verstehen kultureller Systeme, Frankfurt/M.

Gill, Graeme 1994: The Collapse of a Single-Party System: The Disintegration of the Communist Party of the Soviet Union, Cambridge.

Glaeßner, Gert-Joachim 1977: Herrschaft durch Kader. Leitung der Gesellschaft und Kaderpolitik in der DDR, Opladen.

Glaeßner, Gert-Joachim 1994: Demokratie nach dem Ende des Kommunismus, Opladen.

Goguel, Francois/Ziebura, Gilbert 1956: Das französische Regierungssystem. Leitfaden und Quellenbuch, Köln.

Goguel, Francois 1958 (Erstaufl. 1946): La Politique des partis sous la IIIe République, 5. Aufl., Paris.

Goguel, Francois 1970: Geographie Electorale sous la Troisième et la Quatrième République, Paris.

Göhler, Gerhard 1986: Vom Sozialismus zum Pluralismus. Politiktheorie und Emigrationserfahrung bei Ernst Fraenkel, in: Politische Vierteljahresschrift, 27. Jg., S. 6-27.

Göhler, Gerhard 1991: Die Wiederbegründung der Deutschen Hochschule für Politik: Traditionspflege oder wissenschaftlicher Neubeginn?, in: Göhler, Gerhard/Zeuner, Bodo (Hrsg.): Kontinuitäten und Brüche in der deutschen Politikwissenschaft, Baden-Baden, S. 144-164.

Göhler, Gerhard/Zeuner, Bodo (Hrsg.) 1991: Kontinuitäten und Brüche in der deutschen Politikwissenschaft, Baden-Baden.

Goldsmith, M. M. 1991: The Hobbes Industry, in: Political Studies, 39. Jg., S. 135-147.

Goodin, Robert E./Klingemann, Hans-Dieter 1996: Political Science: The Discipline, in: Klingemann, Hans-Dieter/Goodin, Robert E. (Hrsg.): A New Handbook of Political Science, Oxford und New York, S. 3-49.

Gosnell, H. F. 1937: Machine Politics, Chicago Style, Chicago.

Grande, Edgar/Jachtenfuchs, Markus (Hrsg.) 2000: Wie problemlösungsfähig ist die EU? Regieren im europäischen Mehrebenensystem, Baden-Baden.

Grant, Wyn/Marsh, David 1977: The Confederation of British Industry, London.

Grant, Wyn 1978: Industrialists and Farmers: British Interest and the European Community, in: West European Politics, 1. Jg., S. 89-106.

Grant, Wyn 1980: Business Interests and the British Conservative Party, in: Government and Opposition, 15. Jg., S. 143-161.

Grant, Wyn/Martinelli, Alberto/Paterson, William 1989: Large Firms as Political Actors: A Comparative Analysis of the Chemical Industry in Britain, Italy and West Germany, in: West European Politics, 12. Jg., S. 72-90.

Greenstein, Fred I. (Hrsg.) 1988: Leadership in the Modern Presidency, Cambridge/Mass. und London.

Greenwood, Julien 1997: Representing Interests in the European Union, Houndsmills und London.

Greenwood, Justin/Cram, Laura 1996: European Level Business Collective Action: The Study Agenda Ahead, in: Journal of Common Market Studies, 34. Jg., S. 449-463.

Griffiths, Martin 1999: Fifty Key Thinkers in International Relations, London und New York.

Grottian, Walter 1964: Das sowjetische Regierungssystem, Köln und Opladen.

Gunnell, John G. 1978: The Myth of the Tradition, in: American Political Science Review, 72. Jg., S. 122-134.

Gunnell, John G. 1983: Political Theory: The Evolution of a Sub-Field, in: Finifter, Ada W. (Hrsg.), Political Science: The State of the Discipline, Washington/D. C., S. 3-45.

Gunnell, John G. 1988: American Political Science, Liberalism, and the Invention of Political Theory, in: American Political Science Review, 82. Jg., S. 71-87

Gunnell, John G. 1991: The Historiography of American Political Science, in: Easton, David/Gunnell, John G./Graziano, Luigi (Hrsg.): The Development of Political Science: A Comparative Survey, London und New York, S. 13-33.

Haas, Ernst B. 1958: The Uniting of Europe, Stanford.

Haas, Ernst B. 1980: Why Collaborate? Issue Linkage and International Regime, in: World Politics, 32. Jg., S. 357-405.

Haas, Ernst B. 1983: Regime Decay: Conflict Management and International Organizations, 1945-1981, in: International Organization, 37. Jg., S. 189-235.

Habermas, Jürgen 1973: Legitimationsprobleme im Spätkapitalismus, Frankfurt/M.

Habermas, Jürgen 1988 (Erstaufl. 1981): Theorie des kommunikativen Handelns, Frankfurt/M.

Habermas, Jürgen 1994 (Erstaufl. 1992): Faktizität und Geltung. Beiträge zur Diskurstheorie des Rechts und des demokratischen Rechtsstaates, 4. Aufl., Darmstadt

Hacke, Christian 1983: Die Ära Nixon-Kissinger 1969-1974. Konservative Reform der Weltpolitik, Stuttgart.

Hacke, Christian 1988: Weltmacht wider Willen. Die Außenpolitik der Bundesrepublik Deutschland, Stuttgart.

Hacke, Christian 1997: Amerikanische Außenpolitik von Kennedy bis Clinton, Stuttgart.

Haddow, Anna 1939: Political Science in American Colleges and Universities, 1636-1900, New York und London.

Haftendorn, Helga 1974: Abrüstungs- und Entspannungspolitik zwischen Sicherheitsbefriedigung und Friedenssicherung. Zur Außenpolitik der BRD 1955-1973, Düsseldorf.

Haftendorn, Helga (Hrsg.) 1975: Theorie der internationalen Politik: Gegenstand und Methoden der Internationalen Beziehungen, Hamburg.

Haftendorn, Helga (Hrsg.) 1978: Verwaltete Außenpolitik. Sicherheits- und entspannungspolitische Entscheidungsprozesse in Bonn, Köln.

Hall, Peter A./Taylor, Rosemary C. R. 1996: Political Science and the Three Institutionalisms, in: Political Studies, 34. Jg., S. 936-957.

Hall, Rodney Bruce/Kratochwil, Friedrich V. 1993: Medieval Tales: Neorealist „Science" and the Abuse of History, in: International Organization, 47. Jg., S. 479-491.

Hanrieder, Wolfram 1967: West German Foreign Policy, 1949-1963, Stanford.

Hanrieder, Wolfram 1995 (Erstaufl. 1989): Deutschland, Europa, Amerika: Die Außenpolitik der Bundesrepublik Deutschland 1949-1994, Paderborn.

Harasymiw, Boris 1984: Political Elite Recruitment in the Soviet Union, London und Basingstoke.

Hartmann, Jürgen 1985: Verbände in der westlichen Industriegesellschaft, Frankfurt/M. und New York.

Hartmann, Jürgen 1992: Politik in Japan: Das Innenleben einer Wirtschaftsweltmacht, Frankfurt/M. und New York.

Hartmann, Jürgen 1995: Vergleichende Politikwissenschaft. Eine Einführung, Frankfurt/M. und New York.

Hartwich, Hans-Hermann (Hrsg.) 1985: Policy-Forschung in der Bundesrepublik Deutschland. Ihr Selbstverständnis und ihr Verhältnis zu den Grundfragen der Politikwissenschaft, Opladen.

Hartwich, Hans-Hermann (Hrsg.) 1990: Regieren in der Bundesrepublik, Opladen.

Hartwich, Hans-Hermann/Wewer, Göttrik (Hrsg.) 1991, 1992, 1993: Regieren in der Bundesrepublik, Bde. 2-5, Opladen.

Hayes-Renshaw, Fiona/Wallace, Helen 1997: The Council of Ministers, New York.

Hayward, Jack 1973: The One and Indivisible French Republic, London.

Hayward, Jack 1976: Institutional Inertia and Political Impetus in France and Britain, in: European Journal of Political Research, 4. Jg., S. 341-359.

Hayward, Jack 1986: The Political Science of Muddling Through: The de facto Paradigm, in: Hayward, Jack/Norton. Philip (Hrsg.): The Political Science of British Politics, Brighton, S. 3-20.

Hayward, Jack 1996: Cultural and Contextual Constraints upon the Development of Political Science in Great Britain, in: Easton, David/Gunnell, John G./Graziano, Luigi (Hrsg.): The Development of Political Science: A Comparative Survey, London und New York, S. 93-107.

Hayward, Jack 1997: Between France and Universality: From Implicit to Explicit Comparison, in: Daalder, Hans (Hrsg.), Comparative European Politics: The Story of a Profession, London und Washington, S. 140-151.

Hayward, Jack 1999: British Approaches to Politics: The Dawn of a Self-Deprecating Discipline, in: Hayward, Jack/Barry, Brian/Brown, Archie (Hrsg.): The British Study of Politics in the Twentieth Century, New York, S. 1-35.

Hayward, Jack/Barry, Brian/Brown, Archie (Hrsg.) 1999: The British Study of Politics in the Twentieth Century, New York.

Heclo, Hugh A./Wildavsky, Aaron 1974 :The Private Government of Public Money: Community and Policy Inside British Politics, Berkeley und Los Angeles.

Heclo, Hugh 1977: A Government of Strangers: Executive Politics in Washington, Washington/D. C.

Heclo, Hugh 1978: Issue Networks and the Executive Establishment, in: King, Anthony (Hrsg.): The New American Political System, Washington/D.C., S. 87-124.

Heidenheimer, Arnold J./Heclo, Hugh/Adams, Carolyn Teich 1990 (Erstaufl. 1975): Comparative Public Policy: The Politics of Social Choice, in Europe and America, 3. Aufl., New York.

Heller, Hermann 1931: Sozialismus und Nation, Berlin.

Heller, Hermann 1934: Staatslehre, Leiden.

Helms, Ludger 1997: Wettbewerb und Kooperation. Zum Verhältnis von Regierungsmehrheit und Opposition im parlamentarischen Gesetzgebungsverfahren in der Bundesrepublik Deutschland, Großbritannien und Österreich, Wiesbaden.

Helms, Ludger 2001: Gerhard Schröder und die Entwicklung der deutschen Kanzlerschaft, in: Zeitschrift für Politikwissenschaft, 11. Jg., S. 1497-1517.

Henningsen, Manfred (Hrsg.) 1970: Vom Nationalstaat zum Empire, München.

Hennis, Wilhelm 1961: Verfassungsordnung und Verbandseinfluss, in: Politische Vierteljahresschrift, 2. Jg., S. 23-35.

Hennis, Wilhelm 1963: Politik und praktische Philosophie, Neuwied und Berlin.

Hennis, Wilhelm 1964: Richtlinienkompetenz und Regierungstechnik, in: Recht und Staat, Nr. 300/301, Tübingen.

Hennis, Wilhelm 1968: Politik als praktische Wissenschaft, Aufsätze zur politischen Theorie und Regierungslehre, München.

Héritier, Adrienne/Mingers, Susanne/Knill, Christoph/Becka, Martina 1994: Die Veränderung von Staatlichkeit in Europa: Ein regulativer Wettbewerb: Deutschland, Großbritannien und Frankreich, Opladen.

Héritier, Adrienne 1999: Policy-Making and Diversity in Europe: Escape from Deadlock, Cambridge.

Hermens, Ferdinand A. 1941: Democracy or Anarchy, Notre Dame.

Herz, Dietmar/Weinberger, Veronika 1999: Die Münchner Schule der Politikwissenschaft, in: Bleek, Wilhelm/Lietzmann, Hans J. (Hrsg.): Schulen in der deutschen Politikwissenschaft, Opladen, S. 269-291.

Herz, John H. 1959: International Politics in the Atomic Age, New York und London.

Herzog, Dietrich 1975: Politische Karrieren. Selektion und Professionalisierung politischer Führungsgruppen, Opladen.

Herzog, Dietrich 1990: Abgeordnete und Bürger. Ergebnisse einer Befragung der Mitglieder des 11. Deutschen Bundestages und der Bevölkerung, Opladen.

Hesse, Joachim Jens 1985: Policy-Forschung zwischen Anpassung und Eigenständigkeit. Wider die „Moden" der sozialwissenschaftlichen Staats- und Verwaltungsforschung, in: Hartwich, Hans-Hermann (Hrsg.): Policy-Forschung in der Bundesrepublik Deutschland, Opladen, S. 30-68.

Hesse, Joachim Jens/Ellwein, Thomas 1997: Das Regierungssystem der Bundesrepublik Deutschland (Erstaufl.: Ellwein, Thomas 1963: Das Regierungssystem der Bundesrepublik Deutschland, Köln), 8. Aufl., Opladen.

Hibbs, Douglas A. 1977: Political Parties and Macroeconomic Policy, American Political Science Review, 71. Jg., 1467-1487.

Hibbs, Douglas A. 1978: On the Political Economy of Long-Run Strike Activities, in: British Journal of Political Science, 8. Jg., S. 153-175.

Hill, Ronald J. 1980: Soviet Politics, Political Science, and Reform, New York.

Hill, Ronald J./Frank, Peter 1981: The Soviet Communist Party, London und Sydney.

Hirschman, Albert O. 1974 (Erstaufl. 1970): Abwanderung und Widerspruch, Tübingen.

Hix, Simon/Lord, Christopher 1997: Political Parties in the European Union, Houndsmill und London.

Hoffmann, Stanley 1956: Le mouvement Poujade, Paris.

Hough, Jerry F. 1976: The Brezhnev Era: The Man and the System, in: Problems of Communism, 26. Jg., March/April, S. 1-17.

Hough, Jerry F./Fainsod, Merle 1979: How the Soviet Union Is Governed, Cambridge/Mass. und London.

Huntington, Samuel P. 1964/65: Political Development and Political Decay, in: World Politics, 17. Jg., S. 386-430.

Huntington, Samuel P. 1968: Political Order in Changing Societies, New Haven und London.

Huntington, Samuel P. 1998: Kampf der Kulturen. Die Neugestaltung der Weltpolitik im 21. Jahrhundert, 2. Aufl., München.

Hüttig, Christoph/Raphael, Lutz 1999: Die „Marburger Schule(n)" im Umfeld der westdeutschen Politikwissenschaft 1951-1975, in: Bleek, Wilhelm/ Lietzmann, Hans J. (Hrsg.): Schulen in der deutschen Politikwissenschaft, Opladen, S. 293-318.

Inglehart, Ronald 1977: The Silent Revolution in Europe: Changing Values and Political Systems among Western Publics, Princeton.

Inglehart, Ronald 1989: Kultureller Umbruch, Frankfurt/M. und New York.

Ions, Edmund 1968: James Bryce and American Democracy 1870-1922, London.

Irving, Ronald E. M. 1979: The Christian Democratic Parties of Western Europe, London.

Ismayr, Wolfgang 1992: Der Deutsche Bundestag. Funktionen, Willensbildung, Reformansätze, Opladen.

Ismayr, Wolfgang 2000: Der Deutsche Bundestag im politischen System der Bundesrepublik Deutschland. Opladen.

Ismayr, Wolfang (Hrsg.) 2002 (Erstaufl. 1997): Die politischen Systeme in Westeuropa, 3. Aufl., Opladen.

Jachtenfuchs, Markus/Kohler-Koch, Beate 1996: Regieren im dynamischen Mehrebenensystem, in: Jachtenfuchs, Markus/Kohler-Koch, Beate (Hrsg.): Europäische Integration, Opladen, S. 15-44.

Jackson, Robert H. 1990: Quasi-States: Sovereignty, International Relations and the Third World, Cambridge.

Jackson, Robert H. 1999: Sovereignty in World Politics: A Glance at the Conceptual and Historical Landscape, in: Political Studies, 47. Jg., S. 431-456.

Jacobsen, John Kurt 1996: Are All Politics Domestic? Perspectives on the Integration of Comparative Politics and International Relations Theory, in: Comparative Politics, 29. Jg., S. 93-115.

Jacquin-Berdal, Dominique/Oros, Andrew/Verweij, Marco (Hrsg.) 1998: Culture in World Politics, Houndmills und Basingstoke.

Jann, Werner 1983: Staatliche Programme und Verwaltungskultur. Bekämpfung des Drogenmißbrauchs und der Jugendarbeitslosigkeit in Schweden, Großbritannien und der Bundesrepublik Deutschland im Vergleich, Opladen.

Jennings, Ivor 1958: Das britische Regierungssystem, Köln.

Jervis, Robert 1976: Perception and Misperception in International Politics, Princeton.

Jobert, Bruno/Muller, Pierre 1987: L'État en action. Politiques publiques et corporatismes, Paris.

Johnson, Chalmers 1982: MITI and the Japanese Miracle: The Growth of Industrial Policy, 1925-1975, Stanford.

Johnson, Chalmers 1997: Preconception vs. Observation, or the Contributions of Rational Choice Theory to Contemporary Political Science, in: PS: Political Science and Politics, June, S. 170-174.

Johnson, Nevil 1989: The Limits of Political Science, Oxford.

Jordan, Grant/Richardson, Jeremy J. (Hrsg.) 1987: Government and Pressure Groups in Britain, Oxford.

Jordan, Grant 1990a: Policy Community Realism versus „New Institutionalist" Ambiguity, in: Political Studies, 38. Jg., S. 470-484.

Jordan, Grant 1990b: Sub-Governments, Policy Communities, and Networks: Refilling the Old Bottles, in: Journal of Theoretical Politics, 2. Jg., S. 319-388.

Joseph, Richard 1987: Democracy and Prebendal Politics in Nigeria: The Rise and Fall of the Second Republic, Cambridge.

Kaack, Heino 1971: Geschichte und Struktur des deutschen Parteiensystems, Opladen.

Käsler, Dirk 1998: Max Weber. Eine Einführung in Leben, Werk und Wirkung, Frankfurt/M. und New York.

Kaiser, André 1996: Die Entwicklung der Politikwissenschaft in Großbritannien. Zwischen Tradition und Professionalisierung, in: Bleek, Wilhelm/Lietzmann, Hans J. (Hrsg.): Politikwissenschaft. Geschichte und Entwicklung, München und Wien, S. 219-239.

Kaiser, Karl/Schwarz, Hans-Peter (Hrsg.) 2000: Die Weltpolitik im neuen Jahrhundert, Baden-Baden.

Karl, Barry D. 1974: Charles E. Merriam and the Study of Politics, Chicago und London.

Karl, Terry Lynn 1997: The Paradox of Plenty: Oil Booms and Petro States, Berkeley, Los Angeles und London.

Kassim, Hussein/Peters, B. Guy/Wright, Vincent (Hrsg.) 2001: The National Co-Ordination of EU Policy: The Domestic Level, Oxford.

Kastendiek, Hans 1977: Die Entwicklung der westdeutschen Politikwissenschaft, Frankfurt/M. und New York.

Kastendiek, Hans 1991: Political Development and Political Science in West Germany, in: Easton, David/Gunnell, John G./Graziano, Luigi (Hrsg.): The Development of Political Science: A Comparative Survey, London und New York, S. 108-126.

Katz, Richard S./Mair, Peter 1995: Changing Models of Party Organization and Party Democracy, in: Party Politics, 1. Jg., S. 5-28.

Katzenstein, Peter J. 1984: Corporatism and Change: Austria, Switzerland, and the Politics of Industry, Ithaca und London.

Katzenstein, Peter J. 1985: Small States in World Markets: Industrial Policy in Europe, Ithaca und London.

Katzenstein, Peter J. 1987: Policy and Politics in West Germany: The Growth of a Semi-Sovereign State, Philadelphia.

Katzenstein, Peter J. (Hrsg.) 1989: Between Power and Plenty: Foreign Economic Policies of Advanced Industrial States, Madison.

Katznelson, Ira 1997: Structure and Configuration in Comparative Politics, in: Lichbach, Mark I./Zuckerman, Alan S. (Hrsg.): Comparative Politics: Rationality, Culture, and Structure, Cambridge, S. 81-112.

Kavanagh, Dennis 1985: Power in British Political Parties: Iron Law or Special Pleading?, in: West European Politics, 23. Jg., S. 251-270.

Kavanagh, Dennis 1997: The Fusion of History and Politics: The Case of S.E. Finer, in: Daalder, Hans (Hrsg.), Comparative European Politics. The Story of a Profession, London und Washington, S. 15-25.

Keck, Otto 1991: Der neue Institutionalismus in der Theorie der Internationalen Politik, in: Politische Vierteljahresschrift, 32. Jg., S. 635-653.

Kelly, P. J. 1999: Contextual and Non-Contextual Histories of Political Thought, in: Hayward, Jack/Barry, Brian/Brown, Archie (Hrsg.): The British Study of Politics in the Twentieth Century, New York, S. 38-62.

Kelsen, Hans 1920: Vom Wesen und Wert der Demokratie, Tübingen.

Kelsen, Hans 1994 (Erstaufl. 1934): Reine Rechtslehre. Einleitung in die rechtswissenschaftliche Problematik, Aalen.

Kempf, Udo 1997 (Erstaufl. 1975): Von de Gaulle bis Chirac. Das politische System Frankreichs, 3. Aufl., Opladen.

Kempf, Udo/Naßmacher, Karlheinz/Uppendahl, Herbert 1991: Politik und Politikstile im kanadischen Bundesstaat: Gesundheits- und energiepolitische Entscheidungsprozesse im Provinzvergleich, Opladen.

Kennan, George F. 1952: Amerikanische Außenpolitik 1900-1950, Zürich.

Keohane, Robert O./Nye, Joseph S. (Hrsg.) 1977: Power and Interdependence: World Politics in Transition, Boston und Toronto.

Keohane, Robert O. (Hrsg.) 1986: Neorealism and Its Critics, New York.

Kessler, Marie-Christine 1986: Les grands corps de l'État, Paris.

Kevenhörster, Paul 1969: Das politische System Japans, Köln und Opladen.

Kevenhörster, Paul 1973: Wirtschaft und Politik in Japan. Interessengruppen, politische Meinungsbildung und wirtschaftspolitische Entscheidungen, Hamburg.

Key, V. O. 1949: Southern Politics in State and Nation, New York.

Key, V. O. 1953: A Primer of Statistics for Political Scientists, New York.

Key, V. O. 1955: A Theory of Critical Elections, in: Journal of Politics, 18. Jg., S. 3-18.

Key, V. O. 1958: The State of the Discipline, in: American Political Science Review, 22. Jg., S. 691-971.

Key, V. O. 1959: Secular Realignment and the Party System, in: Journal of Politics, 22. Jg., S. 198-210.

Key, V. O. 1964 (Erstaufl. 1940): Politics, Parties & Pressure Groups, 5. Aufl., New York.

Kielmannsegg, Peter Graf von 1987: Fragestellungen der Politikwissenschaft, in: Beyme, Klaus von/Czempiel, Ernst-Otto/Kielmannsegg, Peter Graf von/ Schmoock, Peter (Hrsg.): Politikwissenschaft. Eine Grundlegung, Bd. 1: Theorien und Systeme, Stuttgart, S. 3-35.

Kilper, Heiderose/Lhotta, Roland 1996: Föderalismus in der Bundesrepublik Deutschland, Opladen.

Kindermann, Gottfried-Karl (Hrsg.) 1981: Grundelemente der Weltpolitik. Eine Einführung, München.

King, Anthony 1973a: Institutions and the Policies of Governments: A Comparative Analysis, Parts I and II, in: British Journal of Political Science, 3. Jg., S. 291-313.

King, Anthony 1973b: Institutions and the Policies of Governments: A Comparative Analysis, Part III, in: British Journal of Political Science, 3. Jg., S. 409-423.

King, Charles 2000: Post-Communism: Transition, Comparison, and the End of „Eastern Europe", in: World Politics, 53. Jg., S. 143-172.

King, Gary/Keohane, Robert O./Verba, Sidney 1994: Designing Social Inquiry: Scientific Inference in Qualitative Research, Princeton.

Kingdon, John W. 1984: Agendas, Alternatives, and Public Policies, Boston und Toronto.

Kirchheimer, Otto 1930: Weimar – und was dann?, in: Jungsozialistische Schriftenreihe, Berlin (abgedruckt in: Kirchheimer, Otto 1964: Politik und Verfassung, Frankfurt/M., S. 9-56).

Kirchheimer, Otto 1953: Parteistruktur und Massendemokratie in Europa, in: Archiv des öffentlichen Rechts, S. 301-325.

Kirchheimer, Otto 1965: Der Wandel des westeuropäischen Parteiensystems, in: Politische Vierteljahresschrift, 6. Jg., S. 20-41.

Kirkpatrick, Evron M. 1962: The Impact of the Behavioral Approach on Traditional Political Science, in: Ranney, Austin (Hrsg.): Essays on the Behavioral Study of Politics, Urbana, S. 1-30.

Kissinger, Henry A. 1962: Das Gleichgewicht der Großmächte. Metternich, Castlereagh und die Neuordnung Europas 1812-1822, Düsseldorf und Wien.

Kissinger, Henry A. 1974: American Foreign Policy, exp. edn., New York.

Klages, Wolfgang 1997: Staat auf Sparkurs. Die erfolgreiche Sanierung des US-Haushalts (1981-1997), Frankfurt/M. und New York.

Knapp, Andrew 1994: Gaullism since de Gaulle, Aldershot und Brookfield.

Knorre, Susanne 1991: Soziale Selbstbestimmung und individuelle Verantwortung. Hugo Sinzheimer (1875-1945). Eine politische Biographie, Frankfurt/M.

Koenen, Andreas 1995: Der Fall Carl Schmitt, Darmstadt.

Koenen, Gerd 2001: Das rote Jahrzehnt. Unsere kleine deutsche Kulturrevolution 1967-1977, Köln.

Kofmehl, Kenneth 1977: Professional Staffs of Congress, 3. Aufl., West Lafayette/Ind.

Koh, B. C. 1989: Japan's Administrative Elite, Berkeley, Los Angeles und Oxford.

Korte, Karl-Rudolf 1992: Deutschlandpolitik in Helmut Kohls Kanzlerschaft: Regierungsstil und Entscheidungen 1982-1989, Stuttgart.

Krasner, Stephen D. 1978: Defending the National Interest: Raw Materials Investments and U. S. Foreign Policy, Princeton.

Krasner, Stephen D. 1983: International Regimes, Ithaca und London.

Krasner, Stephen D. 1985: Structural Conflict: The Third World against Global Liberalism, Berkeley, Los Angeles und London.

Kratochwil, Friedrich 1989: Rules, Norms, and Decisions, New York.

Krell, Otto 2000: Weltbilder und Weltordnung. Einführung in die Theorie der internationalen Beziehungen, Baden-Baden.

Kress, Gisela/Senghaas, Dieter (Hrsg.) 1971: Politikwissenschaft. Eine Einführung in ihre Probleme, Frankfurt/M.

Krippendorf, Ekkehard (Hrsg.) 1973: Internationale Beziehungen, Köln.

Krippendorf, Ekkehard 1986: Internationale Politik. Geschichte und Theorie, Frankfurt/M. und New York.

Kropp, Sabine/Sturm, Roland (Hrsg.) 1998: Koalitionen und Koalitionsregierungen. Theorie, Analyse und Dokumentation, Opladen.

Kropp, Sabine 2001: Regieren in Koalitionen. Handlungsmuster und Entscheidungsbildung in deutschen Länderregierungen, Opladen und Wiesbaden.

Kruijt, Pieter/Goodijn, Walter 1965: Versäulung und Entsäulung als soziale Prozesse, in: Mattes, Joachim (Hrsg.): Soziologie und Gesellschaft in den Niederlanden, Neuwied und Berlin, S. 115-149.

Kuhn, Thomas S. 1976 (Erstaufl. 1962): Die Struktur wissenschaftlicher Revolutionen, 2. Aufl., Frankfurt/M.

Kühnl, Reinhard 1990 (Erstaufl. 1978): Formen bürgerlicher Herrschaft, Reinbek.

Küsters, Hanns-Jürgen 2000: Der Integrationsfriede: Viermächte-Verhandlungen über die Friedensregelung mit Deutschland 1945-1990, München.

Laband, Paul 1964 (Nachdruck der 5. Aufl. 1911ff.); Das Staatsrecht des Deutschen Reiches, 3 Bde., Aalen.

Laborde, Cécil 2000: The Concept of the State in British and French Political Thought, in: Political Studies, 48. Jg., S. 540-557.

Lacroix, Bernard/Lagroye, Jacques (Hrsg.) 1992: Le président de la République. Usages et genèses d'une institution, Paris.

Lakatos, Imre 1982: Die Methodologie wissenschaftlicher Forschungsprogramme. Philosophische Schriften, Band 1, Braunschweig und Wiesbaden.

Landfried, Christine 1994: Parteifinanzen und politische Macht. Eine vergleichende Studie zur Bundesrepublik Deutschland, zu Italien und den USA, Baden-Baden.

Lane, Ruth 1992: Political Culture: Residual Category or General Theory?, in: Comparative Political Studies, 25. Jg., S. 362-387.

LaPalombara, Joseph 1964: Interest Groups in Italian Politics, Princeton/N. J.

Lapid, Yosef/Kratochwil, Friedrich (Hrsg.) 1996: The Return of Culture and Identity in IR Theory, London.

Laski, Harold 1919: Authority in the Modern State, New Haven.

Laski, Harold 1938: Parliamentary Government in England, New York.

Laski, Harold 1997a (Erstaufl. 1921): The Foundations of Sovereignty and other Essays, London.

Laski, Harold 1997b (Erstaufl. 1925): Grammar of Politics, London.

Laski, Harold o. J.: Einführung in Staatsrecht und Politik, Berlin.

Lasswell, Harold D. 1930: Psychopathology and Politics, Chicago.

Lasswell, Harold D. 1998 (Erstaufl. 1948): The Analysis of Political Behavior: An Empirical Approach, London.

Lasswell, Harold D. 1951: The Policy Orientation, in: Lerner, Daniel/Lasswell, Harold D. (Hrsg.), The Policy Sciences, Stanford, S. 3-51.

Lasswell, Harold D. 1956: The Political Science of Science: An Inquiry into the Possible Reconciliation of Mastery and Freedom, in: American Political Science Review, 50. Jg., S. 961-976.

Lasswell, Harold D. 1958 (Erstaufl. 1936): Who Gets What, When, How, with Postscript, New York.

Lasswell, Harold D. 1963: The Future of Political Science, Westport/Conn.

Lasswell, Harold D./Lerner, Daniel (Hrsg.) 1965: World Revolutionary Elites: Studies in Conservative Ideological Movements, Westport/Conn.

Laudan, Larry 1977: Progress and Its Problems: Towards a Theory of Scientific Growth, Los Angeles und London.

Laufer, Heinz 1974: Föderalismus in der Bundesrepublik Deutschland, Stuttgart.

Laufer, Heinz/Wirth, Jutta 1974: Die Landesvertretungen in der Bundesrepublik Deutschland. Eine politologische Studie über Organisationsstruktur, Funktionen und Arbeitsweise der Landesvertretungen in Bonn, München.

Lavau, G.-E. 1953: Partis politiques et realités sociales, Paris.

Lawson, Kay/Merkl, Peter H. (Hrsg.) 1988: When Parties Fail: Emerging Alternative Organization, Princeton.

Layton-Henry, Zig (Hrsg.) 1982: Conservative Politics in Western Europe, London und Basingstoke.

Leca, Jean 1991: French Political Science and Its "Subfields": Some Reflections on the Intellectual Organization of the Discipline in Relation to Its Historical and Social Situation, in: Easton, David/Gunnell, John G./Graziano, Luigi (Hrsg.): The Development of Political Science: A Comparative Survey, London und New York, S. 147-186.

Legrave, Jean-Baptiste 1998: Une discipline en chaire. L'initiation à la science politique dans le cursus universitaires au milieu des années quatre-vingt-dix, in: Favre, Pierre/Legrave, Jean-Baptiste (Hrsg.): Enseigner la science politique, Paris und Montreal, S. 37-62.

Lehmbruch, Gerhard 1967: Proporzdemokratie. Politisches System und politische Kultur in der Schweiz und in Österreich, Tübingen.

Lehmbruch, Gerhard 1971 (Erstaufl. 1967): Einführung in die Politikwissenschaft, 4. unveränd. Aufl., Stuttgart.

Lehmbruch, Gerhard 1977/78: Liberal Corporatism and Party Government, in: Comparative Political Studies, 10. Jg., S. 91-126.

Lehmbruch, Gerhard/ Schmitter, Phillipe C. (Hrsg.) 1982: Patterns of Corporatist Policy-Making, London und Beverly Hills.

Lehmbruch, Gerhard 2001 (Erstaufl. 1976): Parteienwettbewerb im Bundesstaat. Regelsysteme und Spannungslagen im Institutionengefüge der Bundesrepublik Deutschland, 3. Aufl., Opladen.

Lehner, Franz 1981: Einführung in die Neue Politische Ökonomie, Königstein.

Leiserson, Avery 1975: Charles Merriam, Max Weber, and the Search for Synthesis in Political Science, in: American Political Science Review, 69. Jg., S. 175-185.

Lepsius, Rainer 1961: Denkschrift zur Lage der Soziologie und der Politischen Wissenschaft, Wiesbaden.

Lepszy, Norbert 1990: Politische Wissenschaft in Großbritannien, in: Bellers, Jürgen (Hrsg.): Politikwissenschaft in Europa, Münster und Hamburg, S. 252-259.

Lerner, David/Lasswell, Harold D. (Hrsg.) 1951: The Policy Sciences, Stanford.

Lietzmann, Hans J. 1996: Politikwissenschaft in der Bundesrepublik. Entwicklung, Stand und Perspektiven, in: Lietzmann, Hans J./Bleek, Wilhelm (Hrsg.): Politikwissenschaft. Geschichte und Entwicklung in Deutschland und Europa, München und Wien, S. 38-76.

Lietzmann, Hans J. 1999: Integration und Verfassung. Oder: Gibt es eine Heidelberger Schule der Politikwissenschaft?, in: Lietzmann, Hans J./Bleek, Wilhelm (Hrsg.): Schulen in der deutschen Politikwissenschaft, Opladen, S. 245-267.

Lijphart, Arend 1971: Comparative Politics and the Comparative Method, in: American Political Science Review, 65. Jg., S. 682-693.

Lijphart, Arend 1977: Democracy in Plural Societies, New Haven und London.

267

Lijphart, Arend 1975 (Erstaufl. 1968): The Politics of Accommodation: Pluralism and Democracy in the Netherlands, 2. Aufl., Berkeley.

Lijphart, Arend 1984: Democracies: Patterns of Majoritarian and Consensus Government in Twenty-One Countries, New Haven und London.

Lijphart, Arend 1992: Parliamentary versus Parliamentary Government, Oxford.

Lijphart, Arend 1994: Electoral Systems and Party Systems, Oxford.

Link, Werner 1980: Der Ost-West-Konflikt. Die Organisation der Internationalen Beziehungen im 20. Jahrhundert, Stuttgart.

Link, Werner 1999: Die Neuordnung der Weltpolitik. Grundprobleme globaler Politik an der Schwelle zum 21. Jahrhundert, München.

Linz, Juan J./Valenzuela, Arturo (Hrsg.) 1994: The Failure of Presidential Democracy, Baltimore und London.

Linz, Juan J./Stepan, Alfred 1996: Problems of Democratic Transition and Consolidation. Southern Europe, South America, and Post-Communist Europe, Baltimore und London.

Lipset, Seymour M. 1960: Political Man. The Social Bases of Politics, New York.

Lipset, Seymour M. 1963: The First New Nation. The United States in Historical and Comparative Perspective, London.

Lipset, Seymour M./Rokkan, Stein (Hrsg.) 1967: Cleavage Structures, Party Systems, and Voter Alignments, New York.

Lipset, Seymour M. 1990: Continental Divide: The Values and Institutions of the United States and Canada, London und New York.

Lipset, Seymour M. 1996: American Exceptionalism: A Double-Edged Sword, New York und London.

Lipsitz, Lewis 1970/71: The Wolfe Who Cried Caucus: Reform and the Political Science Profession, in: Politics & Society, 1. Jg., S. 539-541.

Loewenberg, Gerhard 1969 (Erstaufl. 1967): Parlamentarismus im politischen System der Bundesrepublik Deutschland (Originaltitel: Parliament in the German Political System), Tübingen.

Loewenstein, Karl 1944: Report on the Research Panel on Comparative Government, in: American Political Science Review, 38. Jg., S. 540-548.

Loewenstein, Karl 1959: Verfassungsrecht und Verfassungspraxis der Vereinigten Staaten, Berlin.

Loewenstein, Karl 1967: Staatsrecht und Staatspraxis von Großbritannien, Berlin.

Lohmar, Ulrich 1965: Innerparteiliche Demokratie. Eine Untersuchung der Verfassungswirklichkeit politischer Parteien in der Bundesrepublik Deutschland, Stuttgart.

Lösche, Peter 1989: Amerika in Perspektive. Politik und Gesellschaft der Vereinigten Staaten, Darmstadt.

Lösche, Peter/Walter, Franz 1991: Die SPD. Klassenpartei-Volkspartei-Quotenpartei, Darmstadt.

Lösche, Peter/Walter, Franz 1996: Die FDP. Richtungsstreit und Selbstzweifel, Darmstadt.

Lowell, A. Lawrence 1896: Governments and Parties in Continental Europe, Cambridge/Mass.

Lowell, A. Lawrence 1910: The Government of England, New York.

Lowell, A. Lawrence 1914: The Governments of France, Italy, and Germany, Cambridge/Mass.

Lowi, Theodore J. 1964: American Business, Public Policy, Case Studies, and Political Theory, in: World Politics, 16. Jg., S. 677-715

Lowi, Theodore J. 1972: Four Systems of Policy, Politics, and Choice, in: Public Administration Review, 32. Jg., S. 298-310.

Lowi, Theodore J. 1973: The Politicization of Political Science, in: American Politics Quarterly, 1. Jg., S. 43-71.

Lowi, Theodore J. 1985: The Personal President: Power Invested, Promise Unfulfilled, Ithaca und London.

Lowi, Theodore J. 1992 The State in Political Science: How We Become What We Study, in: American Political Science Review, 86. Jg., S. 1-7.

Lowi, Theodore J. 1993: A Review of Herbert Simon's Review of My View of the Discipline, in: Political Studies, 26. Jg., 51-52.

Lucker, Andrew M. 2001: V.O. Key, Jr.: The Quintessential Political Scientist, New York.

Ludz, Peter-Christian 1968: Parteielite im Wandel: Funktionsaufbau, Sozialstruktur und Ideologie der SED-Führung: Eine empirisch-systematische Untersuchung, Köln.

Ludz, Peter-Christian 1980: Mechanismen der Herrschaftssicherung. Eine sprachpolitische Analyse gesellschaftlichen Wandels in der DDR, München und Wien.

Luhmann, Niklas 1981:Politische Theorie im Wohlfahrtsstaat, München.

Mackintosh, John P. 1981 (Erstaufl. 1968)): The British Cabinet, 3. Aufl., London.

MacPherson, C. B. 1990 (Erstaufl. 1962): Die politische Theorie des Besitzindividualismus. Von Hobbes bis Locke (Originaltitel: The Political Theory of Possessive Individualism. Hobbes to Locke), Frankfurt/M..

Macridis, Roy C.: The Study of Comparative Government, New York 1955.

Maier, Hans 1964: Politikwissenschaft, in: Fraenkel, Ernst/Bracher, Karl Dietrich (Hrsg.): Staat und Politik, 2. Aufl., Frankfurt/M., S. 260-270.

Maier, Hans 1966: Die ältere deutsche Staats- und Verwaltungslehre, München.

Maier, Hans 1986: Politische Wissenschaft in Deutschland. Lehre und Wirkung, erw. Neuaufl., München.

Maier, Hans/Denzer, Horst (Hrsg.) 2001 (Erstaufl. Maier/Rausch/Denzer 1968): Klassiker des politischen Denkens, München.

Malbin, Michael J. 1980: Unelected Representatives: Congressional Staff and the Future of Representative Government, New York.

March, James G./Olsen, Johan P. 1984: The New Institutionalism: Organizational Factors in Politics, in: American Political Science Review, 78. Jg., S. 734-749.

269

March, James G./Olsen, Johan P. 1989: Rediscovering Institutions: The Organizational Basis of Politics, New York und London.˙

March, Michael/Norris, Pippa 1997: Political Representation in the European Parliament, Special Issue, in: European Journal of Political Research, 32. Jg., S. 153-289.

Marshall, Geoffrey 1999: The Analysis of British Political Institutions, in: Hayward, Jack/Barry, Brian/Brown, Archie (Hrsg.): The British Study of Politics in the Twentieth Century, New York, S. 258-285.

Matthews, Mervyn 1978: Privilege in the Soviet Union: A Study of Elite Lifestyles under Communism, London.

Matthews, Mervyn 1993: The Passport Society: Controlling Movement in Russia and the USSR, Boulder, San Francisco und Oxford.

Mayer, Lawrence C. 1972: Comparative Political Inquiry: A Methodological Survey, Homewood.

Mayer, Lawrence C. 1989: Redefining Comparative Politics: Promise Versus Performance, Newbury Park.

Mayhew, David R. 1974: Congress: The Electoral Connection, New Haven und London.

McKay, David 1988: Why Is There a European Political Science?, in: Political Studies, S. 1051-1055.

McKay, David 1991: Is European Political Science Inferior to or Different from American Political Science?, in: European Journal of Political Research, 20. Jg., S. 459-466.

McKenzie, Robert T. 1964 (Erstaufl. 1955): British Political Parties: The Distribution of Power within the Conservative and Labour Parties, 2. Aufl., London.

Meissner, Boris 1982: Das Verhältnis von Partei und Staat in der Sowjetunion, Opladen.

Meissner, Boris/Brunner, Georg (Hrsg.) 1975: Gruppeninteressen und Entscheidungsprozeß in der Sowjetunion, Köln.

Mény, Yves (Hrsg.) 1989: Idéologies, partis politiques & groupes sociaux, Paris.

Mény, Yves/Thoenig, Jean-Claude 1989: Politiques publiques, Paris.

Mény, Yves 1992: La corruption de la République, Paris.

Mény, Yves/Muller, Pierre/Quermonne, Jean-Louis (Hrsg.) 1995: Politiques publiques en Europe, Paris.

Mény, Yves 1996 (Erstaufl. 1988): Politique comparée. Les démocraties: Allemagne, États-Unis, France, Grande-Bretagne, Italie, 5. Aufl., Paris.

Mény, Yves/Muller, Pierre/ Quermonne, Jean-Louis 1996: Introduction, in: Mény, Yves/Muller, Pierre/Quermonne, Jean-Louis (Hrsg.): Adjusting to Europe: The Impact of the European Union on National Institutions and Policies, London und New York, S. 1-22.

Mény, Yves 1999 (Erstaufl. 1988): Le système politique francais, Paris.

Menzel, Ulrich 1992: Das Ende der Dritten Welt und das Scheitern der großen Theorie, Frankfurt/M.

Merkel, Wolfgang (Hrsg.) 1994: Systemwechsel 1. Theorien, Ansätze und Konzeptionen, Opladen.

Merkel, Wolfgang/Sandschneider, Eberhard/Segert, Dieter (Hrsg.) 1996: Systemwechsel 2. Die Institutionalisierung der Demokratie, Opladen.

Merkel, Wolfgang/Sandschneider, Eberhard (Hrsg.) 1997: Systemwechsel 3. Parteien im Transformationsprozess, Opladen.

Merkel, Wolfgang 1999a: Systemtransformation: Eine Einfühung in die Theorie und Empirie der Transformationsforschung, Opladen.

Merkel, Wolfgang 1999b: Defekte Demokratie, in: Merkel, Wolfgang/Busch, Andreas (Hrsg.), Demokratie in Ost und West, Frankfurt/M., S. 361-381.

Merriam, Charles E. 1921: The Present State of the Study of Politics, in: American Political Science Review, 15. Jg., S. 173-185.

Merriam, Charles E. 1923: Progress Report on the Comittee on Political Research, in: American Political Science Review, 17. Jg., S. 274-295.

Merriam, Charles E. 1939: Prologue to Politics, New York und London.

Merriam, Charles E. 1966 (Erstaufl. 1945): Systematic Politics, Chicago und London.

Merton, Robert K. 1968: Social Theory and Social Structure, New York.

Meyers, Reinhard 1985: Paradigmata der internationalen Gesellschaft. Perspektiven einer Theoriegeschichte der internationalen Beziehungen, Bochum.

Meynaud, Jean 1959: Le groupes de pression en France, Paris.

Meynaud, Jean 1962: Nouvelles études sur les groupes de pression en France, Paris.

Michels, Robert 1970 (Erstaufl. 1911): Zur Soziologie des Parteiwesens in der modernen Demokratie. Untersuchungen über die oligarchischen Tendenzen des Gruppenlebens, Stuttgart.

Mielke, Siegfried (Hrsg.) 1983: Internationales Gewerkschaftshandbuch, Opladen.

Mielke, Siegfried/Reutter, Werner (Hrsg.) 2003: Länderparlamentarismus in Deutschland, Opladen (im Erscheinen).

Migdal, Joel S. 1988: Strong Societies and Weak States: State-Society Relations and State Capabilities in the Third World, Princeton.

Miliband, Ralph 1975 (Erstaufl. 1969): Der Staat in der kapitalistischen Gesellschaft. Eine Analyse des westlichen Machtsystems, Frankfurt/M.

Mill, John Stuart 1971 (Erstaufl. 1861): Betrachtungen über die repräsentative Regierung (Originaltitel: Considerations on Representative Government), Paderborn.

Mills, C. Wright 1956: The Power Elite, New York.

Minkenberg, Michael 1998: Die neue radikale Rechte im Vergleich: USA, Frankreich, Deutschland, Opladen.

Mintzel, Alf 1975: Die CSU. Anatomie einer konservativen Partei 1945-1972, Opladen.

Mintzel, Alf 1984: Die Volkspartei. Typus und Wirklichkeit. Ein Lehrbuch, Opladen.

Mitrany, David 1933: The Progress of International Government, New Haven.

Mitrany, David 1943: A Working Peace System: An Argument for the Functional Development of International Organziation, London.

Mohr, Arno 1988: Politikwissenschaft als Alternative. Stationen einer wissenschaftlichen Disziplin auf dem Wege zu ihrer Selbständigkeit in der Bundesrepublik Deutschland, Bochum.

Mols, Manfred 1985: Demokratie in Lateinamerika, Stuttgart.

Mols, Manfred 1994: Politik als Wissenschaft. Zur Definition, Entwicklung und Standortbestimmung einer Disziplin, in: Mols, Manfred/Lauth, Hans-Joachim/Wagner, Christian (Hrsg.): Politikwissenschaft. Eine Einführung, Paderborn, S. 21-59.

Mommsen, Margareta 2003: Wer herrscht in Rußland? Der Kreml und die Schatten der Mach, München.

Monroe, Kristen Renwick (Hrsg.) 1991: The Economic Approach to Politics: A Critical Reassessment of the Theory of Rational Action, New York.

Monroe, Kristen Renwick 1995: Psychology and Rational Actor Theory, in: Political Psychology, 16. Jg., S. 1-21.

Moore, Barrington 1969 (Erstaufl. 1966): Soziale Ursprünge von Diktatur und Demokratie. Die Rolle der Grundbesitzer und Bauern bei der Entstehung der modernen Welt (Originaltitel: Social Origins of Dictatorship and Democracy), Frankfurt/M.

Moravcsik, Andrew 1991: Negotiating the Single European Act: National Interests and Conventional Statecraft in the European Community, in: International Organization, 45. Jg., S. 19-56.

Moravcsik, Andrew 1993: Preferences and Power in the European Community: A Liberal Intergovernmentalist Approach, in: Journal of Common Market Studies, 31. Jg., S. 473-524.

Moravcsik, Andrew 1995: Liberal Intergovernmentalism and Integration: A Rejoinder, in: Journal of Common Market Studies, 33. Jg., S. 611-628.

Moravcsik, Andrew 1997: Taking Preferences Seriously: A Liberal Theory of International Politics, in: International Organization, 51. Jg., S. 513-553.

Moravcsik, Andrew 1998: Centralization or Fragmentation? Europe Facing the Challenges of Deepening and Diverstiy, New York.

Morgenthau, Hans J. 1955: Reflections on the State of Political Science, in: Review of Politics, 17. Jg., S. 431-460.

Morgenthau, Hans J. 1963 (Erstaufl. 1948): Macht und Frieden: Grundlegung einer Theorie der Internationalen Politik, (Originaltitel: Politics among Nations), Gütersloh.

Müller, Ferdinand/Schmidt, Manfred G. 1979: Empirische Politikwissenschaft, Stuttgart.

Müller, Harald 1993: Die Chance der Kooperation. Regime in den Internationalen Beziehungen, Darmstadt.

Müller, Wolfgang C./Strom, Kaare (Hrsg.) 2000: Coalition Governments in Western Europe, Oxford und New York.

Müller-Rommel, Ferdinand 1982: Innerparteiliche Gruppierungen in der SPD: Eine empirische Studie über informell-organisierte Gruppierungen von 1969-1980, Opladen.

Müller-Rommel, Ferdinand 1993: Grüne Parteien in Westeuropa. Entwicklungsphasen und Erfolgsbedingungen, Opladen.

Münkler, Herfried 1982: Machiavelli. Die Begründung des politischen Denkens der Neuzeit aus der Krise der Republik Florenz, Frankfurt/M.

Münkler, Herfried 1993: Thomas Hobbes, Frankfurt/M. und New York.

Muller, Pierre 1991: L'administration francaise. Est-elle en crise?, Paris.

Muramatsu, Michio/Krauss, Ellis S. 1984: Bureaucrats and Politicians in Policymaking: The Case of Japan, American Political Science Review, 78. Jg., S. 126-146.

Myrdal, Gunnar 1980: Asiatisches Drama. Untersuchung über die Armut der Nationen, Frankfurt/M.

Narr, Wolf-Dieter 1965: CDU-SPD. Programm und Praxis seit 1945, Stuttgart.

Narr, Wolf-Dieter 1971 (Erstaufl. 1969): Theoriebegriffe und Systemtheorie. Einführung in die moderne politische Theorie, 2. Aufl., Stuttgart.

Narr, Wolf-Dieter/Naschold, Frieder 1971: Theorie der Demokratie, Stuttgart.

Narr, Wolf-Dieter (Hrsg.) 1977: Auf dem Weg zum Einparteienstaat, Parteienstaat in der BRD. Koloss auf tönernen Füßen, aber mit stählernen Zähnen, Opladen, S. 7-25.

Naschold, Frieder 1972 (Erstaufl. 1969): Politische Wissenschaft, 2. Aufl., Freiburg und München.

Nasr, Vali R. 2000: International Politics, Domestic Imperatives, and Identity Mobilization, in: Comparative Politics, 32. Jg., S. 171-190.

Naßmacher, Karl-Heinz 1968: Das österreichische Regierungssystem: Große Koalition oder alternierende Regierung?, Köln.

Nettl, J. P. 1967/68: The State as a Conceptual Variable, in: World Politics, 20. Jg., S. 559-592.

Neuman, Stephanie G. (Hrsg.) 1998: International Relations Theory and the Third World, Houndmills und London.

Neumann, Franz 1977 (Erstaufl. 1942): Behemoth. Struktur und Praxis des Nationalsozialismus 1933-1944, Frankfurt/M.

Neumann, Sigmund 1932: Die politischen Parteien in Deutschland, Berlin.

Neunreither, Karlheinz 1959: Der Bundesrat zwischen Politik und Verwaltung, Heidelberg.

Neustadt, Richard 1960: Presidential Power: The Politics of Leadership, New York.

Niclauß, Karlheinz 1988: Kanzlerdemokratie. Bonner Regierungspraxis von Konrad Adenauer bis Helmut Kohl, Stuttgart.

Nicolaysen, Rainer 1997: Siegfried Landshut. Die Wiederentdeckung der Politik. Eine Biographie, Frankfurt/M.

Nohlen, Dieter 1978: Wahlsysteme der Welt, München.

Nohlen, Dieter (Hrsg.) 1982ff.: Pipers Wörterbuch zur Politik, 6 Bde., München.

Nohlen, Dieter (Hrsg.) 1992ff.: Lexikon zur Politik, 7 Bde., München.

Nohlen, Dieter/Nuscheler, Franz (Hrsg.) 1993ff. (Erstaufl. 1974ff.): Handbuch der Dritten Welt, 8 Bd., Bonn.

Nordlinger, Eric A. 1981: On the Autonomy of the Democratic State, Cambridge und London.

Norton, Philip/Hayward, Jack 1986: Retrospective Reflections, in: Hayward, Jack/Norton, Philip (Hrsg.): Political Science of British Politics, Brighton, S. 202-218.

Norton, Philip (Hrsg.) 1987: Special Issue on Parliaments in Western Europe, in: West European Politics, 13. Jg., S. 1-153.

Nove, Alec 1980: Das sowjetische Wirtschaftssystem, Baden-Baden.

Nowka, Harry 1973: Das Machtverhältnis zwischen Partei und Fraktion in der SPD, Köln.

Nugent, Neill 1995: The Governments of the European Union, 3. Aufl., Basingstoke und London.

Nugent, Neill 2000: The European Commission, Houndmills und London.

Nullmeier, Frank /Rüb, Friedbert W. 1993: Die Transformation der Sozialpolitik: Vom Sozialstaat zum Sicherungsstaat, Frankfurt/M. und New York.

Nullmeier, Frank/Saretzki, Thomas (Hrsg.) 2002: Jenseits des Regierungsalltags. Strategiefähigkeit politischer Parteien, Frankfurt/M. und New York.

Nuscheler, Franz/Steffani, Winfried (Hrsg.) 1972: Pluralismus. Konzeptionen und Kontroversen, München.

Nye, Joseph S. 1990: Bound to Lead: The Changing Nature of American Power, New York.

Oakeshott, Michael 1944: The Social and Political Doctrines of Contemporary Europe, Cambridge.

Oberndörfer, Dieter 1962: Politik als praktische Wissenschaft, in: Oberndörfer, Dieter (Hrsg.): Wissenschaftliche Politik. Eine Einführung in Grundfragen ihrer Tradition und Theorie, Freiburg, S. 11-58.

Oberndörfer, Dieter (Hrsg.) 1979: Sozialistische und kommunistische Parteien in Westeuropa, 2 Bde., Opladen.

Oertzen, Peter von 1974: Die soziale Funktion des staatsrechtlichen Positivismus. Eine wissenssoziologische Studie über die Entstehung des formalistischen Positivismus in der deutschen Staatsrechtswissenschaft, Frankfurt/M.

Offe, Claus 1972: Strukturprobleme des kapitalistischen Staates, Frankfurt/M.

Offe, Claus 1994: Der Tunnel am Ende des Lichts. Erkundungen der politischen Transformation im Neuen Osten, Frankfurt/M. und New York.

Oldopp, Birgit 2001: Auf dem Weg ins Parlament. Auswahl und Wahlkampffinanzierung der Kandidaten in Deutschland, Kanada und den USA, Frankfurt/M. und New York.

Olson, Mancur 1968 (Erstaufl. 1965): Die Logik des kollektiven Handelns (Originaltitel: The Logic of Collective Action: Public Goods and the Theory of Groups), Tübingen.

Olson, Mancur 1991 (Erstaufl. 1982): Aufstieg und Niedergang der Nationen (Originaltitel: The Rise and Fall of Nations), 2. Aufl., Tübingen.

Opitz, Peter J. (Hrsg.) 1969: Vom Konfuzianismus zum Kommunismus, München.

Ostrom, Elinor (Hrsg.) 1995: Local Commons and Global Interdependence: Heterogeneity and Cooperation in Two Domains, London.

Ostrom, Elinor 1990: Governing the Commons: The Evolution of Institutions for Collective Action, Cambridge.

Oye, Kenneth A. (Hrsg.) 1985: Cooperation under Anarchy, Princeton.

Panebianco, Angelo 1988: Political Parties: Organization and Power, Cambridge.

Parenti, Michael 1983: The State of the Discipline: One Interpretation of Everyone's Favorite Controversy, in: PS: Political Science and Politics, Spring, S. 189-196.

Parsons, Talcott 1951: The Social System, Toronto.

Paterson, William E./Thomas, Alastair H. (Hrsg.) 1977: Social Democratic Parties in Western Europe, London.

Payer, Lynn 1989: Andere Länder, andere Leiden, Frankfurt/M. und New York.

Pempel, T. J. (Hrsg.) 1977: Policymaking in Contemporary Japan, Ithaca und London.

Pempel T. J. 1982: Policy and Politics in Japan: Creative Conservatism, Philadelphia.

Pempel, T. J. (Hrsg.) 1990: Uncommon Democracies: The One-Party Dominant Regimes, Ithaca und London.

Perthes, Volker 1990: Staat und Gesellschaft in Syrien, 1970-1989, Hamburg und Berlin.

Peters, Guy B. 1999: Institutional Theory in Political Science: The „New Institutionalism", London und New York.

Peterson, John/Bromberg, Elizabeth 1999: Decision-Making in the European Community, Houndmills.

Pickles, Dorothy 1972: The Government and Politics of France, London.

Plöhn, Jürgen 1991: Untersuchungsausschüsse der Landesparlamente als Instrumente der Politik, Opladen.

Pocock, J. G. A. 1972: Politics, Language, and Time: Essays on Political Thought and History, London.

Pocock, J. G. A. 1985: Virtue, Commerce, and History: Essays on Political Thought and History, Chiefly in the Eighteenth Century, Cambridge u.a.

Poguntke, Thomas 2000: Parteiorganisation im Wandel. Gesellschaftliche Verankerung und organisatorische Anpassung im europäischen Vergleich, Wiesbaden.

Politics & Society 1968: 1. Jg., Text auf der Innenseite des Covers.

Polsby, Nelson W./Peabody, Robert L. 1992 (Erstaufl. 1963): New Perspectives on the House of Representatives, 4. Aufl., Baltimore.

Popper, Karl R. 1974: Objektive Erkenntnis: Ein evolutionärer Entwurf, 2. Aufl., Hamburg.

Prätorius, Rainer 1997: Die USA. Politischer Prozess und soziale Probleme, Opladen.

Pratt, John W./Zeckhauser, Richard J (Hrsg.) 1985; Principals and Agents, Boston.

Pridham, Geoffrey (Hrsg.) 1986: Coalition Behaviour in Theory and Practice, London.

Przeworski, Adam/Teune, Henry 1970: The Logic of Comparative Inquiry, New York.

Przeworski, Adam 1991: Democracy and the Market: Political and Economic Reforms in Eastern Europe and Latin America, Cambridge.

Punnett, Robert M. 1995 (Erstaufl. 1973): Front-Bench Opposition: The Role of the Leader of the Opposition, the Shadow Cabinet and Shadow Government in British Politics, 6. Aufl., New York.

Putnam, Robert D. 1973: The Beliefs of Politicians: Ideology, Conflict, and Democracy in Britain and Italy, New Haven und London.

Putnam, Robert D. 1975: Die politischen Einstellungen der Ministerialbeamten in Westeuropa – ein vorläufiger Bericht, in: Politische Vierteljahresschrift, 17. Jg., 23-61.

Putnam, Robert D. 1976: The Comparative Study of Political Elites, Englewood Cliffs/N. J.

Putnam, Robert D. 1988: Diplomacy and Domestic Politics: The Logic of Two-level Games, in: International Organization, 42. Jg., S. 427-460.

Putnam, Robert D. 1993: Making Democracy Work: Civic Traditions in Modern Italy, Princeton.

Pye, Lucian W. (Hrsg.) 1965: Political Culture and Political Development, Princeton/N. J.

Pye, Lucian W. (Hrsg.) 1975: Political Science and Area Studies: Rivals or Partners?, Bloomington und London.

Pye, Lucian W. 1985: Asian Power and Politics: The Cultural Dimensions of Authority, Cambridge/Mass. und London.

Pye, Lucian W. 1991: Political Culture Revisited, in: Political Psychology, 12. Jg., S. 487-508.

Quermonne, Jean-Louis 1996 (Erstaufl. 1980): Le gouvernement de la France sous la Ve République, Paris.

Ranney, Austin 1951: Toward a More Responsible Party Government: A Commentary, in: American Political Science Review, 46. Jg., S. 488-499.

Ranney, Austin 1962: The Doctrine of Responsible Party Government, Urbana.

Raschke, Joachim 1975: Innerparteiliche Opposition. Die Linke in der Berliner SPD, Hamburg.

Raschke, Joachim 1977: Organisierter Konflikt in westeuropäischen Parteien: Vergleichende Analyse parteiinterner Oppositionsgruppen, Opladen.

Raschke, Joachim (Hrsg.) 1978: Die politischen Parteien in Westeuropa, Reinbek.

Raschke, Joachim 1993: Krise der Grünen: Bilanz und Neubeginn, 2. Aufl., Marburg.

Raschke, Joachim 2000: Die Zukunft der Grünen. „So kann man nicht regieren", Frankfurt/M. und New York.

Rawls, John 2002: (Erstaufl. 1971): Eine Theorie der Gerechtigkeit (Originaltitel: A Theory of Justice), 12. Aufl., Fankfurt/M.

Reed, Steven R. 1994: Making Common Sense of Japan, Pittsburgh und London.

Rémond, René 1954: La droite en France de 1815 à nos jcurs. Continuité et diversité d'une tradition politique, Paris.

Reutter, Werner/Rütters, Peter (Hrsg.) 2001: Verbände und Verbandssysteme in Westeuropa, Opladen.

Ricci, David M. 1984: The Tragedy of Political Science: Scholarship and Democracy, New Haven und London.

Richardson, Bradley M./Flanagan, Scott C. 1984: Politics in Japan, Boston und Toronto.

Richardson, Jeremy J. (Hrsg.) 1982: Policy Styles in Western Europe, Boston und Sydney.

Richardson, Jeremy J. (Hrsg) 1996: European Union: Power and Policy-Making, London und New York.

Richardson, Jeremy J. 1999: Pressure Groups and Parties: A "Haze of Common Knowledge" or the Empirical Advance of the Discipline, in: Hayward, Jack/Barry, Brian/Brown, Archie (Hrsg.): The British Study of Politics in the Twentieth Century, New York, S. 181-222.

Rigby, T. H. 1968: Communist Party Membership in the USSR, 1917- 1967, Princeton/N. J.

Riker, William 1968: The Theory of Political Coalitions, 4. Aufl., New Haven.

Riker, William 1995: The Political Psychology of Rational Choice Theory, in: Political Psychology, 16. Jg., S. 23-44.

Ripley, Randall B./Franklin, Grace A. 1980: Congress, The Bureaucracy, and Public Policy, rev. edn., Homewood.

Rittberger, Volker (Hrsg.) 1990: Theorien der Internationalen Beziehungen. Bestandsaufnahme und Forschungsperspektiven, Opladen.

Rittberger, Volker 1994: Internationale Organisationen. Politik und Geschichte, Opladen.

Rockman, Bert A. 1984: The Leadership Question: The Presidency and the American System, New York.

Rode, Reinhard 1980: Amerikanische Handelspolitik gegenüber Westeuropa. Von der Handelsreform zur Tokio-Runde, Frankfurt/M. und New York.

Rohe, Karl 1994 (Erstaufl. 1978): Politik. Begriffe und Wirklichkeiten, 2. Aufl., Stuttgart.

Rosa, Hartmut 1994: Ideengeschichte und Gesellschaftstheorie: Der Beitrag der „Cambridge School" zur Metatheorie, in: Politische Vierteljahresschrift, 35. Jg., S. 197-223.

Rose, Richard 1974: The Problem of Party Government, London.

Rose, Richard 1984 (Erstaufl. 1980): Do Parties Make a Difference?, 2. Aufl., London und Basingstoke.

Rose, Richard (Hrsg.) 1985: Challenge to Governance: Studies in Overloaded Polities, Beverly Hills.

Rose, Richard 2001: The Prime Minister in a Shrinking World, Cambridge.

Rosecrance, Richard 1987: Der neue Handelsstaat. Herausforderungen für Politik und Wirtschaft (Originaltitel: The New Trading State), Frankfurt/M. und New York.

Rosenau, James W. (Hrsg.) 1967: Domestic Sources of Foreign Policy, London.

Ross, Marc Howard 1997: Culture and Identity in Comparative Political Analysis, in: Lichbach, Mark Irving/Zuckerman, Alan S. (Hrsg.): Comparative Politics: Rationality, Culture, and Structure, Cambridge, S. 42-80.

Rüb, Friedbert 2001: Schach dem Parlament, Wiesbaden.

Rudolph, Susanne Hoeber/Rudolph, Lloyd I. 1984: How Can We Get There from Here? Thoughts on the Integration of American and Comparative Politics, in: PS: Political Science and Politics, Summer, S. 558-560.

Rudzio, Wolfgang 2000 (Erstaufl. 1983): Das politische System der Bundesrepublik Deutschland, 5. Aufl., Opladen.

Ruggie, John Gerard 1998: Constructing the World Polity: Essays in International Institutionalization, London und New York.

Rupp, Hans Karl/Noetzel, Thomas 1991: Macht, Freiheit, Demokratie. Anfänge der westdeutschen Politikwissenschaft. Biographische Annäherungen, Bd. 1, Marburg.

Rupp, Hans Karl/Noetzel, Thomas 1994: Macht, Freiheit, Demokratie. Die zweite Generation der westdeutschen Politikwissenschaft, Bd. 2, Marburg.

Saalfeld, Thomas 1995: Parteisoldaten und Rebellen: Eine Untersuchung zur Geschlossenheit der Fraktionen im Deutschen Bundestag (1949-1990), Opladen.

Sabatier, Paul A. 1991: Political Science and Public Policy, in: PS: Political Science and Politics, June, S. 114-147.

Sabine, George H. 1973 (Erstaufl. 1937): A History of Political Theory, 4. Aufl., rev. by. T. L. Thorson, Hinsdale.

Sakallioglu, Ümet Cizre 1997: The Anatomy of the Turkish Military's Political Autonomy, in: Comparative Politics, 30. Jg., S. 151-166.

Sartori, Giovanni 1970: Concept Misformation in Comparative Politics, in: American Political Science Review, 64. Jg., S. 1033-1053.

Sartori, Giovanni 1991: Comparing and Miscomparing, in: Journal of Theoretical Politics, 3. Jg., 243-257.

Sartori, Giovanni 1997: Comparative Constitutional Engineering: An Inquiry into Structures, Incentives, and Outcomes, 2. Aufl., Houndmills.

Scharpf, Fritz W./Reissert, Bernd/ Schnabel, Fritz 1976: Politikverflechtung. Theorie und Empirie des kooperativen Föderalismus in der Bundesrepublik, Königstein/Ts.

Scharpf, Fritz W. 1985: Die Politikverflechtungsfalle. Europäische Integration und deutscher Föderalismus im Vergleich, in: Politische Vierteljahresschrift, 26. Jg., S. 323-356.

Scharpf, Fritz W. 1987: Sozialdemokratische Krisenpolitik in Europa, Frankfurt/M.

Scharpf, Fritz W. 1993: Positive und negative Koordination in Verhandlungssystemen,in: Politische Vierteljahresschrift, 34. Jg., Sonderheft 24, S. 57-83.

Scharpf, Fritz W. 1994: Optionen des Föderalismus in Deutschland und Europa, Frankfurt/M. und New York.

Scharpf, Fritz W. 1996: Negative and Positive Integration in the Political Economy of European Welfare States, in: Marks, Gary/Scharf, Fritz W./Streeck, Wolfgang (Hrsg.), Governance in the European Union, Thousand Oaks und New Delhi, S. 15-39.

Scharpf, Fritz W. 1999: Regieren in Europa. Effektiv und demokratisch?, Frankfurt/M. und New York.

Scharpf, Fritz W. 2000: Interaktionsformen. Akteurzentrierter Institutionalismus in der Politikforschung, Opladen.

Schattschneider, E. E. 1935: Politics, Pressures, and the Tarriff: A Study of Free Enterprise in Pressure Politics, as Shown in the 1929/30 Revision of the Tarriff, New York.

Schattschneider, E. E. 1942: Party Government. New York.

Schattschneider, E. E. 1960: The Semi-Sovereign People, New York.

Schivelbusch, Wolfgang 2001: Die Kultur der Niederlage. Der amerikanische Süden 1865, Frankreich 1871, Deutschland 1918, Berlin.

Schluchter, Wolfgang 1968: Entscheidung für den sozialen Rechtsstaat, Köln.

Schmalz-Bruns, Rainer 1995: Reflexive Demokratie. Die demokratische Transformation moderner Politik, Baden-Baden.

Schmid, Josef 1990: Die CDU. Organisationsstrukturen, Politiken und Funktionsweisen einer Partei im Föderalismus, Opladen.

Schmid, Josef 2002 (Erstaufl. 1996): Wohlfahrtsstaaten im Vergleich. Soziale Sicherungssysteme in Europa. Organisation, Finanzierung, Leistungen und Probleme, 2. Aufl., Opladen.

Schmidt, Manfred G. 1980: CDU und SPD an der Regierung: Ein Vergleich ihrer Politik in den Ländern, Frankfurt/M. und New York.

Schmidt, Manfred G. 1982: Wohlfahrtsstaatliche Politik unter bürgerlichen und sozialdemokratischen Regierungen. Ein Internationaler Vergleich, Frankfurt/M. und New York.

Schmidt, Manfred G. 1985: Politikwissenschaft, in: Hartwich, Hans-Hermann (Hrsg.): Policy-Forschung in der Bundesrepublik Deutschland, Opladen, S. 131-147.

Schmidt, Manfred G. 1988: Sozialpolitik. Historische Entwicklung und Internationaler Vergleich, Opladen.

Schmidt, Manfred G. 1992: Regieren in der Bundesrepublik Deutschland, Opladen.

Schmidt, Susanne 1998: Liberalisierung in Europa: Die Rolle der Europäischen Kommission, Frankfurt/M. und New York.

Schmitt, Carl 1985 (Erstaufl. 1931): Der Hüter der Verfassung, 3. Aufl., Berlin.

Schmitt, Carl 1994 (Neudruck der Zweitaufl. von 1928): Die Diktatur. Von den Anfängen des modernen Souveränitätsgedankens bis zum proletarischen Klassenkampf, 6. Aufl., Berlin.

Schmitt, Carl 1996a (Erstaufl. 1932): Der Begriff des Politischen, 6. Aufl., Berlin.

Schmitt, Carl 1996b (Erstaufl. 1923): Die geistesgeschichtliche Lage des heutigen Parlamentarismus, 8. Aufl., Berlin.

Schmitt, Horst 1995: Politikwissenschaft und freiheitliche Demokratie. Eine Studie zum politischen Forschungsprogramm der Freiburger Schule 1954-1970, Baden-Baden.

Schmitt, Horst 1999: Die Freiburger Schule 1954-1970: Politikwissenschaft in Sorge um den „deutschen Staat", in: Wilhelm Bleek und Hubertus Buchstein (Hrsg.), Schulen in der deutschen Politikwissenschaft, Opladen, S. 213-293.

Schmitter, Philippe C. 1974: Still the Century of Corporatism?, in: Review of Politics, 36. Jg., S. 85-131.

Schmitter, Philippe C./Lehmbruch, Gerhard (Hrsg.) 1979: Trends toward Corporatist Intermediation, Beverly Hills und London.

Schneider, Herbert 1979: Länderparlamentarismus in der Bundesrepublik, Opladen.

Schneider, Herbert 2001: Ministerpräsidenten. Profil eines politischen Amtes im deutschen Föderalismus, Opladen.

Schneier, Edward V. 1987: Is Politics a Profession? A New School Says Yes, in: PS: Political Science and Politics, Fall, S. 889-894.

Schreyer, Sönke 1997: Neue Politiker und Parteiströmungen im US-Kongress. Zum Wandel der Struktur politischer Entscheidungsprozesse 1959-1994, Frankfurt/M. und New York.

Schubert, Klaus 1991: Politikfeldanalyse. Eine Einführung, Opladen.

Schubert, Klaus (Hrsg.) 1992: Leistungen und Grenzen politisch-ökonomischer Theorie, Darmstadt.

Schultze, Rainer-Olaf 1977: Politik und Gesellschaft in Kanada, Meisenheim a.G.

Schultze, Rainer-Olaf (Hrsg.) 2000: The Politics of Constitutional Reform in North America: Coping with New Challenges, Opladen

Schumpeter, Joseph A. 1980 (Erstaufl. 1942): Kapitalismus, Sozialismus und Demokratie, München.

Schüttemeyer, Suzanne 1998: Fraktionen im Deutschen Bundestag. Empirische Befunde und theoretische Folgerungen, Opladen und Wiesbaden.

Schwan, Alexander/Schwan, Gesine 1974: Sozialdemokratie und Marxismus. Zum Spannungsverhältnis von Godesberger Programm und marxistischer Theorie, Hamburg.

Schwarz, Hans-Peter 1962: Probleme der Kooperation von Politikwissenschaft und Soziologie in Westdeutschland, in: Oberndörfer, Dieter (Hrsg.): Wissenschaftliche Politik. Eine Einführung in Grundfragen ihrer Tradition und Politik, Freiburg, S. 297-333.

Schwarz, Hans-Peter 1966: Vom Reich zur Bundesrepublik. Deutschland im Widerstreit außenpolitischer Konzeptionen, Neuwied.

Schwarz, Hans-Peter 1981: Die Ära Adenauer. Gründung der Republik 1949-1957, Stuttgart.

Schwarz, Hans-Peter 1983: Die Ära Adenauer. Epochenwechsel 1957-1963, Stuttgart.

Schwarz, Hans-Peter 1994: Die Zentralmacht Europas. Deutschlands Rückkehr auf die Weltbühne, Berlin.

Schwarz, Hans-Peter 1995: Die neue Weltpolitik am Ende des 20. Jahrhunderts – Rückkehr zu den Anfängen vor 1914?, in: Kaiser, Karl/Schwarz, Hans-Peter (Hrsg.): Die neue Weltpolitik, Bonn, S. 15-33.

Sebaldt, Martin 1997: Organisierter Pluralismus. Kräftefeld, Selbstverständnis und politische Arbeit deutscher Interessengruppen, Opladen.

Sebaldt, Martin 2001: Transformation der Verbändedemokratie: Die Modernisierung des Systems organisierter Interessen in den USA, Wiesbaden.

Segert, Dieter/Machos, Csilla (Hrsg.) 1995: Parteien in Osteuropa: Kontext und Akteure, Opladen.

Segert, Dieter/Stöss, Richard/Niedermayer, Oskar (Hrsg.) 1997: Parteiensysteme in den postkommunistischen Gesellschaften Osteuropas, Opladen.

Segert, Dieter 2002: Die Grenzen Osteuropas. 1918, 1945, 1989 – Drei Versuche, im Westen anzukommen, Frankfurt/M. und New York.

Seidelman, Raymond 1985: Disenchanted Realists: Political Science and the American Crisis, 1884-1984, Albany.

Seiler, Daniel-Louis 1993: Les partis politiques, Paris.

Shain, Yossi/ Linz, Juan J. 1995: Between States: Interim Governments and Democratic Transitions, New York und Melbourne.

Sharkansky, Ira 1972: Policy Analysis in Political Science, Chicago.

Shepsle, Kenneth A./Weingast, Barry R. 1987: The Institutional Foundations of Committee Power, in: American Political Science Review, 81. Jg., S. 85-104.

Shepsle, Kenneth A. 1989: Studying Institutions: Some Lessons from the Rational Choice Approach, in: Journal of Theoretical Politics, 1. Jg., S. 131-147.

Shepsle, Kenneth A. (Hrsg.) 1995: Positive Theories of Congressional Institutions, Ann Arbor.

Shepsle, Kenneth A./Bonchek, Mark S. 1997: Analyzing Politics: Rationality, Behavior, and Institutions, New York und London.

Shepsle, Kenneth A. 1999: Making and Breaking Governments: Cabinets and Legislatures in Parliamentary Democracies, Cambridge.

Siegfried, André 1913: Tableau politique de la France de L'Ouest sous la Troisième République, Paris.

Siegfried, André 1927: Les États-Unis d'aujourd'hui, Paris.

Siegfried, André 1931a: La crise britannique au XXe siècle, Paris.

Siegfried, André 1931b: Das heutige Frankreich. Sein Charakter, seine Politik, seine Parteien, Stuttgart.

Sigelman, Lee/Gadbois, George H. 1983: Contemporary Comparative Politics: An Inventory and Assessment, in: Comparative Political Studies, 16. Jg., S. 275-305.

Simon, Herbert A. 1957: Administrative Behavior, 2. Aufl., New York.

Simon, Herbert A. 1985: Human Nature in Politics: The Dialogue of Psychology with Political Science, in: American Political Science Review, 79. Jg., S. 293-304

Simon, Herbert A. 1995: Rationality in Political Behavior, in: Political Psychology, 16. Jg., S. 45-61.

Simon, Herbert A. 1996: The Sciences of the Artificial, 3. Aufl., Cambridge und London.

Skilling, Gordon/Griffith, Robert E. 1974 (Erstaufl. 1971): Interessengruppen in der Sowjetunion (Originaltitel: Interest Groups in the Soviet Union), Wien.

Skinner, Quentin 1969: Meaning and Understanding in the History of Ideas, in: History & Theory, 8 Jg., S. 3-53.

Skinner, Quentin 1978: The Foundations of Modern Political Thought, Cambridge.

Smend, Rudolf 1928: Verfassung und Verfassungsrecht, München.

Smith, Munroe 1886: Introduction: The Domain of Political Science, in: Political Science Quarterly, 1. Jg., S. 1-8.

Snyder, Richard N./Bruck, H. W./Sapin, Burton 1962: Foreign Policy Decision-Making: An Approach to the Study of International Politics, New York.

Soell, Hartmut 1969: Fraktion und Parteiorganisation. Zur Willensbildung der SPD in den 60er Jahren, in: Politische Vierteljahresschrift, 10. Jg., S. 604-626.

Söllner, Alfons 1990: Vom Staatsrecht zur „political science"? Die Emigration deutscher Wissenschaftler nach 1933, ihr Einfluß auf die Transformation einer Disziplin, Politische Vierteljahresschrift, 31. Jg., S. 627-654.

Söllner, Alfons 1991: Gruppenbild mit Jäckh. Anmerkungen zur „Verwissenschaftlichung" der Deutschen Hochschule für Politik während der Weimarer Republik, in: Göhler, Gerhard (Hrsg.): Kontinuitäten und Brüche in der deutschen Politikwissenschaft, Baden-Baden, S. 41-64.

Söllner, Alfons 1996: Deutsche Politikwissenschaftler in der Emigration. Studien zu ihrer Akkulturation und Wirkungsgeschichte. Mit einer Bibliographie, Opladen.

Somit, Albert/Tanenhaus, Joseph 1967: The Development of Political Science from Burgess to Behavioralism, Boston.

Spiro, Herbert J. 1971: Critique of Behavioralism in Political Science, in: Beyme, Klaus von (Hrsg.): Theorie und Politik. Festschrift zum 70. Geburtstag von Carl-Joachim Friedrich, Den Haag, S. 314-327.

Stammen, Theo 1967: Regierungssysteme der Gegenwart, Stuttgart.

Stammen, Theo 1993: Grundlagen der Politik, in: Theo Stammen/Rudzio, Wolfgang/Clapham, Ronald/Jesse, Eckart/Meyers, Reinhard/Nuscheler, Franz/Guggenberger, Bernd, Grundwissen Politik, 2. Aufl., S. 14-36.

Stammen, Theo/Rudzio, Wolfgang/Clapham, Ronald/Jesse, Eckart/Meyers, Reinhard/Nuscheler, Franz/Guggenberger, Bernd 1997 (Erstaufl. 1991): Grundwissen Politik, überarb. u. erw. Aufl., Frankfurt/M. und New York., S. 229-334.

Stammen, Theo 2000: Politikwissenschaft, in: Everhard Holtmann (Hrsg.), Politik-Lexikon, 3. Aufl., München und Wien, S. 489-494.

Stammer, Otto (Hrsg.) 1960: Politische Forschung. Beiträge zum zehnjährigen Bestehen des Instituts für Politische Wissenschaft, Köln und Opladen.

Stammer, Otto/Weingart, Peter 1972: Politische Soziologie, München.

Stapleton, Julia 1989: The National Character of Ernest Barker's Political Science, in: Political Studies, 37. Jg., S. 171-187.

Stapleton, Julia 1994: Englishness and the Study of Politics: The Social and Political Thought of Ernest Barker, Cambridge.

Steffani, Winfried 1962: Gewaltenteilung im demokratisch-pluralistischen Rechtstaat, in: Politische Vierteljahresschrift, 3. Jg., S. 256-282.

Steffani, Winfried (Hrsg.) 1971a: Parlamentarismus ohne Transparenz, Opladen.

Steffani, Winfried 1971b: Parlamentarische Demokratie – Zur Problematik von Effizienz, Transparenz und Partizipation, in: Steffani, Winfried (Hrsg.): Parlamentarismus ohne Transparenz, Opladen. S. 17-47.

Steffani, Winfried 1972: Einleitung, in: Nuscheler, Franz/Steffani, Winfried (Hrsg.): Pluralismus. Konzeptionen und Kontroversen, München, S. 9-49.

Steffani, Winfried 1979: Parlamentarische und präsidentielle Demokratie, Opladen.

Steffani, Winfried 1980: Pluralistische Demokratie, Opladen.

Steffani, Winfried 1991: Regierungsmehrheit und Opposition, in: Steffani, Winfried (Hrsg.): Regierungsmehrheit und Opposition in den Staaten der EG, Opladen, S. 11-39.

Steffani, Winfried 1995: Semi-Präsidentialismus: ein eigener Systemtyp?, in: Zeitschrift für Parlamentsfragen, 26. Jg., S. 221-241.

Steffani, Winfried 1997: Gewaltenteilung und Parteien im Wandel, Opladen.

Steiner, Kurt 1972: Politics in Austria, Boston.

Steiner, Jürg 1970: Gewaltlose Politik und kulturelle Vielfalt. Hypothesen entwickelt am Beispiel der Schweiz, Bern und Stuttgart.

Steinkemper, Bärbel 1973: Klassische und politische Bürokraten in der Ministerialverwaltung der Bundesrepublik Deutschland, Köln.

Steinmo, Sven 1988: Political Institutions and Tax Policy in the United States, Sweden, and Britain, in: World Politics, 41. Jg., S. 500-535.

Steinmo, Sven/Thelen, Kathleen//Longstreth, Frank (Hrsg) 1992: Structuring Policies: Historical Institutionalism in Comparative Analysis, Cambridge.

Steinsdorff, Sylvia von 1995: Die Verfassungsgenese der Zweiten Russischen und der Fünften Französischen Republik im Vergleich, in: Zeitschrift für Parlamentsfragen, 26. Jg., S. 486-504.

Steinsdorff, Sylvia von 1999: Kalkulierter Konflikt und begrenzte Kooperation: Zum Verhältnis von Präsident, Regierung und Parlament in Russland, in: Osteuropa, 49. Jg., S. 16-34.

Stepan, Alfred 1978: The State and Society: Peru in Comparative Perspective, Princeton, N. J..

Sternberger, Dolf 1956: Lebende Verfassung. Studien über Koalition und Opposition, Meisenheim.

Sternberger, Dolf (Hrsg.) 1969ff.: Die Wahl der Parlamente und anderer Staatsorgane, 2 Bde., Berlin.

Sternberger, Dolf 1978: Drei Wurzeln der Politik, Frankfurt/M.

Stevens, Anne/Stevens, Handley 2001: Brussels Bureaucrats? The Administration of the European Union, Houndmills.

Stid, Daniel D. 1994: Woodrow Wilson & the Problem of Party Government, in: Polity, 26. Jg., S. 553-578.

Strauss, Leo 1959: What Is Political Philosophy? And Other Studies, Glencoe.

Strauss, Leo 1968: Liberalism, Ancient and Modern, Ithaca und London.

Strauss, Leo 1977 (Erstaufl. 1954): Naturrecht und Geschichte (Originaltitel: Nature and History) Frankfurt/M..

Strauss, Leo/Cropsey, Joseph (Hrsg.) 1987 (Erstaufl. 1937): History of Political Philosophy, 3. Aufl., Chicago und London.

Sturm, Roland 1988: Der Haushaltsausschuß des Deutschen Bundestages: Struktur und Entscheidungsprozeß, Opladen.

Sturm, Roland 1989: Haushaltspolitik in westlichen Demokratien: Ein Vergleich des haushaltspolitischen Entscheidungsprozesses in der Bundesrepublik Deutschland, Frankreich, Großbritannien, Kanada und den USA, Baden-Baden.

Sturm, Roland 1990: Großbritannien, Opladen.

Sturm, Roland/Kropp, Sabine (Hrsg.) 1999: Hinter den Kulissen von Regierungsbündnissen. Koalitionspolitik in Bund, Ländern und Gemeinden, Baden-Baden.

Sturm, Roland/Pehle, Heinrich 2001: Das neue deutsche Regierungssystem. Die Europäisierung von Institutionen, Entscheidungsprozessen und Politikfeldern, Opladen.

Suleiman, Ezra N. 1974: Politics, Power, and Bureaucracy in France: The Administrative Elite, Princeton/N. J.

Suleiman, Ezra N. 1978: Elites in French Society: The Politics of Survival, Princeton/N. J.

Suleiman, Ezra N./Mendras, Henri (Hrsg.) 1997: Le recrutement des élites en Europe, Paris.

Sundquist, James L. 1968: Politics and Policy: The Eisenhower, Kennedy, and Johnson Years, Washington, D.C.

Sundquist, James L. 1983 (Erstaufl. 1973): Dynamics of the Party System: Alignment & Realignment of Political Parties in the United States, 2. Aufl., Washington, D.C.

Tarrow, Sidney G. 1977: Between Center and Periphery: Grass Roots Politicians in Italy and France, New Haven und London.

Tetzlaff, Rainer 2000: Failing States in Afrika. Kunstprodukte aus der Kolonialzeit und europäische Verantwortung, in: Internationale Politik, H. 7, S. 8-16.

Thayer, Nathaniel B. 1968: How the Conservatives Rule Japan, Princeton/N. J.

Thaysen, Uwe 1975: Parlamentarisches Regierungssystem in der Bundesrepublik Deutschland, Opladen.

Thaysen, Uwe/Davidson, Roger H./Livingston, Robert G. 1988: US-Kongress und Deutscher Bundestag im Vergleich. Ein ergänzendes Resümee, in: Thaysen, Uwe/Davidson, Roger/Livingston, Robert G. (Hrsg.) US-Kongress und Deutscher Bundestag, Opladen, S.517-568.

Thoenig, Jean-Claude 1973: L'ère des technocrates: Le cas des ponts et chaussées, Paris.

Thompson, Michael/Ellis, Richard/Wildavsky, Aaron 1990: Cultural Theory, Boulder und Oxford.

Townsend, James R./ Womack, Brantly 1986: Politics in China, 3. Aufl., Boston und Toronto.

Trautmann, Ljuba 1995: Rußland zwischen Diktatur und Demokratie. Die Krise der Reformpolitik seit 1993, Baden-Baden.

Truman, David B. 1951: The Governmental Process, New York.

Truman, David B. 1965: Disillusion and Regeneration: The Quest for a Discipline, in: American Political Science Review, 59. Jg., 865-873.

Tsebelis, George 1990: Nested Games: Rational Choice in Comparative Politics, Berkeley, Los Angeles und Oxford.

Tsebelis, George 1995: Decision-Making in Political Systems: Veto Players in Presidentialism, Parlamentarism, Multicameralism and Mulitpartyism, in: British Journal of Political Science, 25. Jg., S. 289-325.

Tsebelis, George 2002: Veto Players: How Institutions Work, Princeton.

Tudyka, Kurt P. 1971: Internationale Beziehungen. Eine Einführung, Stuttgart.

Turner, Julius 1951: Responsible Party: A Dissent from the Floor, in: American Political Science Review, 46. Jg., 143-153.

Turner, Julius 1970: Party and Constituency: Pressures on Congress, Baltimore.

Ullrich, Hartmut 1967: Die Rolle von Bundestagsfraktion und außerparlamentarischen Parteigremien im politischen Willensbildungsprozeß der FDP, in: Politische Vierteljahresschrift, 8 Jg., S. 103-125.

Vandersluis, Sarah Owen (Hrsg.) 2000: The State and Idenity Construction in International Relations, Houndmills und London.

Veen, Hans-Joachim (Hrsg.) 1983ff.: Christlich-demokratische und Konservative Parteien in Westeuropa, Paderborn.

Verba, Sidney 1967/68: Some Dilemmas in Comparative Research, in: World Politics, 20. Jg., S. 111-127.

Verba, Sidney 1971: Sequences and Development, in: Leonard Binder u. a.: Crises and Sequences in Political Development, Princeton/N. J., S. 283-316.

Vilmar, Fritz 1973: Strategien der Demokratisierung, 2 Bde., Darmstadt und Neuwied.

Voegelin, Eric 1959 (Erstaufl. 1952): Die neue Wissenschaft von der Politik (Originaltitel: The New Science of Politics), München.

Voegelin, Eric (Hrsg.) 1968: Zwischen Revolution und Restauration, München.

Vogel, David 1978a: Lobbying the Corporation: Citizen Challenges to Business Authority, New York.

Vogel, David 1978b: Why Businessmen Distrust Their State: The Political Consciousness of American Corporate Executives, in: British Journal of Political Science, 8. Jg., S. 45-78.

Vogel, David 1987: Political Science and the Study of Corporate Power: A Dissent from the New Conventional Wisdom, in: British Journal of Political Science, 17. Jg., S. 385-408.

Vogel, David 1989: Fluctuating Fortunes: The Political Power of Business in America, New York.

Vogel, David 1996: Kindred Strangers: The Uneasy Relationship Between Politics and Business in America, Princeton N.J.

Waldmann, Peter 2002: Der anomische Staat. Über Recht, öffentliche Sicherheit und Alltag in Lateinamerika, Opladen.

Waldo, Dwight 1975: Political Science: Tradition, Discipline, Profession, Science, Enterprise, in: Greenstein, Fred I./Polsby, Nelson W. (Hrsg.): Handbook of Political Science, Vol. 1: Political Science: Scope and Theory, Reading, S. 1-130.

Wallace, Helen/Young, Alasdair R. (Hrsg.) 1997: Participation and Policy-Making in the European Union, Oxford.

Wallace, Helen/Wallace, William (Hrsg.) 2000 (Erstaufl. 1975): Policy-Making in the European Union, 4. Aufl., Oxford.

Wallas, Graham 1981 (Erstaufl. 1908): Human Nature in Politics, New Brunswick.

Waltz, Kenneth N. 1959: Man, the State and War: A Theoretical Analysis, New York und London.

Waltz, Kenneth N. 1979: Theory of International Politics, Reading.

Walzer, Michael 1992 (Erstaufl. 1983): Sphären der Gerechtigkeit: Ein Plädoyer für Pluralität und Gleichheit, Frankfurt/M. und New York.

Ward, Robert E./Rustow, Dankwart (Hrsg.) 1964: Political Modernization in Japan and Turkey, Princeton.

Weber, Jürgen 1977: Die Interessengruppen im politischen System der Bundesrepublik Deutschland, Stuttgart.

Weber, Max 1990 (Erstaufl. 1922): Wirtschaft und Gesellschaft. Grundriss einer verstehenden Soziologie, 5. Aufl., Tübingen.

Weber, Max 2002 (Erstaufl. 1913): Über einige Kategorien der verstehenden Soziologie, in: Soziologie–Universalgeschichtliche Analysen–Politik, ausgewählt von Dirk Käsler, Stuttgart., S. 275-313.

Wendt, Alexander 1992: Anarchy Is what States Make of It: The Social Construction of Power Politics, in: International Organization, 46. Jg., S. 391-425.

Wendt, Alexander 1994: Collective Identity Formation and the International State, in: American Political Science Review, 88. Jg., S. 384-396.

Wendt, Alexander 1995: Constructing International Politics, in: International Security, 20. Jg., S. 71-81.

Wessels, Wolfgang 1992: Staat und (westeuropäische) Integration. Die Fusionsthese, in: Politische Vierteljahresschrift, Sonderheft 23: Die Integration Europas, Opladen. S. 36-61.

Weyer, Johannes 1985: Politikwissenschaft im Faschismus (1933-1945): Die vergessenen zwölf Jahre, in: Politische Vierteljahresschrift, 26. Jg., S. 423-437.

White, Stephen 1979: Political Culture and Soviet Politics, London und Basingstoke.

White, Stephen 1996: Russia Goes Dry: Alcohol, the State, and Society, Cambridge.

White, Stephen/Nelson, Daniel N. (Hrsg.) 2001: The Politics of the Postcommunist World, 2 Bde, Aldershot.

Wiesendahl, Elmar 1998: Parteien in Perspektive. Theoretische Ansichten der Organisationswirklichkeit politischer Parteien, Opladen.

Wiesenthal, Helmut 1981: Die konzertierte Aktion im Gesundheitswesen. Ein Beispiel für Theorie und Praxis des modernen Korporatismus, Frankfurt/M. und New York.

Wiesenthal, Helmut 1987: Rational choice. Ein Überblick über Grundlinien, Theoriefelder und neuere Themenakquisition eines sozialwissenschaftlichen Paradigmas, in: Zeitschrift für Soziologie, 16. Jg., S. 434-449.

Wight, Martin 1966: Why Is There no International Theory, in: Martin Wight and Herbert Butterfield (Hrsg.), Essays in the Theory of International Politics, London, S. 1-33.

Wight, Martin 1978: Power Politics, New York.

Wildavsky, Aaron 1987: Choosing Preferences by Constructing Institutions: A Cultural Theory of Preference Formation, in: American Political Science Review, 81. Jg., S. 3-21.

Wildavsky, Aaron 2001 (Erstaufl. 1964): The New Politics of the Budgetary Process, 4. Aufl., New York.

Wildenmann, Rudolf 1955: Partei und Fraktion. Ein Beitrag zur Analyse der politischen Willensbildung und des Parteiensystems der Bundesrepublik, Meisenheim a. G.

Wildermuth, Martin 1991: Reform und Konflikt am Otto-Suhr-Institut 1968 bis 1972, in: Gerhard Göhler und Bodo Zeuner (Hrsg.): Kontinuitäten und Brüche in der deutschen Politikwissenschaft, Baden-Baden, S. 199-220.

Williams, Philip M. 1964: Crisis and Compromise: Politics in the Fourth Republic, Aylesbury.

Wilson, Graham K. 1979: Unions in American National Politics, London.

Wilson, Graham K. 1981: Interest Groups in the United States, Oxford.

Wilson, Graham K. 1990a: Business and Politics: A Comparative Introduction, 2. Aufl., Basingstoke und London.

Wilson, Graham K. 1990b: Interest Groups, Oxford und Cambridge.

Wilson, Graham K./Barker, Anthony 1995: The End of the Whitehall Model?, in: West European Politics, 18. Jg., S. 130-149.

Wilson, Woodrow 1911: The Law and the Facts: Presidential Address, Seventh Annual Meeting of the American Political Science Association, in: American Political Science Review, 5. Jg., S. 1-11.

Wilson, Woodrow 2002 (Erstaufl. 1885): Congressional Government, New Brunswick.

Windhoff-Héritier 1987: Policy-Analyse. Eine Einführung, Frankfurt/M. und New York.

Windmuller, John P./Gladstone, Alan (Hrsg.) 1984: Employers Associations and Industrial Relations: A Comparative Study, Oxford.

Wolfe, Alan 1970/71a: Unthinking about the Thinkable: Reflections on the Failure of the Caucus for a New Political Science, in: Politics & Society, 1. Jg., S. 393-406.

Wolfe, Alan 1970/71b: Response, in: Politics and Society, 1. Jg., S. 543-544

Wolfers, Arnold 1962: Discord and Collaboration: Essays on International Politics, Baltimore und London.

Wright, Maurice 1988: Policy Community, Policy Network and Comparative Industrial Policies, in: Political Studies, 36. Jg., S. 593-612.

Ysmal, Colette 1989: Les partis politiques sous la Ve République, Paris.

Zarka, Jean-Claude 1992: Fonction présidentielle et problématique de majorité présidentielle/majorité parlementaire sous la Cinquième République (1986-1992), Paris.

Zettelmeier, Werner 1996: Entstehung und Entwicklung der politikwissenschaftlichen Lehre an den französischen Universitäten. Zwischen Marginalität und Autonomie, in: Lietzmann, Hans J./Bleek, Wilhelm (Hrsg.): Politikwissenschaft. Geschichte und Entwicklung in Deutschland und Europa, München und Wien, S. 171-190.

Zeuner, Bodo 1970: Kandidatenaufstellung zur Bundestagswahl 1965, Den Haag.

Ziebura, Gilbert 1970: Die deutsch-französischen Beziehungen seit 1945. Mythen und Realitäten, Pfullingen.

Abkürzungsverzeichnis

APSA	American Political Science Association
APSR	American Political Science Review
CIA	Central Intelligence Agency
DGfP	Deutsche Gesellschaft für Politikwissenschaft
DHfP	Deutsche Hochschule für Politik
DVPW	Deutsche Vereinigung für Politische Wissenschaft
EG	Europäische Gemeinschaft
ENA	École Nationale d'Administration
EU	Europäische Union
IEP	Institut d'Études Politiques
LSE	London School of Economics
OECD	Organization for Economic Co-Operation and Development
OSS	Office of Strategic Services
PSA	Political Science Association
PVS	Politische Vierteljahresschrift
SSRC	Social Science Research Council
ZParl	Zeitschrift für Parlamentsfragen

Namenregister

295

Stichwortregister